KB070458

재일 한국인 2세 형제의 운명적 삶!

야쿠자와
요코즈나

나남
nanam

▪ 조 헌 주 (趙憲注)

1958년 전남 강진군 옴천면 출생.
서울대 언론정보학과 졸업. 중앙대 신문방송대학원 석사.
일본 도쿄대 사회정보연구소 객원연구원. 큐슈대 한국학연구소 방문연구원.
1985년 동아일보 수습기자로 입사 후 사회부 경제부 문화부 정보과학부 기자,
사회부차장 국제부차장, 도쿄특파원을 거쳐 현재 동아일보 지식경영팀장.

저 서
《이창호 스토리》,《오늘의 일본 내일의 일본》,《세계의 숲으로 가다》(공저),
《경영자 본능》(공역) 등.

ziancho@empal.com

재일 한국인 2세 형제의 운명적 삶!

야쿠자와 요코즈나

2006년 12월 25일 발행
2006년 12월 25일 1쇄

저자_ 조헌주
발행자_ 趙相浩
디자인_ 이필숙
발행처_ (주) 나남출판
주소_ 413-756 경기도 파주시 교하읍
        출판도시 518-4
전화_ (031) 955-4600 (代), FAX : (031) 955-4555
등록_ 제 1-71호(79.5.12)
홈페이지_ http://www.nanam.net
전자우편_ post@nanam.net

ISBN 89-300-0866-6
ISBN 89-300-0859-3(세트)
책값은 뒤표지에 있습니다.

이 책은 방일영문화재단의 지원을 받아 저술되었습니다.

재일 한국인 2세 형제의 운명적 삶!

야쿠자와
요코즈나

조헌주 기자 다큐멘터리

나남
nanam

"해치워."

"와아!!!"

슈이치의 한마디에 일행은 함성을 올리며 댄스홀의 흐릿한 불빛 속으로 뛰어들어갔다.

테이블 몇 개를 차지한 채 왁자지껄 판을 벌이고 있던 상대편은 이쪽보다 수가 많았지만 예기치 않았던 기습인지라 당황해하는 모습이 역력했다.

슈이치도 덩치가 가장 큰 두목을 향해 내달렸다.

그의 허리춤에는 단도가 꽂혀 있었다.

'우당탕' 테이블 넘어지는 소리와 '퍽 퍽' 치고받는 소리가 댄스홀 안에 난무했다.

감미로운 블루스 곡은 멈췄고 환락의 밤은 아수라장으로 변했다.

기자의 혼과 작가의 혼

김 석 범

대단한 문학작품.

통독을 하고 나서 이 대작을 다뤄낸 필력과 그것을 떠받는 열정에 감탄을 금치 못했다. 꼭 쓰고 말겠다는 사명감이 필력으로 나타난 것이다. 그 정열, 패션(*passion*)은 어디서 나온 것일까.

나는 원래 스포츠에 무관심할 뿐만 아니라 세상사에 좀 둔한 데가 있어 저자인 조헌주 씨와 만날 때까지만 해도 일본 스모계의 요코즈나 다마노우미가 한국계 인물인 줄을 몰랐고, 저자한테 그 사실을 듣고 놀랐을 만큼 무지했다.

1925년 일본 오사카에서 제주도 출신 부모 아래 출생.
1951년 교토대학 문학부 졸업 후 평론지 편집자, 민족운동가, 《조선신보》 기자 등으로 활동.
1976~97년 《분가쿠카이》(文學界)에 〈화산도〉 연재.
1983년 〈화산도〉 연재중 《아사히신문》 '오사라기 지로'(大佛次郞) 상, 1998년 연재 완료 후 《마이니치신문》 마이니치예술상 수상.
2005년 생애 첫 작품집 발간. 현재 문학지 《스바루》에 〈화산도〉 후속편 연재 중.

저자는 이 작품의 주인공, 야쿠자 생활에서 벗어나 지금은 바둑선생을 하고 있는 다니구치 슈이치(정수일) 씨의 '아우 다마노우미와 나를 괴롭힌 조선'이라는 부제를 단 수기를 통해 그의 동생이 한국계 2세인 줄 알게 되어 충격을 받았다 한다. 저자는 일본 주재 신문사 특파원으로 있으면서 한국계가 일본 대중 스포츠의 중심인 스모의 최고봉, 요코즈나에 올랐던 역사적 사실을 모르고 지낸 일을 부끄러워했는데, '재일 조선인' 행세를 하면서 이 사실을 몰랐던 나는 스포츠에 무관심했다는 것도 핑계거리에 불과할 정도로 더할 나위 없이 부끄러웠고, 무안했다.

저자가 이 작품을 집필하게 된 동기 가운데 하나는 3년 반의 도쿄특파원을 끝내고 돌아와서 본 신문사 내의 변화된 분위기에 대한 실망감도 있었다. 양심에 기초한 언론의 자유에 대한 외부압력은 과거지사며, 이제는 신문사 내부의 압력이 더욱 문제다, 곡학아세 부류는 언론계에도 있다고 저자는 지적한다.

"… 그래도 글줄이랍시고 쓰는 일로 먹고 살아온 내게 마지막 의무가 있다면 바로 이런 한국계 2세 형제의 애달픈 이야기를 한국어로 세상에 알려주는 것이 아닐까 …."

이 작품은 일제 강점기 일본으로 건너간 조선인 아버지의 아들로 태어난 2세들이 성장하는 과정에서 가정 내 폭력을 일삼는 '야만'한 아비와 그의 나라 조선에 대한 증오, 자기 출생에 대한 콤플렉스가 엉클어진, 다니구치 슈이치 일가의 비참한 이야기다.

재일 조선인 문제를 테마로 삼아 한국에서 이만큼 문학적으로 다룬 작품은 없었고, 뿐만 아니라 재일작가들이 해야 할 몫까지 앗아간 느낌마저 든다.

이 작품은 논픽션이지만 등장인물의 내면세계까지 파고들어 전체적인 인간상(像)과 삶을 소설적 수법을 쓰면서 그려냈다는 점에서 다큐멘터리와는 달리하는 문학성을 갖추고 있다.

작자가 오가와 선생을 통해 알게 된 주인공 슈이치를 취재삼아 방문하는 프롤로그와 주인공이 오가와 선생과 함께 한국여행을 하는 에필로그의 구성은 작품의 시작과 종말을 클라이맥스로 이끌어가며 문학공감을 형성함으로써 독자들에 더한 감동을 안겨준다. 멋진 짜임새다.

마지막으로 주인공이 일본으로 떠나는 장면에서 아프리카계 미국인과 한국 어머니 사이에 출생한 프로풋볼 영웅 하인스 워드가 생모를 기피하다 그 생모의 나라 한국을 방문해 어제까지 어머니를 원망하던 아들이 아니라, 이제는 세상에 둘도 없는 효자로 거듭났다는 이야기가 나오는데, 슈이치 주인공 역시 아버지의 나라 한국을 방문하고 여태껏 부정해온 한국사람, 정수일로 거듭나는 것이다.

기자 혼과 작가 혼을 하나로 묶어 《야쿠자와 요코즈나》를 써내는 과정은 바로 기자 조헌주 씨가 작가로 변모, 거듭나는 과정이기도 하다. 나는 흐뭇한 생각에 잠기면서 대작 《야쿠자와 요코즈나》의 탄생을 기뻐하고 있다.

2006년 11월

김 석 범(金石範)

재일 한국인 2세 형제의 운명적 삶!

야쿠자와
요코즈나

차
례

주요 등장인물

• 다니구치 슈이치(다른 이름 : 요시타케 슈이치)

한국인 아버지 정유성과 일본인 어머니 다니구치 하루요 사이의 4형제 중 차남. 야쿠자 생활을 오래했으며 살인범으로도 복역했음. 일본기원 아마바둑 5단. 한국명 정수일(鄭秀一).

• 다니구치 마사오(다른 이름 : 요시타케 마사오, 다마노시마, 다마노우미)

제51대 요코즈나. 한국인 아버지 정유성과 일본인 어머니 다니구치 하루요의 4형제 중 막내. 중학교 졸업과 동시에 스모계에 진출. 1971년 현역 요코즈나로 요절. 한국계 최초의 요코즈나. 일본 스모사상 최초의 외국계 요코즈나. 한국명 정정부(鄭正夫).

• 오가와 하루히사

다니구치 슈이치의 중학교 동창생. 도쿄대학 명예교수. 현 니쇼가쿠샤 대학 교수. 조선 실학과 양명학 전공. 한국역사에 대한 폭넓은 정보를 슈이치에게 전해줌으로써 슈이치가 '한국 콤플렉스'에서 벗어날 수 있도록 자극해줌.

• 나

일간신문 도쿄특파원으로 3년 반 근무를 마치고 귀국하기 직전에 오가와 선생으로부터 다니구치 슈이치가 정리한 수기를 전달받음. 이후 일본 방문과 슈이치 부부 방한 안내 등을 통해 보충취재를 하며 형제 이야기를 집필.

프롤로그

편지 한 통과 두툼한 봉투 한 개가 책상 위에서 기다리고 있었다.

3년 반의 일본 근무를 마치고 귀국하기 직전인 12월 하순, 몇몇 지인과 일본 중부지역 아이치〔愛知〕현의 경승지인 이라코〔伊良湖〕를 다녀와 도쿄의 사택으로 돌아왔을 때였다.

하룻밤 일정이었지만 감동 가득한 여행이었다. 인간의 삶, 그 자체이기도 했던 농업이 경제논리에 밀려 빛 바래 가는 오늘. 하지만 농업의 가치와 근본정신이 가까운 미래에 재조명되리라는 확신 아래 세계 유일의 농업전문대학원을 만들려는 이들과 함께 한 시간이었다.

선구자들의 눈빛이 그랬을까. 형형한 그들의 안광을 접하는 것만으로도 생의 의욕이 샘솟았고, 언제까지고 함께 가고 싶은 사람들과 어울리는 즐거움은 무엇에 견줄 수 없었다. 도쿄 근무를 되돌아보며 행복의 의미를 곰곰 짚어본 뿌듯한 시간이었다.

일간지 특파원으로 도쿄에 착임한 이래 취재, 기사작성, 송고, 각종 보고와 접대 등으로 늘 경황없었다. 주말에도 장거리 취재차 휴일을 포기한 적이 많았다. 동료들과의 경쟁의식 따위에서가 아니라 일선기자로서 도쿄 근무가 마지막 기회란 생각에서 자신과 싸움을 벌였던 것이다.

부임시 도쿄행 비행기에서 다짐한 '6시 기상' 원칙만 해도 그랬다. 아침 6시 5분 전 기상나팔 소리에 눈을 떴던 군복무 시절, 그때는 강요에 의해서였지만 이번에는 자발적으로 해서 안될 것이 뭐 있느냐고 생각했었고, 부임기간중 거의 이 원칙을 지켜온 것이다.

임기를 반년쯤 남겨둔 시기부터는 일거리가 더 많아졌다. 항간에서야 큰 신문사를 대단한 권력기관 보듯 오해도 하지만 살림규모는 중소기업에 지나지 않는다. 이 때문에 취재에 관계없던 도쿄지사장 자리를 폐지하였고 그 업무까지 졸지에 떠맡게 됐다. 주말을 끼고 도쿄를 찾는 한국인이 많다 보니 손님접대와 안내, 통역 등으로 주말이 송두리째 날아가곤 했다.

사정이 이러했으니 이라코 여행은 해방감을 만끽한 졸업여행 격이었다.

어찌 그리 노는 시간은 빨리 지나는지. 게다가 돌아오는 길은 가는 길보다 항상 짧기에 귀로의 신칸센 열차 안에서는 내내 울적했다. 사람들로 복작대는 도쿄역 플랫폼에 속절없이 발을 내딛는 순간, 천국의 삶이 끝나는 듯한 허탈감과 절망감마저 들었다.

'언제나 이 도회의 삶을 청산하나.'

한숨과 함께 일상의 번잡 속으로 터벅 타박 들어서니 해는 벌써 기울어 있었고, 요모조모 걱정이 살금살금 도지기 시작했다.

아니나 다를까.

집에 돌아오니 평소 군말 없는 아내의 볼이 예상보다 잔뜩 부어 있었다. 포장 이삿짐센터에 맡겼다고는 하나 가족 4명이 3년여 살던 짐이니 올망졸망 많기도 하다. 몇 달 전부터 정리해왔다고는 해도 이삿짐 꾸리기는 수월치 않았다. 버릴 것, 도쿄에 남아 대학생활을 계속할 아들에게 들려 보낼 것, 서울로 부칠 것, 여기저기 찾아다니며 사정이라도 하듯 전해주고 갈 것, 직접 들고 귀국할 것을 분류하고 따로 짐을 싸는 일로 만만치 않은 시간을 보냈던 것이다.

　"대체 당신은 뉘 집 가장이야."

　"서울 떠나올 때 시골 도서관에 한 트럭 보내놓고 '웬수 같은 책, 다시는 안 살 거야'라고 맹서하더니, 그새 언제 또 그렇게 많이 사 날랐어."

　"당신 책만 50박스도 넘어 이삿짐 절반인데 손 하나 까딱도 안하고 잘도 싸다닌다."

　"일본에 한 달 먼저 올 때도 가방 하나 들고 뒤도 안쳐다보고 훌쩍 떠나더니, 귀국할 때도 당체 도움이 안돼. 이래서야 딴 사람 남편이지, 어찌 내 남편이야."

　조목조목 부처님 법어처럼 온당 지당하신 말씀이다. 쓸데없는 말대꾸로 벌집을 쑤셔 옴짝달싹 못하는 자충수를 둘 필요는 없다. 실은 어제 이미 긁어서 부스럼을 내 놓은 터였다.

　새벽같이 도쿄를 떠나 신칸센으로 아이치현 도요하시[豊橋]역에 도착한 다음, 이라코·만을 오른편에 끼고 자동차로 한 시간가량 아쓰미[渥美]반도를 달렸다. 농업전문대학원이 들어설 폐교 예정 고교 시설, 기숙사 겸 연구동으로 쓰일 18홀 골프장이 딸린 호텔, 계곡을 낀 수만 평의 실습부지 등을 둘러 본 뒤 해질 무렵에야 아쓰미반도 최남

단의 언덕에 우뚝 선 이라코뷰 호텔에 들었다.

미시마 유키오의 소설, 《시오사이》〔潮騷〕의 무대인 가미지마〔神島〕를 코앞에 건네다 보며 한껏 가슴을 펴본다. 파도가 저희끼리 몸살하며 부딪치고 고함치고 싸우다 해안까지 밀려 들어와 소란을 피우다가 창문을 열어 젖히자 바다내음과 함께 객실로 쏟아져 들어오는 것 같다. 절정의 신음처럼 달콤새콤하고 행복한 소음이다. '시오사이', 파도의 그르렁거리는 소리란 원래 그런 것인가.

포도주를 곁들인 저녁 식사시간에는 농업대학원 건립과 행복의 의미에 관해 이야기꽃을 피웠다. 식후 해안을 굽어보는 노천온천에서 몸을 풀고 탕을 나서는데 휴대전화가 울렸다. 아내였다.

"대체 종일 전화도 안 받고, 지금 어디야."

"온천이지. 어디긴 ….."

이게 그만 화를 돋운 모양이다. 어쩐지 찜찜한지라 기어들어가게 말했건만.

"낮에 짐 꾸리다 물어볼 게 있어서 수없이 전화했는데 안 받다가 저녁에야 겨우 전화를 받고는 고작 한다는 소리가 뭐? 온천? 누군들 온천 좋은 거 몰라, 이 양반아? 그런데 하필이면 이때냐고."

바람찬 겨울날, 집 옆 나무 밑에 쪼그리고 앉아 담배를 나눠 피며 키득거리다 들켜버린 풋사랑 소년 소녀처럼 민망해졌다.

20여 년간 두 자식 키워내면서도 각기 7남매, 6남매 되는 시댁과 친정 대소사 챙기는 데에 허술함이 없어 평판 좋은 아내인지라 철부지 불량소년 같은 내가 엉겨 붙을 건더기는 한 개도 없었다.

여행을 떠나오기 전 내가 꾸려놓고 온 짐은 달랑 한 개였다. 버너와 가스연료, 그릇, 소형천막과 깔판, 침낭, 전등, 비옷, 만능 칼, 일회

용 커피, 감기 설사 두통 등의 상비약품, 휴지, 손수건, 수첩, 필기구 등 공항에서 산으로 직행해도 넉넉할 만큼 채비해 놓은 배낭이었다.

그걸 이사화물 편으로 부치면 배편으로 가니 열흘쯤 뒤에 인천 보세 창고에 도착한다. 귀국 직후는 특별한 임무가 부여되지 않으니 짬이 나면 산속 사는 애인이라도 찾아 나서듯 훌훌 등산 떠날 생각으로 배 낭만큼은 직접 메고 귀국할 요량이었다.

카메라 명함첩 취재수첩 등 신변 잡물과 함께 배낭을 큰 트렁크 안에 넣고는, 그도 짐이랍시고 "내 짐은 다 챙겼어" 하고 핑하니 집을 나섰던 것이다.

아내는 짐을 정리하다 '웬 가방이 이리 무겁나' 하며 트렁크 안을 살펴보고는 기도 안 찼던 모양이다.

'배낭? 대체 산악인이야, 기자야? 이게 뭐 그리 급한 짐이라고. 달리 들고 갈 짐도 쌔고 쌨건만.'

대학 산악부원 시절부터 산하면 미치고 환장한 작자란 걸 익히 알기에 상의 없이 화물로 보냈다가 행여 깽깽거리는 소리 들을까 귀찮아 전화통화라도 하려 했던 것이다.

문에서 몇 발짝만 나서면 집안 일 깡그리 잊고 지내온 20여 년 기자 생활이었다. 더욱이나 해안 절경에다, 한 잔 술과 따스한 대화가 있었으니 어찌 휴대전화 진동 따위를 감지할 신경이 남아 있었겠는가. 해서 의당 이 정도 욕은 먹어 싸다며 대꾸하지 않았다.

배낭은 이삿짐으로 부쳐버리고 없었다. 외국 출장중 딸이 시집 떠나버린 것처럼, 짐차에 실려 보내진 등산배낭이 분신(分身)이라도 되는 것처럼 서운한 생각도 들었다.

도쿄 일대는 평야지대라 어지간한 산에 가려면 새벽 4시에는 차로 도쿄를 벗어나야 했다. 고속도로와 국도를 바꿔 달리기를 서너 시간

해야 해발 2천m급 산자락에 이른다. 산행시간보다 오가며 도로에 뿌리는 시간이 더 많다. 하지만 산행 뒤 온천욕으로 땀을 씻어낸 다음 귀로의 미니버스 안에서 즐기는 한 잔의 맥주, 적당한 육체의 피로 속에 푹 골아 떨어지는 즐거움, 그게 없었더라면 외국 근무의 갑갑증을 풀 길이 없어 병이 났을 것 같다.

그때마다 아내는 휴일마저 새벽잠 설치게 하는 꼬락서니를 미워했을 것이다.

'남들처럼 알랑방귀 뀌어서라도 출세해서, 자식들 비싼 학원도 보내고, 강남에 돈 되는 아파트에도 살아보고 할 궁리나 하지. 하다못해 힘깨나 쓰는 사람들 바글대는 골프장에라도 열심히 다닐 것이지, 성격하고 안 맞네 어쩌네 하며 그저 나무하고 돌뿐인 산에 허구헌 날 쫓아다니면 거기서 밥이 나오나, 떡이 나오나, 자리가 생기나. 저런 주변머리하고는, 쯧쯧.'

굼실굼실 이런 말이 금세 튀어나올 것 같은 아내의 표정을, 뒤통수 머리숲 속에 달린 또 다른 눈으로 살피며 집을 나서곤 했다. 대학생 아들을 둘 만큼 낮살 처먹은 자가 '철딱서니 없는 등산'이나 다니는 형편없는 처세술에 역정낼 법도 한데 여태까지 참아준 것만 해도 고마웠다.

물론 나도 속으로 한마디는 했다.

'아니, 여행 일정을 내가 짰나? 마에다[前田] 스님 등이 귀국 전 나한테 반드시 보여주고 싶다며 그렇게 날을 받은 건데.'

이런 터라 책상 위에 놓인 편지와 봉투를 보자마자 진즉 어디선가 올 것으로 알고 있었고, 그도 퍽이나 애타게 기다려온 양 수선 피우며 호들갑을 떨지 않을 수 없었다.

"아이쿠 이런, 오가와 선생이시네. 내가 먼저 작별전화라도 드렸어야 했는데. 이거 죄송해서, 참. 허허. 어쩐다. 또 무슨 학습교재를 보낸 것 아냐. 여하간 오가와 선생은 천상 어쩔 수 없는 훈장님이시라니까. … "

식구들 모두 귀국을 앞둔 복잡한 심사에 짐이 빠져나간 각자의 빈방에서 뭔가 시간을 보내고 있었기에 딱히 나에게 주목할 사람도 없는데 혼자 웅얼거렸다. 이삿짐 꾸리는 1박 2일간 집을 비운 무책임에 대한 성토와 후속공격의 예봉을 피하려는 얄팍한 수였을 수도 있다.

편지는 오가와 하루히사〔小川晴久〕 도쿄대학 명예교수로부터 온 것이었다.

10년 전 도쿄대학에서 객원연구원으로 있을 때, 지금은 일본의 어느 산속에서 도를 닦듯 지내고 있는 기인 황용성 박사를 통해 만나게 된 후 줄곧 사사(私事) 해온 분이었다. 정년을 몇 년 앞두고 후학에게 자리를 넘기고 최근 사립대로 옮겼다. 정년이 몇 년 더 긴 데다 연구활동을 적극 후원해주는 사립대로 옮기는 것은 유수의 일본 국공립대 교수들이 이어오는 관례이다. 양명학 분야 연구로는 일본 내 최고급인 니쇼가쿠샤〔二松學舍〕대학에서 한문학을 가르치고 있다. 연세대 유학도 했던 조선 실학연구의 권위자이며 한국에도 저서가 번역 소개된 바 있다. 바로 어제 둘러본 아이치현의 폐교 예정 고교를 이용해 설립될 농업대학원의 초대학장으로도 유력한 인물이다.

이래저래 인연이 겹치는지라 오가와 선생의 편지를 반갑게 대한 것은 집을 비우고 해찰부린 것을 얼렁뚱땅 둘러대려는 수작에서만은 아닌 게 분명했다. 귀국을 앞두고 송별회다 뭐다 바빠서 작별인사를 이쪽에서 먼저 살피지 못한 데 대한 죄송함도 실로 컸다.

전전날 소인이 편지에 찍혀 있었고 큰 등기우편 봉투에 찍한 소인은 어제 날짜였다. 도착한 순서대로 편지부터 열었다.

봉투를 뜯을 때만 해도 필경 작별의 섭섭함을 담은 글이려니 하는, 가벼운 맘이었다. 짧은 외출이었지만 일본생활의 스트레스를 훌훌 털어버린 행복감과 흥분의 여운이 남아 그렇게 가볍게 여겼을 것이다.

한자가 절반을 차지하는 편지는 7매이나 됐다. 서두는 짐작한 대로였다.

'기록적인 한파 속에 3년여 근무를 마치고 귀국하게 되었는데 편지로만 감사와 사과의 뜻을 전하게 되어 미안합니다.'

학술지 원고 마감 관계로 따로 송별회 자리를 만들지 못한 저간의 사정을 설명하며 사과하는 내용으로 시작됐다.

이어 매월 한 차례 와세다대학 인근 와세다봉사원에서 선생이 연 6~7회 열어온 '조선문화사 강좌'에 빠짐없이 여러 사람을 데리고 참가해준 데 대해 감사하는 내용도 있었다. 내년 강의 때는 더욱 분발해 참석자를 늘려보겠다는 다짐도 보였다.

2시간 강의를 준비하며 참고한 10여 권의 서적을 들고 와 한 권 한 권 설명해주고, 강의 후 몇몇과 간단한 식사를 마치고서는 무거운 책보따리를 들고 전철역으로 향하는 선생의 뒷모습을 물끄러미 바라보곤 했었다. 그리 꼼꼼하게 준비한 강의를 불과 10여 명만이 듣는 것을 늘 짠하게 여겨왔다.

한국, 조선이란 테마를 일본의 어설픈 지식인들은 짐짓 다 이해하는 것처럼, 혹은 이해할 가치가 없는 것처럼 무시한다. 그만큼 관심의 깊이가 얕다. 한국의 먹물 가운데 일본 이야기만 나오면 전문가 행세하는 사람이 많은 것과 비슷하다.

수천 명 청중을 상대해도 넉넉한 강의였건만 홍보부족 탓도 있었다. 한류 붐을 이용해 강의주제를 넓혀보거나 하는 융통성을 기대하는 것은 애시당초 오가와 선생에게 무리다.

몇 년 전 강의 테마를 북한 인권문제로 튼 대목도 수강자층을 더욱 엷게 한 것이 아닌가 하고 속상해 하기도 했다.

오가와 선생은 1960년대, 도쿄대학 학생시절 당시 지식인 사회 흐름 속에서 자연스레 좌파에 경도되었고, 조총련이 주도한 재일교포 북송사업을 열렬히 지지했다. 북한에 건너간 그들의 일은 까마득히 잊고 지내다 훌쩍 한 세대 이상 세월이 지난 뒤에야 우연히 북한 강제수용소 탈출자의 증언을 접하고 충격 속에 젊은 날의 과오를 반성하며 북한 인권문제에 매진하게 된 것이다. 조선문화사 강좌의 테마가 어느덧 북한 인권문제로 바뀌고 말았다.

선생에게 나는 '원래 테마로 돌아가야 하지 않겠느냐'고 여러 차례 따지듯 물었다. 제대로 격식을 갖춘 일본어가 아니었을 터이니 솔찬히 버르장머리 없이 들렸을 법하나 선생은 얼굴색도 바꾸지 않은 채, 강좌가 벗나간 것은 인정하면서도 북한인권이란 테마도 큰 틀에서 보면 조선문화사 강좌 대상이 된다며 양보할 태세를 눈곱만치도 보이지 않았다.

흐트러짐이 없는 만년필 글씨로 씌어진 편지내용은 이어졌다.

90세 가까이 되었지만 매달 강의에 나오던 시기 타쓰키〔信貴辰喜〕 씨나 치과의사 등 강의 참석자들을 '보물과도 같은 존재'라며 칭찬했다. 시기 씨는 오가와 선생이 도쿄대학 교양학부 학생시절 교수로 재직했던 스승이다. 워낙 조용한 분이라 일본 학계의 저명한 중세 독일어 음운학 대가란 사실은 한참 뒤에서야 알았다. 학구열에 넘치는 일본인들의 모습에는 실로 탄복할 대목이 많다. 조선문화강좌 시간에 30수년 전 제자와 학생이 이제 자리를 바꾸어 서로를 대하는 모습도 그랬다.

오가와 선생은 강의 후 질문을 받은 뒤 마지막에는 곧잘 "시기 선생 생각은 어떻습니까?"하고 물었다. 시기 선생은 물어보지 않았으면 섭섭할 뻔했다는 진지한 목소리로 의견을 말했다. 청년 못지않은 열정으로, 흔해빠진 세상의 생각 따위를 시원하게 거부하며 신선한 시각을 설파해 놀라워한 적이 한두 번이 아니었다.

'나라면 저 나이에 한때 제자였던 사람의 강의를, 저리 열심히 듣고, 질문하며, 함께 토론할 수 있을까.' '어디 가서 써먹기 위한 게 아니라 저런 공부가 진짜 공부요, 진정한 학문의 즐거움이 아니겠는가.' 두 사람을 보며 이렇게 부러워했었다.

편지 후반부에 기자라면 누구나 눈이 번쩍 뜨일 만한 내용이 담겨 있었다. 특파원 임기가 끝나 취재수첩은 이미 덮은 상태였지만 직업적 본능을 자극했다. 분명 이것은 '뉴스'였다.

"올해 5월 고향 가마고리〔蒲郡: 일본 중부 아이치현의 항구도시〕에서 열린 중학교 졸업 50주년 기념식장에서 한 동급생과 재회했습니다. 그의 아버지는 종전 이전에 일본에 건너온 한국인, 어머니는 일본인, 동생은 훗날 요코즈나〔橫網〕 다마노우미〔玉の海〕가 되었습니다. 본인은 조직폭력 세계에 들어갔다가 수년 전 손을 씻고 지금은 건실한 사람이 된 이로 본명은 다니구치 슈이치〔谷口秀一: 구명 요시타케 슈이치(善竹秀一)〕입니다. 그때 그로부터 자신과 동생 다마노우미를 중심으로 한 반생기를 적은 수기를 전해 받았습니다.

그는 아마추어 바둑 고수로 한국의 프로기사 이창호를 존경합니다. 당

신이 전에 내게 준 저서, 《바둑신화 이창호 스토리, 할 테면 최고가
되라》를 아직 다 읽지 못했는데 이제 책을 읽을 계기가 생겼습니다.
친구에게 당신 저서에 실린 내용을 말해주기 위해서입니다. 그는 한국
어를 읽지 못하는데 최근에야 한글 공부를 시작했습니다.
그의 반생기 복사본을 내일 속달 편으로 보냅니다. 스나가와〔砂川〕
씨도 읽고 싶다 하여 오늘 저녁 2부를 복사하겠습니다. 다음에 일본에
오면 다니구치 씨를 꼭 인터뷰해주십시오.
송별회 자리를 만들지 못한 일을 사과드립니다. 감사의 정표로 보내는
것이 이 편지밖에 없어 죄송합니다. 아무튼 다니구치 슈이치의 수기는
좋은 선물이 될 것으로 생각합니다."

선생다운 편지였다. 또박또박한 글씨에 정중한 문체였다. 편지지
일곱 장은 10년간 보아온 선생의 가식 없는 모습 그대로였다.
스나가와 씨는 오키나와 출신의 전직 일본 외무성 소속 공무원이다.
1988년 방콕행 KAL기에 시한폭탄을 장치해놓고 미모의 테러리스트
김현희가 공범 김승일과 바레인의 아부다비 공항에 내려 잠적했을 때
그는 바레인 주재 일본대사관 서기관이었다. 테러리스트 일당이 시내
호텔에 머물고 있는 것을 추적, 정체를 밝혀내고 체포에 이르게 한 최
대 공로자였다. 김승일이 독약이 든 캡슐을 집어삼키고 급사한 순간도
목격했다. 이후 아프리카에도 근무했으나 일본 외무성 본부에 들어와
질식할 듯한 관료사회 풍토에 반발, 사표를 던지고 벤처기업인으로 새
출발해 성공했다.
그를 알게 된 것도 실은 오가와 선생의 조선문화사 강좌에서였다.
초청강사로 참석한 그는 내게 책 한 권을 주었다. 《일급비밀》이란 제
목으로 김현희 체포 전후 상황을 기록한 것이었다. 영화를 보듯 분초
별로 상황을 세밀히 기록한 글은 어떤 스릴러 작가도 흉내낼 수 없는

긴장감과 긴박감으로 넘쳤다. 책을 읽어보고 나서 그에게 소설가 수업을 따로 받은 적이 있는지 물어보지 않을 수 없을 정도였다.

편지와 함께 놓여있던 봉투에는 오가와 선생이 부치겠다고 한 슈이치의 수기가 들어 있었다. 복사본 앞뒤에 마분지로 표지를 만들고, 원고에 구멍을 뚫어 노끈으로 꼭꼭 조여 맨 것 하며가 틀림없는 선생의 솜씨였다. 50년 만에 재회한 중학 동창생의 소원을 풀어주려 노부부만 사는 허름한 집의 책상 위에서 이 일을 하고 있었을 선생의 표정도 넉넉히 상상됐다.

굵은 매직으로 쓴 제목, '형과 동생' 역시 선생의 육필이었다. 안에는 급히 날려 쓴 한 장의 메모가 들어 있었다.

"귀국 직전 짐이 될지 모르는 자료를 보내 죄송합니다. 어제 편지에 설명한 수기인데 나와의 관계를 설명한 대목도 있습니다. 아무튼 자료를 소중하게 다뤄주십시오."

부제는 '아우 다마노우미와 나를 괴롭힌 조선'이라고 되어 있었다.

내용을 일별한 느낌은 한마디로 충격이었고 부끄러움이었다. 기자로서, 일본주재 특파원으로 그동안 뭘 했나.

언론사 특파원 가운데에는 현지 언론매체의 보도내용을 열심히 번역해 보내는 '번역사' 타입이 상당수 있다. 무조건 양으로 때우고 보자는 타입이다. 현지 사정을 모르는 서울 본사에서는 대개 이런 사람이 높은 평가를 받는다. 사내 정치에 무관한 생활로 일관해온 나는 일찌감치 번역사 타입을 외면하고 발굴기사를 위해 주말을 잊고 최북단 홋카이도에서 남단의 큐슈, 태평양상의 오키나와 섬까지 동분서주해왔다. 때때로 서울에서 보내달라는, 결론이 뻔한 기사 송고를 거부하며 간부들과 충돌하고 욕도 먹었다.

'지금은 붓을 아예 꺾는 절필(絶筆)이 아니라, 붓을 가급적 아껴야 할 절필(節筆)의 시기가 아닌가.'

그런 갈등이 일 때마다 이렇게 스스로에게 타일렀다.

기자는 양심에 어긋나는 기사작성을 강요받지 않을 자유가 보장되어야 한다. 과거에는 외부압력이 컸지만 이제는 신문사 내부압력이 더욱 문제다. 기자가 양심을 지킬 수 없는 상황이라면 참 언론의 기능은 기대하기 어렵다. 그런데도 설설 알아서 기는 한심한 문화의 악취는 언론계까지 풍미하고 있다. 곡학아세 부류는 언론계에도 있다.

허나 다마노우미 형제 이야기는 이런 유의 고민과는 전혀 다른 차원의 숙제였다. 한국계가 일본 스모계의 최고봉, 요코즈나를 지냈다는 소문은 도쿄에 부임한 이래 간혹 들어온 바였다.

다마노우미보다 10여 년 앞서 45대 요코즈나(1958년 3월~1962년 5월)를 지낸 와카노 간지[若乃花幹士]가 한국계라는 설이 그랬다. 또 51대 다마노우미에 대해서도 한국명이 '윤이기'란 말도 들렸다. 다마노우미보다 10여 년가량 뒤에 57대 요코즈나에 오른 미에노우미[三重の海: 요코즈나 재임 1979년 9월~1980년 11월]는 이오랑(李五郞)이란 한국명을 가졌다고 들었다.

하지만 이런 소문을 직접 확인해보려 시도한 적이 한 번도 없었던 것이다. 일본 내 재일 한국인 사회에는 '유명한 스타 누구누구도 한국계라더라'는 '카더라 방송'이 유행한다. 사실을 드러내는 것으로 민족의 자긍심을 드러내는 측면도 있지만, 일본인에 대해 갖고 있는 콤플렉스 같기도 해서 특별히 관심을 두지 않았던 것이다. 또한 이런 사실을 기사화할 만한 계기도 없었다. 그렇다고는 하지만 사실관계를 따져

보지 않고 태연히 지내온 데 대한 자괴감은 컸다.

사실 소문이란 얼마나 부정확한 것인지 모른다. 다마노우미의 성씨만 해도 친형의 증언을 통해 밝혀지게 되는 '정'씨가 아니라 얼토당토않게 '윤'씨로 알려져 왔다. 와카노 간지에 대한 소문이 확인되지 않은 터인지라 다마노우미를 한국계 최초의 요코즈나로 불러도 어색하지 않을 것이다.

한편으로 의문이 불쑥 일었다. 왜 이런 사실이 오랫동안 제대로 알려지지 않았던 것일까. 대체 무슨 사연이 있었길래.

궁금했지만 그날 당장은 수기를 펴들지 않았다.

다음날 저녁에도 송별회 약속이 있어 딴 데 신경 쓰고 싶지 않았다. 실은 그보다 관심 가는 책을 한번 잡으면 다 읽을 때까지 좀처럼 손에서 떼놓지 못하는 자신의 병적인 독서벽을 스스로 잘 아는 탓이었다.

다음날 가족 모두 시나가와[品川]역 부근의 일본 성당을 찾았다. 엉터리 가톨릭 신자지만 어쨌거나 긴 객지생활을 가족 모두 건강하게 마치고 귀국하게 된 데 대해 어떤 대상이라도 좋으니 감사의 마음을 표하고 싶었다.

건강이 좋지 않았음에도 도쿄 특파원으로 근무하며 잦은 술자리를 업무상 피하지 못하다 끝내 간암으로 작고한 선배의 일도 있어서였다. 특파원 발령을 받은 다음날 선배의 묘소를 찾아가 술 한 잔을 올리며 "선배, 나 도쿄 가요. 선배 있던 그 자리에. 당신처럼 바보같이 일만 하다 죽지 않고 어쨌든 살아서 돌아오리다" 다짐도 했었다.

오가와 선생에게 전화를 넣어 따뜻한 편지와 귀한 자료에 감사드렸다. 낼 모레 귀국하므로 따로 뵐 시간은 없지만 자주 방한하는 만큼 서울에서 다시 뵙겠다는 말도 전했다.

귀국 일정이 확정되고 나서 5주가량 도쿄, 후쿠오카, 오사카, 홋카이도를 돌며 취재하는 과정에서 마련된 지인들과의 송별회 모임도 오늘이 마지막이다.

'미친 짓거리 아닌가. 굳이 이리 힘들게 마무리하지 않아도 되는데….'

매번 송별회 장소로 가며 이런 생각을 했다. 원래 집안 내력이 술꾼하고 거리가 먼 점도 있어 몸은 피로에 쌓여갔다.

'우직한 그 선배가 몸이 아픈 것을 참고 이런 식으로 돌아다니다 결국 세상 떠났구나' 하는 생각이 절로 들었다.

하지만 사람과 사람의 만남 이상 중요한 것은 없으며, 내 신상에 이롭고 해로움만 따질 일이 아니라는 믿음에서 지인들이 만들어준 자리는 굳이 피하지 않았다.

마지막 송별 식사를 마치고 집에 돌아오자마자 자리에 쓰러지고 말았다. 임무완료의 안도감 속에. 그리고 꿈도 꿀 수 없는 깊은 잠에 빠졌다.

다음날은 오전 6시 기상 원칙을 던져버리고 늦잠을 자다 일어나 도쿄 근교 기누가와〔鬼怒川〕온천으로 2박 3일의 가족여행을 떠났다. 일 핑계와 한눈을 파느라 가족을 제대로 챙기지 못해온 데 대한 미안함의 표시이기도 했다. 수기를 집어넣은 작은 배낭 하나만 등에 졌다.

스미다가와〔隅田川〕천변의 공원 벤치에 앉아 강 건너편으로 건물 옥상의 맥주거품 조각을 건네다 보며 도쿄생활의 회상에 잠겼다. 기쁨과 괴로움, 아픔과 즐거움이 교차한 짧지 않은 기간이었다.

아사쿠사〔淺草〕역에서 기누가와 온천으로 직행하는 특급열차 '스페시아'에 올라서부터 독서는 시작됐다. 1시간 40분가량 열차를 타고 있는 동안은 물론 온천호텔에 도착해서도, 저녁을 먹고 나서도 원고에서 눈을 떼지 못했다. 다음날도 낮 동안 계곡의 눈 구경을 하고, 놀이시설을 찾아간 몇 시간을 빼고는 수기를 읽는 데 몰두했다. 결국 이튿날 새벽 3시경에야 일독을 마칠 수 있었다.

온천여행에서 돌아와 짐을 챙겨 곧바로 하네다 공항으로 떠나려다 오가와 선생이 알려준 전화번호를 눌렀다.

수기를 쓴 슈이치였다. 일본말이 어눌하게 들렸다. 중학교 동창생 오가와 선생을 통해 수기를 받아 읽어보았으며 귀국 즉시 출판관계를 알아보겠노라고 하니 매우 반가워했다.

"오가와 선생이 당신 칭찬을 많이 해 잘 알고 있습니다. 모두 당신에게 맡길 테니 알아서 해주십시오."

하네다 공항을 이륙한 비행기는 도쿄 만 상공을 날아올라 모자처럼 꼭대기에 눈을 덮어쓴 후지산 위를 통과했다. 일본의 상징을 아래에 두고서야 비로소 업무에서 완전히 해방됐다는 것을 실감한다.

'사요나라, 닛폰(일본이여 안녕).'

가슴 후련함이 지나자 고민이 생기기 시작했다.

'신문사에 복귀하면 새 업무를 맡을 터인데 슈이치네 집안 이야기는 어떻게 한다. 왜 좀더 일찍 오가와 선생하고 통화하지 못했던고. 며칠 전에만 통화했더라도 슈이치를 만나고 귀국할 수 있었을 터인데. 아이치현을 여행했을 때 신칸센을 타고 내린 곳이 슈이치가 살고 있는 가마고리에서 기차로 20분 거리의 도요하시가 아니었던가.'

귀국하니 그다지 좋지 않은 소식이 밀어닥쳤다.

서울은 청계천 복원으로 상징되는 거품 일색이었다. 산에서 흘러내린 물이 자연스럽게 흐르는 것이 아니라 강에서 퍼 올려 흘려보내는 인조 청계천. 1960년대 박정희의 개발독재 서곡처럼 일사천리로 진행됐던 부개(覆蓋) 과정처럼 복원도 공론화 과정을 제대로 거치지 않은 채 순식간에 끝났다. 어찌 한국인은 내세울 게 속도뿐인가. 도심부 열섬현상을 완화하고 청계천변 상권도 살아났다느니 다들 칭찬 일색이었지만 눈앞의 번쩍이는 현상에만 넋을 잃는 한국인의 즉물성을 상징하는 것 같아 보였다. 물론 보기에도 시원하고 도심 직장인들의 점심 산책코스로서야 더할 나위 없이 좋지만.

선후배 기자들을 만나도 맘이 영 개운치 않았다. 강남에 누가 아파트를 샀는데 몇 달 만에 집값이 얼마나 뛰어 대박이 났다느니, 누구누구 자식들이 어디 외국어고에 들어가 정말 잘됐다느니 따위 이야기가 주된 화제였다.

집안에 80세를 넘긴 어르신들이 많다 보니 일본 근무 기간중 별세한 소식이 몰려와 슬픔을 더해주었다. 해외에 있는 데다 좋은 소식도 아니고 해서 굳이 연락하지 않았다고들 했다.

어린 나를 무릎에 앉히고 귀여워해 주셨던 분들이 그새 세상을 떠나들 갔구나 하는 무상함이 컸다. 몇 명 안 되는 대학 동기생 가운데 한 명도 훌쩍 가버리고 없었다. 교정의 잔디밭에서, 강의실에서, 순댓국밥집에서, 당구장에서 함께 했던 젊은 시절의 추억만 남기고.

수년 사이 한국사회 흐름도, 어느 정도 짐작이야 하고 있었지만 참으로 괴이하게 변해 있었다. 몸도 정신도 낯설기만 해 훌쩍 지방여행을 떠나버렸다.

어줍잖은 기자생활 20여 년. 그간 써온 글들이 과연 무슨 의미가 있었을까. 무슨 상입네, 특종이네 해도 이를 기억하는 것은 언론계 동료 몇몇뿐이고 그도 얼마 동안의 일뿐, 한 발작만 세상 밖으로 나오면 아무도 기억해주지 않는다. 기자란 직업을 갖게 된 것도 운명일 것이다. 볼펜 한 자루 들고 20년 먹고 살았다면 감사해야 할 노릇이다. 민주화투쟁의 시대가 끝나며 신문에 대한 세간의 기대와 시각은 달라졌다. 다들 똑똑한 한국에서 이제 신문 따위는 더 이상 필요 없어졌다. 신문사 한 번 들러보지도 않고, 하루치 신문조차 꼼꼼하게 읽어 본 적 없을 성 싶은 이들이 제 입맛에 맞는 기사 몇 건 분석한 것으로 이 신문은 콩이요, 저 신문은 팥이라 조잘댄다. 글쟁이뿐 아니라 일반인도 아는 것 많기는 마찬가지다. 신문사 입사시험 합격증서가 따로 있는 것도 아니고 어디 써먹을 데도 없으니 기자 출신이 신문지면 외에 글을 써서 사회에 봉사할 일도 별로 없다. 그래도 글이랍시고 쓰는 일로 먹고 살아온 내게 부여된 마지막 의무가 있다면 바로 이런 한국계 2세 형제의 애달픈 이야기를 한국어로 세상에 알려주는 것이 아닐까.

이런저런 생각을 하며 지방을 떠돌며 친구들을 만나 허허로운 심사를 달랬다. 그동안에도 슈이치 형제 이야기를 어떻게 할까 하는 생각이 내내 머리를 떠나지 않았다.

돌연 서울에서 휴대전화로 날아온 친구의 모친상 소식에 지방순례를 일주일도 안돼 중단해야 했다. 2년 전 부친상 때 와준 친구한테 문상 가는 일은 중년의 나이에는 만사 제쳐두고 해야 할 급한 일이었다. 여행조차 맘 편히 하지 못하는 게 이승의 삶이다.

조문관계로 여행마저 중단하고 나니 허전했다. 문득 슈이치에게 국제전화를 걸어 안부를 묻고 싶었다.

하지만 좀처럼 연결이 되지 않다가 하루 뒤에야 간신히 통화할 수 있었다. 어제 종일 병원에서 투석과 재활훈련을 하느라 그랬다고 했다. 콩팥 기능을 상실해 일주일에 세 번 혈액투석을 받는 신부전증 환자였다. 오가와 선생으로부터 건강이 좋지 않다는 말은 들었지만 이 정도로 상태가 좋지 않은 것을 몰랐다. 자칫 시간을 끌다가는 슈이치 생전에 형제 이야기를 세상에 알리지 못할 것 같은 초조함에 사로잡혔다. 출판을 서두를 뜻을 전하며 자료수집 등 취재차 자택을 방문하고 싶다고 전하자 슈이치는 흔쾌히 허락해주었다.

1월 하순 일본 아이치현 나고야 부근 해안의 중부공항.

2005년 아이치 만국박람회를 앞두고 개장된 국제공항은 탁 트인 공간배치가 인천공항과 흡사하다. 로비며 각종 시설이 일본답지 않게 널찍하다. 시설도 모두 새 것이라 기분이 좋았다.

서울이라면 눈 구경도 쉽지 않을 1월 하순이었지만 기내의 기상예보로는 착륙지 나고야 일대는 눈이 예고돼 있었다. 짐도 있고, 한 번도 가보지 않은 곳이라 연결 교통편이 엉망이 되는 게 아닌가 싶어 낭패였다. 하지만 공항을 빠져 나오자 거짓말같이 온화한 날씨였다. 역시 예보는 예보일 뿐이다.

공항 로비에서 짐수레를 끈 채 전철에 올라탈 수 있게 해놓은 점도 최신 공항답다. 기차에 올라타니 속이 편해진다. 귀국 후 한 달 가량의 서울생활이 준 스트레스가 3년여 생활에 익숙해진 일본에 돌아오니 일순 녹아버린 것 같은 착각에서였다. 도중에 한 번 기차를 갈아탄 뒤 슈이치가 알려준 가마고리역에 내렸다.

한산한 개찰구를 나서니 시각은 오후 1시.

방문하기로 약속한 3시보다 훨씬 일찍 도착했다. 역 광장 옆의 작은 식당에 들어가 식사를 주문하고 밖에 나와 공중전화를 걸었다.

'따르르르….' '따르르르….'

몇 번을 걸어도 응답이 없다. 휴대전화도 연결이 되지 않았다.

3시경 방문하겠다고 약속했기에 잊어버리지는 않았을 것이고 혹 건강에 이상이 생긴 것은 아닌지 불안해졌다. 하지만 다마고동(계란덮밥) 한 그릇으로 끼니를 때우며 맘 편히 먹기로 했다.

설령 무슨 일이 있어 오늘 만나지 못해도 2박 3일 일정으로 잡고 왔으니 내일이 있고, 모래 오전도 시간이 있지 않는가.

식대를 계산할 때 예순이 됨직한 여주인에게 슬쩍 물어보았다.

"요코즈나 다마노우미 아시지요? 저는 한국인 관광객인데요."

"그럼요, 알다마다요. 유명하지요. 한국분이 어떻게 그것까지 아시네요."

"아, 네. 스모 팬이라서요. 다마노우미 자택이 여기 있다면서요?"

굳이 다마노우미가 한국계란 사실은 말하고 싶지 않았다.

"맞습니다. 이곳 사람이지요. 그런데 집이 어디더라 …."

벌써 30년도 전에 활약했던 인물이니 그럴 수 있으려니 싶었다.

온천지로 유명한 이곳에서 이틀 묵을 예정이라 역 구내 관광안내소에 들렀다. 놀랍게도 한글 안내서까지 비치되어 있었다. 정부가 운영하는 곳이 아니라 숙박업소들이 공동운영하는 곳이었는데 대체 한국손님이 얼마나 온다고 이리 정성을 쏟는지 노력이 가상했다.

예약을 하고 오지 않은 탓에 오늘은 역에서 가까운 곳에 괜찮은 가격대의 방을 잡을 수 없었다. 기차역 한 정거장 떨어진 미야〔三谷〕 온천관광지의 한 호텔로 정했다. 친절하게 안내해주는 20대 여성을 쳐다보며 아름다움이란 얼굴이나 몸매에 있지 않고 표정과 마음에서 나온다는 것을 실감한다. 지방 소도시의 거리를 어슬렁거리는 것은 여행자의 특권이다. 도쿄와는 공기가 역시 다르다. 한국계 2세 형제가 어린 시절을 보낸 곳이라 도시의 다양한 풍경을 머리에 넣어두었다.

2시 조금 넘어서야 슈이치와 통화가 이뤄졌다. 투석 때문에 집을 비웠다 방금 귀가했다는 것이다. 자택에서 재활훈련을 받을 시간이지만 상관없으니 바로 오라고 했다.

"역에서 택시 타면 10분도 안 걸려요. 운전사한테 '요코즈나 다마노우미 집' 하면 다 압니다."

집 번지를 알려달라고 해도 슈이치는 이 말만 거듭했다. 동생이 그만큼 유명인사란 점을 강조하고픈 것이리라. 역 앞에 택시를 세워놓고 내가 관광안내소에 들어갈 때부터 힐끔거리며 밖을 내다보던 운전사에게 택시에 오르며 기세 좋게 말했다.

"요코즈나 다마노우미 집 갑시다."

그런데 이게 웬일인가. 반응이 기대했던 바와 달랐다. 50대 후반으로 보이는 운전사는 고개를 갸웃하는 것이었다.

"다마노우미야 잘 알지요. 그런데 집은 어디더라, 글쎄⋯."

정확한 집 번지를 모르니 큰일이다 싶었다.

"잠깐만 기다려 보십시오."

운전사는 무전기를 집어들고 회사동료와 연락을 취했다. 그 역시 집을 모르는 사람이었는지 다른 사람을 바꾸어 통화했다.

"아, 거기 사거리 돌면 바로라고? 알았어."

운전사는 하지만 엉뚱한 골목으로 들어가 헤매다 차를 세우고 동네 세탁소에 들어가 길을 확인하고 나왔다.

"제대로 오긴 왔는데, 조금 지나쳤다는군요."

작은 사거리 모퉁이 집 앞에 이르러 "아, 저기 문패가 있네요" 하며 차를 세웠다.

'谷口秀一. 谷口照子.'

성씨는 '요시타케'〔善竹〕가 아니라 '다니구치'〔谷口〕로 되어 있었다. 담장이 없이 길에 바로 현관이 있었고 문 옆에는 전동 휠체어가 한 대 놓여 있었다.

"실례합니다."

인기척을 하자 한 여성이 문을 열며 맞아주었다. 아담한 몸집에 온화한 눈빛이다. 데루코 부인일 것이다.

"방금 투석을 마치고 와서 조금 쉬고 있어요. 잠깐 이쪽으로 오시지요."

툇마루를 올라 응접실처럼 되어 있는 곳으로 들어섰다. 고양이 몇 마리가 슬금슬금 가까이 다가오더니 발에 몸을 문지르며 아양을 떤다. 그만큼 외로움을 타고 있는 것 같았다.

부부만 살고 있었다. 두 평 남짓한 응접실 한쪽 책상 위에는 컴퓨터가 놓여 있었다. 책꽂이에는 한국어 초보 교재가 두 권 꽂혀 있었다. 벽에는 요코즈나 다마노우미의 대형 브로마이드가 붙어 있었지만 우승 트로피 등은 보이지 않았다.

데루코 부인이 내온 차를 마시고 있는데 슈이치가 응접실로 들어섰다.

"미안합니다. 제가 몸이 불편해서 제대로 접대를 못합니다."

미소를 띠어 보였지만 피로해 보인다. 뇌경색으로 쓰러진 후유증으로 몸을 제대로 쓰지 못했다. 맨 처음 전화통화를 했을 때 일본어가 서투르게 들렸던 것도 뇌경색 후유증으로 혀 근육의 기능이 온전하지 못하기 때문이었던 것이다. 오른쪽 다리는 끌다시피 했고, 오른쪽 팔은 가슴 안쪽으로 굽어진 채였다. 일주일에 세 번 혈액투석을 하는데, 투석하는 날은 오전 8시에 집을 나가 오후 3시 가까이 돼서야 집에 온다고 했다.

다부진 몸매, 부리부리한 눈, 윤곽이 뚜렷한 광대뼈. 야쿠자 생활을 오래 했다거나 살인범으로 복역한 경력을 수기를 통해 접했기에 편견이 작용했을까. 어쨌거나 얼굴과 목 주변을 얼핏 보면 단단하고 야무진 대살이 느껴졌다. 컴퓨터 앞 책상에 걸터앉는 것만 해도 꽤나 힘을 써야 하는 상태였지만 눈매는 날카로웠다.

"이거, 한국에서 가져온 것입니다만⋯."

신문지와 포장지로 겹겹이 두른 다음 금빛 보자기로 싼 바둑판을 그에게 보여주었다. 오가와 선생으로부터 슈이치가 바둑을 좋아하고, 한국 프로기사 가운데 이창호를 가장 좋아한다는 말을 듣고 '바로 그거다!' 싶어 가져온 것이었다. 프로기사 이창호가 한자로 '李昌浩' 이름을 직접 써넣어 준 바둑판이었다.

"아니, 이처럼 귀한 것을 제게 주시다니요."

문화부 기자시절 바둑계를 담당하다 떠날 때 한국기원 측이 선물로 주었던 것이다. 또 다른 사연도 담긴 바둑판이었다.

이창호 관련 책을 썼는데, 엉뚱한 송사에 휘말렸고 결국 상당한 돈을 버리고 정신의 자유를 얻으며 재판을 끝냈다. 여하간 그런 일이 있고 나서 '바둑'의 '바'자도 보기 싫어 집에 있던 바둑책을 모두 내버렸

가마고리 자택에서의 슈이치 부부. 프로기사 李昌浩 친필사인 바둑판이 앞에 있다.

다. 딱 한 권, 친구인 문용직 프로 5단이 집에 놀러왔다가 아들에게 준 한 권만 빼고. 몇 개 있던 바둑판도 정리했는데 이창호 사인이 든 바둑판은 사건을 해결할 때 거액을 융통해준 친구에게 감사의 뜻으로 주었던 것이다.

"아니, 주었다 뺏어 가는 법이 어디 있어요?"

슈이치를 만나러 일본으로 떠나기 전 친구에게 사정을 이야기하며 바둑판 말을 꺼내자 흔쾌히 가져가라고 했다. 친구 부인은 웃으며 '항의'했다.

"아니, 생각해봐요. 귀한 바둑판을 책상 아래 두고 발 받침대로나 쓰는 게 말이 되요? 그러니 빼앗겨도 당연하지. 물건에는 다 임자가 있는 법이요. 이 바둑판 임자는 아무래도 다른 사람 같아서. 하하하."

'임자론'을 들먹이는 것으로 미안하다는 말을 대신했다.

슈이치에게 바둑판에 얽힌 사연을 간략히 설명해주자 오가와 선생을 통해 이미 그 사건에 대해 들었던 모양으로 빙긋 웃었다. 세상 살면 웃기지도 않는 일도 겪는다는 뜻 같았다.

출판에 적극 나설 뜻과 함께 수기를 바탕으로 쓸 내용 등에 관한 일체의 저작권을 넘겨받는 이야기 등을 순식간에 마쳤다.

'반쪽 한국인'으로 겪어야 했던 고난의 인생 역정 주인공인 슈이치는 고개를 깊이 숙였다.

"한국어로 우리 형제 이야기가 출판된다면 그 이상 바랄 것이 없습니다. 다 알아서 해주십시오. 더없이 영광입니다. 감사합니다."

"우승 트로피가 보이지 않는데요?"

"제가 자식도 없고 몸도 불편해 만일 무슨 일 생기면 어쩌나 생각하다 시즈오카에 사는 독지가 집으로 모두 보냈습니다."

어린 시절 사진 앨범은 며칠 전 그쪽에 연락해 소포로 받아 둔 상태였다. 출판시 책에 들어가면 좋겠다 싶은 사진 몇 장을 골라 설명을 들었다. 차를 마시며 수기내용 가운데 궁금했던 내용을 하나하나 보충했다. 기분은 좋다고 했지만 슈이치는 너무 많은 기력을 소모했는지 피로한 기색을 보이기 시작했다.

"내일 오후 다시 방문해 취재하고 싶습니다만."

"좋습니다. 그렇게 하시지요."

택시를 타고 가겠노라고 만류했지만 부인은 한사코 승용차로 가마고리역까지 데려다 주었다. 한 정거장을 열차로 간 다음 예약해둔 호텔에 택시를 타고 갔다.

지나가는 길에 본 호텔 앞 온천가는 을씨년스러웠다. 가게문이 닫힌 건물도 많았다. 웃음을 파는 아리따운 아가씨들의 교성, 돈을 뿌리며 휘청거리던 취객의 발길은 어디 갔을까. 광맥을 뒤지듯 유흥업소를 주무르며 돈을 뽑던 야쿠자들의 모습도 흔적을 찾을 수 없다.

다음날 아침 일찍 다마노우미의 묘를 찾아 나섰다. 사진도 촬영할 겸 새삼 집필의지를 다지기 위한 '자기 세뇌'의 과정이기도 했다. 손놀림이 불편한 슈이치가 어제 그려준, 그것도 왼손으로 그려준 약도 아닌 약도 한 장만 들고 찾아 나섰다. 작은 도시인데 가마고리역에서 걸어가더라도 그리 멀지 않겠다 싶어 곰배곰배 쉬어가려 했는데 그게 아니었다. 작지만 도시는 도시였다. 한참을 돌아다녔으나 찾지 못해 행인에게 물어본 끝에야 나즈막한 산언덕에 자리한 묘지에 도착했다.

다마노우미의 묘비는 절에 딸린 묘역에서 가장 높은 곳에 있었다. 보통의 묘비보다 월등히 컸다. 가마고리 시장의 이름으로 세워진 묘비를 보며 새삼 그의 비중이 이곳 사회에서 여간 큰 것이 아니었음을 짐작할 수 있었다.

형제들이 다니며 유도를 했던 가마고리 중학교도 찾아가 보았다. 수업중이라 운동장은 적막했다. 학생수도 50여 년 전에 비하면 무척 줄었다고 했다.

식사 때가 되어 '야키니쿠(일본식 불고기) 식당'을 찾아들어갔는데 여기도 한류의 영향이 역력했다. 김치 깍두기 김 비빔밥 찌개 상추 등 한국어 발음 그대로 메뉴판에 표기돼 있었다.

약속했던 시간보다 한 시간 정도 앞서 슈이치 집에 도착했다. 기자 생활을 하며 늘 시간에 쫓겨 살아온 탓일까, 약속에 늦으면 어쩌나 하는 강박관념에서 벗어나지 못하는 자신의 모습에 쓴웃음이 나왔다.

담배를 물고 동네를 어슬렁거리고 있자니 사회복지시설 스티커를 붙인 차량 한 대가 슈이치 집 쪽에서 빠져 나왔다. 재활훈련이 끝난 것이었다.

요코즈나 다마노우미의 묘비.

어제보다 원기를 회복한 듯 한결 편한 모습으로 슈이치가 말을 건넸다.

"잠은 편히 주무셨습니까?"

"네, 미야온천지에서 푹 쉬었습니다."

"그래요? 거기가 전에 제 '나와바리'(활동구역)였는데. 하하."

"그랬군요. 전혀 유흥가 같지 않던데요. 문 닫힌 가게도 많고."

"그야 인구가 준 탓이지요. 이젠 호텔 몇 개만 남았지만 그땐 대단했지요."

어제 선물한 바둑판을 만지작거리고 있는 슈이치에게 말을 붙였다.

"한 수 하시겠어요? 기념대국."

인터넷 바둑을 즐기는 슈이치는 '아마 7단'이라고 했다. 기다렸다는

형제들이 다니던 가마고리 중학교 전경.
버스정류장 표지에 '가마고리 중학교 앞'이라고 써있다.

듯 반색하며 흑돌 통을 자기 앞에다 가져갔다. 실력이 조금 나은 쪽이 쥐는 백돌을 당신이 잡으라는 겸양의 표시다. 젊은 시절 아이치현 아마 대표까지 한 그인지라 한사코 백을 넘겼다.

초반 포석이 끝나고 곧바로 좌하귀에서 접전이 벌어졌다. 백은 수가 날 것 같은데 선선히 물러섰다. 그 여파로 흑이 절대 우세한 상태에서 중반을 맞았다. 하나 잠시 방심한 사이 흑은 초반 우세를 잃고 중반 이후 밀리기 시작했다. 막판 끝내기에 돌입하면서 흑이 수를 내고 알토란 같은 백 진영을 깨부수고 재역전했다. 슈이치는 머리를 숙이며 "졌습니다" 하고 돌을 거두었다.

한국에서 바둑판을 들고 찾아온 손님에 대한 접대바둑 같았다. 몇 년 전 신부전증과 뇌경색으로 쓰러지기 전이었다면 결과는 달랐을 것이다.

"잘 배웠습니다. 일본에도 '접대바둑'이란 말이 있나요?"

"예, 있지요. 앗, 무슨 뜻인지 알겠습니다. 하하."

어제에 이어 장시간 취재를 계속했다. 짧은 겨울 해가 기울 무렵 작별했다. 부인은 사양에도 불구하고 어제처럼 차로 가마고리역에서 그리 멀지 않은 호텔에 데려다 주었다.

프런트에서 작은 시빗거리가 생겼다.

도착해서 일본어로 예약을 확인할 때만 해도 아무 말 없더니 숙박부에 이름을 한자로 써넣는 걸 본 여종업원이 외국인인 줄 알아보고 여권을 제출해달라는 것이었다. 얼굴사진이 들어 있는 면을 복사하겠다는 것이었다.

여권을 무심결에 건네주고 나서 생각해보니 어딘지 꺼림칙했다. 일본 근무시 일본 국내 출장을 수없이 다녔지만 이런 일은 없었다. 여권을 되돌려주는 여종업원에게 물었다.

"최근 개인정보 보호로 시끄러운데 외국인 여권 복사 보관의 법적 근거가 있습니까?"

여종업원은 느닷없는 질문에 당황해했다. 협조를 요청하는 경찰서의 안내문을 보여주었다.

"요청문이 아니라 법적 근거 말입니다."

여종업원이 사무실로 들어가더니 고참 남자 종업원을 데리고 나왔다. 똑같은 질문을 던지자 그는 정중하게 말했다.

"죄송합니다. 어디까지나 협조사항입니다."

나는 여권 앞면을 복사한 종이를 되돌려 받아 북북 찢어버렸다. 얼굴이 붉어진 것은 나뿐 아니라 종업원들도 마찬가지였다.

'성질 고약한 조센징이군' 하는 듯한 표정이 일순 상대방의 얼굴에서 느껴졌다.

가마고리 항구가 자리잡은 미가와〔三河〕만이 내려다보이는 객실에 짐을 풀었다. 미닫이 창문을 열어놓고 다다미 감촉을 몸으로 느끼며 일본 땅을 실감한다. 작은 섬이 눈앞에 들어왔다. 관광안내소에서 받은 지도를 펼치니 다케시마〔竹島〕였다. 독도를 일본인들은 다케시마**라고 부르는데 이곳에도 다케시마가** 있었다.

일본의 **온천 호텔에서는** 대개 저녁식사를 방안에 차려준다. 회와 나물무침, 생선구이, 된장국, 냄비요리, 디저트를 50대 중반의 여종업원이 기모노를 입고 가져와 차리고는 먹는 방법을 하나하나 설명해 준다.

귀찮다. 접객 매뉴얼대로 기계에서 반복되는 듯한 목소리가. 한국에서 온 뜨내기 관광객인데 빨리 설명하고 돌아가자는 분위기가 느껴진다. 여종업원의 그런 계획을 틀어놓고 싶은 장난기가 동했다. 슈이치가 기념으로 준 다마노우미의 브로마이드를 꺼냈다.

"요코즈나 다마노우미가 이곳 가마고리 출신이지요?"

종업원의 표정이 확 달라졌다. 마치 일본인 도자기 관광객이 전남 강진읍내 한적한 여관에 와서는 영랑 김윤식의 〈모란이 피기까지는〉 시를 암송할 때 읍내 사람들이 지을 법한 표정이었다.

"유명한 사람이었지요. 한국분인데 꽤 사정에 밝으시군요."

"아, 그건 요코즈나 다마노우미의 아버지가 한국사람이었던 탓도 있지요. 어제는 묘역에도 다녀왔습니다."

"예? 그래요? 다마노우미 아버지가 한국사람인 줄은 몰랐는데요."

믿기지 않는다는 표정이었다. 어쩌면 이 사람은 한국계 아버지를 둔 사실을 알면서도 한국인 앞이라 짐짓 모른 체하는 것인지도 모른다.

슈이치 형제들의 소년기를 지켜본 가마고리 항구 앞 미가와 만 전경.
오른쪽에 보이는 섬이 다케시마.

식사 후 온천탕을 다녀와 바다를 내려다보고 있으려니 프런트에서 아까 있었던 일이 생각나 우울해졌다.

일본의 밤하늘, 그것도 바닷가 온천 호텔에서 올려다본 밤하늘은 맑고 깨끗하고 아름답다. 믿기지 않을 만큼 명징한 별밭이다. 아름다운 밤은 씁쓸함을 깊게 한다.

'지금도 이렇게 외국인이라면 아무렇지도 않게 인권을 무시해버리는데, 슈이치 형제가 어린 시절을 보냈던 60년 전, 그것도 식민지 백성인 조선인에 대해서야 오죽했을까. 나야, 어찌 보면 좋은 세월 만나 번듯한 호텔에 머물며, 게다가 일본생활도 해보았겠다, 가방 끈도 조금은 긴 편이라, 법이니 인권이니 개인정보 보호 운운해가며 일본말로 따질 수 있고, 상대도 거기에 꼼짝없이 굴복했으니 조금은 속이라도 후련하건만. 일제 때 아는 사람 하나 없고, 가진 것 없고, 일본말도 제대로 할 줄 모르던 조선인들이 이국에서 받았을 설움이나 고통, 차별과 학대는 오죽했겠는가.'

그걸 보며 가슴 조였던 절반의 한국인의 고통도 적지 않았으리라.

이런저런 생각으로 밤새 뒤척여야 했다. 슈이치 형제의 이야기를 정리하는 의미도 새삼 되새겨보았다.

바둑 속담에 '큰 곳'과 '급한 곳' 가운데 급한 곳을 먼저 두라는 말이 있다. 슈이치 형제 이야기를 전하는 것은 현직 기자로서 '큰 곳'은 아니다. 하지만 그야말로 '급한 곳'이 아닐까. 세월아 네월아 하다가 자칫 슈이치 신변에 큰일이라도 생기면 그로부터 받은 감사의 말은 어찌 되는가. 영영 돌려줄 기회가 없을 것이다.

한국인 아버지를 둔 요코즈나의 존재를 호텔 여종업원이 애써 부인하려는 듯한 태도도 실망스럽다. 역사 속의 한국의 뿌리를 인정하지 않으려는 속 좁음이란. 그럴수록 한국계 요코즈나의 존재를 하루빨리 세상에 알려 공식화해야 한다는 생각도 들었다.

도쿄로 오가와 선생 자택에 전화했다.

슈이치 부부를 만나기 위해 가마고리에 왔고, 오가와 선생도 다녔던 가마고리 중학교도 구경했으며, 다마노우미의 묘지도 방문했다고 보고하자 그렇게 좋아할 수 없었다.

"호오. 이렇게 빨리 움직일 줄 몰랐습니다. 정말 고맙습니다."

귀국 후 슈이치의 수기를 토대로 집필에 들어갔다. 한국어 출판을 하기 위해서는 수기내용을 확인하는 것과 전면적 재구성이 필요했기 때문이다.

살인범과 요코즈나 ①

"해치워."

슈이치가 결의에 찬 한마디를 내뱉었다.

"와 ⋯."

일행은 기세 좋게 댄스홀의 흐릿한 불빛 속으로 일제히 뛰어들어갔
다.

테이블 몇 개를 차지한 채 제 세상 만난 듯 왁자지껄 판을 벌이고
있던 상대편은 이쪽보다 수가 많았다. 허나 전혀 예기치 않았던 기습
인지라 당황해하는 모습이 역력했다. 슈이치는 아까 보아 둔 곳에 앉
아 있는, 덩치가 가장 큰 두목을 향해 내달렸다. '우당탕' 테이블 넘어
지는 소리와 '퍽 퍽' 치고받는 소리가 홀 안에 난무했다. 댄스홀 안을
촉촉이 적셔주고 있던 감미로운 블루스 곡은 이내 멈췄다.

"으아악." "어머머."

육체의 갈증을 달래며 쌍쌍이 춤추던 이들은 비명을 올리며 중앙 홀에서 비켜났다. 환락의 밤으로 향해 가던 댄스홀은 금세 피투성이의 아수라장이 됐다.

슈이치는 허리춤의 단도를 확인했다.

1961년 1월. 당시 일본은 호황기였다. 태평양전쟁 패전 직후의 비참한 생활난이 언제 일이었느냐는 듯 흥청망청 댔다.

식민지배를 받으며 식량과 사람을 약탈당했던 한반도가 이번에도 엉뚱한 동족상잔의 전쟁을 일으켜 일본에 큰 선물을 안겼다. 미군 등 연합군이 쓸 각종 장비와 군수품 관련 산업이 급속히 되살아나 일본경제는 쑥쑥 성장했다. 면방직, 종이, 비료 등 소비재산업도 뒤를 이어 활성화됐다. 도시에는 돈이 넘쳤고 밤거리는 돈 쓰는 재미에 흐느적거리는 사람으로 붐볐다.

패전 후 10년이 지난 1955년 무렵 일본경제는 이미 태평양전쟁 발발 이전 수준을 회복했다. 이때부터 일본 개국 이래 최대의 호경기라는 뜻에서 '진무〔神武〕경기'로 불리는 본격적 호황기를 맞는다. 자동차와 중화학공업 분야가 경기를 주도했다.

일본인들은 전후의 궁핍했던 삶을 치욕처럼 여기며, 그걸 기억에서 깡그리 지워낼 심사인 듯 물질적 풍요에 탐닉하고 있었다. 화학섬유로 된 의류가 넘쳤고 세탁기 냉장고 텔레비전 전화 등이 서민층까지 보급되었으며 침대 피아노 소파 등 대형 가구재 수요도 급증했다.

물건은 철철 넘쳐 났지만 점령군으로 진주한 미군과 함께 밀려들어온 서양의 헤픈 정신문명은 근대일본을 뒷받침해온 절제의식을 취약하게 만들었다.

일감이 넘치는 기업을 찾아 도시로 밀려든 농촌 출신 젊은이들도 밤이면 쾌락을 좇아 온천가 유흥지를 밀려다녔다. 가마고리 일대의 온천도 그랬다.

희미한 댄스홀 불빛 아래였다. 정식 취직은 하지 않았어도 이곳에서 살다시피 해온 슈이치는 눈을 감고도 홀 안 구석구석을 파악하고 있었다. 어둠 속에서도 주저 없이 두목이 있는 곳을 향해 돌진해 들어갔다.

중·고교 때 아이치현 내에서는 이름 석자만 대면 알아주던 유도의 강호. 그가 바로 슈이치였다. 하지만 암만 유도기술이 있다 해도 체격의 차이가 너무 큰 두목 앞에서는 힘을 제대로 쓸 수 없었다.

두목에게 덤벼들었지만 일합에 나가떨어지고 말았다. 탄성이 좋은 벽에 부딪친 공처럼 튕겨져 나와 한순간에 바닥에 내팽개쳐지고 만 것이다. 두목의 괴력 앞에 무력해진 슈이치에게서 오기가 불쑥 발동했다.

'이대로 물러설 수는 없다.'

필사의 각오를 다지며 그는 허리춤에서 단도를 빼들었다. 두목을 향해 단도를 휘둘러 보이며 찌르려는 자세를 취했다. 어두침침한 속에서도 칼날은 살기로 번쩍였다. 순간 두목은 주춤했다. 하지만 이내 이빨을 드러내며 실실 웃었다. 풋내기 상대의 의도를 완전히 깔아뭉개놓아 전의를 상실케 만드는 그런 냉소였다.

"이봐, 애숭이. 날 찌르겠다는 거야? 어서 찔러. 찔러봐!"

두목은 슈이치가 빼든 단도에서 눈을 떼지 않은 채 슈이치에게 다가섰다.

단도로 상대를 제압하려던 슈이치는 상황이 엉뚱한 방향으로 돌아가자 되레 공포에 휩싸였다.

흉기에도 겁을 먹기는커녕 자신을 압박해오는 거한(巨漢).

무섭다. 퇴로는 없다. 이 상황을 벗어날 방법은 없는 것일까. 그는 단도를 손에 쥔 채 주춤거리며 뒷걸음을 하고 있었다.

'아, 낭패다. 이러면 안 되는데. 칼을 휘둘러 저놈을 찌르면? 죽게 되면? 그 다음은?'

짧은 시간 슈이치의 머리에 이런 생각이 퍼뜩 스치고 지나갔다. 몸이 가벼운 경련을 일으키고 있었다.

두목은 어느새 슈이치의 코앞까지 다가와 있었다. 슈이치의 멱살을 거머쥐더니 압도적인 힘을 과시하며 좌우로 휘휘 몸을 내두르기 시작한다. 이제는 슈이치가 쥔 단도를 어린애 플라스틱 장난감 보듯 했다. 휘두를 의지가 없어진 사람의 손에 들려진 흉기란 '본연의 기능'을 상실한 만큼, 나무젓가락과 하등 다를 것이 없었다.

슈이치는 두목의 손아귀에서 벗어나려 버둥거렸다. 하지만 완력이 어찌나 강한지 도무지 빠져나올 수가 없었다. 질식할 것처럼 목이 죄어들고 있었다.

"이런 건방진 애송이가 감히 내게 덤벼, 어디 덤벼봐라."

두목은 슈이치를 홀 중앙으로 질질 끌고 나가 내팽개치더니 마구 발길질을 해대기 시작했다. 복수를 위해 동료를 끌고 습격을 감행한 슈이치. 그가 동료는 물론 홀 구석에서 지켜보고 있는 여러 사람 앞에서 망신을 당하고 있었다. 상대편의 완력에 압도된 동료들도 여기저기서 얻어터지고 있다. 슈이치의 모욕감과 수치감은 극에 이르렀다. 몇 번인가 발길에 채여 뒹굴던 슈이치는 혼신의 힘을 다해 벌떡 일어섰다.

'이대로 당할 수만은 없다. 나를 아는 사람들이 모두 쳐다보고 있지 않은가.'

나중 일에 대해서는 어떤 생각을 할 겨를이 없었다.

"에잇!"

두목의 하복부에 예리한 단도가 꽂혔다.

"으으윽."

슈이치의 손에 단도가 들려 있건만 고양이 쥐 갖고 놀 듯 맘놓고 발길질을 해대던 두목의 몸집이 휘청하면서 비명이 올랐다. 처음에는 나름대로 칼에 주의를 기울이던 두목은 방심한 끝에 복부를 찔리자 비틀거리며 몇 발짝 뒤로 물러섰다. 슈이치가 재차 공격을 가하자 그는 슈이치의 멱살을 쥔 채 벌러덩 넘어졌다.

"으악…. 피…. 칼, 칼에 찔렸다."

싸움판을 지켜보던 손님들은 질겁하며 분출하는 피가 튈까봐 더 멀리 흩어졌다. 몸집이 큰 두목은 두 차례의 공격으로도 아직 힘이 남았는지 피묻은 칼을 쥔 슈이치의 손을 비틀며 단도를 빼앗으려 했다.

'안돼. 칼을 뺏기는 순간 두목의 손에 죽고 만다.'

슈이치는 붙잡힌 손을 필사적으로 뿌리치고는 이미 출혈로 흥건해진 복부에 단도를 다시 한 번 힘껏 찔러 넣었다. 아무 생각도, 아무 느낌도 없었다. 단지 공포에서 벗어나고 싶은 생각뿐이었다. 두목이 금새라도 다시 벌떡 일어날 것이 두려워, 무아지경에서 단도를 계속 휘둘렀다. 괴력을 발휘하기는커녕 이미 출혈로 기력이 빠진 상대방이었지만 슈이치는 제 정신이 아니었다. 핏발 선 눈으로 그저 단도를 휘두르고 있었을 뿐이었다.

"피고인 다니구치 슈이치를 징역 6년에 처한다."

재판장의 차가운 목소리가 한동안의 정숙을 깨고 법정 내에 울려 퍼졌다.

1961년 10월 11일 나고야〔名古屋〕지방법원 도요하시지소.

피고석에서 일어선 슈이치는 몸을 꼼짝하지 않은 채 징역 6년을 언도하는 재판장의 판결문 낭독을 듣고 있었다.

댄스홀에서 살인사건이 생긴 지 10개월 만의 선고공판이었다. 지루한 구치소 생활이 끝나는 순간이자 기나긴 형무소 생활의 서막을 알리는 순간이었다.

죄명은 '살인'. 스무 살 때였다.

그로부터 정확히 10년 후인 1971년 10월 일본 씨름인 스모의 최고실력자, '요코즈나'로 활약하고 있던 동생 다마노우미가 갑작스레 죽었다. 현역 요코즈나로서 27세의 젊디젊은 나이에 세상을 홀연 뜨고 만 것이다.

같은 부모 아래 태어나 같은 환경에서 자라났지만 형은 이리저리 굴러다니던 끝에 결국 살인범으로 떨어져 감옥에 갇히고, 동생은 각고의 노력 끝에 스모계 최고실력자인 요코즈나까지 올라갔다. 형제의 삶은 외형상 천양지차였다. 그러나 한국인의 피가 섞였다는 이유로 눈에 보이지 않는 차별과 두드러진 핍박을 겪으며, 한국계 콤플렉스에 시달리며 지내야 했던 슬픈 내면을 간직하기는 마찬가지였다.

요코즈나였던 다마노우미의 이름은 요즘 일본사람 가운데서도 모르는 사람이 많다. 세상을 떠난 지 한 세대가 지났으니 그럴 만도 하다. 하지만 현역 때에는 매우 인기가 높았던 요코즈나였다. 스모대회를 독점중계하는 일본의 공영방송 NHK에 해설자로 요즘도 모습을 드러내는 기타노후지〔北の富士〕와 한때 스모계의 쌍벽을 이뤘던 인물이다.

잘 나가던 요코즈나였지만 세상에 더 이상 존재하지 않는 까닭에 세간의 기억 속에서 쉬 사라진 것은 당연한 일이다. 대중스타의 운명은 전성기가 끝나고 나면 금세 잊혀지고 마는데, 하물며 세상을 떠나버린 요코즈나 다마노우미에 대한 기억이 가물가물해지는 것은 특별한 일이 아니다.

일본 스모계에서는 이른바 '백붕(柏鵬) 시대'로 불리는 시대가 있었다. '카시와도'〔柏戸〕와 '다이호'〔大鵬〕, 두 사람이 요코즈나로 활약하던 것이 1960년이었다. 그때는 프로축구도, 프로농구도 없었고 레저용 차량도, 해외여행도, 인터넷도 없던 시절이라 스모의 인기는 현재와 비교가 되지 않을 만큼 높았다. 한창 대중에게 보급되고 있던 흑백 TV는 스모의 인기를 전국적으로 확대시켰다.

당대 인기 최고의 씨름꾼, 다이호를 기세 좋게 꺾고 부상한 사람이 바로 다마노우미였다. 언론매체들은 이내 '기타다마〔北玉〕시대'란 말을 만들어 냈다. 또 한 사람의 요코즈나인 기타노후지와 다마노우미의

요코즈나 다마노우미의 우승 기념사진 앞에 선 슈이치(2002년 촬영).

시대로 이행하고 있다는 뜻이었다.

그런 한창 때에 다마노우미가 급서한 것이다.

도쿄〔東京〕미나토〔港〕구의 국립 도라노몽〔虎ノ門〕병원에서 숨을 거둔 요코즈나 다마노우미의 사인은 법의학적으로는 의심할 여지가 없이 명백한 병사였다.

비행기 탑승객이 비좁은 자리에 장시간 앉아 있다가 사망하는 '이코노미 클래스 증후군'과 비슷한 증세였다. 매일 격렬한 운동을 거듭하던 다마노우미가 맹장수술을 전후해 침대생활만 오래하다 혈관이 갑자기 막혀 숨진 것이다.

형 슈이치는 회고했다.

"앞길 창창하던 청년 요코즈나는 허무하게 급사하고, 백해무익한 형은 세상을 시끄럽게 하며 사람마저 죽이고, 지금까지 이렇게 살아 있습니다. 착한 사람일수록 빨리 죽고, 나쁜 놈일수록 오래 산다는 항간의 말 그대로지요."

영광의 절정에서 급사한 요코즈나 동생과 서로 죽이는 살벌한 판에서 살아남은 야쿠자 형.

그 형은 이제 '더 살았어야 했을 사람이 죽고, 진즉 죽었어야 할 놈은 살아 있다'며 자탄한다.

세상사, 자신의 의지만으로는 어찌해볼 수 없는 일 천지인데 타고난 운명이지, 누구의 탓이겠는가. 하지만 슈이치는 무능력한 자신이 동생보다 훨씬 더 오래 살고 있는 사실을 죄라도 지은 것처럼 자책했다. 동생의 허망한 타계를 아쉬워하는 형 슈이치는 현재 신부전증과 뇌경색의 후유증으로 신체 오른쪽이 거의 마비된 채 지팡이에 의존해 간신히 걷는 형편이다.

검사는 슈이치에게 7년을 구형했다. 전원에게 살인 및 살인공모죄를 적용한 것이다. 당시 일본 형법은 살인범에 대한 형량이 요즘보다 낮았기 때문에 그나마 7년이 구형됐다.

"피고, 할 말이 있으면 하시오."

재판장은 선고 직전 그에게 최후진술 기회를 주었다.

"다른 6명은 내 지시에 따라 행동했을 뿐입니다. 관대한 처분을 내려주시길 바랍니다."

슈이치는 짤막하게 말한 뒤 자리에 앉았다.

살인사건의 '수괴'에 해당하는 슈이치에게는 징역 6년이 선고됐다. 당초 구형량에서 1년이 준 것이다.

슈이치와 함께 댄스홀 살인사건에 연루돼 체포된 사람은 모두 7명이었다. 나머지 6명의 판결결과가 걱정돼 슈이치는 안절부절했다. 6명 역시 모두 긴장하고 있는 모습이었다.

이윽고 재판장의 목소리가 울렸다.

"징역 3년, 집행유예 5년."

6명 전원이 죄명에 비하면 비교적 가벼운 형을 받았다. 슈이치보다 나이가 적은 사람이 대부분이었다. 이들과 함께 습격에 나설 때 법정에 나란히 설 것이라고는 전혀 예상하지 않았던 슈이치는 그나마 수하의 사람들에 떨어진 형량이 적은 데 안도했다.

그렇다고 죄책감이 없어질 것은 아니었지만 '작은 두목'으로서 책임을 모두 자신이 지겠다는 자세가 법정에 전달된 것 같아 그래도 체면은 세운 느낌이 들었다.

폐정 후 6명은 그 자리에서 허리에 둘려져 있던 밧줄에서 풀려나 자유로운 상태로 법정을 걸어 나갔다.

'저들은 이제 구치소에 돌아가 간단한 석방 절차만 밟으면 세상 밖

으로 나가겠지.'

실형을 선고받은 슈이치는 다시 수갑과 포승줄에 묶이는 순간 그들이 부러워졌다.

포승줄의 한쪽을 쥐고 따라오는 간수는 가끔 '빨리 걸으라'는 뜻으로 뒤를 툭툭 밀었다.

법정을 나와 복도에 나섰다. 밖에서 기다리고 있던 낯선 수많은 사람들이 슈이치를 일제히 응시했다.

'피고석에 줄줄이 앉아 있었던 6명의 가족이나 친지, 지인들일 것일 테지.'

전혀 사건과 관계없는 구경꾼 같은 사람도 보였다. 소도시에서 패싸움 끝에 벌어진 살인사건은 지역신문에 크게 보도됐기에 호기심에서 살인범 일당을 구경하기 위해 온 사람도 있었던 것이다.

'살인극 주범인 내 얼굴을 보며 동료의 가족은 얼마나 이를 갈고 있을까.'

얼핏 그런 생각이 들기는 했지만 슈이치는 애써 잊어버리려 했다.

'볼 테면 보시오. 난 이래도 사사로운 일로 사람을 찌른 게 아니고, 선배를 괴롭히는 사람에게 당당하게 복수한 것이오. 그게 뭐 어쨌다는 거요.'

그는 고개를 쳐든 채 당당한 모습으로 이들의 앞을 지나쳤다.

그때 한 사람이 갑자기 열에서 앞으로 뛰어나왔다. 그도, 간수도 흠칫했다.

어머니였다.

"슈이치!"

이렇게 이름을 부른 뒤 어머니는 무언가 말마디를 꺼내려 했다. 하나 끝내 입을 열지 않은 채 물끄러미 슈이치를 쳐다볼 뿐이었다.

슈이치는 아무 대답도 못한 채 두세 번 발을 움칫거리다 걸음을 멈췄다.

'이런 꼬락서니를 보고 어머니는 무슨 생각을 할까.'

착잡한 심정에서 발을 멈춘 채 고개를 숙이고 서 있는 슈이치의 등을 간수가 세게 떠밀었다.

슈이치는 아직도 많이 남아 있는 긴 복도를 다시 힘없이 걷기 시작했다. 어머니는 뒤를 따랐다. 계단을 내려가다 뒤돌아보니 어머니가 서 있었다. 마당에 대기중이던 호송차에 태워질 때 다시 뒤를 돌아다보았다. 어머니는 보이지 않았다.

'그래, 어머니 얼굴이라도 보았으니 이걸로 충분하지.'

호송차에 올라탔다. 간수 몇 사람도 같이 탔다. 차내는 커튼이 쳐 있어 어두웠다. 커튼이 약간 젖혀진 곳이 있어서 그쪽으로 고개를 내밀어 밖을 내다보았다.

'앗!'

슈이치의 입에서 외마디가 흘러 나왔다. 2층 창가에서 어머니가 호송차를 내려다보고 있었던 것이었다.

어려서부터 아버지에 대한 반항심이 다른 자식들보다 남달라 노상 두들겨 맞던 둘째 아들. 그러다 끝내 살인범이 되고만 자식에 대한 측은함과 안타까움에서였으리라. 어린 자식들을 놔둔 채 집을 떠나버린 자책감도 없지 않았을 것이다.

슈이치는 형이 확정되었기에 미결수용 구치소를 떠나 형기를 마칠 때까지 머물게 될 미에〔三重〕형무소로 옮겨지게 됐다.

당시는 나고야 시에서부터 미에형무소가 있는 도시, 쓰〔津〕까지 일반열차 편으로 죄수를 호송했다. 요즘이라면 살인을 저지른 범죄자를 호송차가 아니라 일반 대중교통 수단을 이용해서 호송한다는 것은 상상조차 할 수 없는 일이지만.

앞으로의 감옥생활이야 어떻거나, 긴 구치소 생활에서 해방돼 잠시라도 바깥세상 공기를 맡을 수 있다는 것만으로도 가슴이 두근거렸다.

손목에는 수갑이 채워지고 포승줄을 허리에 둘러 도주하지 못하게 했다. 포승줄의 한 끝을 간수가 쥐고 걷는 모습이 마치 재주 부리는 원숭이를 몰고 가는 모습과 흡사하다.

죄수를 호송하는 간수의 기분 역시 썩 좋은 것은 아닐 것이다. 직업상 어쩔 수 없이 할 따름이지.

전철역 구내로 들어서자 포승줄에 연결된 두 사람의 모습을 모두들 신기한 듯 바라보았다. 슈이치는 장난삼아 '이것도 좀 보쇼' 하는 기분으로 수갑을 일부러 흔들어 보였다. 사람들은 못 볼 것을 본 양 얼굴을 얼른 돌리고 발걸음을 재촉했다. 그런 모습이 재미있어 슈이치는 킬킬 거렸다.

전철에 타는 것도 수월했다. 사람들이 두 사람의 행색을 보고는 모두들 슬금슬금 비켜섰기 때문이다.

호송하는 중년의 간수도 신경을 꽤나 쓰는 것 같았다. 무엇보다 죄명이 살인인지라 긴장의 연속이었을 것이다. 좀도둑과는 다른 흉악 범죄, 살인을 저지른 죄수였다.

슈이치는 당시 조금도 도망갈 생각이 없었다. 그러나 호송하는 사람은 항상 탈주가능성을 염두에 두고 감시하지 않으면 안 되었다.

잠시라도 포승줄을 놓아서는 안 된다. 슈이치는 안절부절하는 간수모습이 외려 측은하게 느껴져 화장실에 갈 때도 아예 안에까지 들어오라고 했다.

간수라고 해도 피가 흐르고 있는 사람이기 때문에 전철에 앉자 수갑을 옷으로 감춰주었다. 따뜻한 마실 것도 주었다. 말을 걸면 대답도 해주었다. 범죄자와 간수는 어쩌면 생의 동반자가 아닌가. 서로에게 상대방의 존재는 법률에 의해서건 어쨌건, 서로가 서로를 필요하도록 되어 있기에. 아들 같은 슈이치에게 간수는 인간적으로 측은한 마음을 갖고 있었을 수도 있다.

　감옥으로 호송되는 도중이었지만 슈이치는 일반인과 같은 전철을 타고 가는 사이 정말 세상 밖으로 나온 것 같은 기분이 들어 좋았다.
　나고야를 출발해 몇 번째 역이었을까. 꼬마가 엄마와 올라타더니 맞은편에 앉았다. 유치원생 정도의 꼬마는 슈이치에게서 눈을 떼지 않고 빤히 쳐다보았다. 음료수를 마실 때 소매 사이로 내비치는 이상한 물체를 발견한 모양이었다. 꼬마는 죄수의 눈과 손목의 수갑을 번갈아 보았다. 계속 빤히 쳐다보는 꼴이 기분 나빠 슈이치는 놈을 상대로 장난을 치기 시작했다.
　슈이치는 옷 밑으로 아이를 향해 '가위 바위 보'를 하자는 사인을 보냈다. 몇 번인가 손가락을 쥐었다 폈다 하자 꼬마가 걸려들었다. 엄마의 소매를 당기더니 슈이치의 손목을 가리켰다. 젊은 엄마는 슈이치의 '은팔찌'를 보더니 기겁을 하고 곧바로 아이의 손을 끌고는 서둘러 다른 자리로 옮겨버렸다.
　구치소 바깥에 나온 것만으로도 신이 난 슈이치. 그에게서는 살인에 대한 어떤 죄책감도, 포승줄에 묶인 인간으로서 부끄러움도 없었다. 의협심을 발휘해 사건을 저지른 뒤에 영웅적으로 사라져 가는 협객의 모습에 자신을 오버랩시키고 있었는지 모른다.

　미에형무소는 비교적 형기가 짧은 수형자가 수용된 초범형무소였다. 장기형과 재범자는 기후(岐阜)형무소로 보내졌다. 미에형무소 수

감자 중 최장기형은 7년이기 때문에 슈이치의 형량, 징역 6년은 게 중에는 긴 편에 들었다.

호송차에서 내려진 슈이치는 제복 차림의 간수들이 줄지어 선 방안에 들어가 신병 인수인계 절차를 밟았다. 사무절차를 마치고 담당간수에 이끌려 조사실로 들어갔다.

사복을 모두 벗고 알몸이 되어 양손을 올리고 다리를 벌려 똥구멍까지 검사했다. 검사가 끝나자 수의가 입혀졌다. 이제 이곳에 온 이상 사회 냄새를 모두 씻어내야 한다.

수의는 땀 냄새 말고도 곰팡이가 핀 것 같은 묘한 냄새가 났다.

여기에서 한 사람, 한 사람의 죄수에게 번호가 붙여졌다. 이 번호 '564'가 앞으로 슈이치 이름을 대신하게 된다.

슈이치는 아직도 이 번호를 생생하게 기억하고 있다. 인터넷 바둑을 둘 때 사용하는 아이디에도 죄수번호 '564'가 들어 있다.

복수극 도중에 저지른 살인을 아직도 누군가에 우쭐하게 여기는 마음이라도 있는 게 아닌가 싶어 슈이치에게 '왜 그 번호를 쓰는가' 물어본 적이 있다.

그의 대답은 생각과는 달랐다.

"당시의 철없던 행위를 절대 잊지 말자는 생각에서지요."

개인 소지품은 모두 영치됐다. 휴지 한 장 개인 사유물은 맘대로 소유할 수 없는 곳이다.

슈이치는 짐짓 태연한 것처럼 보이려 애쓰고 있었지만 잔뜩 겁을 먹고 있었다. 어릴 때 동네에서 껄렁대기는 했지만 소년원을 들락거린 경험이 없는 초범인 탓이었다.

식기통 등 지급된 몇 가지 물건을 들고 간수 앞에 서서 복도로 나서니 거대한 철문이 눈앞에 다가왔다. 철문의 거대함과 완고함에 슈이치는 압도됐다. 어려서부터 천방지축 제멋대로 길을 걸어온 그였지만 체포된 순간 이후 이미 복종에 길들여져 있었다.

철문에 가까이 다가설수록 심장은 빠르게 종을 쳤고, 철문이 마치 자신을 집어삼키려는 마왕의 입처럼 두려운 존재로 다가왔다.

간수는 늘상 죄수를 대동하고 철문을 드나드는 일에 익숙해 아무 감정 없이 잰걸음으로 걷고 있다.

"빨리 걸어! 뭘 꾸물거려!"

두려움에 떨며 걸음이 조금씩 늦어지는 슈이치를 향해 그는 소리를 버럭 지른다.

'이 거대한 문의 저편. 이제 저 안에 꼼짝없이 갇히게 되는구나.'

두렵고 무서운 생각 외에는 머릿속에 아무것도 없었다.

"찰칵, 덜커덩. 끼이익."

눈을 뜨고는 있었지만 쪽문이 열리는 소리가 마치 꿈속에서처럼 들려왔다.

간수는 열쇠를 빼더니 반쯤 열린 쪽문 안 쪽을 가리키며 먼저 들어가라고 턱짓을 했다. 담담하게 발을 옮기려 했지만 슈이치는 떨고 있었다.

'헉.'

슈이치는 철문 안에 들어서자마자 숨을 들이 삼켰다.

팔각형으로 지어진 거대한 돌 건물이 눈에 들어왔다. 건물 내부에는 아무런 장식도 없었다. 천장은 하늘까지 닿은 듯 높았고, 금속 체인 같은 기묘한 물체가 음산하게 아래로 드리워져 있었다.

그가 자란 소도시, 가마고리에서는 높다고 해야 고작 온천여관이요, 고만고만한 집들밖에 없었는데 이건 그게 아니었다. 이처럼 높은 천장의 건물을 보는 것은 처음이었다. 대체 무엇을 매달려고 만든 것인지 체인 같은 물체에서 눈을 뗄 수가 없었다. 공포 어린 상상이 더해주는 높이 때문에 더욱 높게 보였다.

팔각형 건물의 중앙에서부터 여러 개의 복도가 방사선 모양으로 뻗어나가 있었고 그 복도로는 감방이 배치되어 있었다. 그의 거주공간은 살풍경하기 짝이 없었고 그에게 닥칠 시련의 시간이 어떤 빛깔일지를 예고하는 것이기도 했다.

1920년대 이전에 지어졌다는 미에형무소 감옥은 낮에도 어두침침했고 회색 벽은 지저분한 얼룩투성이었다.

살인수로서 이 음산한 공간에 갇히게 된 것은 당연히 받아들여야 할 일이었다. 그러나 앞으로 이곳에서의 생활이 얼마나 음울할 것인지를 암시해주는 것 같아 슈이치는 가슴이 답답해져왔다.

미결수가 있는 구치소에서는 상상조차 하지 못했던 감옥 안의 살벌한 풍경. 슈이치는 숨이 막히는 것 같은 갑갑증을 느꼈다.

그때 돌연 "꽝" 하는 커다란 소리가 뒤에서 들렸다.

간담이 서늘해졌다. 간수가 문을 닫은 것이다.

심장은 더욱 빨리 고동쳤다. 다시는 이 문 밖으로 나가지 못할 것 같은 불안이 엄습해왔다. 6년이란 세월의 길이를 느껴본 적이 없었던 스무 살 청년. 그로서는 몇 년이란 형기의 의미보다는 다시는 바깥 세상 구경을 할 수 없을 것 같은 절망감에 빠졌다.

남들 보기에는 제법 깡패 같은 분위기를 풍기며 건들거리고 다니다 끝내 사람을 죽이고 감옥에 갇히게 되었다. 그렇지만 그는 만 20세의 애송이, 철부지 청년에 지나지 않았다.

제 깐에는 의리를 지키는 협객이란 자부심도 있었을 터이다. 작은 집단의 리더로서 책임을 다하고 영광스럽게 끌려가는 영웅 같은 의식도 있었을 터이다. 하지만 한때의 분을 참지 못하고 저지른 치기 어린 행동 때문에 자신의 삶이 이후 얼마나 엉망진창 얼크러지게 될 것인지를 슈이치는 당시에는 조금도 상상하지 못했다. 그저 당장 오늘만 걱정했을 뿐.

출생의 비밀

"오늘부터 이 사람이 어머니다. 어머니라고 불러라."

"……."

"알았나? 모두들 대답해봐!"

"예."

"에이. 이 못된 것들."

정유성(鄭有成), 일본식으로는 요시타케 기치타로〔善竹吉太郎〕란 이름으로 불린 사내는 자식들 앞에서 끝내 불쾌한 속내를 털어놓고는 횡 하니 집을 나갔다.

'이번에는 좀 오래 있어줘야 할 텐데. 우거지상을 하고 있는 애들 꼴하고는. 특히 저 개차반 같은 둘째 수일(슈이치)이란 놈이 문제야. 말썽 좀 그만 부려야 할 텐데 … 에잉, 쩝.'

앞으로 사나흘은 또 집을 비우게 된다.

어머니라고 부르라 해도 알았다고 제대로 대답도 안 하는 걸 보면서 정유성은 이번에도 곧 여자가 집을 나가는 것이 아닌가 싶어 걱정하지 않을 수 없었다.

40대 중반의 그의 입성은 근사했다. 그는 항상 멋을 내고 다녔다.

180cm의 훤칠한 키에 중절모를 삐뚜름히 맵시를 부려 눌러 썼다. 꽤 돈을 들였을 법한 고급양복에다 구두는 최고급 말가죽으로 만든 수제품이다. 누가 봐도 갑부 행색이었다. 그가 판잣집과 진배없는 허접한 집 주인이리라고는 아무도 생각하지 못했다.

정유성이 사라지고 난 뒤 집에 덜렁 남겨진 새엄마를 4형제는 노골적으로 흘겨보았다.

'새엄마라고? 저게 무슨 엄마야, 엄마는.'

어이가 없다는 표정들이다.

양장이라고 걸치기는 했으되 옷은 때로 얼룩져 있고, 머리칼은 대체 언제 손질을 했는지 알아보기 어려울 정도로 부스스하다. 얼굴에는 기름때가 좔좔 흐르는 데다 키 또한 볼품없이 작달막한 행색이다. 손두덩은 거무데데하다. 아무리 봐도 멋쟁이 차림의 아버지하고는 어울리지가 않는다.

대체 두 사람은 어디서 어떻게 만나 우리 집에까지 오게 되었을까.

중학 3학년생 형 이치오, 중학 1년생 슈이치, 초등학교 6년생 미치오, 초등학교 4년생 막내 마사오 등 4남매로서는 아버지의 바깥세상 살이가 도무지 어떤 것인지 짐작조차 가지 않았다.

하기야 새엄마가 격에 맞고 자시고가 아니라 앞으로 지낼 일이 더 걱정이었다.

"야, 또 바뀌었네. 이번에도 '조센'〔朝鮮〕인 것 같지. 척 봐서 일본인 같지는 않군."

"응, 그런 것 같아."

큰형의 말에 동생들은 너나 할 것 없이 동감을 표하며 고개를 끄덕였다.

당시 '조센'이란 말은 한국 출신을 비하하는 경멸어였다.

아버지가 조선인, 한국인이었음에도 불구하고 조선이 어디에 붙어 있는지조차 알지도 못했고, 가본 적도 없었으며, 아예 관심조차 가지려 한 적이 없는 형제들은 자신들이 마치 순도 100% 일본인인 것처럼 자신의 혈통을 모욕하는 것이자 인종적 편견에 가득 찬 말을 스스럼없이 쓰고 있었다.

하늘을 향해 침 뱉는 격이지만 형제들은 한국인에 대한 차별이 일상화된 당시 일본사회의 흐름에 빠져 있었기에 그런 자각은 눈곱만큼도

중학교 시절의 슈이치.

하지 못했다.

"조센이든, 일본인이든 아무래도 좋아. 일단 우리가 밥하는 일은 끝났으니 다행 아니야."

"그야 물론 그렇지."

교대로 취사를 맡아 해오던 형제들은 새엄마가 온 것을 일단은 모두들 환영했다. 새엄마로부터 받을 애정 따위를 은근히 기대해서가 아니었다. 오로지 밥짓는 일로부터의 해방을 알리는 복음으로 새엄마의 등장을 받아들였던 것이다.

"아버지가 '어머니'라고 부르라 하는데 너희들은 그렇게 부를래?"

"……."

"이번엔 나도 어머니라고 부를 거야. 그렇게 안 부르면 우리만 손해잖아. 밥도 못 먹고 얻어맞기만 하니."

큰형의 말에 다들 조용하게 있자 둘째 슈이치가 바람을 잡고 나섰다.

"그전 여자한테도 그렇게 불렀으니 이번에도 그렇게 부르면 되지 별거 아니잖아."

슈이치의 충고 아닌 충고에 동생들도 어쩔 수 없다는 듯 그러겠다고 했다.

"그래야지. 안 그러면 아버지한테 두들겨 맞으니. 확실히 불러야지."

돗자리를 위에 간 다다미 6장짜리 방안의 여기저기를 두리번거리는 미지의 새엄마를 형제는 무표정하게 바라보며 각자 앞날의 이모저모를 궁리하기 바빴다.

가끔씩 들르기는 하지만 아버지와 함께 거주하는 이 집에서 붙어살기 위해서는 어쨌거나 아버지의 강력한 주문사항을 받아들이지 않을 수 없었다. 새로 등장한 여자에 대한 호칭은 매우 중요했다. 아버지는 여자에 대한 호칭을 자식들의 복종도를 재는 기준으로 삼고 있었기 때문이었다.

정유성은 4형제의 생모가 가출해버린 다음 집안 살림을 해줄 여자를 줄기차게 물색해 집으로 데려왔다. 그때마다 한 가지 원칙을 자식들에게 강요했다. '어머니'라고 불러야 한다는 것이었다.

정유성은 생활비를 벌어 오는 일과, 어머니 역할을 해줄 여자를 집안에 머물게 하는 것으로 자식 양육에 대한 책임을 마친 것으로 여기는 것 같았다. 따라서 새 여자를 '어머니'로 부르지 않는 것은 가장의 도리를 저버린 자신의 무책임을 비난하는 행위에 해당하는 것으로, 결코 좌시할 수 없는 항거였다.

소년기의 자식들은 아버지의 못된 행실 때문에 어머니가 가출했다고 여기고 있었기 때문에 낯선 여자를 어머니라고 부르도록 강요하면 할수록 아버지에 대한 반항심을 키워갔다. 그 중에서도 슈이치가 가장 불만이 많은 편이었다.

'대체 이 여자는 아버지의 몇 번째 여자일까.'

슈이치는 자기가 알고 있는 아버지의 여자가 이번으로 몇 명인지 헤아려 보았다.

낳아준 생모가 첫 번째였다. 부친이 어디선가 데려와 한때 생모와 한지붕 아래에서 동거했던 곱상한 여자도 있었다. 두 번째였다.

생모는 아버지와 다투고 다투다 끝내 가출했다. 같이 살던 두 번째 엄마마저 어느 날 자취를 감추고 말았다. 이어서 아버지가 데리고 들어온 여자가 세 번째였다. 그저 그런 행색이었고 역시 '조센' 출신이었다. 가끔 귀가하는 아버지와 대화를 할 때 들어보면 형제들로서는 종

잡을 수 없는 외국어가 오가는 걸로 보아 틀림없는 '조센'이었다.

4형제는 생모가 일본인이었던 탓에 줄곧 일본어를 썼기에 한글을 알아듣지 못했다. 당시만 해도 조선 출신에 대한 차별이 심각한 상황이었기에 일정한 직장도 없이 내기도박을 하며 생계를 유지해오던 아버지로서도 '너희는 자랑스런 한국인이다. 한글을 깨쳐야 한다' 따위의 행동을 기대할 수 없었다. 평범한 소시민에도 못 미치던 정유성에게 독립지사 같은 일을 바랄 수는 없는 노릇이다.

세 번째 어머니도 온 지 한 달쯤이나 집에 있었을까. 어느 틈엔가 사라져버렸다. 조금 사이를 두고 네 번째가 나타났다. 슈이치는 이 사람에 대해 거의 아무런 인상도 남아 있지 않다. 채 일주일도 집에 머물지 않았던 탓이다. 그래도 잠시였지만 어머니라고 불렀다. 역시 '조센'이었다.

그리고 이번 여자는 생모로부터 치면 '다섯 번째 어머니'였다.

슈이치는 눈이 핑핑 돌 정도로 빨리 전개되는 모친 교대극에 질릴 만큼 질려 있었다.

아버지는 어쩌다 집에 들어와 얼마간의 돈을 자랑스럽게 꺼내놓으며 자못 위엄을 갖추고 말하곤 했다.

"이거 생활비다. 애비가 뼈빠지게 벌어온 것이다. 너네들 먹고 입고 학교 다니는 게 다 이 애비 고생 때문이다. 알았나? 어머니 말 잘 듣고 공부들 열심히 해라. 어흠."

아버지가 유곽 언저리를 무대삼아 노름을 직업으로 갖고 있다는 것을 슈이치는 소문으로 들어서 알고 있었다. 주위 사람 이야기로는 아버지는 탁월한 실력을 가진 노름꾼이었다. 한쪽 팔에는 무시무시한 문신까지 하고 있어서 어릴 때부터 자식들은 두려움을 느끼며 지냈다.

다섯 번째 여자를 집에 데려다 놓은 뒤 사흘이 지나도록 정유성은 코빼기도 안 비쳤다. 마침내 나흘째에야 집에 들어왔다.

정유성은 여자와 무언가 한국말로 소곤소곤 하더니 양복 안주머니에서 지폐 몇 장을 꺼내 건네주었다. 생활비를 마련해온 모양이었다.

오랜만에 정유성과 여자, 4형제가 함께 하는 저녁식사가 시작됐다.

말보다 주먹으로 메시지를 전달해주는 습관이 배인 사람이기에 형제는 늘 아버지를 겁냈다.

그래도 식사 때는 아버지와 함께 하는 편이 훨씬 좋았다. 애틋한 부정을 느껴서가 아니었다. 눈앞의 실리 때문이었다. 아버지와 겸상을 하면 반찬 가짓수가 달랐고 특히나 밥을 넉넉하게 짓기에 그릇을 다 비우면 한 그릇 더 얻어먹을 수 있었다. 새어머니도, 아버지도 없이 형제끼리만 지낼 때에는 좀처럼 밥을 배불리 먹을 수 없었다.

어머니가 한 사람도 없을 때 형제는 아버지가 두고 간 돈으로 비싼 육류를 살 엄두를 내지 못했다. 아버지가 언제 집에 들어와 다시 생활비를 건네줄지 알 수 없기 때문이었다. 주고 간 돈으로는 사나흘을 겨우 버틸 정도였다. 값싸고 양이 푸짐한 비지와 감자류만 부지런히 밥상에 올랐고 한창 클 때였던지라 모두들 늘 배가 고팠다.

기름기 질펀하게 흐르는 쇠고기 전골이 먹고 싶어 다들 미칠미칠할 때면 큰형이 중대한 음모라도 꾸미듯 은밀한 소리로 슈이치를 불렀다.

"오늘 쇠고기 전골 해먹을까. 야채가게에 가서 푸성귀하고 두부 좀 사와."

"쇠고기 전골! 우와! 근데 이 돈 전부 다 써도 될까?"

"괜찮아. 여기 조금 남겨 두었어. 대신 내일은 종일 감자다."

"그러면 어때. 쇠고기 전골 먹는데."

슈이치는 뜀박질로 물건을 사러 간다. 어쩌다 쇠고기 전골을 하는 때면 형제는 앞 다투어 냄비 바닥을 훑었다. 모두들 식욕이 왕성할 때였다. 그릇은 순식간에 비워지고 만다.

"햐, 맛있다. 하나도 안 남았네."

어느 한 사람도 만족하지 못하는 양이었다. 이치오 형도, 슈이치도 중학교에서 매일 유도연습을 하느라 체력을 소모했기에 늘 배가 고팠다. 훗날 요코즈나에 오른 막내 마사오의 체격도 이미 형들에게 뒤지지 않을 때였다.

"에라, 모르겠다. 슈이치. 다섯 점만 더 사와라."

이치오 형이 남은 돈에서 다시 얼마를 꺼내주었다. 슈이치는 쏜살같이 가게로 내달렸다. 신문지에 전골용 쇠고기를 싸들고 오자마자 이치오 큰형은 국물만 남은 냄비 속에 푹 집어넣고는 다시 끓인다.

얼마 안 되는 돈을 쪼개 생활해야 할 4형제였기에 어쩌다 큰 맘 먹고 입에 대는 쇠고기 전골 요리였지만 함께 넣고 조리하는 재료는 언제나 한펜(상어 등의 살에 마 녹말 등을 섞어서 갈아 으깬 다음 나무틀에 넣고 쪄서 굳힌 식품)이었다. 형제에게는 한펜만 해도 없어서 못 먹을 정도였다.

아주 가끔 어묵(오뎅)을 넣기도 했지만 당시 어묵은 한펜과 비교가 안될 만큼 고급품이었기에 좀처럼 넣지 못했다. 요즘이라면 어묵은 고급품이라 할 수 없다. 하지만 모든 물자가 부족했던 제2차 세계대전 직후 일본에서는 생선만 해도 귀한데 그걸 갈아서 가공한 어묵은 사치품이었다.

일본을 점령한 연합군 사령부는 식량통제정책을 실시하며 생선을 으깨 만드는 가공식품, 어묵을 사치품으로 분류해 제조공장 허가를 통제하는 방법으로 생산량을 규제했다. 그러다 보니 어묵을 즐겨 먹어온 일본인들로서는 고통이었고 물건이 귀한 탓에 어묵은 매우 비싼 값에 팔렸다. 암시장으로 흘러나온 어묵 역시 비싸기는 마찬가지였다.

한펜을 씹으면서 막내 마사오가 투정하듯 말한다.

"옆집은 모두 쇠고기만 넣고 전골 하는데…."

"돈이 없으니 어쩔 수 없지 않니."

형들이라고 해서 다른 집 쇠고기 전골이 부럽지 않을 턱이 없었다.

"먹고 싶다. 쇠고기만 왕창 넣고 말야."

형제들끼리 양 안차게 쇠고기 전골을 먹은 뒤면 늘 탄식처럼 이런 말이 이어졌다.

아버지와 겸상을 한 오늘은 어떤가. 냄비 속은 진짜 쇠고기가 아닌가. 고기는 순식간에 형제들의 위 속으로 사라져버렸다. 막내 마사오는 한 그릇을 비우고 다시 한 그릇을 더 먹고 싶어했다.

"저, 저어…."

동생은 좀처럼 '어머니'란 말을 하지 못한다.

정유성은 카랑카랑한 목소리로 말한다.

"밥 더 달라고? 그럼 '어머니 밥 주세요'라고 말해야지."

"저, 어머니. 밥 좀…."

마사오는 곧이곧대로 어머니라고 불렀다. 그만치 배가 고팠다.

슈이치도 밥을 더 청했다.

"저어, 밥 좀…."

애매한 말로 빈 공기를 내밀며 밥을 더 달라고 했다.

'요놈, 딱 걸렸다. 너 그럴 줄 내 알았다'는 얼굴로 정유성이 냅다 고함을 질렀다.

"밥 더 달라 할 때 '어머니 밥 더 주세요' 하라 했지? 말 안들을 거야?"

정유성은 가장의 권위가 묵살된 데 치욕을 느낀 듯 불같이 화를 냈다. 이런 표정이 어떤 결과로 이어지는 것인지 슈이치는 잘 알고 있었다.

사실 슈이치는 '이번은 어머니라고 제대로 부르겠다'며 동생들 앞에서 약속까지 했다. 하지만 생모가 아닌 여자에게 '어머니'란 말이 영 나오지 않았다. 예전에도 몇 번 슈이치는 그런 적이 있었다. 아들의 작은 반항이 발생하면 아버지는 그때마다 표정을 일순 일그러뜨린 직후 좌우 스트레이트, 훅 구분 없이 마구 펀치를 휘두르는 것으로 저항 사태가 다른 아이들로 확산되기 전에 조기진압했다.

슈이치는 아버지가 데려온 다섯 번째 여자 쪽은 쳐다보지도 않고 냄비만 내려다보았다.

"저 … 저어 … ."

'할 수 없지, 어머니라 부를 수밖에.'

그때였다. 느닷없이 몽둥이로 두들겨 맞은 것 같은 커다란 충격을 얼굴 부위에 느꼈다. 아버지가 가공할 위력을 지닌 펀치를 날린 것이다.

"왜, 더 확실하게 어머니라고 안 해! 이런 바보 같은 새끼. '니기미 씨부랄.'"

아버지는 화가 나면 마치 매뉴얼대로 하듯 거리낌없이 슈이치를 두들겨 팼다. 다른 말은 일본어였지만 '니기미씨부랄', 이 말 만큼은 한국어로 내뱉었다. 어떤 변명도 할 틈이 없이 연속적으로 퍼부어지는 주먹세례였다. 슈이치의 밥공기는 공중으로 날아갔고 왼쪽 눈두덩에서는 어느새 피가 흘러내렸다.

슈이치는 이날 따라 예상을 뛰어넘는 속도로 전개되는 폭력사태에 벌벌 떨며 얼굴을 감싸 쥔 채 그저 아버지의 분노가 잠잠해지기만을 기다렸다. 결코 잘못했다는 말을 하지 않은 채 신음소리도 내지 않고 두들겨 맞고만 있는 둘째 아들에 질려서인지 정유성의 주먹질이 잠시 뜸해질라치면 슈이치는 이때를 놓치지 않고 잽싸게 맨발로 달아났다.

슈이치는 피와 눈물이 범벅된, 문자 그대로 '피눈물'을 흘리며 늘 숨는 장소에 몸을 감추고서는 울분을 씹어 삼키며 흐느꼈다.

'왜, 왜, 날 때려. 왜, 때리는 거야. 저 바보 같은 조센징이, 야만인이.'

맘속으로 아버지에 온갖 저주를 담아 욕설을 퍼부었다.

슈이치는 어릴 때부터 자주 맞고 자라왔다. 아버지는 공포의 덩어리였다. 말을 듣지 않으면 무슨 일이든지 폭력으로 끝장을 보려 하는 성격이었다. 이런 아버지에게 슈이치는 자라면서부터 깊은 증오감을 품고 있었다. '아버지＝폭력＝조센징＝야만인'이란 관념체계가 슈이치의 마음에 똬리를 틀게 되었다.

웃통을 벗고 문신을 드러낸 채, 무슨 뜻인지도 모를 한국어를 씨부렁거리며, 한쪽 다리를 세운 볼썽사나운 모습으로, 놋숟가락으로 국밥을 휘휘 저어 떠먹는 모습만 해도 그렇게 추해 보일 수 없었다.

시뻘건 고춧가루 투성이의 국물을 홀홀 마셔대고, 코가 금세라도 막힐 것같이 마늘 냄새 풀풀 나는 음식을 상추에 싸서 입을 귀밑에까지 쩌억 벌려가며 게걸스럽게 우적우적 씹어대는 아버지 모습에서는 교양이라고는 한 톨도 찾아볼 수 없었다. '야만인'이란 게 바로 저런 게 아닌가 하는 생각뿐이었다.

사춘기 소년 슈이치가 찾고 있던 다정다감한 부친상과는 거리가 멀었다. 정유성은 도무지 이해할 수 없는, 완전히 딴 세상 인간, 아니면 털가죽만 안 쓴 짐승처럼 보였다.

숨어서 흐느낀 지 몇 시간이나 흘렀을까.

"형, 형."

누군가 부르는 소리에 슈이치는 눈을 떴다. 어둠 속을 밝혀주고 있던 달빛에 동생 마사오의 얼굴이 비쳤다.

"형, 내려가자. 아버지 잠들었어."

형제들은 걱정하던 끝에 막냇동생 마사오를 내보내 슈이치를 집으로 부른 것이다.

아버지가 4형제를 골고루 두들겨 팬 것은 아니었다. 유독 아버지한테 어긋어긋한 태도를 보여 4형제 가운데서도 노상 두들겨 맞은 것은 슈이치였다. 그가 맞을 때마다 도망치곤 하는 비밀의 장소를 막냇동생 마사오는 알고 있었기에 찾으러 온 것이었다.

집 뒤에 있는 절의 종루 아래였다. 범종 밑에는 음향효과를 내기 위해 그릇 바닥처럼 둥글게 파여져 있었다. 이곳은 집 밖 동정을 살피기도 좋아 숨어 있기에는 그만인 장소였다. 타종 시각만 피하면.

겨울에는 추워서 몸이 얼어붙는 것 같았지만 그래도 매를 계속 맞는 고통보다는 견딜 만했다. 다른 계절에는 피난의 시간을 보내기에 가장 좋은 곳이었다.

슈이치는 마사오의 얼굴을 보더니 다시 아까의 분통을 터트렸다.

"마사오. 그 놈이 날 이렇게 만들었어. 이것 봐, 피 나오지? 그 조센징이 …."

말라붙었던 눈물이 다시 줄줄 흘러나왔다.

"왜 나만 때리는 거야. 그 조센징이."

그치지 않고 흐르는 눈물에 마사오도 드디어 함께 울고 만다.

"마사오. 어디가 찢어졌지? 찢어진 거 맞지? 이렇게 피가 나오는 걸 보니."

"형, 어두워서 잘 안 보이는데."

"그 놈이 전부 한 거야. 봐 여기 상처도, 여기도, 여기도."

슈이치는 얼굴 이곳저곳에 난 생채기를 어루만지며 계속 흐느꼈다.

"형, 형도 그래. 왜 맞았는지 한번 생각해봐. 이번에 어머니라고 부른다고 했잖아. 그렇게 부르면 되잖아. 나도 그렇게 불렀는데 형은 왜 안 했어?"

"부르려고 했지. 진짜 그렇게 말할려고 하던 참인데 갑자기 날 때린 거야. 그런 놈, 당장 뒈졌으면 좋겠어. 조센징 주제에. 나는 절대로 그 놈 하라는 대로는 안 할 거야."

"형은 그래서 맞는 거야. 다른 형들처럼 아버지 말 좀 들어. 그러면 되잖아?"

"왜 그런 조센징 말을 들어? 그 놈이 조생징이 아니라면 몰라두. 조센징 주제에 우리를 낳아놓고. 마사오, 그 놈은 조센징이야, 야만인이라고."

슈이치는 자식에게 주먹질을 해대는 행위를 하는 부친에 대해 계속 욕설을 퍼부었다. 조센징에 대한 최대한의 경멸을 담는 것도 빠뜨리지 않았다.

동생한테 속을 털어놓고 실컷 떠들고 나니 슈이치도 조금은 속이 풀렸다. 마사오의 권유로 집으로 돌아왔다. 아버지에게 들키지 않으려고 발소리를 죽이며 방안에 들어와서는 이불 속에 머리까지 푹 처박고 잠을 청했다.

한어미 자식도 오롱이오롱이라고, 4형제 중에서도 유독 부룩송아지처럼 어긋어긋하기만 한 둘째 아들 슈이치에게는 정유성도 두 손 두 발 다 들었는지 다음날 아침 얼굴을 마주쳤지만 못 본 것처럼 모른 체했다. 아침을 먹고는 아무 말 없이 집을 나가버렸다. 말로도, 때려도,

어찌 해 볼 재간이 없는 둘째 아들 슈이치에게는 더 이상 관심조차 두기 싫다는 얼굴이었다.

어린 시절 이렇듯 진저리날 만큼 아버지의 폭력에 시달리며 눈물 흘렸던 슈이치는 후일 무슨 운명이었던지, 무엇이든 폭력에 의존해 일을 해결하는 야쿠자 세계에 발을 들여놓았다. 부친에 대해 슈이치는 언제까지나 악을 품었다. 어쨌거나 아버지를 이해해 보려는 따뜻한 마음씨를 가진 동생 마사오와는 사뭇 달랐다.

마사오가 현역 요코즈나 '다마노우미'로 급사한 뒤 일본정부는 그에게 훈장을 수여했다. 화려한 문양으로 장식된 상장에는 '일본국 천황은 다니구치 마사오〔谷口正夫〕에게 훈4등, 서보장(瑞寶章)을 수여한다'는 문구가 쓰여 있다. 서명은 당시 총리 사토 에이사쿠〔佐藤榮作〕.

성이 다니구치〔谷口〕로 되어 있었지만 실은 스모계에 입문하기 전에는 다른 성을 썼다. 성이 바뀌게 된 것은 사연이 있었다.

이전에는 한국인 아버지 정유성의 일본식 성인 요시타케〔善竹〕를 사용했다. 슈이치를 비롯한 다른 형제도 마찬가지였다.

그런데 호적란에 4형제의 성씨는 모두 다니구치〔谷口〕로 되어 있다. 성을 바꾼 것은 한국인의 피가 섞인 것을 감추기 위한 고육지책이었다.

요시타케란 성은 수만 가지의 성이 존재하는 일본에서도 아주 희귀하다. 정유성이 일본에서 생활할 때 쓰기 위해 지어낸 것으로 보인다.

처음에는 호적에도 이렇게 올라 있었던 것 같다. 4형제가 초·중·고를 다닐 때 모두 요시타케란 성을 갖고 있었으니까.

왜 선죽(善竹)이라는 성을 만들었을까. 한국인들이 창씨개명을 할 때 상당수는 고향마을 이름을 땄다. 혹시 선죽리가 한국에 있다면 고향도 찾을 수 있기에 알아보았지만 그런 지명을 찾을 수 없었다. 그렇다면 개성의 선죽교하고나 무슨 관련이 있는 것일까.

1909년생인 정유성은 열아홉이던 1928년 경상도에서 일본 오사카로 옮겼다는 정도만 알려져 있다.

"본관(本貫)이요? 그게 뭐지요. 들어본 적이 없는데⋯."

슈이치에게 아버지의 본관을 물어보자 이렇게 대답했다.

이름 석자는 한자로 기억하고 있었지만 본관이 어딘지는 몰랐다. 아니 '본관'이란 말조차도 들어본 적이 없었다. 아버지의 고향도 모르기는 마찬가지였다. 한국인 아버지를 두었다고 하나 일본에서 태어나서, 일본어를 사용하며, 일본 친구들과 어울려 지내온 일본인이었기에 아버지의 '본관'을 모르는 것도 무리는 아니다.

"저는 그런 거 싫었어요. 물어보고 싶지도 않았고요. 어머니는 혹 들었는지 모르겠지만. 두 분 모두 돌아가셨으니 이제는 확인할 길도 없군요."

슈이치는 소년기에 한국인 부친에 대한 증오심 때문에 한국, 조선에 관한 것이라면 무조건 싫어했다. 주위의 일본 소년들과 달리 아버지가 한국인이라는 점에 대해 엄청난 콤플렉스를 갖고 있었다. 아버지는 게다가 말끝마다 욕하는 무식쟁이에다 노름꾼, 폭력배. 그러다 보니 '한국 냄새'가 조금이라도 나는 것은 생리적으로 거부감을 갖게 되었다. 한국에서라면 본관을 아는 것이 당연할 텐데 그에게는 무리인 것이다.

슈이치에게 폭력적인 아버지의 고향, '조선'은 생각하고 싶지 않은 악령의 고소(古巢)이자, 출생에 대한 콤플렉스의 온상이었던 셈이다.

때문에 일본의 식민지, 조선 태생의 아버지에 관한 기억은 최대한

지워내야 했다. 조선에 관한 모든 것은 생각할수록 고통스러운 기억뿐
이었다. 아버지 나라의 말조차도 싫었다. 아버지 나라의 문화, 풍습
송두리째 증오스러웠다. 이런 심리상태에서 슈이치는 보통이라면 자
신의 아버지가 어떻게 이국에 오게 되었는지 궁금할 법하지만 그런 생
각을 꿈에도 하지 않았다.

　수년 전 정유성이 세상을 떠나 이제는 그의 고향이 어디인지 확인하
기 힘들어지고 말았다. 친인척의 끈을 타고 돈 벌러 일본에 밀항했을
가능성이 크다. 슈이치는 아버지 정유성이 강제연행된 징용자로 현지
이탈한 신분이었을 수도 있다고 말했지만 한반도에서 집단징용이 시
작되기 이전에 그가 일본에 온 것으로 보여 그런 가능성은 적은 것 같
다. 슈이치는 아버지가 경상북도 어느 농가의 셋째 아들로 태어났다는
말을 어려서 들었던 것으로 기억한다. 당시 더 이상 자세한 내용을 물
어볼 생각은 눈곱만큼도 없었다. 행여 그런 소리를 남이 들을세라 쉬
쉬하며 살아왔다.

　정유성은 키가 컸으며 몸집이 비대한 편은 아니었지만 '통뼈'였다.
고향 일대에서 씨름대회가 열리면 누구한테도 지지 않았다고 자랑하
곤 했었다.

　마흔 살이 넘었을 때 오카자키 공원에서 열린 조선인 씨름대회에서
우승했었다. 음력 5월 5일, 단오절 풍습대로 열렸을 터이지만 슈이치
는 열 살이 채 안 되었을 무렵의 일이라 날짜까지는 기억하지 못했다.
일제치하에 신음하면서도 한민족은 한반도와 중국은 물론, 일본 본토
에서도 민족 고유의 전통인 씨름대회를 열었던 기록이 많이 남아 있
다. 고문헌에는 각희(角戲)로 표기되는 씨름은 중국에서도 고려기(高
麗技)라고 불러 한국 고유의 스포츠다. 하지만 몽골 씨름과 한국 씨
름, 일본의 스모는 연원을 한참 거슬러 올라가면 한군데서 만날지 모

른다.

　오카자키 공원 씨름대회에서 정유성이 우승한 걸 보면 고향에서 씨름꾼으로 이름깨나 날렸다는 말은, 비록 그가 평소에 아무리 허풍이 심한 사람이었다고는 해도 사실로 믿을 만하다. 하기야 콩 심은 데서 팥이 나올 리 없지 않는가. 요코즈나에 오른 마사오를 비롯해 형제들 모두 체격이 좋은 점은 아버지 유전자 영향이 크다는 점을 부인하기 어려울 것이다. 생모 역시 보통 일본인보다는 체격이 다부진 편이었다.

　씨름대회에서 우승한 정유성을 에워싸고 한국인들이 온통 법석을 떨던 모습은 일본사회에서는 좀처럼 볼 수 없는 요란스런 것이어서 슈이치는 아직도 선명하게 기억하고 있다.

　꽹과리를 치고 북을 두들기며 어깨를 들썩들썩, 덩실덩실 춤을 추며 거리를 휘젓고 돌아다녔다. 싸움판 같은 모습이었다. 이것이 한국 전통의 축제양식이라는 것을 어린 슈이치로서는 알 턱이 없었다. 그가 아는 유일한 나라이자 문명국인 일본에는 없는 일이다 보니 그저 미개하고 천박하며 야만스럽게 비쳐졌는지 모른다.

　슈이치가 기억하는 조선인들의 장례식 풍경도 다른 문화권에 대한 이해가 없었던 어린이의 눈에는 야만스런 풍경에 지나지 않았다. 조선인들의 장례식 풍습은 일본과 전혀 달라 조용한 것이 아니라 큰 소리로 '아이고, 아이고' 울부짖는 소리가 끊이지 않았다. '아이고'란 슬픔을 나타내는 말로 이해했다. 또 죽은 사람을 저승으로 편안하게 잘 보내주려면 어쨌거나 큰소리로 울지 않으면 안 된다는 것도 알게 됐다.

　한국어를 전혀 몰랐던 슈이치 형제들은 아버지가 다른 한국인과 이야기 할 때만큼 아버지의 얼굴 표정이 넉넉한 모습인 적을 본 적이 없었다. 젊어서 일본에 건너와 오로지 살아남기 위해 익힌 실전 일본어라고는 해도 역시 태어나면서 귀에 익고 몸에 배인 한국어 실력만큼은 안됐다. 모국어였기 때문에 한국어는 마음대로 구사할 수 있었고, 손짓 몸짓을 섞어가며 요란스럽게 의사소통을 했다.

정유성은 한때 장사를 해 돈을 잘 번 적도 있었지만 이후 부도가 나 노름꾼으로 전락했다. 하지만 빈털터리가 되어서도 항상 부호처럼 큰 소리를 쳤다. 속사정 모르는 여자들은 번듯한 정유성의 용모와 복장, 허풍에 넘어가면 금세 옷고름 풀고 품에 안겨왔다. 정유성이 오사카 일대의 간사이〔關西〕 사투리로 마구 떠들면 아무도 한국인이라고는 생각하지 못했다. 생모도 정유성을 처음 만났을 때 '한국인인줄 몰랐다'고 말했던 것을 슈이치는 기억한다.

일본어는 매끄럽지 못했다. 오사카에서 오래 살았던 탓인지 간사이 사투리 같은 말은 그런대로 구사했지만, 표준어는 전혀 그렇지 못했다. 일본에 와서도 이곳저곳 떠돌아 다녔기에 따로 교육받을 기회가 없었고, 한국에서도 농가의 3남으로서 교육받을 형편이 아니었으니 일본어 실력이 오죽했겠는가. 자신의 의지를 상대에게 전할 때 한국어라면 술술 통했지만, 일본어로는 횡설수설이 되고 말았다.

일본어를 제대로 몰라 주위로부터 오해를 넘어 동정까지 받았던 '3만 대의 차' 사건만 해도 그랬다.

정유성은 "동생뻘 되는 사람이 엄청 출세해서 어마어마한 부자가 됐다"며 떠벌리곤 했다. 자식들한테도 이렇게 덧붙였다.

"그 사람 좀 봐라. 엄청 출세했지. 자동차만 해도 그렇단다. 3만 대의 차에 타고 있단다. 대단하지 않냐?"

슈이치는 '또 아버지의 허풍이 시작되는구나' 생각했을 뿐이었다.

당시 자동차 한 대라고 해도 큰 부자나 정치인 정도나 타고 다녔는데, 자동차를 3만 대 갖고 있다니! 아무리 어린 꼬마였지만 아버지가 지금 무엇인가 홀려서 헛소리를 하고 있구나 생각할 수밖에 없었다.

정유성도 실은 거짓말을 하려 했던 것이 아니라 뭔가 오해하고 있었던 것 같다. 자동차를 타고 나타난 '출세한' 동생이 한바탕 거하게 회식을 베풀고 난 뒤 돌아가자 아버지는 다시 가족한테 자랑을 했다.

"어떠냐. 아까 그 사람이 바로 내가 귀여워하는 동생 놈이지. 멋지잖냐. 돈도 아주 많단다. 차도 봤지? 엄청 크잖냐. 저게 바로 3만 대란다."

확실히 그 사람은 멋지게 생겼다. 젊고, 옷도 쫙 빼입고, 돈 꽤나 있어 보였다. 차도 크기는 했는데 3만 대가 아니라 한 대밖에 오지 않았다.

"아버지, 차는 크기는 한데 딱 한 대뿐이잖아요. 뭐가 3만 대라는 거여요?"

"바보 같은 소리는. 저게 바로 3만 대지 뭐냐. 얼마나 멋진 차냐."

슈이치는 그때 아버지의 말이 전혀 이해가 되지 않았다. 한참 나중에야 슈이치도 차를 타게 된 신분이 되고 나서 이 뜻을 이해하게 됐다. 무학으로 한자를 제대로 읽지도 못했던 정유성은 다른 사람들이 하는 말을 귀로 듣고 자신으로서는 이해할 수 없는 말도 아는 체를 하였던 것이다. 일본어를 제대로 알았더라면 수입 외제차 번호판이 '3번대'라는 것을 이해했을 것이다. 사람들이 '삼반다이'(3번대)라고 하는 것을 '삼만다이'(3만 대)로 알아듣고 그렇게 태연하게 떠들고 다녔던 것이다.

슈이치는 환갑을 지난 이제야, 일본어를 이해하지 못한 탓에 세상 사람 앞에 태연히 바보 같은 소리를 하며 돌아다녔던 아버지의 모습이 가끔 측은하게 생각된다고 말했다.

행실이 좋지 않았던 탓도 있고, 어긋어긋한 편이었던 슈이치는 아버지한테 자주 맞았는데 그때마다 '니기미씨부랄' 욕을 들었다. 슈이치는 한국어를 못하지만 귀에 못이 박히게 들었던 '니기미씨부랄'이란 말을 여태 기억하고 있다.

하루는 마사오가 물었다.

"형, 아버지가 때릴 때 항상 '니기미씨부랄'하는데 무슨 뜻인지 알아?"

그러고 보니 매를 맞는 본인도 무슨 말인지 모르고 있었다. 한국어는 틀림없는데 의미까지는 몰랐다.

"야, 그것도 모르냐. 바보라는 한국말이지."

짐짓 아는 체 이렇게 답했지만 뜻은 몰랐다.

슈이치는 훗날 신경이 쓰여 어느 한국인에게 이 뜻을 물어보았다고 한다.

"내 발음이 나빴던지 잘 모르겠다고 하더군요. 하하."

그럴 리가 있는가. 아마도 그 한국인은 뭐라고 설명하기 거북하자 모른 체했을 것이다. 한국말에 '니기미씨부랄'이란 말과 비슷한 말은 없으니 조금만 발음이 비슷해도 짐작으로 알 수 있다.

슈이치는 이 말의 뜻을 아직도 알고 싶어하며 나에게도 설명해달라고 했다. 나도 그냥 웃고 말았을 뿐, 굳이 그 본래의 뜻을 가르쳐주지 않았다.

욕이란 원래 뜻과는 상관없이 특별한 상황에서 분노를 표출하는 수단으로 쓰여지기에 아무 뜻 없이 내뱉었던 말일 수도 있다. 하지만 자칫 '네 엄마', 즉 슈이치의 생모인 일본인, 아니 일본에 대한 증오감이 욕을 퍼붓던 한국인 아버지 정유성의 심리에 깔려 있을 수도 있지 않나 싶어서였다.

욕설이 드문 일본어에서는 가장 큰 욕이 '바보'(바카)나 '바보놈'(바카야로) 정도이다.

이 일본말 '바카야로'는 슈이치의 아버지도 일본어 그대로 구사했다.

따라서 슈이치로서는 자신에게 폭력을 휘두르던 아버지의 심정을 이해하기 위해서는 반드시 '니기미씨부랄'이란 뜻을 알고 싶어했던 것이다. 당시 슈이치 아버지 정유성이 어떤 생각에서 이 천박한 말을 자식들을 향해 퍼부었는지는 오직 본인만이 알 일이다.

슈이치의 부모는 훗날 말썽만 피우는 둘째 아들 슈이치를 아예 남의 자식을 보듯 외면했다. 하지만 스모 선수로 유명해진 막내 다마노우미에 대해서는 서로 '내 아들'이라며 자주 말다툼을 벌였다.

다마노우미가 실력자가 된 뒤 보내준 돈으로 가마고리 시내에 주택을 신축할 때에도 서로 내 집이라고 다투었다. 정유성 주위의 한국인들도 "아들 장래를 봐서 소문나게 하지 마시게" 하며 압력을 가했다. 정유성의 양보 아닌 양보로 어머니가 판정승을 거두었다.

다마노우미의 생모는 죽을 때까지 막내아들이 지어준 집에 살며 남편 정유성이 얼씬거리지 못하게 했다. 호적상으로는 무관한 사람이었기에. 생모가 작고한 뒤 슈이치가 이 집에서 살기 시작했지만 역시 아버지 정유성이 양로원에서 생을 마칠 때까지 이 집으로 불러들이지 않았다. 완전히 남남인 것처럼.

요코즈나 다마노우미는 틀림없이 정유성과 다니구치 하루요 두 사람 사이에 태어났고, 어머니로서는 분명 자신의 배로 품어 낳은 자식이었다.

정유성은 일본 씨름의 최고봉인 요코즈나에 아들이 올라가게 된 것은 '역시 피는 못 속인다'는 것을 입증해주는 것으로 받아들였다. 씨름꾼으로서 재능이 뛰어났던 자신의 피를 이어받았기 때문이란 것을 널

리 자랑하고 싶어했다. 하지만 정작 아들인 마사오는 한국인의 피를
이어받았다는 것을 필사적으로 감추고 있었다. 오죽하면 스모계 진출
직후에 호적까지 새로 만들어 다니구치라는 어머니 성으로 바꾸었겠
는가.

마사오가 다마노우미란 이름의 요코즈나로 있을 때에도 아버지 정
유성은 한 번도 행사장에 참석해본 적이 없다. 아니, 참석기회가 완전
히 봉쇄된 상태였다. 아버지가 누구인지 모르는 사생아로 만들어 놓고
여태 지내왔는데, 어느 날 갑자기 무식하기 짝이 없고, 교양도 없으
며, 유곽을 안방 삼아 노름판을 벌여온 조선인이 나타나 '내가 요코즈
나 애비요' 하고 떠들고 다니면 스모를 국기로 떠받들어온 일본인들로
서는 수치였다.

이렇게 해서 정유성은 살아 있으되 죽은 인간이나 마찬가지의 대접
을 받아야 했으니 오죽이나 섭섭했겠는가. 배운 재주라고는 화투 노름
밖에 없는 처지에 자식들 굶기지 않으려 어쨌든 발버둥쳐오지 않았던
가. 만일 그가 일본인이었다면 다마노우미가 요코즈나가 되었을 때 아
버지가 노름꾼이었다는 이유만으로 그처럼 무시당했을까.

정유성은 자식들이 어렸을 때, 아니 그 이전부터 오사카에서 도박
으로 밥을 먹고살았다. 공부를 잘해 유학 온 것도 아니고, 장사 밑천
을 마련해온 것도 아닌 상태로 막연하게 일본 땅에 건너왔으니 일자리
를 구할 수도 없었다. 하지만 굶어죽으란 법은 없는 것인가. 노름에
타고난 재질이 있었던 모양인지 어느새 그 바닥에서 든든한 터를 잡게
되었던 것이다. 노름수완 만큼은 사람들이 혀를 내두를 정도의 대단한
'타짜'였다.

정유성은 각지를 돌며 판을 벌이는 '프로 도박단' 멤버였다. 사람들
의 눈을 속이는 재주도 능했으며, 단지 속임수뿐 아니라 상대의 패를

읽는 솜씨며, 찬스가 왔다 하면 배팅을 하는 배짱도 두둑했다.

미워하며 닮아 가는 것일까. 노름꾼 아버지 정유성을 어느 아들보다 싫어했던 둘째 슈이치는 후일 아버지가 속했던 도박조직보다 더 큰, 전국적인 망을 가진 화투도박단의 일원이 된다.

"제 화투실력은 아무래도 아버지의 묘기수준에까지는 미치지 못했던 것 같습니다."

화투도박은 물론 야쿠자 세계에서 은퇴한 지금, 슈이치는 화투에 관한 한 아버지가 한 수 위였다고 인정했다. 그는 도박판을 전전할 때 아버지가 젊은 시절에 남긴 전설을 곳곳에서 들었다.

정유성은 키가 크고 콧날이 오뚝한 미남자로 젊은 시절 여자들이 금세 혹하고도 남을 만했다. 슈이치의 생모가 신분을 모른 채 얼떨결에 결혼을 했는지 어떤지는 몰라도 슈이치네 4형제를 낳고 상당기간 같이 지낸 걸 보면 아마도 처음에는 제법 사이가 좋았던 모양이다.

종전 무렵 공습을 피해 오사카에서 오카자키로 식구들과 함께 이사할 때 정유성은 소실도 데려왔다. 이것이 생모가 가출하게 되는 결정적 이유가 되지 않았는가 하고 슈이치는 짐작하고 있다. 첩질도 유분수지, 딴 살림도 아니고 한지붕 아래 처첩 동거라니! 정유성의 앞에서 생모가 싫다는 내색을 할 수 없었다 해도 처첩간 불화는 당연한 것이었으리라.

아버지와 나이 차이가 많은 소실을 슈이치 등 형제는 당시 '누나'라고 불렀다. 결국 '누나'와 한집에서 살며 눈꼴사나운 일을 당하는 데 넌덜머리가 난 생모는 친자식 4형제를 놔둔 채 가출해버렸다.

슈이치는 폭력을 휘두르는 아버지를 정말 싫어했다. 그렇지만 자신도 나이 들고 보니, 말을 통 듣지 않는 아들에게 조근조근 훈계할 일본어 실력이 없던 아버지가 마음이 급한 김에 손부터 내밀지 않았나 하는 생각도 해본다.

아버지는 그래도 어쩔 수 없는 아버지라는 것을 느낀 적이 있었다.

슈이치가 다른 야쿠자 조직의 습격을 받아 일본도로 난도질당해 병원에 누워지낼 때였다. 혼자서는 도저히 몸을 움직일 수 없는 형편이었다. 병실 앞 복도에는 폭력사건 용의자 감시와 야쿠자 조직간 충돌 재발을 막기 위해 경찰관이 배치돼 근무중이었다. 그런데 경찰관이 아닌 늙수구레한 사람이 줄곧 병실 앞을 지키고 있다는 것이었다.

중상을 입은지라 슈이치는 사람 얼굴을 직접 확인할 수 없었다. 사람을 시켜 누구인가 알아보게 했는데 바로 아버지 정유성이었다. 아들이 혹시라도 다시 습격을 받을까봐 걱정이 된 정유성은 누가 시킨 것

오카자키 소개 후의 모습. 생모(오른쪽 끝 원 내)와
'또 다른 엄마'가 한지붕 아래에 동거했다. 마사오(왼쪽 원 내).

도 아닌데 매일처럼 병실 밖을 지키고 있었던 것이다.

　슈이치의 어린 시절 부친은 공포와 폭력의 상징이었다.

　'그 사람이 내 병실을 지켜주고 있다고?'

　당시로서는 믿어지지 않는 일이었다. 자식에 대한 부모의 정이란 상식을 넘는 것이다.

　슈이치는 부친의 폭력성을 수없이 비판했다.

　그런데 언어에 따른 의사소통 문제 때문에 가정 내 폭력이 발생하는 측면이 이민자 사회에서 종종 발견된다는 점을 슈이치는 알지 못한다.

　젖먹이 자녀를 데리고 영어권에 이민을 떠난 부부 가운데서도 흔하다. 아이는 자라나면서 영어야 현지인과 똑같이 하게 되지만 한국어는 깡그리 잊어먹고 만다. 장성한 자녀와 부모는 영어로만 의사소통을 하게 되는데, 부모로서는 아무래도 할말을 제대로 전달하지 못하는 부족감을 느낀다. 그러다 보니 자녀가 말을 따르지 않고 대꾸한다거나 하면 말로 설명할 능력이 없어 답답한 끝에 손찌검을 하기 쉽다는 것이다.

　슈이치와 아버지 정유성 간의 일본어 의사소통도 이와 비슷한 문제점이 없지는 않았을 것이다.

　슈이치는 '니기미씨부랄'이란 한국어 말고도 한 가지 더 잊을 수 없는 표현이 있다. 아버지가 자식들 앞에서 늘 입버릇처럼 되뇌었던 구절이다. 표현이 서투른 사람이었지만 자식에 대한 애정을 드러낸 것이었다.

　"나는 니들 모두가 다 귀엽다. 어느 누구 한 사람 할 것 없이 다 똑같이 중하다. 어디 이 열 손가락 깨물어서 안 아픈 손가락이 있더냐."

　이렇게 말하며 손가락을 입에 넣어 이빨로 깨무는 시늉까지 했다.

솔찬히 감동적인 장면이었고 '진짜 아버지'임을 잠시지만 생각해보게끔 했다. 개망나니 같은 슈이치라 해도 아버지가 폭력을 휘두르면 한없이 반항심이 생겼지만, 이런 식으로 정서적으로 나오면 대구할 말이 없어졌다. 하지만 말만 이렇게 근사하게 하면 뭐하나. 뭔가 일이 맘에 들지 않아 눈이 휘까닥 뒤집힐라치면 여지없이 정유성은 주먹을 휘둘렀다. 대체 본심은 어느 쪽일까 하는 의문이 들 때가 많았다.

물론 열 손가락 운운하는 어구는 일본어에는 없는 표현이다. 한국에서 어릴 때 자주 들었던 말을 일본어로 풀어 자식들에게 해준 것이었으리라. 하지만 평소 아버지 보기를 소 닭 보듯 해온 슈이치 형제들로서는 말뜻보다는 '어색한 일본어'라는 데 더 신경을 쓰고 있었다.

자신과 특별한 사이였다면 모르지만 그렇지 않은 타인의 죽음이란 너무도 빨리 잊혀지고 만다. 이 세상은 어차피 망자의 세계가 아니라 살아있는 사람의 세계인 탓이다. 아무리 친한 친구가 세상을 떠나도 그 다음날 깨어보면 세상은 하나도 다른 것이 없다. 어제와 조금도 다를 것 없는 또 다른 아침이 우리를 맞을 뿐이다. 세상이란 도대체 이렇게 인정머리도 없는 것일까 하는 절망과 허무가 엄습한다.

슈이치도 동생이 죽고 나서 그런 심정이었다. 지인들과 이웃사람들은 TV를 통해 요코즈나 다마노우미, 한 유명인사의 죽음을 듣고 동정을 표했지만 슈이치만큼 슬퍼하지 않은 것은 당연지사였다.

일간지와 방송에서는 "불운한 요코즈나의 비극, 다마노우미"라는 제목으로 그날 대문짝만큼 보도했다. 어찌 또 그리 슬픈 일이 있겠느냐는 식으로 애도의 수식어를 동원했다. 하지만 진정으로 슬프게 울었던 사람이 그리 많았을까.

대중소비를 위해 만들어지고, 쓰여진 다음 용도폐기되는 것이 이른

바 '스타'의 운명이다. 다만 퇴장의 방식이 조금씩 다를 뿐. 시간이 지나 유행에 뒤지거나, 더 뛰어난 실력자가 등장하면 무대에서 사라지고 만다. 혹은 이처럼 비극적인 사고나 자살로 돌연 사라지는 대중스타도 있다.

사실 역사를 통해 대중은 늘 미치도록 열광하는 것처럼 보이지만 진정으로 열광한 적은 한 번도 없었을 것이다. 나폴레옹에 환호하며 황제로 떠받들다가 나폴레옹을 쫓아내는 것이 대중이다. 희대의 독재자였던 히틀러를 총통으로 만든 것도 대중이요, 그에게 충성을 서약한 것도 대중이고, 그를 다시 있어서는 안될 악한으로 규정한 것도 같은 독일의 대중이었다.

아끼던 동생 다마노우미의 죽음은 단지 어린 막냇동생의 죽음 이상의 상실감을 슈이치에게 안겨주었다.

한국인의 피가 섞여 있다는 '혈연적 천형'(天刑) 때문에, 죽고 싶을 만큼 혼자 고민하며 괴로워했던 열등감에 빠져있던 슈이치는 요코즈나에 오른 동생, 가문의 영광 때문에 그래도 조금은 가슴을 펴고 지낼 만한 것이었다. 그런 가운데 어머니의 성을 따서 만든 다니구치란 성을 가진 '일본인'으로 행세하며 안도감을 느껴오던 생활에 예기치 않은 시점에 종지부가 찍혔던 것이다.

아버지의 유산

3

　슈이치에게 형제를 묻자 즉각 네 명이라고 했다. 나중에 사실을 알아보니 이 말은 틀린 것은 아니었지만, 엄밀히 말하자면 진실도 아니었다. 복잡한 가정사정 때문이었다.

　한국인 정유성, 일본명 요시타케 기치타로와 일본인 다니구치 하루요〔谷口 ハルヨ〕, 두 사람 사이에서 태어난 이는 슈이치와 요코즈나 동생 마사오를 포함해 4명이다.

　배다른 형제 등이 많지만 슈이치는 이 네 사람만 자신의 형제로 여기고 있다. 생모 이외 다른 여자들과의 사이에 아버지가 얻은 배다른 형제가 5명이 있었다고 슈이치는 기억한다. 또 좀처럼 말을 꺼내려 하지는 않았지만 어머니와 다른 남자 사이에 태어난 형제도 4명이 있었다. 양친 아래에서 태어난 자식은 모두 13명이었다.

사연이 복잡한 만큼 슈이치의 부모가 세파를 헤치며 지내다 얻게 된 자식 한 명, 한 명의 내력을 들춰내 소개할 필요는 없을 것이다. 슈이치와 마사오를 중심으로 한 4형제로 이야기를 좁히기로 하자. 같이 자랐던 배다른 여동생 이야기도 일일이 언급하지 않으련다.

장남 이치오〔一雄〕는 1939년생, 차남 슈이치〔秀一〕는 1941년생, 3남 미치오〔滿雄〕는 1942년생, 막내 마사오〔正夫〕는 1944년생이다.

일본이 중일전쟁, 태평양전쟁을 도발해 일본 내도 어수선하던 시기에 모두 태어났다. 출생지는 모두 오사카〔大阪〕였다.

가마고리 시청에서 슈이치 일가의 호적서류를 떼어 확인해 보니 오사카 시 히가시나리〔東成〕구 미나미이쿠노〔南生野〕정 5번지 2호가 출생지로 되어 있었다. 4형제 모두 같은 주소로 되어 있었는데, 일 년이 멀다하고 집을 옮겨다니는 것이 흔했던 시기에 5년간 한 곳에 거주했다는 것은 어딘지 어색했다. 그 이유는 나중에 더 알아보기로 한다.

당시는 히가시나리 구였지만 1953년 대대적인 행정구역 개편이 있을 때 이쿠노〔生野〕구가 신설되면서 현재의 행정구역으로는 이쿠노 구에 속한다. 이쿠노 일대가 그만큼 커진 것이다.

이쿠노 구 일대 특히 쓰루하시〔鶴橋〕, '학다리' 일대에는 일제 때는 물론 현재도 많은 재일교포가 살고 있다. 지금은 중국인들도 많이 거주하고 있어 한중일 3개국 사람이 제법 국제적 분위기를 연출하며 뒤섞여 살고 있다.

쓰루하시는 지하철과 사철 등 3개 열차노선의 역이 교차하는 곳이라 하루 유동인구만도 30만 명이 넘는 교통의 요충지다. 각종 점포 3천여 개가 밀집해 있는 상업중심지다.

특히 한국 관련 식당, 식재료 판매점, 전통 옷가게, 민속품 가게가 몰려 있다. 밤이 되면 여기저기에서 한국식 불고기와 삼겹살, 곱창구이 등 고기 냄새가 풍겨 나와 출출해진 행인의 발길을 잡는다. 이 때문에 일본의 대표적 코리아타운이라면 도쿄 신주쿠〔新宿〕구의 쇼쿠안 도리와 오사카의 쓰루하시 일대를 꼽는다.

일본 환경성이 정한 '향기 100선' 가운데 쓰루하시의 밤거리 냄새가 선정된 바 있다. 한때 손가락질 받던 '한국 냄새'가 이제 당당하게 '향기 100선'에 꼽힌 것을 보면 한국, 한국 식문화, 한국인을 바라보는 일본의 시각에도 그만큼 변화가 생긴 것을 알 수 있다.

쓰루하시 일대에는 현재도 한국인이 많이 살다 보니 시샘과 질시의 눈으로 보는 이들이 아직 있다. 일본의 상관행으로는 이해하기 어려운 노점이 많다느니, 브랜드 명품을 선호하는 일본 소비취향에 맞춰 공공연히 유통되는 한국제 '짝퉁'을 파는 가게가 많다는 점 등을 들어 비난하는 것도 일리는 있다. 하지만 식민통치하에 신음하던 재일 한국인들을 동정은커녕 '조센징'이란, 차별어 아닌 차별어를 사용하며 괴롭혔던 부끄러운 역사를 청산하지 못한 전근대적 의식 혹은 소아병적 심리가 그런 비판의 근저에 깔려 있다는 점도 부인하기 어렵다.

1945년 태평양전쟁이 막바지를 향해 가면서 미군기들이 연일 일본 본토를 공습했다. 당시 오사카 일대에는 군수품 공장, 부품공장이 많아 집중적인 공습대상이 되었다. 군수물자 보급원을 파괴해 전장에서 우위를 확보하는 동시에 본토 상륙작전에 앞서 일본인의 저항의지를 꺾어놓으려는 전략에서였다. 제공권을 확보한 연합군의 대대적 공습에 맞서 일본이 취할 수 있는 방법이라고는 양동이에 물을 퍼 나르는 소방훈련과 폭격에 따른 인명피해를 줄이기 위해 소개〔疏開〕정책을 펴는 것이 고작이었다.

중·고교생은 노동인력으로 공장에 동원된 상태였기에 주된 소개대상은 초등학생이었다. 산속의 큰 절이나 시골학교로 교사들과 함께 집단으로 옮기도 했으며, 피붙이나 지인 등의 연줄을 찾아 외딴 시골로 이주하는 경우도 있었다.

슈이치 4형제가 부모의 손에 이끌려 아이치현 오카자키〔岡崎〕시 근교 시골로 소개된 것도 이 무렵 일이다. 아버지 쪽 누군가가 그곳에 살고 있었다고 슈이치는 기억했다. 만 다섯 살 무렵이라 슈이치의 기억에는 단편적인 것만 남아 있다.

세든 집 앞에는 밭이 있었고 언덕을 몇 미터 걸어 내려가면 절이 나왔다. 조금 더 가면 대나무 밭이 나왔고, 개천 둑으로 이어졌다. 도중에 커다란 감나무가 있었으며, 감나무 밑에는 외양간이 있었다. 가을이 되면 감나무에 소담스런 감이 열렸는데, 여름철 나무에 올라가 슬쩍 맛을 보면 얼굴이 찡그려질 정도로 떫었다.

밭 가운데를 돌아다니다 거름으로 마련해놓은 인분 구덩이에 빠진 기억도 있다. 대나무 막대기를 갖고 아이들과 장난치다 목대를 찔리는 바람에 시뻘건 피가 솟아나 기겁한 일도 있었다.

이 무렵 무엇보다 기억에 남는 장면이 있다. 당시로서는 보기 드문 기계가 라디오였다. 어느 날 아침 어른들이 라디오 앞에 모두들 모여 정좌하라고 했다. 찍찍 잡음이 심한 라디오에 귀를 기울이고 있었다. 무슨 말인지 알아듣지 못할 소리가 라디오를 통해 들려온 뒤 잡음이 사라졌다. 라디오가 꺼진 뒤 어른들은 침통해했다. 눈물을 훌쩍이는 사람도 있었다.

나중에야 알았지만 그것은 천황의 육성방송, 이른바 '옥음'(玉音) 방송이었으며 일본의 무조건 항복을 선언하는 내용이었다. 어린 슈이치는 뭐가 뭔지 알 턱이 없었다.

1945년 8월 일본의 항복으로 전쟁이 끝났지만 슈이치 일가는 오사카로 돌아가지 않고 오카자키에 눌러 앉았다.

누가 오사카에 집을 구해놓고 목 빠지게 기다리는 것도 아니었고, 어차피 이곳이나 저곳이나 타향은 마찬가지인지라 정유성은 나름대로 적응이 된 오카자키에 머물기로 했다.

오카자키는 일본의 전국시대에 종지부를 찍고 도쿠가와 막부를 연 일본사의 영웅, 도쿠가와 이에야스〔德川家康〕에 관련된 유적이 많아 연중 관광객이 몰리다 보니 돈벌이가 될 만한 일도 꽤 있었다.

전쟁이 끝나고 조금 있다 오카자키 외곽에서 시내로 집을 옮긴 정유성은 일생일대의 대변신을 시도했다.

어디서 융통했는지, 도박판에서 크게 한 탕해 장만한 밑천이었는지 알 수 없는 일이었지만 정유성은 거액을 마련했다. 그 돈으로 스웨터를 짜는 기계를 몇 대 사들이더니 얼렁뚱땅 스웨터 제조공장을 차렸다. 공원도 몇 사람 고용한 다음 하루종일 스웨터를 짰다. 전혀 미지의 분야였기에 그로서는 큰 모험이었지만 정유성의 '도박'은 멋지게 성공했다. 하기야 도박을 직업으로 삼아온 그가 아닌가. 도박판에서 늘 기회를 포착하는 생존감각을 키워온 그가 그 솜씨를 발휘해 사회적 기회를 찾아낸 것이었다.

아무리 돈이 없어도 입고는 살아야 한다. 더구나 당시는 옷감 등 기초생활 물자가 턱없이 부족하던 터라 정유성이 만든 스웨터는 날개 돈 친 듯 팔렸다. 돈이 마구 들어오기 시작했다. 어린 슈이치가 벽장문을 무심코 열었다가 쏟아져 내린 현찰 다발 더미에 깔려서, 조금 과장하자면 돈더미에 깔려 숨막혀 죽을 뻔했던 것도 이 무렵의 일이다.

슈이치 4형제와 부모, 여섯 식구가 금전적으로 뿐만 아니라 정신적으로도 가장 풍요롭던 시기다. 형제 4명 가운데 위로 두 사람, 슈이치와 형 이치오는 유치원 따위 사치스런 곳에 다닐 형편이 아니었다. 그러나 이제는 달랐고 아래 동생 두 명은 오카자키에서 유치원에 다녔다. 입에 풀칠하기도 쉽지 않았던 전후 사정을 볼 때 아이들을 유치원에 보낸다는 것은 그만큼 넉넉한 살림이었다는 것을 보여준다.

못 배운 한을 품고 있던 정유성은 돈에 여유가 생기자 아낌없이 아래 두 아이를 유치원에 다니게 했던 것이다. 4형제는 이에야스와 관련 깊은 보리사(菩提寺) 근처의 다이쥬지[大樹寺] 초등학교에 차례차례 입학했고 순탄한 생활이 한동안 이어졌다.

하지만 슈이치 일가에 불행이 덮쳤다.

1953년 슈이치가 초등학교를 졸업할 무렵 아버지의 사업이 부도났다. 천상 사업가 체질은 아니었던 모양으로 시운을 잘 타 한때 번창했지만 시장변화에 적응하지 못한 것이다. 또 40대 초반의 잘 나가는 사장, 정유성에게 술과 여자, 도박의 유혹이 끊이지 않았음은 물론이다.

스웨터 기계를 비롯한 재산은 모두 차압당하고 오카자키에서 그리 멀지 않은 가마고리로 옮기지 않을 수 없었다. 가마고리와 오카자키는 같은 경제권에 속했다. 사업 근거지를 확장하거나 옮긴 것이 아니라 빈손으로 내쫓겨난 것이었다. 다시 맨손으로 돌아간 정유성은 화투장을 손에 쥐었다. 화투장을 쥔 그의 손에 다시금 식구들의 생존이 걸리게 된 것이다.

슈이치는 4월에 새로 이사한 동네의 가마고리 중학교 1학년에 입학했고 막내 마사오는 초등학교 4학년으로 전학했다.

3년 뒤 슈이치가 중학을 졸업하고 고교로 진학할 때 마사오는 중학교 1학년이 됐다. 그 뒤 3년이 흐른 1959년 3월, 마사오는 중학졸업과 함께 스모계로 진출하기 위해 봄철 스모대회가 열리는 오사카로 떠나간다.

슈이치는 고교에 입학했지만 중학교 시절 농땡이 치던 버릇을 고치지 못했고, 말썽의 정도가 더욱 진화하면서 구제불능의 문제아로 찍혔다. 결국 2학년 때 퇴학을 당한 뒤 물 흐르듯 자연스럽게 건달세계, 당시 유행어로 '태양족'의 일원이 되었다.

태양족이란 유행어는 대학생 작가의 베스트셀러로, 1955년에 일본 문학사에 유명한 아쿠타카와상을 받은 청춘소설 《태양의 계절》에서 생겨난 말이다. 소설의 주인공처럼 자유분방한 삶을 흠모해 일정한 직업을 갖지 않고 떠돌아다니는 젊은이들이 생겨났는데, 이들에게 항간에서 '태양족'이라는 이름을 붙여준 것이다.

청춘소설 《태양의 계절》의 작가는 역사왜곡과 외국인 차별발언을 일삼아 주위 나라 사람들을 열받게 만들곤 하는 철부지 국수주의자, 이시하라 신타로[石原愼太郎] 도쿄 도지사이다. 이 작품을 영화화했을 때 남자주인공 역은 작가의 친동생인 이시하라 유지로[石原裕次郎]가 맡았다. 유지로는 요절했지만 지금도 일본 서민층의 사랑을 받고 있다.

현역 요코즈나로 짧은 생을 마친 마사오는 태어난 지 1년 반 뒤 오카자키 시로 옮겨 초등학교 3년생까지 8년간을 살았다. 가마고리로 옮겨서 중학교 졸업 직후 스모계로 나갈 때까지 6년을 살았으며, 도쿄의 스모계에서 마지막 12년간을 보냈다.

만 15세에 고교진학 대신 스모계로 가기 위해 울면서 고향을 떠났던 소년은 11년 뒤 스모의 최고봉, 요코즈나에 올랐고, 한창 인기를 누릴 때인 27세 때 돌연 세상을 등진 것이다.

사내아이만 잇달아 넷, 그도 나이 차가 거의 없다 보니 4형제는 초등학교 때 6학년 5학년 3학년 2학년에 함께 다닌 적이 있다. 네 명이 우르르 떼로 몰려다니면 가관이었다. 동네에서는 아무도 건드릴 수 없는 천하무적 '형제군단'이었다. 당시가 아무리 낳고 보자는 시대였다고 하지만 같은 초등학교에 4명의 형제가 동시에 통학하고 있는 집은 거의 없었다. 게다가 4명 모두 체격이 좋은 사내아이들이었으니 오죽했겠는가.

덩치도 다들 비슷해 누가 몇 학년인지, 누가 형이고 누가 동생인지, 사람들은 곧잘 헛갈리곤 했다. 아니 헛갈리지 않은 사람은 본인들과 부모뿐이었으리라.

특히 막내인 마사오는 어려서부터 덩치가 커서 바로 위 형, 미치오로 알아보는 사람들이 많았다.

마사오는 원래 쌍둥이로 태어났다. 마사오 바로 뒤에 태어난 동생은 마사유키〔正行〕였는데, 태어날 때부터 워낙 약골이더니 만 21개월만에 죽었다.

형제들과의 한때(왼쪽부터 미치오, 슈이치, 마사오, 배다른 여동생).

마사오의 어머니는 일찍 죽은 쌍둥이 아들 마사유키를 측은하게 여겨 마사오를 안을 때마다 "동생 몫까지 오래오래 튼튼하게 살거라"하고 축원했다고 한다. 하지만 마사오조차도 27세의 나이에 세상을 뜨고 말았을 때 어머니의 심정은 참으로 비통한 것이었다.

슈이치 형제 4명은 1945년 몇 월인지 분명하지 않지만 종전이 가까워올 무렵 연합군의 대공습을 받아 집 바로 옆에 폭탄이 떨어지는 바람에 겨우 목숨만 부지한 채로 오카자키로 소개되었다.

어머니가 언젠가 "등에 한 명을 업고, 양손에 두 명을 붙잡고 있었으며, 혼자 걸어간 아이는 한 명뿐이었다"고 말했던 것으로 슈이치는 회고했다. 아마 막내 마사오를 업고 둘째 슈이치와 셋째 미치오는 손을 잡고 걸리고, 장남 이치오만 따로 혼자 걸어갔던 것이다.

슈이치는 지금도 TV 화면에 분쟁지역 난민 모습이 비치면 '그때 우리가 저런 모습이었겠구나' 하고 감회가 새롭다고 했다.

오카자키로 소개되어올 때 아버지가 함께였는지 어떤지는 슈이치는 기억하지 못한다.

"아마 함께 있지 않았을 겁니다."

함께였다면 아이 한둘은 안았을 것이라는 말이다. 하지만 이삿짐을 들었을 수도 있다.

다섯 살 슈이치는 확실한 기억이 없다. 그럼에도 아버지는 도와주지 않았을 것이라고 단정했다. 한국인 아버지의 존재 자체를 증오하고 부인해온 삶으로 일관해온 슈이치의 의식세계에서는 부친이 세상을 떠났음에도 불구하고 아직도 '정유성은 좋은 사람과는 절대 거리가 멀어야 할 존재'인지 모른다.

하기야 슈이치가 철이 들 무렵 사이가 나빠진 양친은 오순도순 알콩달콩 다정한 대화를 나누는 모습을 자식들에게 보여준 적이 없었다.

당시가 남존여비 풍조가 강한 분위기였다고 하지만 슈이치 집안 분위기는 그 정도를 훨씬 넘어 살벌한 상태였다.

슈이치의 어린 시절 기억에는 아버지와 어머니가 따로따로 있는 모습 뿐, 한자리에 오붓하게 앉아있는 모습은 없다. 일가단란이란 말은 슈이치의 집과는 상관없는 단어였다. 어려서부터 부모가 늘 티격태격하는 모습만 마음에 남아 있다. 네 아들을 줄줄이 낳을 무렵은 그래도 사이가 좋았을 것이나 자식들이 기억하는 장면은 부모가 서로 정이 떨어진 뒤일 뿐이다.

아버지가 때리면 어머니가 말대꾸하며 대들고, 아버지가 다시 손을 대면 어머니는 더욱 대들어 폭력의 정도는 점점 심해지는 구도가 일상적으로 되풀이됐다. 아버지의 폭력이 지나치다 싶은 경우에는 어머니도 더 이상 물러서지 않고 닥치는 대로 방안에 있는 물건을 아버지를 향해 내던지며 악다구니를 퍼부었다.

"뭐야, 인간 같지 않은 놈이. 야만인 같은 놈. 때릴려면 때려! 더 때려 봐! 더!"

여느 때보다 더 세게 어머니가 용을 쓰고 대들면 아버지는 눈을 치켜 뜨고는 더욱 손찌검을 했다.

"뭐여. 이 바보 같은 년이. 죽을라고 환장했나."

여자가 대드는 것을 용납할 수 없었던 정유성은 힘으로 제압하기 위해 조금도 망설이지 않고 폭력을 행사했다. 힘이야말로 모든 것을 해결하는 최종적인 방책이라고 믿는 듯했다. 폭행을 견디다 못한 어머니는 울부짖으며 맨발로 집을 뛰쳐나갔다.

자식들은 살벌한 부부싸움이 벌어지면 방구석에 웅크리고 앉아 오들오들 떨다가 모두 큰 소리로 울음을 터트리곤 했다.

열을 받으면 마치 정신나간 사람처럼 변하는 정유성은 그래도 화풀이를 다 못했는지 달아나버린 쪽을 향해 욕을 퍼부어 댔다.

"저 바보 같은 년이. 쳇. '니기미씨부랄.'"

때리다 지친 탓도 있는 데다 더 이상 폭력을 휘두를 대상이 없어지고 나면 180㎝ 가까운 큰 키의 정유성은 기운이 빠진 듯 풀썩 방에 주저앉았다. 두려운 나머지 몸을 서로 붙이고 방구석에 모인 형제들은 아버지의 얼굴 색을 살피는 이외에는 달리 방도가 없었다.

'부모는 왜 이리 싸울까.'

'서로 좋아했으니까 우리가 태어났을 것 아닌가.'

늘 의문이었다. 필경 무슨 이유가 있었을 터이다. 노름을 업으로 삼아 생활비를 마련하는 아버지의 생활은 집안에 거의 붙어 있지 않았다. 그런 까닭에 어머니 쪽에서도 무엇인가 책잡힐 일이 있었을지 모른다. 하지만 어린 슈이치 형제들로서는 그런 데까지는 생각이 미치지 않았다. 다만 일방적으로 두들겨 맞으며 지내는 어머니가 불쌍하다는 생각밖에 없었다.

뛰쳐나가는 뒤를 쫓아가며 "엄마"하고 소리쳐 붙잡고 싶었다.

그런 일은 실제로는 일어나지 않았다. 아버지가 또 다시 분노를 폭발시킬 것이 뻔했다.

슈이치는 지금도 부모가 어떻게 만나 살림을 차리게 되었는지 알지 못한다. 부모가 들려준 바도 없었지만 솔직히 부모가 자주 다투는 모습을 보다 보니 그걸 알고 싶다는 생각도 들지 않았던 탓이다.

어머니는 1907년 나가사키 출생으로 정유성보다 두 살 위였다. 정유성과의 사이에 장남 이치오가 태어났을 때 32세였으니 요즘보다 빨리 결혼했던 당시 상황을 고려해보면 일반적인 결혼생활과는 어딘지 다른 것을 확인할 수 있다.

그럴 만한 사연이 있었던지 슈이치의 어머니는 평생 정유성과 만나기 이전의 과거 일에 대해 입에 올리지 않았다. 하지만 슈이치는 어디에서 누구한테 들었는지는 기억하지 못하나 어머니가 정유성을 만나기 전 대만에 주둔중인 일본군인과 산 적이 있었으며, 그 사이에 아이들도 있었다는 말을 기억하고 있다. 가마고리 시의 호적상으로는 거기까지 확인할 수 없었지만 혼인신고를 하지 않고 동거만 했는지 모른다.

하여튼 슈이치는 어머니의 과거는 물론 외가에 관해서도 소상히 알지 못한다. 어머니는 친정 집안 사람한테 들은 이야기라면서 '무가(武家)의 피를 이어받은 집안'이라고 한 적이 있지만 그도 확실치 않았다. 뒷날 다마노우미가 요코즈나에 등극해 유명하게 되자 외척이라는 사람들이 도대체 여태껏 어디서들 살고 있었는지 모를 만큼 여기저기서 나타나 머리가 아플 지경이었다. '나는 외삼촌', '나도 이모' 하며 나타났는데, 슈이치 일가가 배고파 굶어죽기 직전 시절에는 코빼기도 비치지 않았던 이들이었다.

양측에서 도합 13명의 형제를 얻은 것을 생각해보면 슈이치의 부모 모두 사연이 많은 사람이었다.

철들어 가며 이런 사정을 알게 된 슈이치는 '우리 집은 절대로 화목한 집안이 될 수 없다'는 절망감에서 아버지에게 더욱 어긋어긋하게 됐고 삐뚜름한 길로만 빠져들었다.

슈이치는 어렸을 때 '조센징' 아버지가 자녀교육과 도덕에 대해 생각해본 일이 있나 하는 의문이 컸다. 슈이치는 특히 사춘기 반항기를 거치며 아버지에 대해서는 눈곱만치도 동정하지 않고 대들기만 했다. 아버지는 폭력으로 권위를 인정받으려 했고, 그만큼 부자간의 거리는 멀어지기만 했다.

물론 다른 아버지들처럼 자녀를 학교에 넣어주었고, 다른 사람과

별반 다름없는 일상생활이 가능하도록 생활비를 대주는 뒷바라지는 할 만큼 했다. 그러나 슈이치 형제들이 가장 곤혹스러웠던 일은 본부인과 소실을 같은 집안에 살게 하거나, 여기저기 배다른 형제자매를 많이 만들어대는 이해할 수 없는 삶의 행태였다. 다른 집에서는 상상조차 할 수 없는 일이었다. 해가 지나도 아버지의 그런 행실이 거듭되자 슈이치는 넌덜머리를 냈다.

일부다처 문화가 한 개인의 문제가 아니라 가족사회의 한 형태로서 오래 전부터 동서고금을 통해 존재해왔다는 것을 슈이치로서는 잘 모른다. 특히 한국사회 축첩문화도 몰랐다. 단지 무식한 아버지의 개인적 여성편력으로 여기고 더 없는 증오의 대상으로 삼았다. 하지만 아버지에 대한 원망 때문에 그렇게 생각했을 뿐 일본의 정계, 재계의 유명인사들은 1970년대까지도 버젓이 소실을 거느리고 살았으며, 일본 대중도 이를 문제삼아 본 적이 없다. 정치인의 허리 아래 부분에 관해 언급하는 자체가 몰상식한 짓이었다. 그런 사실을 알 나이가 지났건만 슈이치는 아직도 아버지를 부도덕한 사람의 표본으로 치부하고 있다.

"사내는 여자를 많이 얻어 아이를 많이 만들어야 한다."

정유성이 입버릇처럼 강조한 말이다. 어린 슈이치였지만 그때마다 '일단 만들었으면 만든 자식과 어머니는 제대로 돌봐주어야 하는 것 아니요?' 하고 항변하고 싶어 미칠 지경이었다.

아버지와 남편의 도리를 모두 내팽개친 것으로 벌써 낙인찍어버린 까닭에 슈이치는 아버지 정유성에 대해 아직도 거부감 투성이다.

슈이치가 초등학생 때 일이다. 낯선 여인이 집에 찾아와서는 어머니에게 어린 여자아이를 맡기고 사라진 일이 있었다. 아버지가 만든 아이였지만 뒷바라지를 해주지 않자 본처에게 아이를 떠넘긴 것이다.

"애를 만들고도 생계지원 의무를 내팽개친 아버지 쪽도 나쁘지만,

그렇다고 자식을 남에게 맡기고 떠나버린 여자 쪽도 한심하단 생각이 듭니다."

슈이치의 회고다.

본부인, 즉 슈이치의 생모는 이 아이와 전혀 피를 나누지 않은 남이었지만 슈이치 형제 4명에 이은 다섯 번째 아이로 받아들여 키웠다. 슈이치는 아이를 떠넘기고 간 여자는 비난하면서도 자식들을 집에 놔둔 채 가출한 생모에 대해서는 동정을 표시한다. 생모가 겪은 고통의 시간을 목격했기 때문에 그럴 것이다.

슈이치는 원래 혀를 굴리는 것이 늦었기 때문에 초등학교에 들어갈 때까지 '오까쨩'(엄마)이란 발음을 제대로 하지 못했다. 아무리 어머니나 형이 바로잡아 줘도 '오타탕'이라고 발음했다.

항상 콧물을 질질 흘리고 다니다가 소매로 쓱 닦아버리곤 했기 때문에 소매는 항상 반짝반짝 빛이 났다. 어머니를 부를 때는 바보같이 '오타탕'이라고 했기 때문에 어머니도 한때 '이 아이는 조금 모자란 게 아닌가' 하는 걱정도 했었다.

하지만 모자란 듯 싶었던 슈이치는 초등학교에 들어가더니 변했다. 무엇이든 1등을 하는 아이가 된 것이다. 일본의 학교는 4월이 신학기이다. 슈이치는 3월생이기에 한 해 앞서 입학이 가능했다. 따라서 동급생이라고는 해도 만 1년 가까이 차이가 난 아이들도 있었다. 하지만 슈이치는 체격에서도, 학력에서도 결코 뒤지지 않았다. 고학년이 되어서도 무엇에서든 1등을 하는 것은 변함없었다.

지는 것을 싫어한 슈이치는 아이 때부터 튀는 아이였다. 운동에서도, 공부에서도, 싸움에서도, 무엇이든 항상 1등을 하지 못하면 직성이 풀리지 않았다.

이런 일도 있었다. 어느 추운 겨울날 선생은 양동이와 수건을 교단

옆에 가져다 놓았다. 한 장의 판자를 그 옆에 두더니 "지금부터 검사를 실시하니 한 사람씩 앞으로 나와라"고 했다.

물을 촉촉하게 머금은 수건 위에 올라가 발바닥을 적신 뒤 판자 위에 올라섰다. 판자에는 발바닥 모습이 남았다.

'알았다! 발의 크기를 검사하는구나!'

슈이치는 잘난 척하면서 발 크기에서도 1등을 확신했다.

'보나마나 내가 또 1등 먹었군.'

슈이치가 혼자 싱글거리는데 선생은 검사결과를 발표했다.

"지금 평발(平足) 검사를 했는데 요시타케군이 최고의 평발이었다. 조심해야 한다."

평발이란 말을 들어본 적이 없는 슈이치는 '최고' 소식에 좋아했을 뿐 뭘 조심하라는 뜻인지 알 바가 아니었다.

또 어느 날에는 선생이 한 사람씩 교단으로 나와 의자에 앉게 하더니 대나무 자로 엉덩이에서 머리끝까지 높이를 쟀다. 슈이치는 이번에도 이기지 않으면 안 된다는 생각에서 선생의 눈을 피해 엉덩이를 의자에 찰싹 붙이지 않고 교묘한 방법으로 엉거주춤하게 앉아 압도적인 차로 1등을 기록하게 되었다. 앉은 키 검사였는데 슈이치는 무조건 1등주의에 집착했던 것이다.

무엇이라도 1등인 슈이치는 당연히 꼬마대장이었다. 집 부근에서도, 학교에서도 1등의 악동이었다. 지능지수는 높았지만 무엇이든 못된 쪽으로 머리가 더 잘 돌아갔다. 제 또래들보다 늘 한 길 높은 나쁜 짓거리를 궁리하곤 했다. 동급생들이 한결같이 유치하게 보였다. 슈이치는 초등학교 무렵에 이미 동급생들한테 금품을 갈취하는 일에 익숙해져 있었다.

게 중에는 말을 듣지 않는 아이도 있었지만 슈이치는 매우 쉽게 따르도록 만드는 기술을 습득하고 있었다. 큰 소리로 위협해보고 그래도 통하지 않으면 무작정 때리면 그만이었다. 맞고 나면 아이들은 놀라울 정도로 고분고분하게 말을 잘 들었다. 아버지한테 늘상 당해온 것을 아이들을 상대로 반복하면 만사형통이었다. 아버지에게 이때만큼은 감사하지 않을 수 없었다.

'때리는 것이 즉효라는 것을 가정의 일상적 삶 가운데 생생하게 지도해 주신 아버지. 정말 감사합니다.'

이렇게 외치고 싶을 정도였다. 슈이치가 아버지로부터의 받은 유산 가운데 실생활에 가장 유용했던 것은 역시 '매 앞에 장사 없다'는 단순명료한 진리였던 것이다.

슈이치는 나이 들면서 봄 꽃구경철〔花見: 하나미〕이 되면 반드시 오카자키〔岡崎〕 공원에 놀러 나갔다.

오카자키 공원은 아이치현 내에서도 알아주는 벚꽃〔櫻: 사쿠라〕 구경의 명소로 도쿠가와 이에야스〔德川家康: 무신정권, 에도막부를 연 장군〕가 태어난 오카자키 성을 보러오는 사람 등으로 몹시 붐빈다.

몸이 불편해지기 전까지 해마다 사진을 찍던 장소가 있었다.

공원과 공원 서쪽 마을, 가키야〔板屋〕정과의 사이를 흐르는 이카가와〔伊賀川〕에 걸려 있는 다리 위에서였다. 가키야 정〔町〕은 슈이치가 어린 시절에는 유명한 홍등가였다. 지금은 그런 흔적은 찾을 길이 없어졌고 조용한 주택가로 변신했다. 슈이치는 그 다리 위에서 아내의 사진을 찍을 때 웃으라고 주문한다. 미소가 나타날 때까지 셔터를 연신 눌렀다. 그리고 '저 여인이 항상 웃고 지내기를!' 하고 빌었다.

자식들을 놔두고 집을 나간 어머니를 가출 후 처음 본 것이 이 다리 위에서였으며, 멀리에서도 알 수 있었던 어머니의 슬픈 표정이 아직도 잊혀지지 않기 때문이었다.

슈이치가 초등학교 5, 6학년 때였을까. 어느 날 한 살 위의 이치오 형이 새 신발을 신고 있었다. 어디서 난 것인지 궁금해 물어보았지만 알려주지 않았다. 슈이치는 형이 신다 작아진 신발을 대물림해 신었기에 새 신발을 신어보는 것이 소원이었다. 형제들은 보통 나막신, 게타 〔下駄: 나무로 만든 신발〕를 신고 지냈으며, 학교 갈 때만 신발을 신었기에 형의 최신 신발은 모두들 부러워하지 않을 수 없었다.

새 신발뿐이 아니었다. 형은 여지껏 본 적도 없는 과자 등 먹을 것을 호주머니 가득 담고 다니며 조금씩 꺼내 혼자서 냠냠거렸다. 잽싸게 이를 눈치 챈 슈이치는 집요하게 출처를 캐물었다.

"어디서 난 거야? 조금 나눠 먹자."

형은 들은 체 만 체 혼자 먹다가 마침내 슈이치가 울고불고 떼쓰기 시작하면 그제서야 조금 떼어주는 척했다. 신발과 과자의 출처를 파고드는 슈이치의 집요함에 형도 손을 들었고 급기야 사실을 공개했다.

"실은 엄마한테 받은 거야."

"정말? 엄마가 사는 곳을 알고 있단 말야?"

"응. 알고 있어. 하지만 절대로 아버지한테는 말하지 마."

"알았어. 말 안 할게. 어디야? 엄마 있는 곳이?"

"이번 일요일에 만나기로 했어."

"어디야, 어디? 나도 데려가 줘. 알았지? 응."

"안돼. 혼자 오라고 했거든."

"왜? 왜? 난 안 데려 가는 거야?"

울먹이며 슈이치가 엉겨 붙었다.

"데려가면 네가 아버지한테 일러바칠까봐. 아버지가 엄마 만나고 있는 걸 알면 어떻게 나올지 잘 알잖아. 안돼."

"절대로 이야기 안 할 테니 나두 데려가 줘."

슈이치의 고집을 아는 형은 하는 수 없이 양보하며 조건을 걸었다.

"알았다. 그렇지만 전차요금은 네가 마련해라."

조건부 동행허가였지만 슈이치로서는 자금조달 창구가 정해져 있기에 그리 문제될 것이 없었다. 급우들을 등쳐 전차요금을 손에 쥔 슈이치는 다음 일요일 형의 뒤를 밟았다. 형은 오카자키 공원의 동쪽 정면의 도노바시〔殿橋〕라는 정류소에서 내렸다.

공원은 조용했다. 벚꽃도, 등나무도, 진달래 철도 지나고, 여름 불꽃놀이도 끝나고, 가을 단풍도 떨어지고 초겨울로 접어들 때였다. 인적 드문 공원 안을 가로질러 이카가와 강을 건너 서쪽으로 넘어가는 다리가 나타나자 형은 "슈이치, 여기서부터는 따라오지 마. 혼자 갈 테니" 하고 슈이치를 멈춰 세웠다.

"왜? 여기서 가까워? 멀어?"

"가까워. 조금 가면 금방이야. 저 다리 쪽이야. 알았지? 그러니 따라오지 말고 기다려."

슈이치는 형이 사라져 가는 다리 저쪽을 살피고 있었다. 사람의 그림자는 아직 보이지 않는다. 나무에 가려 잘 보이지 않기에 다리가 보이는 곳까지 슬금슬금 뒤따라가 보았다.

걷고 있는 형의 앞에는 아직 아무도 나타나지 않았다. 형이 다리 한가운데 도착했을 무렵 왼편에서 기모노 차림의 한 여자가 달려왔다. 여자는 형의 어깨를 감싸더니 뭔가 이야기를 했다. 잠시 뒤 슈이치가 있는 쪽으로 얼굴을 돌렸다. 가출한 생모임은 한눈에 알아 볼 수 있었다. 어머니는 슈이치를 찾는 눈치였다. 아마 형이 이야기했을 것이다. 슈이치는 당장이라도 뛰쳐나가고 싶었지만 웬일인지 그렇게 되지 않았다. 어머니가 전혀 딴 사람처럼 보였기 때문이다.

집에 있던 무렵의 어머니 얼굴이 눈에 선했다. 그런데 저쪽에 보이는 여자는, 웃지도 않고 왠지 우수에 젖은 얼굴이었다. 목에 감은 목도리가 바람에 멋지게 날리고 있었으며, 머리카락도 집에서 보던 어머니의 모습과는 다른 분위기를 띠고 있었다.

슈이치는 나무그늘에서 숨을 삼킨 채 두 사람의 모습을 훔쳐보았다.

어머니가 소매에서 무엇을 끄집어내 형에게 건네주자 형은 그것을 왼쪽 호주머니에 집어넣었다. 가슴에서도 무언가 꺼내주자 형은 오른쪽 호주머니에 넣더니 다시 두세마디를 나누고 헤어졌다. 어머니는 발길을 싹 돌리더니 잰걸음으로 다리를 되짚어 가키야 마을로 자취를 감추었다.

둘이 집으로 돌아오는 길에 슈이치는 형에게 물었다.

"형, 엄마하고 무슨 이야기했어?"

4형제 곁을 떠나야 했던 생모 다니구치 하루요의 만년 모습.

"굶지는 않고 지내는지 묻더라."

"그거 말고 다른 말은?"

"이복동생한테 잘하라고 하던데."

"그거 말고는?"

"몸조심하라고 했어."

"그거 말고는?"

"다른 건 없었어."

"거짓말. 나에 대해서나 뭐가 있었을 거 아냐?"

"아무 말도 없었다니까."

"거짓말 마. 내가 있는 쪽을 보던데."

"난 몰라. 정말 그랬어?"

"뭔가 엄마한테 받았잖아."

"눈치는 귀신이네. 알았어. 이거다, 이거."

형은 왼쪽 호주머니에서 여태껏 본 적이 없는 과자류를 꺼냈다.

"이쪽 호주머니는?"

"에? 받은 건 이것뿐이야. 여긴 아무것도 없어."

형은 오른쪽 호주머니를 툭툭 때려보였다.

슈이치는 확실하게 보았다. 어머니가 가슴에서 꺼낸 작은 물건을 형이 받아서 오른쪽 주머니에 넣는 걸 목격했지만 형은 완강하게 이를 부인했다. 형의 몸을 수색할 수는 없었다.

"좋아. 씨. 거짓말만 하고. 하여튼 과자는 절반을 내게 줘."

"바보, 미치오도 마사오도 있잖냐. 어떻게 절반을 주냐. 이거면 되지?"

형은 과자를 4등분한 다음 슈이치 몫으로 주었다. 돌아오는 전차 속에서 과자를 다 먹어버리고 만 슈이치는 다시 오른쪽 호주머니 안에

든 것에 대해서 이야기를 했다.

"정말 귀찮네. 아무것도 없다니까. 그렇게 자꾸 귀찮게 하면 이따 맞을 줄 알아."

슈이치는 이 대목에서 체념했다. 한 살 위의 형도 동생들이 말을 듣지 않으면 때렸기 때문이었다. 형은 주먹이 아니라 대나무 막대기로 때렸다. 형한테 맞을 때에는 아버지한테 맞을 때와는 또 다른 종류의 고통이 뒤따랐다.

나중에 두 동생에게 물었다.

"니들 형한테 받았어?"

"에? 뭘?"

슈이치는 더 이상 동생들에게는 말하지 않았지만 형이 과자 4분의 3을 독식하고 또 다른 작은 물건을 감추고 있다고 확신했다.

슈이치는 형의 오른쪽 호주머니에 든 작은 물건에 관해 궁리하던 끝에 결론을 내렸다. 돈이었다. 그게 돈이라면 형의 새 신발에 관한 수수께끼는 이내 풀렸다.

형의 호주머니 속에 든 물건에 관해 회상하다 슈이치는 비슷한 시기의 이런 일도 기억해냈다.

일본이 천재 소녀 가수, 미소라 히바리〔美空ひばり〕의 출현으로 시끄러울 무렵이었다. 미소라 히바리는 김해 출신의 한국인 아버지를 둔 한국계 2세로 오사카 일대의 아는 사람은 다 알고 있었지만, 슈이치는 당시에는 물론 최근까지도 이를 모른 체 살아왔다.

일본에서 태어나 자란 한국계(절반의 한국인이지만 한국계는 틀림없다) 2세인 그에게 이런 말을 전해주자 "설마, 그럴 리가요? 정말입니까?"하며 묘한 표정을 지었다.

미소라 히바리는 1989년 세상을 떠날 때까지 총 165편의 영화에 출연했고, 517곡의 노래를 발표했으며, 230번의 무대공연을 가진 일본 최고의 엔터테이너였다.

1937년생이니 데뷔 당시인 1946년에는 아홉 살에 불과했다. 하지만 기성가수 뺨치는 가성으로 당시의 인기가수와 영화배우들을 일거에 중앙무대에서 밀어냈다. TV가 없던 시절이었지만 영화와 라디오를 통해 히바리의 소문은 전국 방방곡곡에 퍼졌다. 영화관은 히바리의 인기로 어디를 가나 만원이었다.

히바리가 불렀던 〈슬픈 휘파람〉〔悲しき口笛〕과 〈도쿄 키드〉〔東京キッド〕는 라디오에서 아무 때나 흘러나왔고, 슈이치도 금세 팬이 되고 말았다. 히바리는 슈이치보다 네 살 많았지만 슈이치에게는 동경의 대상이었다.

'한 번이라도 좋으니 그 모습과 얼굴을 찬찬히 볼 수 있다면 ….'

영화관에 가면 만날 수 있으련만 그렇게 간단히 갈 수 있는 신분도 아니고, 갔다고 해도 그 뒤 아버지한테 당할 일을 생각해 참았다. 날이 갈수록 히바리에 대한 연모는 깊어졌고 도무지 참을 수 없게 되어 영화관에 가기로 결심했다. 학교도 쉬는 일요일이 결행일이었다. 그런데 일이 안 되려니 주말에 열심히 급우들을 협박했지만 그때 따라 돈이 없는 친구들만 걸려 허탕을 치고 말았다.

영화관은 집과 도노바시와의 중간에 있어서 걸어서 한 시간도 걸리지 않는다. 걸어서 왕복하기로 했다. 영화관에 도착하자 이미 많은 사람들이 줄지어 서 있었고, 입장권을 받아 절반을 떼내는 아가씨가 한 사람 앉아 있었다. 슈이치는 4, 5명 그룹의 뒤에 숨어서 슬쩍 들어가려다 아가씨한테 들통이 나고 말았다.

"꼬마, 넌 뭐야? 표도 안 내고. 거기 서!"

아가씨는 소리는 질렀지만 다른 손님들이 계속 밀려들었기 때문에 슈이치를 잡기 위해 쫓아 들어오지는 않았다.

슈이치는 영화관 안에 뛰어들어가 의자 뒤에 고개를 처박고는 사태가 진정될 때까지 머리를 들지 않았다. 어린이 한 명을 잡기 위해 난리 칠 일은 아니었기에 더 이상의 소동은 없었고, 슈이치는 의자 사이의 계단에 앉아 유유히 '연인'을 대면할 수 있게 되었다.

연인의 모습은 그렇게 멋질 수가 없었다. 턱시도에 실크햇, 스틱을 멋지게 휘두르며 노래부르고 춤추는 모습에 그저 멍할 뿐이었다. 화면이 갑자기 바뀌며 부랑아 차림으로 나타나더니 이번에는 양손을 포켓에 집어넣고 노래를 불렀다.

'노래도 즐겁구나, 도쿄 키드.'

모자를 옆으로 삐딱하게 쓰고 먼지로 더럽혀진 뺨을 부풀려 노래를 불렀다.

"오른쪽 포켓에는 꿈이 있다네. 왼쪽 포켓에는 추잉검."

미소라 히바리의 오른쪽 포켓에는 꿈이 있다고 했지만, 형의 오른 호주머니에는 틀림없이 어머니가 쥐어준 돈이 있었을 것이다.

영화는 계속 이어졌고 두 편 동시상영이 끝났지만 슈이치는 그냥 앉아 있었다. 다음 회도, 3회째도 같은 영화를 보았지만 연인을 마주하는 즐거움은 질리지 않았다. 최종회가 끝나자 손님들이 일제히 밖으로 나갔다. 입구에서 행여 붙잡히지 않나 조금 걱정이 되었지만 쏟아져 나오는 사람들 사이에 묻혀 간단히 빠져 나왔다.

밤 10시가 넘어선 시각이었다. 집으로 돌아오는 길에 슈이치는 히바리의 노래를 입으로 흥얼거리며 기분 좋게 집으로 돌아왔지만, 집이 가까워 올수록 겁이 더럭 났다.

당연한 노릇이었지만 아버지는 자지 않고 기다리고 있었다. 스웨터

공장에서 일하는 이웃 아줌마 몇 사람도 같이 앉아 있었다. 슈이치가 심야까지 아무 연락도 없이 혼자 행동한 것은 처음 있는 일이었기에 형제들도 자지 않고 있었다. 현관 앞에서 머뭇거리고 있자 방안에 있던 아주머니 한 사람이 눈치를 채고 달려나왔다.

아버지의 폭력에 대해서는 동네사람들도 잘 알고 있었다. 아주머니는 "아버지한테 맞기 전에 얼른 사과해라" 하며 귀에다 소곤거렸다. 오늘 행동은 보통 때의 실수나 반항과는 달리, 아주머니들과 형제들까지도 비상대기 상태에 있는 점에서 알 수 있듯 크게 경을 치게 됐구나 싶었다. 슈이치는 이전에는 없던 일이었지만 방에 들어가자마자 무릎을 꿇고 머리를 수그리며 사과했다.

"늦게 들어와 죄송합니다."

이쯤에서 보통 아버지들이라면 이유를 들어볼 터인데 역시 슈이치의 아버지 정유성은 달랐다. 자리에서 벌떡 일어나더니 고개를 숙이고 있는 슈이치의 면상을 향해 큰 거 한 방을 날렸다. 나가떨어진 것은 당연지사. 정유성은 슈이치의 멱살을 잡더니 다시 손을 들어올렸다.

"이놈의 새끼."

"죄송합니다. 죄송합니다. 아버지."

슈이치는 겁에 질려 울부짖었다.

"됐어요, 됐어. 이젠 그만해요. 요시타케 씨."

아주머니들이 정유성(요시타케)을 뜯어말리는 통에 슈이치는 재공격을 받지 않았다.

"이렇게 늦게까지 어딜 싸돌아 다녀, 이 바보 같은 놈이. 어디 갔었어?"

슈이치는 정직하게 말하지 않으면 아버지가 폭발할 것 같아 사실대로 이야기했다.

116

"영화관? 돈은 어디서 나서?"

슈이치는 표를 사지 않고 슬쩍 들어갔다고 말하자 정유성은 기가 찬 표정을 지었다.

"아주 자알 한다. 벌써부터 룸펜 짓거리를 하고 다니고. 지금이 도대체 몇 시냐. 자동차에 치였나 하고 모두들 걱정했잖냐, 이 바보야. 이런 짓 두 번 다시 하면 어떻게 되는지 알지? 그렇게 밤중까지 돌아다니면 결국 건달이나 깡패 되지. 정신 좀 차려라, 이 바보 같은 놈아."

아버지의 입에서 탄식과 함께 훈계조 말이 나오기 시작하면 더 이상 매질은 없었다. 오늘밤 사태는 당초 예상보다 훨씬 가벼운 선에서 정리되고 있었다. 아주머니들과 형제들의 우려와 동정, 성원 덕택이라고 슈이치는 믿었다. 하지만 그게 아니라 정유성이 둘째 아들에 대한 기대를 아예 접어버렸기 때문이었는지도 모른다.

자식은 이미 불량소년이 되었는데도 매를 때려가며 훈계를 계속했던 정유성. 말썽쟁이 둘째 아들 슈이치가 당시 아버지에 대해 '측은하다'는 감정을 조금이나마 갖게 된 것은 자신이 환갑을 넘기고 나서였다.

길은 나뉘고―폭력계와 스모계 ④

슈이치가 초등학교를 졸업한 1953년 3월, 일가는 8년간 살아온 오카자키 시에서 조금 떨어진 가마고리로 이사했다. 한때 돈다발에 파묻혀 지내던 시절을 보낸 곳이었건만 이삿날 분위기는 무거웠다.

쓸만한 가재도구에는 죄다 차압을 알리는 빨간딱지가 붙여져 있었다. 변변치 않은 짐을 실은 트럭 위에서 4형제(이복 여동생도 함께였지만 이야기 진행상 생략한다)는 행여 길바닥에 굴러 떨어지지 않도록 서로를 꼭 붙잡고 있었다.

울퉁불퉁한 길을 2시간 정도 달렸을까, 작은 신사 앞에 차가 멈췄다. 신사 앞에는 길을 사이에 두고 ㄷ자형의 낮은 집들이 이어졌다.

창고를 셋으로 나눠 급히 집 세 칸을 만들었는데, 그 가운데가 이제부터 4형제가 살게 될 곳이었다.

집 안으로 들어가면 작은 봉당이 있었는데 아이들로서는 상당히 높았다. 여기를 오르면 다다미 6장짜리 방 두 칸이 있었다. 집 뒤쪽에는 뽕나무 밭이 있었고 그 너머에는 하얀 벽에 둘러싸인 절이 있었다.

흰 벽 안의 한 구석에는 커다란 범종이 달린 종루가 있었고, 더 안쪽의 큰 집이 본전이었다. 도로에 접한 곳이 신사, 안쪽이 절 역할을 하는 조잡한 구조였다. 방 마루는 판자로 만들어졌을 뿐 다다미는 깔려있지 않았고, 변소는 아무리 찾아보아도 없었다.

아버지 정유성은 트럭에서 짐을 풀자마자 어디론가 사라졌다. 잠시 후 나타난 아버지의 손에는 돗자리가 들려 있었다. 방이라고 만들어놓은 두 칸에다 돗자리를 깔고 짐을 그 위에 풀어놓았다. 이사가 끝난 것이다.

목수 차림의 한 남자가 나타나더니 집 뒤 뽕나무 밭 모퉁이에 구덩이를 파기 시작했다. 그새 아버지가 부탁해둔 모양이다. 구덩이가 파여지자 안에 커다란 항아리를 묻고는 둘레를 판자로 얼기설기 짜 맞췄다. 변소였다. 수도는 들어와 있지 않았고 대신 ㄷ자형의 앞마당 한 가운데 펌프질로 물을 올려 쓰는 공동우물이 하나 있었다.

봉당 한 귀퉁이에 간단한 아궁이가 있었는데, 거기에 불을 지펴 먹을 것을 마련하고 우물가에서 그릇을 씻는 것으로 어찌됐던 먹고 누울 공간은 마련됐다.

슈이치는 때맞춰 중학교 1학년으로 올라갔지만 다른 3명은 도중에 전학하게 됐다. 형 이치오는 중 3, 동생 미치오는 초등학교 6년, 막내 마사오는 4년생이었다.

형제 네 사람의 사이를 보면 위 두 사람이 두 살 차, 아래 두 사람이 두 살 차였다. 원래 한 살 터울 형제 사이는 티격태격하는 수가 많다. 그러다 두 살 차라면 어느 정도 형의 권위를 인정하게 된다. 그런 탓에 슈이치는 형 이치오와, 막내 마사오는 셋째 미치오 형과 친했다. 그러고 보면 위 두 사람은 다소 건달기가 있었고 아래 두 사람은 순진한 편이었다. 그후 인생행로를 보아도 두 그룹은 확실히 달랐다.

바로 위 이치오 형이 유도부원이었기에 슈이치도 중학교 진학과 동시에 자연스럽게 유도부원이 됐다.

슈이치는 유도를 오카자키에 있던 무렵 초등학교 5년생 때 시작했다. 도장은 없었다. 절 마당에 돗자리를 펴고 근처 접골 선생이 초등학생 수십 명을 모아놓고 가르칠 때 끼여들어 배운 것이 전부였다. 그래도 슈이치나 형 이치오는 초보를 떼어놓은 상태였기에 가마고리 중학에 입학하자마자 유도부에 들어가서는 같은 학년 누구한테도 지지 않았다.

슈이치 형제가 유도부에 들어갔을 때 가마고리 중학교는 전교생 수가 천 오백 명이 넘는 매머드 학교였다. 특히 유도부는 현 내에서 랭킹 1~2위를 다투는 강팀이었다. 슈이치도 학년이 올라갈수록 점차 실력자로 이름을 날리게 됐다. 합숙훈련 때 중학생 가운데에는 상대가 없었기에 가까운 고교합숙훈련에 참가할 정도였다.

슈이치가 중학을 졸업하고 고교에 올라가면서 막내 마사오가 중학에 들어왔다. 마사오도 형들의 영향으로 당연한 코스로 유도부에 들어갔다. 이미 셋째 미치오도 유도부에 있었기에 형제 4명 모두 같은 중학교 유도부에 적을 둔 것이다.

마사오는 특히나 유도에 소질이 있었다. 중학교 유도부원이 된 뒤 현 내에서는 누구에게도 지지 않는 실력을 갖추게 되었다. 슈이치는 고교 재학중 퇴학당하고 도박집단인 세토일가에 입문하면서 집을 떠나버렸기에 막내 마사오의 중학 유도부 시절 솜씨는 잘 모른다. 하지만 자신의 실력 이상 강호였다는 것은 기록으로도 확인된다.

슈이치가 최고로 강했을 때와 마사오의 시대를 비교해 보면 그 성적이 여실히 말해준다. 2학년생으로 학교 대표에 뽑힌 것은 슈이치와 마찬가지였다. 이 무렵 슈이치는 재미삼아 세 살 아래 막냇동생 마사오와 유도시합을 벌이기도 했다.

마사오는 이미 상당한 유도 실력을 갖추었는데도 슈이치 형과 대전하면 어쩐 일인지 질 때가 많았다.

형제간의 시합 가운데 비슷한 사례가 있다. 2005년 세상을 떠난 유명한 스모 선수 후타코야마〔二子山〕오야가타〔현역시대 이름은 다카노하나(貴ノ花)〕는 현역시절 선배인 다마노우미를 흠모했다. 다마노우미도 "미쓰루〔다카노하나의 본명, 하나타 미쓰루(花田 滿)에서 따온 별칭〕, 빨리 올라와"라고 말할 정도로 애정을 갖고 연습시합을 해주었다. 최상위 리그인 마쿠노우치〔幕內〕나 다음 수준의 리그인 주료〔十兩〕에 빨리 승진하라는 격려였다.

이 후타코야마 오야가타, 다카노하나는 후일 모두 요코즈나에 오른 쌍둥이 형제, 와카노하나〔若乃花〕와 다카노하나〔貴乃花〕 형제를 두었다. 초대 다카노하나의 백부 역시 스모 선수로 오제키까지 올랐던 초대 와카노하나〔若ノ花〕였으니 가히 일본 최대의 스모명문이다.

후타코야마 오야가타, 초대 다카노하나는 형제에게 늘 "다마노우미 같은 훌륭한 선수가 되라"고 격려와 질책을 했다고 한다.

형제끼리 맞붙은 적이 있었다. 실력으로 보면 분명 동생 다카노하나 쪽이 형 와카노하나보다 한 수 위였지만 어떤 일인지 형한테는 이기지 못했다. 형한테 일부러 져준 것이 아닌가 세상사람들은 짐작하지만 꼭 그런 것만은 아니다.

이들 형제 사이에는 깊은 우애가 있었다. 하지만 세월이 지나 각기 결혼하고 요코즈나에 오르면서 점점 사이가 벌어지더니 나중에는 견

원지간이라고까지 불려질 정도로 사이가 나빠지고 말았다. 오죽하면 아버지 장례식장에 참석해서도 서로 외면할 정도였을까. 유산문제로도 다투어 주간지에 화제기사로 대서특필됐다.

이에 비하면 요코즈나에 오른 다마노우미가 야쿠자 세계에 몸담고 있던 형 슈이치에게 보여준 줄기찬 애정은 돋보인다.

중학교 3학년생 때 마사오는 지금까지 가마고리 중학교에 전설로 남겨진 기록을 만들었다. 유도부원 60명 전원을 차례차례 1분 이내에 눕힌 것이다. 이 정도 실력이었으니 유도부장을 맡는 것은 당연했다. 마사오는 학력도 상위였다. 체육은 만능이었고, 영어와 미술과목에 특별히 재능을 보였다.

50회를 넘는 공식시합에서 전승을 기록했다. 그것도 상대를 대부분

중학생 시절 유도부원과 한때(왼쪽 끝이 마사오).

1분 이내에 넘어뜨린 실력은 발군이었다. 승단시합에서도 2개월에 초단, 4개월에 2단을 획득하는 쾌 기록을 수립해나갔다.

이런 기록을 보면 확실히 형 슈이치의 중학시절 유도 실력에 비해 마사오가 나았다고 인정하지 않을 수 없다.

슈이치가 중학생 때 같은 학년생으로 그보다 강한 사람이 아이치현 최대의 도시, 나고야에 있어 이 사람한테는 한 번도 이기지 못했다. 그는 후일 레슬링 국가대표로 올림픽에 출장하고 프로레슬러로 전향한 '선더 스기야마'였다. 스기야마가 현 내에서 1위였고, 슈이치는 그 뒤였다.

마사오는 유도 실력이 강했을 뿐만 아니라 책임감도 매우 높았다.

3년간 하루도 쉬지 않고 맹훈련을 했으며, 자기 몸 관리도 철저해 한 번도 부상을 입지 않았다. 유도부 한 길에 매달린 하루하루였다.

중학 유도부원 시절 전설을 만든 마사오(원 내).

중학시절 어떤 일이 있어도 유도복을 입지 않은 날이 없었을 정도로 유도에 강한 애착을 갖고 있었다. 그러나 유도 한 길의 마사오도 3학년생 후반에는 진로를 바꾸지 않으면 안 되었다.

마사오는 나름대로 그려온 꿈이 있었다. 졸업 후 고교에 진학해 유도를 계속해서 언젠가 올림픽 국가대표로 출전하는 것이었다. 일생을 어떻게 해서든 유도와 관련을 맺고 싶어했다. 형 3명이 모두 고교에 진학했기에 당연히 자신도 같은 길을 걸을 것으로 생각했는데 결국 그의 고교진학 꿈은 실현되지 못했다. 광의의 격투기 범주에 속하는 것으로 볼 수 있기는 하나 유도가 아닌 스모계에 몸을 담게 된 것이다.

마사오 스스로 스모계를 원한 것은 아니었다.

당시 스모계는 초대 와카노하나의 전성기로 〈와카노하나 이야기〉란 영화까지 만들어질 정도였다. 슈이치 형제들도 이 영화를 보기는 했지만 소년들의 눈에는 스모 선수들의 모습이란 그렇게 멋진 편은 아니었다. 한겨울에도 양말을 신지 않고 맨발로 다녀야 했고, 긴 머리는 고색창연하게 틀어 올려 상투를 올렸으며, 얇은 겉옷인 '유카타' 한 장만 걸치고 돌아다니는 스모 선수의 모습에 한창 멋을 내고 싶어하는 중학생들이 정신이 홀릴 까닭이 없었다. 스모 선수 이미지는 시대감각에 뒤떨어진 것이었다.

그럼에도 불구하고 마사오는 주위 어른들이 깔아놓은 레일에 실려 자신이 원하지 않는 스모계에 보내지게 된 것이다. 고교에 진학해 유도인이 된다는 꿈은 버리지 않으면 안 되었다.

스모계로 가는 데 중심적 역할을 한 사람은 유도부 고문이었던 K선생이었다. 이밖에 현역 스모 선수, 다마노우미〔玉乃海〕와 그를 후원해온 유력자 다케우치〔竹內〕 씨가 있었다. 당시 2대째 다마노우미는 은퇴 후의 독립을 위해 제자로 받아들일 재목감을 찾고 있었다. 후원자이자 지인이었던 다케우치 씨에게 인재를 물색해달라고 부탁했고, 다케우치 씨는 가마고리 중학교 K선생에게 부탁했다.

K선생은 중학교 입학식 날 주위 학생보다 머리통 한 개가 큰 마사오를 주목했고, 이후 그의 성장을 줄곧 지켜봤기에 졸업할 때가 된 마사오를 적극 추천했다. 마사오가 스모 선수가 된 데는 이들 세 사람의 영향이 절대적이었다. K선생은 유도를 계속하고 싶어하는 마사오를 설득했다.

"유도로는 밥을 먹고 살 수가 없지 않느냐. 하지만 스모라면 출세하기 나름이다. 편히 살 수 있다. 고생하는 어머니를 위해서라도 도전해볼 만하다."

K선생은 유도부의 고문이라 마사오의 유도에 대한 소질을 인정하면서도 유도 대신 스모계에 입문시키려 했다.

'본인이 희망한다면 유도의 길로 내보내주는 것이 어른답지 않은가. 어머니를 위한다고 하지만 어린 아들이 나서지 않으면 안될 정도로 궁핍했던가.'

슈이치는 동생 다마노우미가 허무하게 된 뒤 당시 동생의 뜻대로 유도의 길을 가게 내버려두었더라면 어찌 되었을까 하는 아쉬움을 가졌다. 하여튼 K선생은 마사오의 의향보다는 다케우치 씨와 현역 스모 선수인 다마노우미와 한 약속을 지키기 위해 마사오를 유도에서 스모로 전향하도록 거듭 설득했다.

주위 어른들로부터의 압력을 거절할 수 없었던 마사오의 기분을 생각해보면 참으로 가엾다고 슈이치는 말한다.

뒷날 마사오는 요코즈나가 되어 스모계의 최고위까지 올랐으니 전향은 잘한 것이라고 이야기할 수 있겠으나 현역 요코즈나로 비운을 만났으니 진정 잘된 일이라고는 할 수 없다.

마사오는 스모계에 들어가기로 결심했지만 고교진학의 꿈은 버리지 못했다. 입학원서라도 넣었으면 좋겠다고 굳이 고집을 부렸다. 스모계에 입문하도록 권한 K선생에게 이런 부탁을 했다.

"선생님, 친구들과 함께 고교에 진학하고 싶은 마음은 여전합니다. 스모계로 나가기로 약속한 이상 고교를 다닐 수야 없겠지만 고교에 적은 둔 적이 있다는 것만으로도 좋으니 입학원서를 내보고 싶습니다."

"그래, 네 뜻을 알겠다. 어떻게 해보마."

선생은 마사오가 스모계로 갈 것을 약속한 만큼 고교 입학원서가 받아들여진다고 해서 맘이 바뀌지는 않으리라 믿고 필요한 조치를 했다.

방과후 미술교실로 마사오를 불러 고교 진학원서를 쓰게 했다. 서류는 마사오 대신 선생이 우송해 주었다. 입학 전형료 230엔도 선생이 부담했다. K선생은 출향을 앞두고 마사오를 불렀다.

"출발준비는 다 되었느냐?"

"네, 문제없습니다. 열심히 하겠습니다."

"고맙다. 하지만 타향살이가 쉽지는 않을 것이다. 방심하지 않겠다는 약속사항을 여기 적어라."

선생은 백지를 꺼내더니 '서약서'라고 쓴 다음 마사오에게 건넸다.

"지금부터 부르는 것을 받아 적고 명심해라."

그렇게 해서 만들어진 서약서 내용은 이랬다. 그리고 마사오는 짧은 생이었지만 선생과 한 이 약속을 모두 지켰다.

1. 어디 가던 고향을 잊지 않겠다.
2. 어떤 일이 있어도 게으름 피지 않고 정진한다.
3. 출세해 돈 벌면 고생한 어머니한테 집 지어 드린다.
4. 훌륭한 선수가 되기 전에는 담배를 피우지 않겠다.

사실 고교진학 자체가 중요한 것은 아니었다. 하지만 이후 마사오가 보여준 삶의 편린에서는 고교진학이란, '가지 못한 길'에 대한 진한 아쉬움이 자주 엿보인다.

훗날 요코즈나로 다마노우미가 이름 날릴 때 NHK방송사가 자선행사를 가진 일이 있었다. 다마노우미를 초청해 노래를 시켰는데, 그때 요코즈나가 부른 노래는 〈고교 3년생〉이란 곡이었다. 틀어 올린 상투 위에 학생모를 엉거주춤 얹은 차림으로 무대 위에 올라온 다마노우미는 못다 이룬 고교시절에 대한 꿈을 노래했다.

마사오는 노래를 매우 잘 불렀다. 연회 등에 참석해 노래 한 곡을 곧잘 부탁받곤 했다. 술은 어른이 될 때까지는 마시지 않았다. 당시 유행가 못지 않게 〈온천가 엘레지〉 등 어른들이 좋아할 흘러간 노래도 즐겨 불렀다.

마사오의 형, 슈이치는 어려서부터 나쁜 쪽으로만 머리가 잘 돌아갔지만 지능지수가 높았던 것은 틀림없었다. 어떤 놀이를 해도 평균수준 이상은 해냈다. 그 중에서도 장기 실력이 뛰어났다. 집 근처에서 열리는 장기시합에 나가 어른들을 차례차례 꺾어 놓았다. 장기깨나 둔다는 어른들을 착착 이기면서 슈이치는 기고만장, 자신만만해졌다.

"이 녀석 대단한데."

소년에게 어이없이 당한 어른들은 더 강한 실력자가 있는 곳을 알려주었다. 실력을 더 높여보라는 격려의 마음과 '가서 한 번 뜨거운 맛 좀 봐라, 이 녀석' 하는 장난기가 동했으리라.

소년에게 어른들이 추천해준 곳은 가마고리 항(港) 가까운 곳에 '장기 왕'이란 간판을 내걸고 장기교실을 운영하던 선생이었다. 이곳은 회원제라 입장하려면 요금을 내야 했다.

학생이 무슨 입장료가 있었느냐고? 슈이치에게 그 정도의 돈을 마련하는 것은 누워서 떡먹기였다. 집에 돈이 넘쳐나 용돈이 두둑하다거나 아무 때나 돈을 타 쓸 부모가 있어서가 아니었다. 집안 형편은 겨우 굶지 않고 지낼 형편이었지만 그에게는 화수분 같은 금고가 있었다. 바로 동급생들이었다.

"아무개, 너 이리와 봐, 가진 돈 내놔."

"없어? 니네 집에 돈이 없다고? 이게 죽고 싶어 환장했나? 내일까지 가져와. 알았지?"

늘 해온 대로 동급생들을 협박하면 손쉽게 자금이 마련됐다. 이렇게 수중에 입장료를 넣은 슈이치는 장기교실로 당당하게 출정했다. 중학교 1학년 때였다.

다다미판이 깔린 장기교실에 들어서니 수 명이 대국중이었다. 중학교 교복차림 소년이 나타나자 어른들은 일제히 시선을 돌렸다. 그러나 이내 '아버지를 찾으러 왔나?' 하는 표정으로 장기판에 몰두했다.

그 중 한 사람이 그래도 건성으로나마 어떻게 왔느냐고 물어왔다. 나중에 알고 보니 그는 장기교실을 운영하는 선생이었다.

"저어, 장기 두러 왔는데요."

"호오 그래? 장기를. 그렇다면 거기 앉아봐라."

그는 마뜩찮은 표정으로 장기판 앞을 턱짓으로 가리켰다.

"몇 학년인고?"

"중학교 1년생입니다."

"흠, 중학생이라. 장기는 어디서 배웠나?"

"따로 배운 사람은 없고 그냥 혼자 둔 겁니다."

"누구하고 둬본 일이 있나?"

"예. 동네 어른들하고 뒀는데요. 제가 거의 다 이겼어요."

그렇지 않아도 질문해주기를 고대하고 있던 빛나는 전적이 아니던가. 거의 다 이겼다고 대답하는 소년의 얼굴에는 으쓱으쓱 자신감이 넘쳤다.

"어느 동네서 두어봤지?"

"가마가타〔蒲形〕에서요."

"음, 그곳이라면 술집하는 아무개 아는가?"

"예. 거기서도 많이 두어봤는데요."

"누가 더 셌지?"

"그 아저씨한테만은 안돼요. 한 번도 못 이겼어요."

의사가 문진하듯 착착 물어오는 바람에 숨기고 싶었던 패배의 이력까지 토해냈다. 그쯤이라면 실력은 대충 알아보겠다는 표정을 짓더니 말을 이었다.

"자, 그럼 한 판 두어볼까. 지도료는 30엔인데 괜찮겠나?"

"네."

슈이치는 판 위에다 말을 늘어놓기 시작했다. 그런데 선생의 모습이 아무래도 이상했다. 무릎을 꿇고 정좌를 하는 것이 예의인데 달랐다. 여성이 흔히 앉는 것처럼 한쪽 다리를 세운 모습으로 앉아 있었다.

'내가 어리다고 뭐 이런 태도가 다 있나.'

나 어린 소년이었지만 상대의 무례한 듯한 태도에는 적지 아니 불쾌했다. 성의도 없어 보였다. 말을 판 위에 늘어놓는 모습도 느려 터졌다. 나이 차도 많은지라 함부로 투덜거릴 형편도 아니었다. 설령 할 말이 있어도 오늘 처음 나타난 주제에 말을 꺼낼 계제가 아니었다.

'앉은 모습이 저렇게 삐딱해서야 어찌 장기판이나 제대로 볼 수 있겠나. 크크.'

슈이치는 20개의 말을 전부 늘어놓고 기다리는데 선생은 아직도 늘어놓지 않는다.

'아이구 짜증나. 그깟 말 좀 빨리 늘어놓지 않고 뭘 꾸물거리지.'

선생은 궁과 차, 포만 장기판에 올려놓고는 나머지 말을 전부 통 속에 쓸어 넣었다.

"자, 시작할까?"

'이게 무슨 소리?'

슈이치는 깜짝 놀랐다.

차 포만 놓고 장기를 두다니! 들어본 적도 없고 본 적도 없었다.

'이거 열받네. 이래도 되는 거야.'

약이 바짝 오른 슈이치는 장기를 시작하자마자 만방으로 박살낼 요량으로 무섭게 대들었다. 결과는 슈이치의 무참한 패배였다. 솔직히 져서 억울한 느낌보다는 놀라움 쪽이 컸다.

'세상에 이렇게 센 장기도 있다니!'

우물 안 개구리가 비로소 바다 너른 것을 깨달은 것이었다.

선생은 원래 소아마비였기에 대국 모습이 그처럼 이상했던 것이다.

선생은 아주 됨됨이가 훌륭한 사람이었다. 아버지만큼 나이 차가 나는 그 선생을 슈이치는 마음속으로 존경하며 따르게 됐고 매일처럼 장기교실에 다니게 되었다.

선생과 가족은 13세의 중학교 1년생이 매일 대국료를 내고 장기를 두러 다니는 것을 걱정해 "무리하지 말라"고 충고했다. 하지만 슈이치는 장기교실에 다니는 것이 좋아서 부지런히 동급생을 대상으로 대국료를 조달했다.

장기 선생의 가족은 모두 친절했고 다른 손님들도 학생복 차림의 슈이치를 귀여워해 주었다. 세상에 이보다 속 편한 곳이 없었다. 이곳에서는 어른들이 슈이치에게 욕을 퍼붓지 않았음은 물론이고 때리지도 않았다. 아버지가 집을 비우는 날이면 슈이치는 밤늦도록 집에서 혼자 장기를 연습했다. 때로는 장기교실에서 청소도 도와주면서 밤샘을 하기도 했다.

선생은 어느 날 슈이치에게 "대국료를 이제부터 받지 않겠다"고 말했다. 선생과 가족은 슈이치에게 부모가 외박을 허락했는지 간혹 걱정스럽게 물었으나 슈이치는 그때마다 적당히 둘러대고 장기교실에서 잠을 자는 날이 많았다. 아버지가 집을 비우는 날이 많다는 것도 이럴 때는 그리 나쁜 일은 아니었다.

장기 공부는 학교생활보다 훨씬 재미있었으며 실력이 갈수록 늘어가는 데 대한 뿌듯한 성취감마저 생겼다. 선생은 장기교실 말고도 식당도 하고 있었기 때문에 먹고사는 데 곤란함이 없었다. 학생복 차림의 단골, 슈이치를 귀여워하며 밥도 자주 차려주었다. 아버지로부터 사랑을 받지 못한 슈이치는 장기보다 어쩌면 장기 선생의 관심과 애정에 더욱 이끌렸던 것인지 모른다.

첫날 선생에게 차와 포만으로도 박살이 났던 슈이치의 장기 실력은 순조롭게 늘어갔다. 입문 당시에 비하면 몰라볼 정도였다. 다른 손님과 겨뤄도 그렇게 처지는 실력은 아니었다. 하지만 선생을 뛰어넘을 수준에는 이르지 못했다. 엄청난 수련이 필요할 것 같았다.

그런 무렵이었다.

어느 날 장기교실 옆방에 들렀는데, 검은 돌과 흰 돌이 가득한 통을 옆에 두고 장기판과 비슷한 크기이나 줄이 훨씬 많이 그어진 판 앞에 두 사람이 마주 앉아 있었다. 슈이치는 그때까지 오목을 둔 적은 있었지만 바둑이 뭔지 전혀 몰랐었다.

'어라 이건 뭐지?'

신기한 것도 있다 싶어 흥미가 동한 슈이치는 대국을 죽 지켜보았으나 바둑에 관해 들어본 적도 없어 뭐가 뭔지 전혀 알 수가 없었다.

바둑을 둘 줄 아는 사람에게 간단한 규칙을 배운 다음 다시 대국을 구경했지만 이해가 안 되기는 마찬가지였다.

슈이치는 장기와 판이하게 다른 바둑에 점차 흥미를 갖게 됐다. 바둑을 배우려 했으나 초심자에게 행마부터 가르쳐 주는 것을 좋아할 사람이 없었다. 아무도 상대를 해주지 않자 입문서를 보며 규칙을 독학한 뒤 관전에 몰두했다. 수도 모르면서 바둑판 옆에 자주 붙어 앉아 있는 모습이 안됐다 싶은지 한 사람이 마침내 개인지도를 해주게 되었다. 장기보다 바둑 쪽의 학습효과가 높아 바둑 실력은 금세 강해졌다. 2, 3년 안에 기원에 드나드는 누구한테도 지지 않을 정도의 아마추어 강호가 되었다.

훗날 슈이치는 야쿠자 세계에 들어서도 바둑을 계속 두었고, 실력이 늘면서 아이치현 내에서 손꼽히는 강호로 군림했다.

'바둑 잘 두는 야쿠자!'

왠지 어색하지만 슈이치를 두고 주위에서는 다들 그렇게 수군수군 댔다. 여기저기 바둑대회에도 참석하게 되었고 실력자로 제법 유명해지면서 바둑클럽의 회원으로 가입을 권유하는 말도 나왔다.

이렇게 해서 바둑클럽에 들어가 보니 회원들의 직업이 참으로 다양했다. 의사 변호사 경찰관 공무원 사장 등 저명인사도 있었으며 교사들도 많았다. 이밖에 일반 회사원과 자영업자 등 이른바 '선량한 시민의 모임'이었다. 야쿠자인줄 알았다면 슈이치를 정식회원으로 받아들여 줄 그룹이 아니었다. 하지만 슈이치의 본업을 모르는지라 바둑클럽

회원들은 그를 스스럼없이 대해주었다.

닫힌 야쿠자 세계에서 지내오던 슈이치에게 바둑은 정상 사회와의 교통로였다. 바둑 두는 시간만큼은 사회적 고립감과 열등감, 외로움과 차별의식으로부터 해방됐다. 영혼의 안식을 찾을 수 있는 지복(至福)의 시간이었다.

기력도 출중했다. 아이치현 내 대회에서 우승해 아마추어 명인(名人) 위를 따기도 했다. 현 대표로 도쿄의 일본기원에서 열린 전국 아마바둑대회에 출장해 상위에까지 진출했다. 일본기원으로부터 아마추어 5단 인허증도 받았다. 바둑세계이었기에 가능한 일화도 있었다. 야쿠자인 슈이치가 경찰관의 스승이 된 것이다.

"이건 아주 나쁜 수요. 절대로 두면 안돼요."

"아, 예. 알았습니다. 앞으로 명심하겠습니다."

하수인 경찰관은 한참 고수인 슈이치의 지적에 자신의 머리를 때려가며 반성했다.

야쿠자라고 해서 바둑을 두면 안 된다는 법률은 없었다. 어떤 바둑클럽에도 자유롭게 드나들 수 있다. 대개의 바둑클럽은 직업의 종류에 따라서 사람을 차별하지도 않았다. 바둑을 좋아하면 그뿐이었다.

왜 그토록 슈이치가 바둑에 깊이 빠졌을까. 바둑에 심취했던 심리를 그가 스스로 분석해본 적은 없다. 바둑을 둘 때만큼은 아버지의 국적도, 아버지의 직업도 아무런 신경을 쓸 필요가 없었기에 자유로운 세상을 맘껏 산책하는 기분으로 즐기고 있었을 것이다.

바둑클럽의 회원들은 처음에는 슈이치의 신분이 야쿠자란 것을 몰랐다. 얼굴 그럴싸하지, 체격 좋지, 바둑 두는 매너로 보나 실력으로 보나, 아무리 뜯어봐도 사업깨나 잘 나가는 중소기업체의 사장처럼 보였다. 하지만 정작 슈이치는 늘 조마조마한 심정이었다.

친분이 생겨난 이들과 교류가 잦아질수록 입 조심을 해야 했다. 행여 야쿠자 활동을 하는 근거지 이름이 튀어나온다거나 그 바닥의 용어가 튀어나와 직업이 들통날까 싶어 술을 마시면서도 긴장을 늦추지 못했다.

하지만 세상의 비밀이란 그리 오래가지 못하는 법이다. 상당기간 같은 바둑클럽에서 늘 같은 사람과 교류하다 보니 누군가 슈이치의 신분이 궁금해 어디서 어떻게 알아냈는지 뒷골목 세계 사람이란 것을 알아내 소리 소문 없이 전파한 것이다. 시간이 조금 지나자 슈이치의 신분을 모르는 사람이 없게 되었다. 그럼에도 불구하고 누구도 그 말을 입 밖에 꺼내지 않았으며 슈이치를 특별히 멀리한 사람도 없었다.

슈이치는 그 점이 더욱 마음에 들었다. 바둑을 둘 때만큼은 선량한 시민의 한 사람으로서 누구보다 깍듯한 예의를 지켰다.

'이 선량한 사람들을 배신해서는 안 된다.'

그런 다짐을 마음속으로 여러 번했다.

요즘 사람들은 바둑을 게임의 한 종류로만 생각한다. 하지만 슈이치에게 있어서는 예(藝)로 여기는 마음이 강하다. 바둑이라는 게임, 그가 예술이라고 믿고 싶어하는 승부의 세계를 접하면서 그는 야쿠자 사회에서는 편하게 마주할 수 없는 다양한 사람들과 만나게 되었다. 이 때문에 그가 보통의 야쿠자와 다르게 된 것인지도 모른다. 바둑 실력은 슈이치가 자신의 생에서 내세울 만한 가장 큰 '보물'이 아닐 수 없다.

그렇다고는 해도 역시 직업은 야쿠자였다.

슈이치가 인생 길을 걸어온 신발의 한 짝은 야쿠자였고, 다른 한 짝은 도박이었다.

지금 손을 씻었다고는 하지만 야쿠자에 대한 그의 생각은 확실히 일반의 생각과 다르다. 그는 "상당한 수행을 쌓은 나 같은 사람으로서는 야쿠자를 모두 폭력단 취급하는 것은 이해할 수 없는 일"이라면서, "재판에서 지든 이기든 상관없이 '폭력단 명명 취소 청구소송'이라도 누군가 제기해주었으면 좋겠다"고 말한다.

　한국에서는 조직폭력배 하면 힘없는 선량한 소시민을 협박하고 족치는 무뢰한을 연상하는 경우가 보통이다. 하지만 이는 일본인들이 생각하는 야쿠자와는 약간 다른 것 같다.

　야쿠자 세계의 간부급 사람들은 사적인 자리에서 "우리는 결코 선량한 시민을 괴롭히지 않는다"고 말하곤 했다. 어디까지나 정당한 사업을 할 뿐이라는 것이다. 이 말이 사실과 완전히 부합하지는 않는다 해도 야쿠자 세계의 조직원은 스스로 이런 의식을 갖고 있는 곳이 일본이다. 야쿠자는 이런 명분이 있기에 공개적인 조직 아래 활동하고 있고, 일본 경찰당국은 전국 야쿠자 조직 회원수의 연도별 변동추이를 한 명 단위까지 파악할 수 있다. 1960년대와 1970년대, 아니 1980년대까지만 해도 야쿠자의 정통세력은 폭력을 부정하는 사람이었고, 게중에는 협객으로 불리는 사람도 있다고 슈이치는 강조한다.

　"세상에는 깨끗한 일만 있는 것이 아니잖습니까. 맑은 물에 물고기가 살 수 없듯 법만으로 모든 것이 해결되지 않는 것이 인간사회지요."

　바로 거기에 법률서비스의 틈새시장이 있고 야쿠자 조직이 둥지를 틀 공간이 생겨났다는 것이 그의 주장이다.

　일본다운 실용주의 노선이라고 할까. 일본의 개인이나 회사 가운데에는 야쿠자 조직에 채권추심을 의뢰하는 경우가 상당히 많다.

　재일교포 작가 양석일의 소설 《피와 뼈》〔血と骨〕에서 주인공 김준평이 말년에 사채놀이를 하면서 돈을 제때 갚지 않으면 야쿠자 조직을

찾아가 절반씩 나눠 갖는 조건으로 추심을 의뢰하는 장면이 나온다. 야쿠자의 빚 독촉을 견디다 못해 채무자는 끝내 자살하고 말지만.

그대로 놔두면 언제 받을지 말지 한 돈을 절반이라도 금방 받는 길이 있다면 왜 마다하겠는가. 소송을 걸어도 수년을 끌어야 하고, 이겨 봤자 변론비용 인지대 등으로 이득을 보는 쪽은 법조인뿐이란 생각에서, 썩 내키지 않는 일이지만 야쿠자 조직을 찾게 된다는 것이다.

사실 일본역사 속에 등장하는 야쿠자 조직은 현재와 같이 특별한 법에 의해 일률적으로 '사회악'으로 규정된 적이 없었다.

물론 슈이치는 마약에 손을 뻗치고, 총격전을 예사로 아는 요즘의 야쿠자 세계는 결코 옹호하지 않는다. 하지만 적어도 자신이 몸담았던 시절, 그래도 협객의식이 남아 있던 야쿠자 세계까지 똑같이 취급되지 않기를 원한다.

"선과 악의 중간에는 정(情)이라는 강이 흐르고 있다고 생각합니다."

사람은 상황에 따라 선의 쪽에 서 있다가도 언젠가는 거꾸로 악의 편에 서기도 한다. 줄곧 선 쪽에 있는 것처럼 보이던 사람이 어느새 악 쪽으로 흘러가 자리잡기도 하고, 그 반대도 가능하다.

돈과 명예나 실리만을 좇다 보면 자신도 모르게 정, 인정과 의리의 강을 건너 저 편으로 건너가버리고 만다. 선과 악을 구분하는 슈이치의 판단은 인정과 의리를 지키느냐 지키지 못하느냐는 것이다. 야쿠자라고 해서 태어나서 죽을 때까지 줄곧 악의 편만은 아니라는 말이다.

슈이치는 학교교사들과 경찰관의 망년회, 신년회를 구경한 일을 이야기했다.

모임이 막판에 이르러 모두들 술에 취해갈수록 자리는 소란스러워지고 이윽고는 예의고, 염치고 없이 엉망진창이 되고 말더라는 것이다. 오죽하면 그가 '야쿠자들도 이렇지 않는데 …' 하며 고소를 금치 못했겠는가.

야쿠자의 비사회성을 어린이들에게 가르치는 선생도, 야쿠자 소탕을 외치는 경찰관도 이런 면을 갖고 있는 것이 세상사 이치다. 어떤 직업을 가진 사람도 인간인 이상 허점을 드러내게 마련이라는 것이다.

야쿠자 조직을 100% 정당화하려는 것은 아니지만 그렇다고 100% 부정도 하지 않는다. 또 야쿠자만을 악의 화신인 것처럼 말하는 데에도 반대한다. 야쿠자도 사회의 특수성 때문에 생겨난 존재라는 것을 강조한다. 그는 아무래도 자신이 선택한 길이었기에 지금도 야쿠자 세계에 대해서는 구구절절 복잡한 설명이 필요한 것이리라.

따지고 보면 슈이치가 야쿠자 세계에 들어갈 무렵에는 '폭력단'이란 말은 없었다. 당시 10대 중반의 슈이치는 말썽꾸러기였다. 걸핏하면 주먹싸움을 거듭했고 세상에서는 그런 자들을 건달 혹은 불량배라고 불렀다. 슈이치는 건달이나 불량배 따위로 불리는 것을 싫어했다. 사실이 어떻건 다른 존재로 치장하고 싶어했다. 당시 그와 어울리던 친구들은 그래서 '태양족'(太陽族)으로 자처했다. 소설 《태양의 계절》이 영화화되었을 때 남자주인공으로 분장한 영화배우 이시하라 유지로 같은 멋진 인생을 보내고 있다고 착각하며 살았다.

1968년경 이시하라 유지로의 폭발적 인기는 '태양족'으로 자칭하는 젊은이들이 거리에 넘쳐나게 만들었다. 유지로의 멋진 모습은 유행을 낳았고 젊은이들은 너나할 것 없이 그를 흉내내기에 바빴다. 유지로는 영화에서 싸움을 할 때나, 연애를 할 때 기존의 배우와는 확연하게 다른 신선함을 드러냈다. 틀에 박힌 기존의 미남배우의 행태와 다른 생동감, 야쿠자풍의 거친 행동으로 영화팬과 젊은이들을 매료시켰다.

슈이치도 그런 젊은이에 속했다. 체격과 용모가 배우 유지로와 닮은 구석이 그리 많다고는 할 수 없었다. 그렇거나 말거나 그는 태양족 흉내를 내고 돌아다녔다.

'어떻게 하면 발차기를 할 때 허공으로 쭉쭉 뻗어 올라갈 수 있을까.'

'어떻게 하면 그런 헤어스타일이 나올까.'

매일 고민하였다. 타고난 곱슬머리가 유지로 같은 헤어스타일이 될 턱이 없었지만 드라이기로 혼자 펴고 난리법석을 피며 거울을 보고 히죽거리기도 했다. 슈이치는 '시골의 태양족'이었던 셈이다. 시골 태양족치고는 제법 멋을 내고 다녔다. 특히 이치오 형과 함께 어울려 건들거리고 다녔기 때문에 동네에서는 이름을 모르는 사람이 없을 정도로 유명해지고 말았다.

형은 슈이치보다 훨씬 인기가 높았다. 형 주변에는 사람이 항상 모여들었다. 사람들의 뒤를 잘 보아주었으며 그런 점에서 슈이치보다는 타고난 리더십을 갖고 있었다. 뭔가를 시키면 곧바로 말발이 먹히는 사람만 해도 수십 명 규모가 되었다.

그런 형을 두었기에 사람들은 슈이치를 대할 때에도 그래도 한 수 위로 봐주었다. 형 만한 인기도, 실력도 슈이치에게는 없었다. 매일 형의 뒤를 따라다니며 태양족 흉내를 낼 뿐이었다.

태양족이라고는 해도 대개는 낮에는 어디선가 일하고 밤에만 건들거리고 다니는 사람들이 대부분이었다. 하지만 슈이치 형제는 달랐다. 일 따위는 거들떠보지도 않고, 낮이나 밤이나 빈둥거렸다.

먹고살기 위한 돈은 공갈이라든가 도박 등으로 마련했다. 이런 점에서 먹고살 걱정 안 하고 부모 돈 펑펑 쓰며 돌아다니는 부잣집 자녀들인 '유지로 태양족'과는 질적 차이가 있는 '하급 태양족'이었던 셈이다. 유지로를 흉내내는 태양족은 낮에는 반짝반짝 빛나는 태양과 바다, 요트와 자동차를 즐겼고, 밤이면 밤대로 센스 발군의 때묻지 않은 스타일로 음악과 춤, 술과 여자에 탐닉했다.

유지로는 부잣집에서 태어나 귀공자 대접을 받으며 커왔고 명문대를 나왔다. 영화에서 맡은 역도 출신배경과 잘 어울렸다. 궁핍 속에서 밥도 제대로 못 먹고 커온 슈이치 형제가 감히 흉내낼 수 있는 것은 어느 것 하나 없었다. 그러니 동네사람들이 태양족을 자처하고 다니는 슈이치 형제와 그 무리를 건달 혹은 유사품 불량배 정도로 생각한 것도 무리는 아니었다.

그 무렵 한 사람의 야쿠자가 형제 앞에 나타났다.

동네에서 노는 양아치나 건달, 불량배가 아니고 태양족도 아니었다. 근사한 '조직'에 속해 있는 사내였다.

그는 슈이치 형제의 영향력에 주목했다. 동네 일대의 젊은 건달을 휘하에 넣고 있는 인물에 눈독을 들인 것이다.

"자네들, 우리 조직에서 함께 일해 볼 생각은 없는가."

"무슨 말인지 모르겠는데요."

어리둥절해 하는 슈이치의 형에게 그는 조직을 설명했다.

"혹시 '세토〔瀨戶〕일가(一家)'라는 이름은 들어봤을 테지?"

사실 슈이치 형제는 몰랐다.

세토일가는 당시 도쿄에서 오사카에 이르는 일대에 세력을 떨치고 있던 도박집단이었다. 그 부하가 세력확장을 위해 슈이치 형제에 접근해온 것이었다. 요즘이야 야쿠자란 명칭으로 싸잡아 부르지만 당시만 해도 세토일가는 '식구'들을 조직원이라고 부르지 않았다. 조직원이란 원래 폭력조직인 '구미'〔組〕에 속한 사람을 일컫던 것이다.

세토일가는 '세토구미'〔組〕가 아닌, 세토일가라는 명칭을 갖고 있었으며, 에도〔江戶〕시대 때부터 이어져 오는 이름난 도박집단에 속했다. 지금이야 '구미', '카이'〔會〕 등 현대식으로 불리는 폭력단 조직이 많지만 내기도박집단 가운데 역사가 오랜 집단은 '일가'라는 명칭을 쓰고 있었다. 잘 나가는 조직은 일가란 칭호 정도는 갖고 있어야 제대로 대접받았다.

현대 국가는 도박을 불법화한 뒤 정부가 허가권을 쥐고 허가받은 도박업자에게만 그것을 허용한다. 대표적인 것이 카지노고 로또복권이 아닌가 싶다. 하지만 과거에는 이 같은 도박꾼집단이 인허가 없이도 도박에 대한 인간의 본능을 충족시켜주었다.

"들자하니 꽤 명성이 자자하던데 우리와 함께 일해 보는 것이 어때?"

그는 슈이치 형제에게 조직에 들어오도록 거듭 권했다.

"글쎄, 저는 솔직히 조직은 잘 모르고 …."

슈이치의 형은 완곡하게 재차 거절했다.

일생을 미지의 조직폭력 세계에서 살아간다는 데 대해 형은 일말의 불안감을 갖고 있었다. 또 10대의 젊은이로서는 틀에 박힌 도박집단 조직의 일원보다는 태양족의 리더로 지내는 편이 좀더 매력적이었다.

하지만 슈이치는 달랐다. 사람들이 형만 따라 다니는 것이 동생 슈이치의 마음에 형과의 경쟁심리를 자극했던 탓일까.

어차피 같은 바닥에서 노는 것이라면 한 마리 외로운 늑대처럼 지내는 것보다 근사한 조직에 몸담고 사는 편이 났다는 생각이었다. 이런 길을 선택한 것은 인기 높은 형의 그늘에서, 그리고 지긋지긋한 아버지의 세력권에서 완전히 벗어나기 위한 방편이었는지 모른다. 여하간 협도(俠道)니 의협(義俠)이니 하는 말을 들을 때마다 슈이치 소년은 의리와 정의로 똘똘 뭉친 사내들만의 멋진 조직을 연상해왔던 것이 사실이었다.

슈이치는 형과 상의도 하지 않은 채 세토일가의 부하 젠고로〔善五郎〕를 따로 만났다.

"아까는 형 앞이어서 말을 제대로 못했습니다. 저를 받아 주십시요."

조직의 세계가 무엇인지 아무것도 알지도 못한 채, 마음의 준비도 전혀 없는 상태에서 충동적으로 그 세계에 발을 들여놓고 말았던 것이다. 동네 아마추어 건달계의 정상이었던 형은 자신의 위치를 죽을 때까지 고수했다. 그의 휘하에서 빛을 보지 못한 슈이치는 형과는 다른 프로의 세계에 뛰어들었고 밑바닥에서부터 계단을 오르게 된 것이다.

어릴 적부터 함께 건들거리고 다니던 형제는 여기에서부터 각기 다른 길을 걷는다. 당시 형은 19세, 슈이치는 17세 때였다.

과거 군대 징집대상이 한 집안에 몇 명 있을 경우 장남은 행여 대가 끊길까 싶어 남기고 차남이나 3남을 끌고 갔던 일과 비슷하게 야쿠자 세계의 소집권자가 차남을 징발한 모양새였다.

슈이치는 그 뒤 형을 만날 때마다 도박집단에 들어와 윗선의 책임자로서 지도력을 발휘해 줄 것을 여러 번 권했다.

"알았다, 너나 열심히 해라. 관심 있었다면 진즉 갔겠지."

그러거나 말거나 형의 태도는 한결같았다. 이후로도 한 마리 외로운 늑대처럼 건달세계를 돌아다니던 슈이치의 형은 53세 나이로 세상을 떠난다.

그때 만일 형이 도박꾼 집단에 들어왔다면 틀림없이 사람들의 마음을 휘어잡아 큰 조직의 두목, 오야붕이 되었을 것이라고 슈이치는 믿는다. 하지만 누구에게도 머리를 숙이려 하지 않았던 형의 성격에는 오히려 그런 자유스런 길이 어울렸을 수도 있다.

슈이치는 세토일가의 부하인 젠고로와 함께 8대 '총재'(總裁) 고바야시 긴지〔小林金次〕 앞에 앉았다.

일본의 조직폭력배 세계에서는 두목을 총재 혹은 총장이라 부르는 경우가 많다. 한국에서는 학장이라면 단과대학장, 총장이라면 종합대학장을 뜻하지만 일본에서는 그런 구분 없이 대부분 학장으로 칭한다. 사실 총장의 원래 뜻은 그저 우두머리일 뿐이라 대학 최고 책임자의 호칭으로서는 학장이 더 어울린다.

총재는 50 남짓의 몸집이 작은 사람으로 까까머리였다.

거무데데한 피부에 눈빛이 날카로웠다. 말할 때 금이빨이 반짝이는 것이 인상적이었다. 총재는 어려 보이는 슈이치에게 말을 건넸다.

"나이는?"

"네, 열일곱입니다."

"중학교만 마쳤나?"

"아닙니다. 고등학교 다니다 짤렸습니다."

총재는 이 말에 조금 놀라는 듯했다. 당시만 해도 조직원 가운데 고등학교 출신은 거의 없었다. 그런데 이 청년은 바로 얼마 전까지 고교 재학중이었다니. 그 점이 총재로서는 더욱 마음에 걸리는 것 같았다.

실은 총재에게도 내년 봄에 고교입시를 치러야 하는 아들이 있었다. 그 아들은 슈이치가 중학교 다닐 때 2년 후배였는데 유도부원이었다. 유도장에서는 매번 슈이치한테 내동댕이쳐졌다. 설마 그런 일을 아들한테 들었을 리 없겠지 하면서도 어쩐지 찜찜했다.

"흐음, 열일곱이라, 아직 어리군. 그런데 부모는 알고 있나?"

"네."

슈이치는 서슴없이 대답했지만 물론 거짓말이었다. 슈이치 혼자서 정한 길이었으니 부모가 알 턱이 없었다. 더욱이 생모는 가출한 상태였으니.

"음, 그래? 그렇다면 지금부터 수행을 해라. 당분간 이곳에 머물고."

총재는 배석한 중간간부들을 훑어보다 "이봐, 가모시타〔鴨下〕, 네가 책임지고 교육시켜라" 하고 지시했다. 가모시타는 40세 안팎의 뚱뚱한 인물이었다. 머리는 까까머리였다. 그러고 보니 주위에 앉아 있는 부하들이 모두 까까머리였다. 나중에 알게 되지만 도쿄에서 오사카까지의 일본열도 남해안 일대에 '까까머리 집안'으로 이름을 날린 것은 바로 세토일가였다. 물론 슈이치도 나중에 까까머리가 되었다.

총재는 자리에서 물러나는 슈이치에게 한마디를 덧붙였다.

"형님들 말 잘 듣고 제대로 수행해라. 하나부터 차근차근. 때가 오면 잔을 나누자."

잔을 나눈다는 것은 수행기간을 무사히 보낸 뒤 조직의 일원으로 받아들이는 공식절차이다. 다른 조직과의 사이에도 잔을 나누는 경우가 있는데, 이는 상급조직에서 동격관계를 인정받거나 혹은 상하관계가 새로 결정됨에 따라 형제, 혹은 부하의 의리를 맺는 절차이다.

슈이치는 그날 가모시타 집으로 갔다. 가모시타 밑에 신참은 슈이치 한 명밖에 없었다. 처자를 거느리고 있던 젠고로는 조금 떨어진 뒷채에서 생활하고 있었다. 이윽고 가모시타와 살고 있는 앳된 여자에게 인사를 하게 되었다.

'앗, 저 여자는….'

슈이치는 하마터면 소리를 낼 뻔했다. 고교 육상부 소속으로 두 살 위의 여학생 다카하시〔高橋〕가 아닌가. 슈이치가 1학년 때 3학년생이었으니 클럽 선후배로 자주 보았던, 친구라고 할 수는 없지만 가까운 사이였다.

'졸업한 지 얼마 되지도 않았는데. 왜 이곳에 있지?'

처음 인사를 나눌 때 선배 여학생도 무척 놀란 것 같았다. 하지만 슈이치 쪽이 훨씬 더 놀랐다. 그 자리에서는 사정을 자세히 알아볼 수도 없어 두 사람 모두 뚱딴지 같은 소리만 늘어놓았다.

"어, 다카하시! 친척집에 놀러온 거야?"

"어머, 요쨩이야말로 웬 일이야? 이런 곳에."

'요쨩'이란 말은 당시 슈이치가 아버지 성을 따 '요시타케 슈이치'란 이름을 썼기 때문에 성의 앞 글자 '요'에다 애칭으로 흔히 붙이는 '쨩'을 붙인 것이었다. 피차 여우에 홀린 듯했다.

가모시타의 집에 얹혀 지내며 하나부터 수행이 시작됐다.

어린 여자가 왜, 도박꾼, 그것도 스무 살도 더 차이가 나는 사람과 같은 집에서 지내는지 궁금해서 견딜 수 없었다. 시간이 지나며 가모시타에게는 처자가 있지만 지금은 따로 살고, 고교 선배 여자와 동거중이란 것을 알게 되었다. 본처와의 별거 원인이 앳된 여자와의 동거였던 것 같았다.

선배 여학생은 고교 재학시절부터 가모시타와 그렇고 그런 관계였다는 것을 알게 됐다. 매일 하교시간이면 가모시타가 검은 승용차를 몰고 학교 앞에 나타나 기다리고 있다가 고교생 애인을 태우고 사라졌던 것을 아는 학생들은 다들 알고 있었지만 도중에 퇴학을 당해 고교를 마치지 못한 슈이치는 몰랐던 것이다.

육상부에서 여학생은 단거리 선수였는데 피부색이 거무데데한 편이었다. 가모시타가 어린 여자를 밝히는 '로리타' 취향이었는지는 잘 모르지만 아무튼 여학생은 슈이치의 눈으로 보아도 섹시한 편이었다. 그런 앳된 여학생이 중년의 현역 야쿠자 중간간부와 살을 섞고 지낸다는 사실에 슈이치의 머리가 복잡해졌다.

'정말 남녀 사이 일이란….'

스스로 이렇게 납득하고 넘어가는 수밖에 없었다. 여자에게 직접 물어볼 수 없는 일이었고 그렇다고 가모시타에게도 어찌된 일이냐고 묻기도 어려웠다. 여자 선배도 가모시타와 본격적으로 살림을 차린 것은 그리 오래 된 것 같지 않았다. 슈이치와 마찬가지로 여러 가지 일을 배우는 단계로 보였다.

야쿠자 세계에는 야쿠자의 여성간에도 엄연히 지켜야 할 법도가 있다. 위로는 두목인 총재의 여자가 최고 자리를 차지하고 있다. 가모시타와 '형님, 아우' 하는 사이인 사람들의 여자도 많다. 고교를 갓 졸업한 열아홉 살 어린 여성이 갑자기 중간간부와 살림을 차렸으니 그 격에 어울리는 처신방도를 익히는 데 애를 먹었음은 틀림없다.

혼자서 훌쩍거리는 일도 많았다. 여자 선배가 울 때마다 슈이치도 괜스레 슬퍼졌다.

'무슨 일일까. 총재 부인한테 혼이 났나? 혹시 본처가 이지메를?'

이런저런 생각을 하며 여자 선배를 안쓰럽게 여겼지만 자유롭게 그런 뜻을 전달할 수 없었다. 이미 두 사람은 고교 선후배를 넘어서 신분의 차이가 존재했던 탓이다.

하나부터 배우라고는 했지만 무엇을 어떻게 해야 할지 가모시타는 아무것도 가르쳐 주지 않았다. 모든 것을 눈치로 알아차리고 혼자서 판단해 행동하지 않으면 안 되었다. 아버지가 있었지만 정상적인 가정생활은 잠시였을 뿐이고 또래 아이들로부터 돈을 뜯어내고 말썽을 피우고 돌아다닌 경험밖에 없었던 슈이치로서는 처음 해보는 사회생활이었던 만큼 우왕좌왕할 수밖에 없었다.

나이 많은 젠고로가 슈이치에게는 형님과 같은 존재가 되었고 그가 부족한 부분을 하나하나 채워주었다. 슈이치의 첫 번째 일은 청소였지만 그도 쉽지 않았다. 학교 다닐 때에도 변소청소 당번이 있었지만 왕초 노릇을 했던 슈이치에게는 그런 순서 따위는 무의미했다. 하지만 이제 변소청소는 그의 일과가 되었다.

가모시타의 집 구조는 도박판이 언제라도 열릴 수 있도록 되어 있었다. 도박장 전용의 길고 좁은 방을 여러 개 갖추고 있었다. 평소에는 비어있어 슈이치는 그 가운데 한 방에서 잠을 자게 되었다.

가모시타와 새댁은 현관에 가까운 2층에서 기거했다.

고교를 갓 졸업한 여자는 아침이면 새색시답게 일찍 일어나 '타당타당' 무언가를 도마 위에 다지는 소리를 냈다. 어려서 어머니가 가출한 뒤로 형제들이 돌아가며 식사를 마련했던 기억이 떠올랐다. 그 군색했던 때와 대비하면 지금 들려오는 저 소리는 얼마나 편안한가.

'아, 가정이란 이런 것이구나.'

자리에서 눈을 끔벅이며 슈이치는 이루 말할 수 없는 행복감을 느꼈다. 구수한 된장국 냄새가 집안 구석구석에 스며드는 것이 그렇게 기분 좋을 수 없었다.

"밥 다 되었어요. 아빠, 내려와요. 요짱도 일어나고."

선배 여자의 밝은 목소리가 들려왔다. '아빠'란 나이 많은 동거남 가모시타를 부르는 말이었고, '요짱'은 슈이치의 애칭이었다. 가모시타와 슈이치는 그 낭랑한 목소리를 듣고 일어나는 것이 상례가 되었다.

행복했다. 슈이치는 그동안 간절히 찾아 헤매던 것을 마침내 찾아낸 느낌이었다.

'집이란 본디 이런 것이 아니겠는가. 아버지의 폭력, 부부싸움, 가난, 배고픔, 다니기 싫은 학교, 이런 것들과 결별하길 정말 잘했다.'

야쿠자 집안의 아침이라고 생각하지 못할 만큼의 평화롭고 정겨운 나날이었다. 이때의 감동 어린 추억과 행복감이 반평생 슈이치를 따라

다녔을 것이고, 야쿠자 세계에서 오랫동안 발을 빼지 못하게 만들었던 것인지 모른다.

"아빠, 계란은 풀어 넣을까. 아니면 위에 덮을까. 요짱은?"

일본에서는 아내가 남편을 '아빠'라고 부르는 경우가 종종 있는데 '아무개 아빠'라는 호칭이 줄어서 그렇게 된 것 같다. 하지만 아직 둘 사이에 아이도 없는 어린 여자가 이렇게 부르는 것은 한국사람들에게는 조금 이질감이 느껴진다. 무슨 근친상간도 아니고 분명 잘못된 명칭이건만 요즘 들어서는 한국에서도 어렵지 않게 들린다. 못된 것은 빨리 배운다.

슈이치는 가모시타 집의 가정적인 분위기에서 여태까지 맛보지 못한 기쁨을 느끼곤 했다. 친절한 안주인과 마음 씀씀이가 좋은 가모시타와 함께 지낼 수 있다는 것에 감사하지 않을 수 없었다. 부하 수업을 받는 몸이었지만 가족과 마찬가지 대우를 받고 있었던 것은 오야붕의 소실이 된 고교 선배 여자의 덕이 컸다.

수행중인 신참내기는 한마디로 인간 취급을 받지 못한다. 안주인이 아침에 깨워준다던가 하는 일도 매우 드문 일이었거니와 하물며 매일 오야붕 격인 가모시타와 함께 식사를 하는 것도 상상할 수 없는 일이었다.

"지금 생각해보면 본격적 수행과는 거리가 좀 있었지요. 어린 수행자의 어리광을 오야붕이 모두 받아준 것으로 생각합니다. 수행중 행복감을 느끼는 일 따위는 있을 수 없으니까요."

슈이치는 당시를 이렇게 회고했다.

한 가족처럼 생활하면서 정이 싹텄고 슈이치는 가모시타를 자연스럽게 '아버지'라고 부르게 되었다. 스무 살쯤 나이가 많은 데다 그간 이 바닥에서의 오랜 관록을 생각하면 도무지 '형님'이라고 부를 수 없었다.

가모시타도 처음 받은 신참인 슈이치를 자신의 부하〔子分: 꼬붕〕로 수하에 두고 싶어했다. 그런 분위기를 알아차린 총재도 이를 허락했다. 이렇게 해서 처음에는 '8대 세토일가 총재 고바야시 긴지'의 신참으로 입문한 슈이치는 수행을 다 마친 뒤에는 '세토일가 협도회(俠道會) 회장 가모시타 긴고로〔鴨下金五郞〕'의 신참으로 신고식을 치르게 된다. 일본의 한 인터넷 사이트는 야쿠자 조직의 '명가'를 소개해놓고 있다. 여기에 가모시타 긴고로가 도요하시, 가마고리 일대를 근거지로 한 세력의 두목으로 기록되어 있는 것을 보면 꽤 유명한 인물임에 틀림없다.

먹고 살아갈 오로지 한 길은 도박 기술자가 되는 것이었기에 이 방면의 연습도 열심히 했다. 신문지를 화투장 크기로 잘라서 틈만 나면 화투공부를 했다. 가모시타의 전문은 주사위가 아니라 화투였다. 일년 내내 화투를 만지고 살았다.

도박판이 열리게 되면 도박장을 관리하는 역할도 주어졌다. 큰 고객의 집을 찾아다니는 것도 중요한 업무였다. 자전거를 타고 다니며 며칠날 판이 벌어진다는 것을 한 사람 한 사람에게 통보하는 일이었다. 자동차 따위를 탔다가 들키면 큰 야단을 맞게 된다. 비가 오나 바람이 부나 항상 자전거로 다녀야 했다. 휴대전화가 없던 시절이기도 했지만 일을 배우는 수업의 한 과정이었던 것이다.

당시 고바야시 총재로부터 들었던 말 가운데 아직도 슈이치가 기억하는 구절이 있다.

"길을 걸을 때는 항상 갓길로 가라. 길 한가운데는 제대로 된 직업을 가진 사람들이 다니는 장소다."

절대로 일반인들에게는 피해를 주지 말라는 뜻이었다. 또한 꾼들에게는 꾼들만의 세계가 있다는 그들만의 자존심이기도 했으리라.

도박판이 꽃피우는 대목은 역시 연하장이 오갈 무렵이었다. 이때는 사나흘씩 계속되는 큰 판이 벌어졌다. 쫄따구인 슈이치는 제대로 잠을 잘 시간도 없어 심부름을 하기 위해 대기하면서 선 채로 졸 때가 많았다. 도박은 지금이야 국가가 맛을 들여 '공영 도박장'이 독점하고 있기에 드러내놓고 하기는 어렵게 되었지만 예전에는 사설 도박장만 존재했기에 대성황을 이루었다.

도박장을 개설하는 측은 판돈에서 떼어내는 고리로 먹고사는 것이기에 판돈이 많이 걸린 큰 판이 벌어지고 볼 일이었다. 도박이 일용할 양식이 될 수 있다는 것을 이런 모습을 보며 슈이치는 실감했다. 아버지 정유성이 슈이치 형제를 먹여 살려왔던 그 도박의 길에 어느새 아들 슈이치가 서 있었던 것이다. 증오하면서 닮아간다는 말이 그래서 나온 것일까.

예전에는 한국에서도 그랬지만 일본에서도 사법당국이 도박세계에 대해 그리 엄격하지 않았다. 도박꾼이 체포되는 일은 거의 없었다. 제2차 세계대전이 끝나고 얼마 안 된 때까지만 해도 현행범이 아니면 체포할 수 없었다. 이런 상황이 급변한 것은 1964, 5년 무렵. 일본정부가 경제성장을 통해 나라 살림에 여유가 생기자 지하경제에 대한 규제를 서서히 강화하기 시작하면서부터였다. 현행범이 아니어도 증인 2명 이상만 있으면 처벌할 수 있게 됐다. 이처럼 단속이 강화되면서 도박가의 '명문'은 하나 둘 맥이 끊기게 됐다.

재미있는 것은 야쿠자 조직으로부터 도박을 통한 소득원을 박탈한 것이 오히려 야쿠자의 타락을 가져와 사회악을 키웠다는 주장도 있다는 점이다. 방안에서 화투놀이를 하며 수입을 챙기던 야쿠자는 주소득원이 사라지자 생존을 위해 자금원의 다양화를 시도했고, 힘에만 의존하는 폭력단으로 변질됐다는 것이다. 마약에도 손을 뻗치게 된 원인을 제공했다는 주장이다. 일리가 있다.

하지만 슈이치가 도박계에 뛰어들었을 때만 해도 달랐다. 도박 명문가는 몇 대, 몇 대 이름이 아직까지 전해지고 있다.

망보기, 신발담당, 안내, 문밖지기, 이런 수행과정을 하나씩 밟아 올라간 다음에라야 판이 벌어지는 방안에 들어갈 수 있었다. 처음에는 그도 선수로서가 아니라 돈가방 끼고 앉아 판을 지켜보는 역할이었다.

슈치이가 시작한 수행 혹은 수업은 바로 이런 일련의 시스템을 익혀 가는 과정이었다. 대개 밥짓기로 5년, 망보기와 신발담당 등으로 5년, 도합 10년 세월의 공부를 거쳐서야 비로소 도박판에 낄 수 있었던 것이 당시 이름깨나 날리던 도박명가의 전통이었다. 일종의 전문직업인이었다. 요즘으로 치면 라스베이거스의 '프로 도박사'나 인터넷 게임의 달인인 '프로 게이머'와 거의 비슷한 감각이었다.

한국에도 역사적으로 야바위꾼으로 불리는 '이색 직업인'이 존재했지만 일본에서처럼 대를 이어 공공연히 명맥을 유지한 경우는 없었다. 이 점에서도 한일 간의 문화적 차이가 크다.

도박은 주사위와 화투로 대별되는데, 공통으로 쓰이는 속임수, 아니 승리의 비법은 세 가지다. 첫째는 주사위나 화투 자체에 표를 해두는 방법, 둘째는 장소에 특별한 장치를 해두는 것, 셋째는 기술에 의한 것이다. 수업은 단지 기술을 연마하는 것만이 아니다. 상대가 사술을 쓰는지를 알아내려면 자신이 사술을 체험해보아야 했기에 수업내용은 광범하게 구성됐다.

세토일가에 입문한 초년병 슈이치의 임무 가운데에는 도박 매너가 나쁜 사람을 가려내 아예 판에 끼어들지 못하도록 하는 일도 매우 중요했다. 레이스가 펼쳐졌을 때 선배나 동업자와 둘만이 맞서면 끝까지 버티지 않고 적당한 선에서 죽어주는 매너도 필요했다. 한때의 돈 욕심에 눈이 멀어 최소한의 매너를 지키지 못한 사람은 '프로'의 자격을 상실한 것으로 보고 도박명가가 주최하는 큰 판에는 끼워주지 않음으로써 사실상 업계에서 추방했다.

개장시 망보는 사람을 출입구에 세워두고 경찰관 등 수상한 사람이 나타나는지 감시한다. 낌새를 알아 채 경찰이 도박장 안에까지 들어왔다가는 모두 현행범으로 검거된다. 망보는 사람의 임무는 경찰관이 나타나면 실랑이를 벌여 최대한 시간을 끌어 손님들이 모두 판을 떠날 시간을 버는 것이다. 망보는 사람은 이 때문에 항상 긴장해야 했다.

손님이 도망치는 것과 동시에 깔판과 화투 등 '기계'도 순식간에 사라진다. 조금 있다 경찰관들이 방안에 들이닥치더라도 이미 상황 끝. 허탕을 치고 만 경찰은 화풀이하듯 망보던 사람을 공무집행방해로 집어넣는 정도로 끝이 난다.

지금은 현행범뿐 아니라도 처벌이 가능하도록 일본의 도박관련 법은 강화됐다. 경찰은 우선 겁이 많은 손님 한 명을 참고인으로 불러내 조사한다. 참고인은 제 몸이 다칠까 처음에는 시치미를 떼지만 겁쟁이란 점을 파악한 노련한 경찰관이 적당히 엄포를 놓으면 오래 버티지 못하고 술술 불게 마련이다. 이렇게 해서 참석한 손님 이름, 인원수, 앉은 위치, 판돈이 오간 상황, 판 수 등 현장의 그림이 그려지고 나면 그 뒤 수사는 일사천리로 진행된다.

도박판의 손님은 실형을 받는 일은 거의 없었다. 다들 어떻게 수를 쓰는 것인지 벌금만 내고 풀려났기에 경찰에 불려 가면 죄다 불어버렸다. 도박판 손님으로부터 사정을 다 듣고서야 도박장을 개설한 쪽을 족치기 시작한다. 처음에는 아래 사람부터 조사하는데, 부인할 도리가 없다. 증거도, 증언도 확보되면 줄줄이 체포되고 만다. 그 중 두목의 죄가 가장 무거운 것은 명약관화하다.

도박에 대한 처벌이 강화돼 징역 살 각오 아니면 도박판 개설은 엄두가 나지 않자 오랜 역사를 지녔던 도박전문집단이 하나둘 해체되기 시작했다. 이제부터는 도박이 아닌 다른 영업을 하지 않으면 안 되었다. 야쿠자 '회사'의 사장인 오야붕들도 시대의 변화를 읽고 적절한 타이밍에 업종전환을 꾀해 부하 '회사원'을 먹여 살려야 할 책임경영의 시대를 맞이하게 된 것이다.

슈이치가 가모시타 밑에 부하로 들어가 도박사로 크기 위해 신참수업을 하고 있을 때 동생 마사오는 고향을 떠나 스모대회가 열리는 오사카로 향했다. 1959년 3월의 일이었다. 마사오는 15세, 슈이치는 막 18세가 되었을 때였다.

마사오는 원래부터 스모 선수가 되려했던 것이 아니었다. 고교에 진학해 유도를 계속해 그 분야에서 크게 되보고 싶은 꿈을 갖고 있었다. 주위 사정으로 15세 소년은 자신의 뜻을 관철하기는 어렵다는 것을 알자 꿈을 접었다. 마사오는 일단 결론이 내려지자 어른스럽게 훌훌 털고 일어나 스모계의 거친 파도를 향해 뛰어들었다.

하지만 미지의 스모계를 향해 떠나는 마사오는 첫 외국여행처럼 조마조마한 심정이었다. 4명 형제의 막내로, 어리광을 잘 피웠던 마사오. 그의 당시 심정은 희망보다는 불안 쪽이 더 컸다.

조직세계에 들어가 수행중이던 슈이치는 친형제들과도 거의 소통하지 않고 지냈다. 그런데 이 때만큼은 어디서 소식을 들었는지 마사오가 떠나는 것을 알고 역으로 배웅하러 나갔다.

가마고리역 플랫폼에 학교 은사와 가족, 친구들이 모여 마사오의 장도를 축원했다. 스모 관계자로서는 마쿠노우치(스모의 최상위 리그)에 들어간 다마노히비키〔玉響〕가 인솔차 오사카에서 내려왔다.

마사오는 검은 학생복에 하얀 새 운동화를 신고 있었다. 스모계에 스카웃 돼 떳떳하게 집을 떠나는 것이었지만 분위기는 묘하게 칙칙했다. 기쁨에 들뜬 환송과는 약간 거리가 멀었다.

오전 9시 45분 오사카로 향하는 열차가 플랫폼으로 천천히 들어섰다. 마사오는 고개를 숙인 채 열차에 올라 차창에 모습을 드러냈다. 창문을 열지 않은 채 가족 한 사람 한 사람의 얼굴을 물끄러미 바라보았다. 보내는 편에서 모두들 한마디씩 했다.

"몸조심해라. 마사오."

"잘해야 한다."

"사람들 말 잘 듣고 지내라."

"도착하면 편지해."

말이 제대로 들릴 턱이 없었지만 마사오는 누군가 외칠 때마다 알겠다는 듯 고개를 끄덕였다. 짧은 정차시간은 지나고 이내 발차를 알리는 사인이 울렸다. 마사오는 다시 한번 모두의 얼굴을 바라보았다. 결코 잊지 않기 위해 뇌리 속에 새겨 넣듯 뚫어지게 쳐다보았다.

기적이 울렸다. 열차가 '쿵'하고 움직이기 시작하자 마사오의 눈에서 눈물이 흘러내렸다. 그렁그렁 흘러내린 눈물이 두 뺨을 타고 내려왔다. 슈이치에게는 동생의 눈물이 유리창 너머로까지 펑펑 떨어지는 것처럼 느껴졌다. 마사오는 유리창에 뺨을 대고 배웅하는 이들의 모습이 보이지 않을 때까지 손을 흔들었다.

이 날로부터 12년 뒤, 정확하게는 12년 7개월 8일 만에 현역 요코즈나로 세상을 떠날 자신의 운명을 모르는 15세 소년을 태운 열차는 오사카 방향으로 꼬리를 감추었다.

소년이 그리 짧은 생을 마치고 영원 속으로 떠날 줄은 그날 가마고리역 플랫폼에 선 환송객 가운데 누구도 예상할 수 없었다.

슈이치는 오랜만에 본 동생과 헤어지고 나서 잠시 감상(感傷)에 젖었다.

'그래도 많이 컸구나.'

초등학교, 중학교 때의 동생밖에 보지 않았던 까닭에 사회를 향해 나가는, 건강한 모습을 보고 대견하다는 생각이 들었다.

그동안 아무 연락도 하지 않고 지내던 가족들과도 만났지만 부모와는 아무 말도 나누지 않았다. 저쪽에서도 말을 걸어오지 않았다. 부모도 방금 헤어진 막내아들 마사오에 비하면 슈이치의 존재는 안중에도 없었다. 아예 나타나지 않았으면 싶은 놈이 왜 나타났느냐는 식의 차가운 눈빛이었다.

수행중인 몸이었기에 슈이치는 급히 자전거를 타고 기거중인 가모시타의 집으로 귀가했다. 서둘러 돌아가니 '아버지'(가모시타)가 불렀다. 뭔가 급한 일이 있어서 슈이치를 여러 번 찾았던 모양이었다.

'이제 끝장이구나.'

동생을 배웅하러 간다는 사실을 안주인 격인 선배 여자에게라도 알렸어야 했다. 필요할 때 연락도 안 되는 부하를 누가 키우겠는가. 요즘이야 휴대전화가 있지만 당시에는 그저 연락이 오기를 기다릴 수밖에 없어 참으로 답답한 노릇이었다. 슈이치는 오야붕 앞에 무릎을 꿇고 처벌을 각오했다.

"일이 좀 있어 찾았는데 …. 나가더라도 연락처는 알려놓아야지. 어디 간 거야?"

오야붕은 한동안 종적을 감추었다 나타난 신참을 꾸짖었다.

수행중인 졸개가 조직원으로서는 불충스럽기 짝이 없는 '연락불능의

죄'를 저지른 것이다. 요즘도 야쿠자 조직에서는 연락불능의 죄를 중히 다루고 있다. 솔직히 사죄했더라면 끝날 수도 있는 일이었는데 슈이치는 순간 겁이 나 둘러대고 말았다. 부친을 끌어들이면 그래도 좀 봐주지 않겠나 생각했다.

"죄송합니다. 잠깐 아버지한테 볼일이 있어서 집에 갔습니다."

가모시타는 화를 억누른 채 더 낮은 목소리로 말했다.

"그래? 너한테 아버지는 대체 몇 사람이나 있느냐. 집은 몇 채나 되고?"

슈이치는 이 말에 가슴을 푹 찌르는 듯한 날카로운 아픔을 느꼈다.

조직세계에 들어와 수행중인 몸으로 너무 안이하게 생각한다는 지적이었다. 조직세계에서 아버지는 오야붕 뿐, 다른 아버지는 없다.

아버지(오야붕)가 시키려고 했던 일은 그다지 큰일은 아니었기에 다른 사람이 대신한 모양이었다. 그랬기 망정이지 만일 다른 조직과 싸움이라도 벌어졌다면 어쩔 뻔했는가.

꼬붕은 몸 바쳐 오야붕을 지켜야 한다. 찾아도 안 나타나는 꼬붕은 있으나 마나다. 슈이치는 이후 아버지는 가모시타 한 사람밖에 없다는 생각으로 수행에 힘을 쏟았다.

불안한 마음으로 오사카에 도착한 마사오는 스모 선수들이 모인 숙소에 들어가 보고서는 더 한층 풀이 죽고 말았다. 촌놈으로 대도시 풍경만으로도 어리벙벙한 데다 모두들 당당한 체격을 한 사람뿐이라 우선 큰 몸집에 압도당한 것이다.

시골 중학교에서는 마사오도 제법 큰 몸집이었다. 하지만 눈앞의 스모 선수들은 나이는 비슷했지만 자신과 비교가 안될 정도로 체격이 컸다.

'와서는 안될 곳에 오고 말았구나.'

벌거벗은 스모 선수들 속에서 마사오는 정체를 알 수 없는 위협을 느꼈다.

오사카 부립(府立) 체육관에서 신인 선수에 대한 체격검사가 행해졌다. 당시 기준은 신장 179㎝ 이상이거나 체중 70㎏ 이상이었다.

마사오는 전날 체중을 잴 때 67㎏밖에 나가지 않아 기준에 미달했다. 키 기준에도 미달이었기에 이대로는 불합격이었다. 하는 수 없이 몸무게를 늘려야 했다. 검사 당일 카레라이스 4그릇과 물을 벌컥벌컥 마시는 방법으로 체중을 늘려 간신히 통과됐다.

당시 기록을 보면 신장 172㎝, 몸무게 73㎏으로 되어 있다.

봄 대회의 정식 출전 선수 명단에는 오르지 못했다. 이 대회에서 마사오는 '다마노시마'〔玉乃島〕란 선수명으로 '마에스모'〔前相撲〕 시합

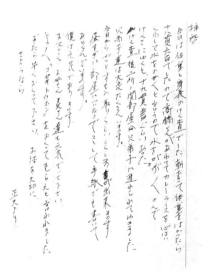

스모 입문 초기 어머니에게 보낸 마사오의 편지. 체중을 늘린 이야기가 들어있다.

을 하게 되었다. 마에스모란 새로 입문한, 예비 선수들이 겨루는 시합이었다. 여기에서 좋은 성적을 올리는 사람만 다음 대회에 최하위 리그 격인 '조노구치'[序の口] 리그에 나갈 수 있는 자격을 얻었다.

스모의 급은 최하위인 조노구치, 그 위로 조니단[序二段], 산단메[三段目], 마쿠시타[幕下], 주료, 그리고 최상위 리그인 마쿠노우치가 있다. 미국 프로야구를 보면 메이저리그와 마이너리그가 있는데, 마이너리그라 해도 트리플 A, 더블 A 등 수준에 따른 리그가 여러 개 존재하는 것과 비슷하다. 최상위 리그인 마쿠노우치의 멤버 가운데서도 최고실력자가 요코즈나[橫綱]이다.

다마노시마란 선수명을 갖게 된 마사오는 예비 선수 가운데 가장 먼저 마에스모를 벗어나 다음해인 1960년 5월 도쿄의 여름대회에서부터 조노구치의 선수로 스모대회장에 첫발을 내딛게 된다.

스모 선수가 된 마사오(왼쪽에서 네 번째).

이 다마노시마란 이름은 오야가타〔親方: 스모 선수를 거느린 프로모션의 오너 격〕가 붙인 것이 아니었다. 스모계 입문 이야기가 오갈 때 슈이치 형제 4명은 마사오의 선수명에 관해 논의했다.

하루빨리 이름을 정해두지 않으면 본명이 선수 소개 목록에 실린다. 당시 본명은 요시타케〔善竹〕. 일본에서는 워낙 보기 힘든 이름이라 한국계란 사실이 들통날 가능성이 컸다. 한국계 혼혈이란 사실이 알려져서 좋을 것은 하나도 없었다. 한국계 아버지를 둔 사실이 죄는 아니었지만 어찌해서든 공식 기록상에서 드러나지 않도록 감춰야 했다. 마사오 등 형제들은 아버지 정유성이 '조선인'이란 점 때문에 일본에서 살아가는 데 항상 콤플렉스를 느끼고 있었다. 입문시 스모협회에 등록할 때에는 부친은 없는 것으로 하고 동네 유지였던 다케우치〔竹內〕 씨의 양자인 것처럼 했다. 마사오는 '요시타케'와 작별하고 '다케우치'란 성을 한때 쓰게 되었다.

다케우치란 유지는 마사오의 오야가타, 다마노우미〔玉の海〕와는 격의 없는 사이였으며, 자신도 비록 동네에서지만 스모를 한 적이 있었다. 천성이 사람들을 잘 도왔으며 마사오에 대해서도 호적상 양자에 지나지 않았지만 공사를 가리지 않고 뒷바라지를 해주었다.

다케우치란 성으로 스모협회에 등록을 했지만 이에 불안을 느낀 가마고리 스모 관계자들은 마사오의 어머니, 다니구치 하루요와 상의했다. 다니구치 하루요는 고향 히로시마까지 다녀오는 등 고생 끝에 자신을 호주로 한 가(家)를 만들어 '다니구치'란 성으로 자식 4명을 올렸다. 정유성의 자식이 아니라 아버지가 누구인지 모르는 사생아로 둔갑하고 만 것이다.

호적 관련 서류를 조사해보니 다니구치 일가를 새로 만든 때는 1966년이었다. 이때라면 마사오가 스모 선수로서 상당한 경력을 쌓고 순조롭게 항진을 계속하고 있을 무렵이다. 승진하면 할수록 언론매체를 의식하지 않을 수 없었을 것이다. 그래서 나름대로 완벽한 '다니구치' 집안의 아들을 새로 만들어내지 않으면 안 되었을 것이다.

이 과정에서 아버지 정유성에게 상의한 흔적은 전혀 없다. 아마 정유성은 이 같은 사실을 당시에는 까마득히 몰랐던 것 같다. 만일 그가 알았더라면 한사코 반대했을 것이다.

한국인들은 어떤 일을 두고 진실임을 맹세할 때 "만일 사실이 아니면 내 성을 갈겠다"는 말을 한다. 이는 성씨를 바꾸는 일은 도저히 일어날 수 없다는 전제하에 나온 것이다. 그만큼 대를 이어 물려온 성을 소중하게 여긴다는 뜻이다. 그런데 버젓하게 살아있는 아버지를 배제한 상태에서 아들 네 명의 이름이 가출한 어머니의 성으로 둔갑한 것이다. 이 때문에 훗날 정유성은 성씨 변경과정과 호적 개찬에 대해 불

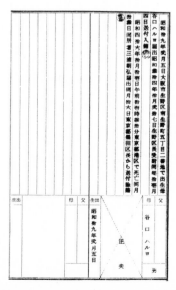

父란이 비어 있어 사생아로 된 요코즈나 마사오의 호적.

같이 화를 내게 된다.

어쨌거나 이후 슈이치 형제들은 모두 공식적으로 '다니구치'란 성을 갖게 되었다. 그러나 초등학교, 중학교 친구들은 아직도 슈이치를 부를 때 과거 사용했던 성인 '요시타케'로 부르지, 새로 만들어진 '다니구치'로 부르지 않는다.

다마노시마란 스모 선수의 본명도 최초 등록시 후원자의 성을 빌어 편법으로 만들어냈던 '다케우치 마사오'에서 '다니구치 마사오'로 바뀌었다. 마사오는 다마노우미란 이름을 갖고 있던 선수가 은퇴 후 연 도장에 제자로 입문했기에 '다마'〔玉〕란 글자를 앞에 붙이게 되었다.

스모계에 들어가기 싫어했던 마사오지만 일단 가기로 결정한 이상은 중도말단식은 안 된다는 결의를 다지고 스모 선수로서의 이름을 확실히 정해놓고 오사카로 향하기로 했다.

슈이치 형제들은 지혜를 모았다. 다마노시마의 '노'〔乃〕는 같은 뜻의 가타가나 '노'〔ノ〕 혹은 히라가나 '노'〔の〕로 하면 왠지 약해 보이는 이미지라 한자로 표기하기로 했다. 스모협회는 본인의 표기방법을 존중해 뜻으로는 아무 차이가 없지만 개인이 희망하는 대로 선수명단에 싣게 된다.

가마고리 시는 미가와 만 국립공원의 중심지로 만 내에는 큰 섬〔大島: 오지마〕, 작은 섬〔小島: 고지마〕, 토끼 섬〔兎島: 우사기지마〕, 원숭이 섬〔猿島: 사루지마〕 등 많은 섬이 떠 있다. 특히 그 가운데서도 천연기념물로 지정돼 있는 대나무 섬〔竹島: 다케시마〕이 유명해 한층 아름답다. 미가와 만의 심벌이기에 지금도 많은 관광객이 찾아온다.

바다와 섬, 이것이 가마고리 시를 대표하는 경치이다.

스모 선수를 모아 육성하는 도장인 헤야의 대표인 오야가타〔親方〕는 다마노우미〔海〕, 제자는 바다에 떠 있는 섬, 다마노시마〔島〕가 된 것이다.

"이만하면 잘 지은 것 아닌가."

"고향과 정말 딱 어울려."

형제들은 이름을 정해놓고 모두들 으쓱했다.

시련과 성장

야쿠자에게 문신은 진정한 사나이의 징표이자 훈장이다.

한국에서라면 문신을 한 청년은 그 상태로는 군에 입대할 수 없다. 일본에서도 일반인들에게 혐오감을 준다 해서 '문신한 사람 출입 사절'이란 간판을 내건 대중목욕탕이 많다.

결국 문신 예찬은 야쿠자 세계에서나 통용되는 말이다. 기왕 야쿠자 세계에 뜻을 두고 밑바닥에서부터 청소와 심부름을 감내하고 있는 졸개라면 '나도 언젠간 멋진 문신을 새겨보리라'고 기대하게 된다.

그러나 슈이치는 야쿠자라고 문신을 반드시 해야 한다고는 생각하지 않았다. 이런 생각이 한 가지 사건을 일으키는 배경이 된다.

피부에 침으로 그림을 뜨고 거기에 먹물을 하나하나 집어넣는 전통적 방법으로 문신을 새기는 과정은 인내의 연속이라 해도 좋다. 무엇보다 문신이 진행되는 며칠 동안 고통을 모두 참아내야 한다. 문신을 하고 다니는 사람들은 그런 고통을 이겨냈다는 증거물로 뻐기고 다니는 것이다. 이를 악물고, 식은땀을 흘리며 문신을 새기는 사람과 한판 승부를 겨룰 때는 기묘한 살기마저 감돈다고 한다. 웃고 떠들면서는 제대로 된 문신을 새길 수 없다.

문신, 즉 피부에 먹물을 넣어 지워지지 않도록 하는 것은 옛날 범죄자에게 강요됐던 낙인과 같은 것으로 결코 자랑할 만한 것은 아니었다. 하지만 언제부터인가 야쿠자들이 자기과시와 자기만족용으로 새겨 갖고 다니며 으스대게 되었다. 문신 문화는 야쿠자 세계를 동경하는 한국의 조직폭력배 사회에도 스며들었다.

슈이치가 수행을 시작한 지 2년이 지났을 무렵 세토일가의 '총재'로부터 본가로 들어오라는 연락을 받았다. 형님 격인 젠고로와 함께 오라는 것이었다. 무슨 일일까. 까마득한 졸개 처지에서 조직의 총수에게 불려간다는 것은 흥분할 만한 일이었지만 일말의 불안감도 없지 않았다.

총재는 인사를 받더니 "문신 새기는 사람을 집에 머물게 하고 있으니 이번에 문신을 새기라"고 했다.

"나도 전에 했던 문신을 다시 해 넣을 생각이다. 우리 셋이 함께 문신을 하자."

총재의 문신을 새길 정도라면 솜씨가 몹시 뛰어난 전문가임에 틀림없을 것이다. 그런 일류의 손으로 문신을 해 넣는다는 것은 영광이었다. 흥분으로 가슴이 쿵쾅거렸다.

본가로 불리는 건물은 집단 창녀촌 지역이 폐지될 때까지 유곽으로 썼던 곳으로 당시는 총재와 소실이 살고 있었다. 방이 많다 보니 문신 새기는 사람을 비롯해 식객으로 붐볐다.

우선 젠고로부터 새기기로 했다. 문신 새기는 사람은 젠고로에게 창호지에 그려진 밑그림을 보여주며 그 중 마음에 드는 것을 고르도록 했다.

"흠, 어떤 걸로 한다? 이건 어때?"

젠고로는 슈이치에게 의견을 구했다. 슈이치 역시 처음 겪는 일이라 아무것도 알지 못했지만 일반적으로 많이 그려 넣는 용을 추천했다. 젠고로는 왼팔에는 용을, 오른팔에는 부처를 새기기로 했다.

다음에 정할 것은 문신 길이였다. 길이는 간토(도쿄 일대)와 간사이(오사카 일대)가 달랐다. 간토지역에서는 팔꿈치까지 짧게 새겼으나 간사이는 팔꿈치와 팔목의 중간 부위까지, 어깨의 7부 정도에 걸쳐 길게 새기는 것이 유행이었으며 때로는 손목까지 모두 새기는 수도 있었다. 가마고리는 간토와 간사이의 중간에 해당하는 지역이었기 때문에 간토식으로 할지, 간사이식으로 할지 고민거리였다. 젠고로도 얼마나 길게 할지 마음을 정하지 못하고 있었다.

문신 새기는 사람이 적당한 조언을 해주면 좋으련만 새길 그림도, 길이도 모두 자신이 결정하도록 했다. '이것이 좋겠다', '저것이 좋겠다'는 말은 않은 채 그림을 보여주고 길이에 대해 설명해줄 뿐 모든 것을 본인이 정하도록 했다.

문신을 한 사람이 나중에 흔히 하는 후회와 고민, 갈등을 익히 알고 있기 때문이었다. 문신은 지워지지 않기 때문에 나중에 모양이 마음에 들지 않는다, 길이가 맘에 안 든다 하며 투덜대는 사람이 상당하다. 애써 문신을 새겨주고 그런 원망은 듣고 싶지 않았던 것이다.

젠고로가 길이에 대해서까지 상담하는 바람에 슈이치는 곤란해졌다. 어차피 새길 것이라면 볼품없는 것이 아니라, 크고 근사하게 새기는 것이 어떻겠느냐며 손목까지 새기도록 추천했다. 젠고로는 그렇게 했다. 문신 새기는 사람이 이때 한 번 더 다짐을 받았으면 좋았을 것을, 젠고로는 손목까지 길게 새기게 되었지만 훗날 후회했다.

문신 자체는 실로 멋진 것이었다. 하지만 슈이치도 당시는 잘 몰랐지만 손목 끝까지 새긴 사람은 야쿠자 세계에서도 차별받고 있다. 일본 경제와 정치의 중심이 오사카, 교토 일대의 간사이에서 도쿄 일대 간토로 옮겨지면서 간토 야쿠자가 간사이 야쿠자를 촌뜨기 취급하기 시작한 것이었다. 넓게 보아 간사이의 영향력이 큰 지역에서만 지내온 슈이치로서는 당시 그것을 심각한 문제로 생각하지 않았지만, 이미 문신 길이를 놓고도 일본 내 동서 간의 차별이 커져 있었던 것이다.

젠고로의 문신은 멋졌다. 굵은 팔뚝에 하늘로 솟아오르는 용의 모습과 자비심 깊은 부처님의 대비가 훌륭했다. 적어도 당시 소년 슈이치의 눈에는 그렇게 보였다.

총재도 신참들을 격려하는 뜻에서 매일 문신 새기는 일이 끝나면 목욕탕에 데리고 가 문신 새긴 곳에 소주를 부어주었다. 곪거나 열이 생기면 안 되기 때문이었다. 자신도 전에 새긴 것을 다시 새기고 있었던 만큼 총재는 문신을 무척 좋아했던 모양이다.

훌륭한 솜씨의 문신 전문가는 젠고로에게 문신을 해주고 나더니 며칠간 일손을 쉬었다. 긴장으로 지친 몸과 마음을 풀겠다는 것인지 술과 여자를 곁에 두고 며칠을 보냈다. 이제 슈이치의 차례가 왔다. 솔직히 말해 슈이치는 문신을 앞두고 기대와 불안이 반반이었다.

야쿠자의 길을 계속 걷겠다는 의지의 표현으로 문신을 하게 되는 것이기에 그 순간이 오기를 2년간 기다려온 것은 사실이었지만 불안한 마음도 있었다. 어렸을 때부터 보아온 아버지의 문신이 무의식 세계에서 문신에 대한 거부감을 만들어냈던 것인지 모른다. 굳이 문신을 하지 않아도 야쿠자로 지낼 수 있는 것이 아닌가 하는 생각은 야쿠자의 길을 걷고 있는 현실과 문신에 대한 무의식 상태의 거부감이 충돌해 형성된 망설임이기도 했다.

하지만 현실은 그렇게 한가한 생각을 허용하지 않았다. 문신은 선택이 아닌 필수나 마찬가지였던 것이다.

갈등과 고민을 떨쳐버리고 난 슈이치는 마침내 문신 새기는 사람 앞에 앉았다. 문신 새기는 사람은 도쿄에서 오사카에 이르기까지 꽤나 이름을 날리고 있는 사람이었다. 수행중에 있는 졸개들을 괴롭히는 '이지메' 감각으로 문신을 새겨 넣는다든지 해서 몸을 망치는 경우가 많았다. 하지만 슈이치는 총재한테 문신을 새기는 사람으로부터, 그것도 총재와 동시에 하게 되어 뭔가 신분상 격이 안 맞는 느낌도 들었다. 그만큼 감격스런 일이었다.

문신 새기는 사람은 밑그림을 보여주며 슈이치의 얼굴을 찬찬히 관찰했다. 이미 마음에 정해둔 것이 있었기에 슈이치는 바로 부탁했다.

"용으로 하겠습니다. 승천하는 용과 강림하는 용을 양팔에 넣어 주십시오."

"처음 보는 젊은이군. 나이는 얼마인고?"

"열아홉입니다."

"근래에 들어온 모양이군."

"예, 2년이 됩니다만."

"그러면 그렇지. 예전에 들렀을 때에는 보지 못했지. 이름은?"

"요시타케입니다."

그러자 문신 새기는 사람이 되물었다.

"요시타케? 가만 있자, 오카자키에 살던 요시타케? 그분을 아는가?"

문신을 새기는 사람이 부친을 알고 있다니. 슈이치도 놀랐다.

"예, 제가 아들입니다만 아버지를 알고 계십니까?"

"아까부터 낯이 익다 싶더니 그랬군. 알다 말다. 큰 신세를 진 적이 있지."

그는 슈이치를 뚫어져라 쳐다보며 고개를 끄덕였다.

"아버지는 안녕하신가? 지금 어떻게 지내시는가?"

가출한 뒤로 왕래하지 않고 있었기에 적당히 얼버무렸다. 문신 새기는 사람은 아득한 옛일을 추억하는 듯한 눈길이었다. 건달처럼 지낸 정유성이었지만 때로 맘에 드는 사람한테는 아낌없이 베풀었던 기분 파였다. 이 사람도 그렇게 인연을 맺은 사람이었던 모양이다.

"자네가 아들이라니 놀랍군. 부자 2대에 걸쳐 문신을 해준다는 것은 묘한 인연이로군. 아버지한테 지지 않을 정도로 열심히 잘 참고 새겨 보게나."

문신 새기는 사람의 이 말에 기겁한 것은 슈이치였다. 어렸을 때 공포의 눈으로 바라보던 그 문신이 바로 지금 내 앞에 있는 사람이 새긴 것이었다니! 우연치고는 너무나 운명적인 것임을 느꼈다.

아버지의 오른 팔에는 거대한 잉어가 폭포를 오르는 문신이 있었다. 그 바닥 사람들은 멋있다는 소리를 했지만 슈이치 등 자식들에게는 공포와 금기의 상징이었다. 폭포를 필사적으로 오르려는 잉어 문신은 폭력을 휘두르는 아버지의 광기 어린 모습과 동일었으며, 잉어의 푸른 눈동자는 악령처럼 집요하게 슈이치의 기억에 터를 박고 있었던 것이다.

"자, 슬슬 시작해볼까."

문신 새기는 이의 목소리를 듣자 슈이치는 퍼뜩 정신을 차렸다. 악몽에서 깨어난 듯 갑자기 그는 마음을 바꾸었다.

'이건 아니야. 문신은 안돼.'

근사한 조직의 진짜배기 일원이 되고 싶었지만 문신과 함께 아버지와 같은 운명이 자신의 몸 속에 새겨져버릴 것 같은 두려움이 엄습했다. 한 바늘이라도 문신을 새겨 넣는다면 그토록 싫어했던 아버지와 똑같은 사람이 되고 말 것 같았다.

슈이치는 어떻게 해서든 이 자리에서 벗어나지 않으면 안 된다는 생각밖에 없었다. 문신을 하지 않고 도망친다는 것은 조직원으로서 자격을 상실한 것이라고 볼 수 있다. 하지만 도망쳐야 한다. 어쩔 수 없다. 문신을 새기라는 총재의 명령을 거부하는 것은 조직세계에서는 생각할 수 없는 행동이었지만 거부하기로 한 것이었다.

안채에서는 총재를 비롯해 수명의 간부가 담소하고 있었는데 슈이치로서는 문신을 새기지 못하겠노라고 읍소할 수 없는 노릇이었다.

"잠깐만요. 화장실에 좀 다녀와도 될까요. 아무래도 시간이 많이 걸릴 텐데."

슈이치는 그 길로 줄행랑을 치고 말았다. 문신 새기는 이가 유명하지 않았었다면, 아버지의 문신을 새긴 일이 없었더라면, 또 그런 일을 알지 못했다면 슈이치가 문신을 새기려다 도망치는 일은 일어나지 않았을 터였다.

문신을 거부하는 것은 조직세계에 충실하지 않는 것, 혹은 고통을 참지 못하는 것으로 받아들여졌지만 슈이치의 경우는 그렇지 않았다.

아픔 따위는 얼마든 견딜 수 있다는 자신이 있었고, 자신만큼 조직세계를 충실히 살아갈 사람은 따로 없다는 자부감도 있었다. 그러나 아버지와 같은 운명이 몸 안에 들어오고 말 것 같은 공포감이 무엇보다 컸다.

문신을 하려다 도망친 슈이치를 모두들 바보 겁쟁이 취급하며 비웃었다. 개인적 성장배경과 당시의 심리상태 등을 이해할 수 없었기에 그저 문신을 새기는 게 무섭고 겁이나 도망쳤을 것이라고 짐작했던 것이다. 슈이치는 구구하게 자신의 속사정을 누구한테 설명한 적이 없다.

슈이치는 오야붕인 가모시타에게도, 오야붕의 소실인 선배 여자에게도 연락을 끊은 채 여기저기를 떠돌아다녔다.

정신을 차리고 보니 도쿄였다. 태어나서 처음 구경하는 도쿄였다. 고향을 완전히 등진 것은 아니었지만 일단 문신을 새기는 공포로부터는 벗어난 것이다. 일본 제일의 환락가 신주쿠(新宿) 가부키(歌舞伎)정을 건들건들 걷고 있는데 문득 큰 간판이 그의 발길을 붙잡았다.

'신주쿠 바둑센터.' 기원이었다.

슈이치는 불쑥 안으로 들어갔다. 누가 봐도 야쿠자풍인, 까까머리 청년을 보더니 바둑을 두고 있던 선량한 사람들은 동요하는 눈치였다.

기원에서 일하는 사람이 조심스레 오더니 작은 소리로 물었다.

"저어, 무슨 용건이신지."

"바둑 두고 싶어 왔는데 사람 하나 붙여주시오."

일하는 사람은 이 말을 듣고도 못 믿겠다는 듯 고개를 갸우뚱했다.

'모르는 사람인데 수금하러 왔나? 다른 야쿠자 조직원인가?'

그는 이런저런 궁리를 해보며 혹 해코지나 하지 않을까 두려워하는 눈치였다. 어쨌거나 바둑상대를 찾아주어야 했고, 바둑을 구경하고 있던 몇 사람에게 상대해줄 것을 부탁했지만 모두 손사래를 쳤다.

이러다 일나지 싶어 가까스로 한 사람을 설득해 슈이치 앞으로 데려왔다. 그러나 바둑도 뭐도 아닌 형편없는 실력의 소유자로 재미가 없었다. 슈이치가 바둑을 이기고도 언짢은 표정을 하자 일하는 사람은 실력이 가장 센 바둑선생 앞으로 슈이치를 데려가 앉혔다.

170

바둑선생은 슈이치의 인상과 옷차림을 보고 흠칫 놀라는 듯하더니 바둑을 시작했다. 호선이었다. 선생은 대단한 실력이어서 도무지 이빨이 들어가지 않았다. 중반 이후 이미 승부는 굳어지고 말았다. 그러자 대국중에 씨부렁거리는 소리가 갑자기 슈이치의 화를 돋우었다.

"더 이상 둘 곳이 없군."

빨리 던지라고 노골적으로 재촉한 것이다. 슈이치는 당연히 돌을 던져야 했건만 역정을 내고 말았다. 두 점 정도 실력차이를 느꼈지만 승복할 수 없었다.

"무슨 소리. 바둑은 끝까지 두어봐야 안다는 말도 있잖소."

슈이치는 나이 많은 기원 바둑선생한테 큰 소리 치며 승부의 세계가 아닌 오기의 세계로 내달았다. 문신을 피해 도망침으로써 야쿠자 세계에서 실격당한 슈이치는 기원에서조차 생떼를 쓰며 실격의 문턱을 넘어서고 있었다.

기원을 나서니 젊은 여자들이 '코마극장' 쪽으로 걸어가고 있었다.

한 음반가게에서 하시 유키오[橋幸夫]의 노래 〈아사쿠루가사〉[朝來笠]가 흘러나오고 있었다. 노래는 니시다 사치코[西田佐知子]의 〈아카시아 비가 그칠 때〉로 바뀌었다.

한동안 길에 서서 노래를 듣고 있자니 가슴이 울렁거리며 벅찼다. 이내 오늘밤 잠자리를 찾지 않으면 안 된다는 생각이 들었다. 고향에서는 아무것도 무서울 게 없던 그였지만 도쿄, 그것도 한밤의 신주쿠 거리를 돌아다니자니 더럭 겁이 났다.

다방 '가미코치'[上高地] 앞에 이르자 자신과 복장이 비슷한 젊은 친구들이 떼지어 모여 있었다. 말을 건네자 한 사람이 그나마 친절하게 응대해주었다.

"그래? 그럼 나하고 같이 가세."

나이는 두 살 위였다. 그는 길에서 조잡한 물건을 파는 일을 하고 있었는데, 슈이치의 사정을 듣더니 함께 가자고 했다. 그는 오야붕한테 슈이치를 소개했고 의외로 손쉽게 침식문제가 해결됐다.

이튿날 아침 한 공중목욕탕.

물은 그다지 뜨겁지 않았다. 오야붕은 옷을 휙휙 벗어던지더니 탕속에 '첨벙' 소리를 내며 들어갔다. 비록 문신을 하기 싫어 고향을 등지고 도쿄까지 굴러온 슈이치였지만 오야붕의 전신에 그려진 화려한 문신을 보고 압도됐다. 등에서부터 두 팔에 걸쳐, 넓적다리까지 붉은 매화가 활짝 피어있었다. 용이나 뱀 문신에서는 볼 수 없는 장관이었다. 이처럼 화려한 문신은 일찍이 본 적이 없었다.

오야붕이 탕에 있다가 물방울을 뚝뚝 흘리며 나왔다. 온 몸을 붉게 물들인, 매화 문신이 물방울과 섞여 화려한 꽃잎을 피우고 있었다.

오야붕의 등을 수건으로 닦아주며 슈이치는 이 사람이 자신과 열 살 차이밖에 나지 않는다는 것이 믿어지지 않았다. 관록의 차이란 것이 얼마나 큰지 절감했다. 시골 건달과 도시 야쿠자의 차이를 확연하게 느끼며 슈이치는 숨을 집어 삼켰다.

슈이치는 도쿄의 환락가 중 한 곳인 이케부쿠로[池袋] 부근의 오야붕 집에서 기식하게 되었다. 처음에는 4, 5일 정도만 신세지고 떠나려 했다. 스모계에서 맹훈련중인 동생 마사오를 만나 앞일에 대해서도 생각을 들어볼 요량이었다. 그러나 그럴 새도 없이 나날이 퍼뜩 지나고 말았다. 언제까지 공짜로 먹고 지낼 수 없어 신세를 갚기 위해 길에서 조잡한 물건을 파는 일을 도와주기로 했다. 그러다 보니 점점 동생을 만날 시간도 없어졌고 이미 도쿄에 온 지 석 달을 넘기고 있었다.

조금 이력이 붙은 사람들은 자신과 달리 암표장수를 해서 먹고살고 있었다. 야구장과 경륜장, 경마, 연극장과 영화관의 지정석 표를 사들여 웃돈을 얹어 팔아서 이익을 챙기는 것이었다. 인기가 높은 특별 이벤트의 입장권은 10배, 20배를 받아도 못 구해서 난리였다.

슈이치도 눈치로 일을 배워 매표창구의 아가씨들로부터 원금에 표를 손에 넣고 웃돈을 얹어 파는 일을 했다. 물론 위법이었지만 그리 큰 죄는 안 되었다. 도박과는 전혀 달랐다. 기본적으로 물건을 파는 것을 생업으로 하고 있었으며, 원가보다 당연히 높은 값에 팔지만 무작정 등을 치는 일이 아니라 한결 떳떳했다. 수요가 있는 곳에 공급이 있는 법이었다.

파는 값은 상대에 따라, 기분에 따라 달랐다. 어떻게 해서라도 표를 손에 넣고 싶은 사람에게는 돈을 많이 받았고, 돈이 없어 보이는 젊은 아가씨들한테는 원가로 넘기는 선심을 쓰며 으시대기도 했다. 이 일을 직업으로 삼을 생각이 없었기에 이렇게 기분을 내다 보니 슈이치의 판매실적은 신통치 않아 항상 꼴찌였다.

하루 일을 마치고 오야붕 집에 돌아와 돈을 내놓을 때 조금씩 빼돌려 이케부쿠로역 부근의 술집에서 코가 비뚤어질 때까지 술을 마시는 것이 일과가 되다시피 했다. 그러던 어느 날 밤 뜻하지 않은 사건에 휘말리게 된다.

늘 어울리던 한 선배와 역 부근 단골술집에서 잔을 기울이고 있었다. 슈이치를 처음에 이곳으로 데려온 사람이었다.

두 남자가 들어오더니 선배와 뭔가 심각한 이야기를 하기 시작했다. 꽤나 사정이 복잡한 이야기였던지 선배는 슈이치더러 "마시고 있어. 곧 올 테니" 하고는 두 사람을 따라 밖으로 나갔다.

한참을 혼자 술을 마시고 있었지만 선배가 돌아오지 않자 불안한 생각이 들었다. 혹시 무슨 일이 있나 싶어 밖으로 나가 찾아보기로 했다. 가게 가까운 곳에서는 이들의 모습이 보이지 않았다. 조금 떨어진 어둔 골목으로 가보니 선배가 쓰러져 있었다.

"아니, 무슨 일이 있었어요?"

"놈들이 찔렀어. 못 일어나겠어."

고통스런 표정의 선배를 일으키자 넓적다리에서 흘러나온 피가 길바닥에 흥건했다. 그래도 가슴과 배가 아니라 안심했지만 한시 빨리 병원으로 옮기지 않으면 안 되었다.

택시에 태워 가까운 병원으로 급히 달려갔으나 밤도 깊은 데다 칼에 찔린 야쿠자풍의 환자라서인지 큰 병원으로 옮기라며 사실상 진료를 거부했다. 하는 수 없이 운전사가 꽤 멀리 떨어진 큰 병원 응급실로 데려가서야 가까스로 치료를 받을 수 있었다.

넓적다리 안쪽 뼈 부근까지 깊숙이 찔린 상태였다. 바깥쪽은 상처가 크지 않았지만 내측 혈관에 치명상을 입은 것 같았다. 슈이치는 선배와 줄곧 행동을 같이 해온 까닭에 이 사태에 얼마간의 책임감을 느끼고 있었다. 제발 무사해야 할 텐데.

칼에 찔린 뒤 발견되기까지 상당한 시간이 흐른 데다 수술을 받기까지 이동하는 동안에 다시 다량의 출혈이 있었기에 선배는 의식을 잃고 생사의 고비를 헤매고 있었다. 그때 들려온 간호사의 말에 슈이치는 하마터면 난동을 부릴 뻔했다.

"진료비는 누가 낼 건가요?"

사람이 살지, 죽을지도 모르는 판에 누가 돈 낼 것인지를 따지고 있는 이 비정함이란.

슈이치의 기도에도 불구하고 선배는 병원에 도착한 지 수 시간 만에 숨을 거두고 말았다. 인간이 죽는 모습을 처음부터 끝까지 지켜본 것은 그때가 처음이었다. 선배는 최후의 순간에 '휴' 하고 크게 숨을 한 번 몰아 내쉬더니 그대로 호흡을 멈추고 말았다.

사람의 죽음이 이렇게 허무한 것인 줄 몰랐다. 불과 몇 시간 전만 해도 술잔을 함께 기울이며 웃고 떠들던 사람이 슈이치의 눈앞에서 뻣뻣하게 굳어가고 있었다. 사람의 죽음에 직면해본 적이 없었던지라 슈이치는 허망한 죽음을 지켜보며 커다란 쇼크를 받았다.

후일 야쿠자 세계에서 많은 사람의 죽음을 목격하며 슈이치는 그때마다 인간 세상사의 무상함을 뼈저리게 느낀다. 모든 살아있는 것, 생명이 있는 것은 반드시 죽으며, 영원히 변하지 않는 것은 무엇 하나 없다는 허탈감이었다.

간호사는 선배가 숨을 거둔 것이 확인되고 나자 또 다시 슈이치에게 말했다.

"죄송하지만 여기 주소와 이름을 써주세요. 지불명세서를 나중에 보내드리겠습니다."

"뭐야? 뭐라 했어? 살려내지도 못한 주제에 진료비는 무슨 진료비야. 왜 돈을 내? 못내!"

슈이치는 버럭 고함을 치고 말았다. 선배의 죽음을 어떻게 처리해야 좋을지 몰라 신경이 곤두서 있는데 이런 소리까지 들으니 화가 머리끝까지 치밀었던 것이다.

"그런 게 아니라…. 환자가 죽더라도 진료비는 내야 하잖아요. 부탁합니다."

금세 울음을 터트릴 것 같은 표정으로 고개를 숙이며 사정하는 간호사를 뒤로하고 슈이치는 응급실을 뛰쳐나왔다.

선배의 장례식은 수일 후 오야붕의 집에서 행해졌다.

간토지방의 이름난 암표전문조직 간부들이 속속 모여들었다.

처지가 이렇게 되고 보니 슈이치도 손님안내를 하지 않으면 안 되었다. 우연히 두꺼운 방명록을 들여다보았는데 거기에 자신의 이름이 있고 '아무아무 구미〔組〕' 소속으로 기재되어 있는 것이 아닌가.

슈이치는 당황했다. 그동안 오야붕 집에서 선배와 함께 먹고 지내왔기에 당연히 문상객을 접대하는 일을 하고 있었지만 그렇다고 그가 정식으로 조직에 가입한 것이 아니지 않은가. 그런데 이게 무슨 소리인가. 슈이치가 비중 있는 인물이었다면 조직원이 되는 공식절차를 밟았을 터였지만 오야붕으로서는 떠돌이 신세의 젊은이라 맘대로 자신의 수하에 편입시켰던 것이다.

슈이치는 뜨내기를 믿고 조직원으로 선뜻 받아준 오야붕의 배려에는 감사했다. 하지만 3개월 이상 머물며 웬만큼 이들과 정이 들기는 했지만 암표전문조직의 일원이 될 생각은 눈곱만큼도 없었다. 몸은 도쿄에 있었지만 마음은 늘 고향, 가마고리에 있었던 것이다. 조직세계가 싫어서 가마고리를 떠난 것이 아니라, 다만 문신이 싫어서였던 것이다. '고작' 문신 때문에 몇 달간이나 고향을 등진 자신이 한심하다는 생각을 점점 자주 하게 되었다.

수소문해 보니 오야붕 가모시타도, 동거하는 선배 여자도 모두 슈이치의 안부를 걱정하고 있다는 것이었다. 파문을 하려고 그러는지는 몰라도 자신의 행방을 찾고 있다는 말도 들려왔다.

오랫동안 신세를 지고도 인사조차 안 하고 오야붕의 곁을 떠난 것은 조직세계의 의리에 반하는 일이라 고민이 됐지만 무슨 일이 기다리고 있더라도 이제는 돌아가야 할 때가 됐다는 느낌이었다. 가마고리의 도박세계로 슈이치는 무작정 복귀했다. 뜻밖에도 조직에서는 아무 문책도 하지 않았다. 누구도 그동안 뭘 하며 지냈는지 캐묻지 않았다. 스스로도 암표상을 하다 돌아왔다는 말은 할 수 없었다.

고향에 돌아와 어느덧 시간이 지나 이제 한 달만 더 있으면 만 20세가 되는 1961년 1월.

슈이치는 댄스홀에서 큰 덩치의 노무자 패거리 두목의 배에 단도를 찔러 넣었다. 현장에 급거 출동한 형사들에게 붙잡힌 슈이치는 순찰차에 태워져 경찰서로 연행됐다. 현장에 함께 있던 6명도 긴급 체포됐다.

작은 항구마을에서 살인사건이 발생하자 지역사회에는 큰 소동이 일었고 지방신문에도 연일 관련 속보가 실렸다. 항간에서는 이 사건을 야쿠자간의 세력다툼으로 받아들였다. 하지만 이 사건은 남자의 체면이나 조직의 의리를 건 결투가 아니었으며 사소한 시비로 일어난 싸움에 지나지 않았다. 뜨내기와 동네사람의 패싸움, 굴러들어온 놈들이 제멋대로 날뛰는 꼴을 동네사람들이 눈꼴시어서 그냥 두고 보지 못해 빚어진 우발적 사건이었다.

사건의 발단은 슈이치가 덩치 큰 남자 무리에게 보자기가 씌워진 채 집단구타당한 것이었다.

그날 밤 사건이 일어난 댄스홀은 가마고리 시 중심부에서 약간 떨어진 미야온천가의 유흥가에 있었다. 슈이치는 이곳에 태양족 시절부터 자주 드나들었다. 주인은 댄스교습 면허를 갖고 있는 멋쟁이 신사였는데, 학교에서 잘린 뒤로 건들거리고 돌아다니는 슈이치와 그의 형에게 각별히 신경을 써주었다. 당시 그 댄스홀은 이른바 물 좋기로 소문난 곳으로 다른 마을에서도 많은 젊은이들이 모여들었다. 태양족을 자칭하는 젊은이들로 붐볐으며, 일요일에는 더 이상 입장을 사절할 정도였다.

주인은 입장권 관리와 수하물 보관 등 일을 혼자서 하고 있었다. 그러다 보니 일손이 모자라게 될 때도 있었는데 슈이치 형제는 특별히 부탁을 받지 않아도 이럴 때 도와주곤 했다. 또 소소한 싸움이 일어나면 뒤를 깨끗이 정리해주었기에 주인은 슈이치 형제를 반갑게 대했다. 슈이치 형제는 때론 주인의 보디가드 행세를 하며 댄스홀을 드나들었다. 약간의 용돈을 받기도 했으니 공생관계에 있었던 것이다. 슈이치는 세토일가의 조직원이 된 뒤에도 이곳에 자주 드나들었다.

　중앙에는 홀과 무대가 있었으며 구석에 작은 스탠드바가 있었다. 약간 자리가 높은 곳에는 키 낮은 칸막이가 된 술집구역이 있었다. 이곳은 홀의 중앙무대가 잘 내려다보이는 곳이었다. 사건이 나던 그날 밤 그곳에서는 건장한 체격의 남자 10여 명이 술을 마시고 있었다.

　댄스를 즐기러 온 사람들은 대개 20대였지만 이들은 댄스에는 도통 취미가 없는 것 같았고 왁자지껄 떠들며 술을 마시기만 했다. 댄스 목적의 태양족보다는 나이가 든 이들은 무슨 조직에 속한 사람이 아닌 것 같았고 상욕을 해대며 술만 퍼마시는 꼴로 보아서 영락없는 뜨내기 건달이었다.

　기묘한 소리를 질러대며 호스테스를 희롱하는 소동을 벌이고 있었다. 아래층 플로어에서 춤추던 손님들은 가끔 위층을 올려다보며 불만어린 표정을 지었다. 맘보와 지르박 등 시끄러운 음악이 나올 때면 그렇게 떠들어도 별 상관이 없었지만 조용한 블루스나 왈츠음악이 흐를 때 이들이 떠들어대면 춤추는 분위기가 엉망이 됐다.

　주인으로부터 특별한 부탁은 없었지만 '상머슴' 같은 지위에 있던 슈이치는 기분이 상했다.

　"어디서 온 사람들이냐?"

　옆에 있던 술집 보이에게 물었다.

"시내에서 아주 잘 나가는 건설회사의 노무자 패거리입니다."

두목은 수하에 수십 명의 노무자를 거느리고 있었다.

당시는 공사판이 많을 때라 이런 토목계통의 건달이 굉장히 많았는데 아무 술집에라도 떼지어 몰려다녔다. 그 중 가장 유명했던 사람이 저쪽에 앉아 있는 두목이라고 했다. 그들은 20세 전후의 태양족 젊은이들과는 달랐다. 이름깨나 날리는 야쿠자 집단의 조직원이라도 되는 것처럼 어깨에 바람을 일으키며 하루 일이 끝나면 가마고리 시내를 뻐기고 다녔다.

조직에 줄이 닿아 있을 패거리는 아니었다. 낮에는 공사판에서 땀흘려 일하는 노무자들 패거리였기에 깡패라던가 야쿠자라고 부를 수없었다. 하지만 밤이 되어 떼지어 설치고 다니는 꼴은 깡패가 서러워할 정도로 저질이었다. 이들이 나타나면 술집이건 댄스홀이건 주인들은 행여 손님과 시비가 생길까봐 걱정이 태산이었다. 이들은 무엇보다쪽수가 많았기 때문에 누구도 함부로 제지하려 들지 못했다. 슈이치의형이나 마찬가지였던 젠고로도 전에 이들과 한 번 붙은 적이 있었다. 시비가 생겼을 때 젠고로는 세토일가란 조직 이름은 대지 않았던 모양이다. 하기야 조직 이름을 댔다 해도 타관사람인 이들은 "뭐라고? 세토? 그게 뭔데?" 하며 코방귀 뀌고 말았을 것이다.

야쿠자 세계에서 시비가 생길 때는 소속조직의 이름을 밝히는 것이매우 중요하다. 만일 소속을 분명히 밝혔는데도 계속 공격받으면 이는조직 전체에 대한 '전쟁선포'로 받아들여진다. 피가 피를 부르는 대규모 항쟁으로 번질 수도 있다. 따라서 조직의 이름을 듣는 순간 대규모'전쟁' 수행능력이 없는 쪽은 대개 꼬리를 내리게 되고 시빗거리는 자연스럽게 정리되는 것이다.

도박전문집단인 세토일가가 맘만 먹으면 이런 노무자 패거리 따위를 잠재우는 것은 아무 일도 아니었지만 가마고리 시에 있는 조직원만으로는 역부족이었다. 노무자는 힘이 있지만 도박꾼은 화투장밖에 가진 것이 없어서 완력으로 해서는 도저히 이길 수 없었다. 이런 놈들에게는 힘으로 안 되고, 간판을 내밀어 꼼짝 못하게 만드는 수밖에 없다. 조직의 쓴맛을 본 적이 없기에 방약무인한 태도로 설치고 다니는 것이다.

위층에서 기성을 내지르는 녀석들의 신분을 알고 난 슈이치도 처음에는 "할 수 없지. 저러다 지치면 그만 두겠지" 하며 묵묵히 일을 거들고 있었다. 돌연 전보다 더 큰소리가 들려오더니 호스테스 한 명이 윗옷이 거의 벗겨져 젖가슴이 드러난 채 접수계로 피신해왔다. 주인은 종업원이 봉변을 당하게 된 터라 모른 체할 수도 없고, 그렇다고 일행을 제지하자니 용기가 없어 어쩔 줄 몰라했다.

'흑기사' 슈이치가 일행들 앞에 섰다. 덩치가 큰 두목은 아직 앳된 젊은이가 겁 없이 나타나 꼬치꼬치 따지며 훈계하려 하자 열받은 모양이었다.

"뭐야, 이 짜식은? 어이, 손 좀 봐줘."

그의 한마디에 수하의 졸개들이 우르르 달려들더니 슈이치에게 식탁보를 뒤집어씌우고 맥주를 붓더니 두들겨 패기 시작했다. 느닷없는 발길질과 주먹질 세례에 슈이치는 속수무책이었다. 동네에서 껄렁거리며 돌아다닌 가락만으로는 이들에게는 말이 통하지 않았고 그저 당할 뿐이었다. 계단을 굴러 떨어졌다가 일어나니 또 매가 쏟아졌다. 이 자리를 빠져나가지 못하면 맞아 죽겠다 싶어 혼신의 힘을 다해 보자기를 벗겨내고 댄스홀을 뒤로 한 채 무작정 밖으로 튀었다.

한참을 달려 평소 잘 다니는 술집 안에 뛰어들어가서야 겨우 한숨을 돌렸다. 더 이상 뒤쫓아오지는 않은 모양이었다.

일단 안심하고 주위를 돌아보니 세토일가에 입문하기 전 '태양족' 시절에 같이 놀던 친구들이 몇 명 있었다.

"어찌된 일이야, 슈이치? 누구한테 맞은 거야?"

"노무자 패거리야. 뜨내기들인데 홀에서 난리를 피우길래 제지했다가 그만 당했어. 아주 개자식들이야."

친구들은 곧바로 여기저기 연락하며 동료를 불러모으기 시작했다.

지금까지 누구한테 이처럼 맞아본 적은 없다. 슈이치는 분하고 창피했다. 반드시 복수하고 말겠다는 생각에 온몸이 부르르 떨려왔다.

아버지한테 맞은 적은 많다. 어린 시절 폭력에 시달렸지만 아버지한테 주먹을 들고 대들 수는 없었다. 하지만 뜨내기 노무자들한테 당한 일은 반드시 복수하지 않으면 속이 풀리지 않을 것 같았다.

'당했으면 갚으라.'

이것이 야쿠자 세계의 철칙이었다. 고교에서 퇴학당한 뒤 길거리를 떠돌며 태양족을 자칭하며 지내온 동안 슈이치의 몸도 알게 모르게 야쿠자 세계의 물에 젖어 있었다.

한동안 연락 끝에 집합한 사람은 슈이치 외에 6명이었다. 상대는 10여 명, 게다가 모두 토목계통에서 오랜 세월 지내와 한결같이 완력이 대단한 사람들이었기에 사람을 더 모을 필요가 있었다.

이때 누군가 허겁지겁 술집 안으로 뛰어들어오며 소리질렀다.

"슈이치, 큰일 났어. 선배가 맞고 있어."

아까 슈이치가 맞는 현장을 지켜보던 동네 친구였다. 갑작스레 폭력사태가 일어나 슈이치가 흠씬 두들겨 맞는 것을 보고도 잠자코 있을 수밖에 없었던 친구는 댄스홀을 떠나지 않고 패거리의 동향을 감시하다 다시 폭력사태가 발생하자 소식을 전해주러 달려온 것이었다.

슈이치가 두들겨 맞다 꽁무니 빼는 모습을 보고 있던 고향 선배 한 사람이 두목에게 따지고 들었던 모양이다. 슈이치보다 한 세대 앞 사람이었다. 오야붕도, 꼬붕도 없이 홀로 지내온 사람이었지만 가마고리 일대에서는 그의 이름을 모르는 사람이 없을 정도로 주먹깨나 날린 사람이었다. 그러나 노무자들 패거리 앞에서 그의 과거 명성은 한갓 허세에 지나지 않았고, 늘씬하게 두들겨 맞은 뒤 홀에 죽은 듯 쓰러져 있다는 것이었다.

"제대로 걷지도 못할 만큼 맞았어. 이대로 두면 죽을 것 같아."

다급한 구조요청에 슈이치는 '내 복수는 부차적인 문제고 당장 선배를 구하지 않으면 안 된다'는 생각을 굳혔다. 강한 상대를 응징하기 위해 세를 규합하려던 계획은 변경하지 않을 수 없었다. 일행을 더 모으고 있을 시간이 없었다.

"다들 선배를 구하러 가자."

슈이치의 말에 일행은 자리를 박차고 일어나 댄스홀로 일제히 달려 갔다. 바에서부터 댄스홀까지는 3백 미터 정도. 일행 7명은 바람을 가르며 거리를 질주했다. 어떤 상대도 해치울 기세였다.

슈이치는 달려가다 문득 친구 한 명이 단도를 갖고 다니던 일이 생각났다.

"단도 갖고 있지? 나한테 줘."

슈이치는 단도를 건네받아서는 허리끈 아래에 꾹 찔러 넣었다. 누구를 찌르려는 생각은 추호도 없었지만 결과는 살인극으로 이어지고 만다.

검사의 기소장에 따르면 슈이치는 동료들을 선동해 집단으로 피해 자를 살해할 것을 모의하고 이를 실행에 옮긴 주범으로 되어 있다. 슈이치는 법정에서 처음부터 살인할 의도를 갖고 있었다는 검찰 측 기소 내용을 부인했다. 집단폭행을 당했기 때문에 보복하려 했을 뿐 누구를 죽이자고 모의한 사실도 없으며, 그런 논의를 할 시간도 없었다고 주장했다.

슈이치를 애송이 취급하며 모욕적인 폭행세례를 가한 노무자 패거리도 설마 슈이치가 흉기를 들고 다시 나타날 것으로는 생각하지 않았다. 사실 야쿠자 세계에서 단도는 호신용 무기로 여길 뿐이었으며 살해용 무기로는 칼날이 긴 일본도가 사용되었다. 슈이치 역시 여차하면 단도를 뽑아들고 노무자 패거리를 제압하기 위한 위협용 무기로 단도를 빌렸던 것이다. 그러나 결과적으로는 살인범이 되고 말았다.

슈이치는 감정에 휩쓸리기 쉬운 젊은이들한테 이렇게 충고한다.

"호신용이라고 해도 칼이나 총은 몸에 붙이고 다니지 말아야 합니다. 적당히 협박만 하겠다고 맘먹고 있다가도 사정이 생기면 예기치 않는 사고가 생기니까요. 사고에 휘말려 인생을 망치지 않으려면 결코 흉기를 갖고 다니지 말아야 합니다."

사건 후 슈이치는 두고두고 후회했다.

왜 단도를 사용하고 말았던가. 물론 그대로 있었다면 다시 죽도록 맞았을 것이 틀림없다. 슈이치는 자신의 몸을 보호하기 위해 부지불식간에 칼을 사용했지만 다른 사람들은 엉뚱하게 살인사건에 휘말리고 만 것이었다.

'슈이치 일당 살인사건'은 경찰관들의 포상점수 벌이에 좋은 소재였다고 슈이치는 당시를 회상한다. 그간 경찰서에 몇 차례 조사받으러 다닌 슈이치와는 달리 다른 6명은 경찰서에 인연이 없던 사람들이었다. 그러다 보니 조사과정에서 정신을 못 차리고 경찰관들이 시키는 대로 "예, 예" 하고 말았다. 10대 후반, 갓 스물의 젊은이들이 노련한 경찰관의 손에 놀아난 것이다. 소년들의 장래를 생각하기는커녕 어떻게든 승진을 위한 포상점수를 늘리기 위해 전원 살인범으로 둔갑되고 말았다는 것이 슈이치의 해석이다.

실제로 슈이치를 살인죄로 넣은 것은 그렇다 치고 6명을 모두 살인죄로 기소한 것은 아무래도 지나친 처사가 아닌가 싶다. '죽일 것을 상호 공모했다'고 조서에는 써 있었지만 죽인다는 것은 누구도 생각하지 못했고, 서로 이야기한 일도 없었기 때문이다. 또 경찰은 현장에서 전원 체포했다고 발표했지만 슈이치 일행 중 누구도 현장을 빠져나갈 생각은 하지 않았다. 당연히 경찰관들이 추적 끝에 붙잡은 것도 아니었다. 경찰관들이 출동하기를 모두 기다리고 있었기 때문에 사실상 자수나 마찬가지였다.

그런 사정은 조금도 고려하지 않은 채 살임범을 7명이나 일제 검거했다고 경찰서 측은 발표했다. 슈이치 일행이 순순히 사실대로 진술했기에 수사과정은 그리 복잡하지 않았다.

사건 담당 형사는 유도 강자였다. 슈이치가 고교시절 경찰 유도연습장에 다닐 때 이 형사한테 배운 적이 있었다. 사건 후 경찰서에서 얼굴을 마주쳤을 때 그때 일이 생각난 듯 "아니 너, 유도부원 아니냐?" 하며 놀랬다. 하지만 승진을 위한 포상점수를 벌기 위해서였는지 개인적으로는 손톱만큼도 동정을 표하지 않았다.

슈이치를 제외한 6명은 맨손으로 서로 치고받았을 뿐인데도 살인이라는 흉악범으로 몰렸다. 살인범 한 명 검거보다도 7명 검거라면 대단한 점수가 된다는 것은 상상하기 어렵지 않다. 사건이 종결된 뒤 이 형사는 그 덕인지는 잘 모르나 일 계급 특진하는 영광을 안았고 요직으로 영전했다.

살인범의 오명을 등에 지고 평생을 살게 된 6명에 대해 슈이치는 용서를 빌고 싶어도 어떻게 빌어야 할지 몰랐다.

'내가 단도만 사용하지 않았다면 상대가 죽을 리가 없었고 치고받은 난투극으로 가볍게 끝날 일이었을 텐데 ….'

홀로 수없이 후회할 따름이었다.

6명은 집행유예 판결을 받고 사회에 곧바로 복귀했으며 다행히 모두들 제대로 된 길을 걸었다. 각기 가정을 꾸려 아이들도 낳고 손자도 얻었다. 게 중에는 이미 죽은 이도 있지만 남은 이들은 모두 편안한 노후를 보내고 있다.

하지만 슈이치는 그 뒤로도 20여 년간이나 조직세계를 떠나지 못한 채 허황된 삶을 이어간다. 사건 후 9년이 지난 뒤 슈이치는 다시 항쟁사건을 일으켰고, 이번에는 부하 한 명이 살해되고 자신은 전신을 난도질당한다. 많은 부하가 칼에 찔려 중상을 입은 사건은 또 다시 가마고리 일대를 떠들썩하게 만들었다.

항쟁사건 당시 현역 요코즈나였던 동생 다마노우미에게도 이루 말할 수 없는 심적 부담을 안겨주었다. 동생이 직접 불만을 제기한 적은 없었지만 야쿠자 형, 그것도 자주 사고를 일으키는 형 때문에 항시 불안했던 것이다.

항쟁사건 1년 뒤 다마노우미는 급사하고 말았다. 다마노우미가 급사했다고 슈이치는 야쿠자 생활을 청산하지 못했고, 10여 년 뒤에야 발을 빼 우여곡절 끝에 바둑선생이 되었다. 사람까지 죽인 야쿠자가 인생 후반에 바둑선생을 한 사실에 모두들 놀란다. 뇌경색으로 쓰러지기 전까지 슈이치는 바둑선생으로 새 삶을 살았다.

막내 마사오가 1959년 3월 고향을 떠나 12년 뒤 급사할 때까지 스모계에서의 이룬 업적은 눈부신 것이었다.

마사오가 스모계에 들어간 날인 3월 3일은 슈이치의 생일이었으며, 급사한 10월 11일은 슈이치가 살인사건에 관한 최종판결을 받은 날과 일치했다. 슈이치로서는 우연이라고 치부해버릴 일이 아니다.

1959년 3월 8일 오사카 봄대회 첫날 처음으로 씨름판 모래를 밟은 다마노시마는 다음해 여름대회에서는 '조노구치' 27번째 선수명단에 올랐다. 여기서 선수명단에 대해 조금 설명해두련다. 스모 선수는 매 대회 때마다 성적에 따라 리그가 바뀌거나 랭킹이 오르내리는데, 최상위 리그인 마쿠노우치 멤버가 되기 위해 필사적으로 노력한다. 일단 마쿠노우치 리그에 진입하면 월급이 나와 드디어 한 사람 몫을 하게 된다. 여기에 들지 못하는 스모 선수는 회사로 치면 아직 정사원이 되지 못한 셈이다.

가스가오[春日王]란 선수명으로 활동중인 김성택은 마쿠노우치에 진입했는데, 이것만해도 높이 평가해줄 만하다. 그가 챔피언인 요코즈나에 오를 수 있다고 전망하는 사람은 거의 없지만 현재 그는 마쿠노우치에 진입함으로써 한국에서 배고픈 씨름을 계속하는 것보다는 높은 소득을 확보했다. 2006년 1월 현재 마쿠노우치에 들어간 스모 선수에게는 매달 130만 9천 엔(약 천만 원)의 월급이 지급되고 있다. 최고 챔피언 요코즈나의 월급은 282만 엔, 랭킹 2위인 오제키 월급은 234만 7천 엔, 3～5위인 세키와케, 고무스비, 마에가시라는 모두 169만 3천 엔이다.

요코즈나에 오르려면 비상한 능력 못지않게 운도 따라야 한다. 스모계에 투신할 때 모든 씨름꾼은 요코즈나의 꿈에 부풀어 있지만 스모계의 높다란 벽 앞에 하나 둘 좌절하게 된다.

최하위 리그인 조노구치를 6승 2패의 호성적으로 마감, 처음 출전한 대회에서 곧바로 통과한 다마노시마는 다음 나고야대회에서는 조니단에 진입했다. 이 대회에서 그는 7전 전승을 거두고 14일째에 우승 결정전을 벌인다. 대전상대는 도모카게[友景]로 전국고교 요코즈나 출신이었다. 다마노시마는 버거운 상대라고 누구나 예상했던 그를 가볍게 꺾고 전승 기록으로 우승했다. 이렇게 해서 조니단도 한 대회만에 통과하게 됐다.

9월 대회에서는 산단메에 올라 5승 3패를 기록했다. 산단메 리그를 벗어나는 데에는 상당한 시간이 걸렸다. 이제까지는 손쉽게 한 대회만에 상위 리그로 진입했으나 이번에는 7개 대회만에 통과해 마쿠시타 리그까지 진출했다. 마쿠시타에 올라 4승 3패로 대회를 마치고 다음해 1961년 첫 대회에 5승 2패 호성적으로 남게 됐다. 그런데 이때 고향 가마고리에서 형 슈이치가 살인사건을 일으키고 만다.

입문 2년째인 1961년 3월 봄 오사카대회는 6승 1패로 대승을 하고 다음해 5월 도쿄에서는 4승 3패, 다음 나고야에서는 20위로 세키도리〔關取: 상위 리그인 주료, 최상위 리그인 마쿠노우치에 진입한 스모 선수를 칭함〕에 손이 미치는 지위까지 출세했다. 2년간 14대회에서 패수가 승수보다 많았던 것은 딱 한 차례였다.

주위에서 다들 놀랐을 정도의 순조로운 성적이었다.

마쿠시타에서는 대승을 거두지 못했다. 하지만 조금씩 성적이 좋아져 입문 3년째인 나고야대회에서는 마쿠시타 8위에 올라 세키도리 자리를 눈앞에 두었지만 뜻밖에 1승 6패로 참패하고 말았다.

다마노시마는 슈이치 형이 살인을 저지른 것을 이 무렵에야 알았던 모양이다. 서로 교류가 없었던 탓이다. 스모대회가 없을 때 집에 들려도 이미 슈이치 형은 집과는 인연이 없어진 상태여서 얼굴을 보기가 힘들었다. 살인사건 소식도 사건 후 1년 반이 지나 고향 부근 나고야 대회에 와서야 알았다.

1962년 나고야대회는 다마노시마에게 있어 커다란 시련에 맞부딪친 대회였다. 대회 직전 이제까지 몸담아온 니쇼노세키〔二所の關〕 도장

에서 독립한 새로운 도장 '가타오나미'〔片男波〕가 생겨났다. 다마노시마는 새 도장으로 옮기게 됐다. 이적하는 스모 선수들 문제로 '반란'세력의 대표인 가타오나미와 의견이 맞지 않자 니쇼노세키 도장은 다마노시마 등 소속 스모 선수들의 폐업계를 제멋대로 스모협회에 제출하고 말았다. 선수들로서는 도저히 받아들일 수 없는 횡포였지만 도장으로서는 규정에 부여된 권한을 행사한 것뿐이었으니 선수들만 답답한 노릇이었다.

니쇼노세키 도장에 대해 잠시 알아볼 대목이 있다.

일본 프로레슬링계의 실질적 창시자이자 최대의 영웅이었던 역도산(力道山: 일본명 리키도잔, 한국명 김신락)이 젊은 시절 스모를 할 때 10년간 소속된 도장이 바로 이곳이었다.

한국계 요코즈나 다마노우미(한국식 이름 정정부)가 탄생하기에 앞서 20년 가량 전에 한국인 김신락(역도산)이 이 도장에서 요코즈나를 목표로 땀을 흘리고 있었던 것이다. 역도산은 1940년 16세 때 도일한 직후 스모를 시작해 1950년 은퇴할 때까지 줄곧 이 도장 소속이었다. 스모계의 한국인 차별에 불만을 품고 자주 불화를 일으키다 끝내 스모 선수의 상징인 상투를 잘라버리고 말았다. 일반인에게는 잘 알려져 있지 않지만 역도산은 스모 선수로서도 대단한 성적을 올렸다.

역도산이 스모계에 두각을 나타낸 것은 전쟁이 끝난 뒤인 1947년경부터였다. 그는 이 해에 마쿠노우치 리그의 랭킹 4위 자리인 고무스비〔小結〕에 올랐고, 1949년에는 한 단계 더 높은 세키와케〔關脇〕에 올랐다. 요코즈나, 오제키에 이은 랭킹 3위의 자리였다.

주위에서는 이제 곧 그가 요코즈나 바로 밑의 2인자 자리, 오제키〔大關〕에 오를 것이라고 기대를 걸고 있었다. 이런 때에 역도산은 불같은 성격을 참지 못하고 스모계를 떠나버렸다.

역도산을 마지막까지 만류한 사람은 역도산이 도일한 직후 무렵 니쇼노세키 도장의 책임자로 있던 다마노우미 우메키〔玉ノ海梅吉·1912~1988〕였다. 요시타케 마사오(다니구치 마사오)가 요코즈나에 오른 다음 그의 이름을 따 선수명을 '다마노우미'로 개명했다는 점에서 묘하게 인연의 끈이 얽히고 있다.

역도산은 한국의 프로레슬링 영웅 김일을 키웠고, 김일의 추천으로 역도산 밑에서 수련을 한 김기수가 후일 한국 프로복싱의 영웅이 된 것을 보면 역시 인물은 인물을 알아보는 것 같다. 역도산은 16세 연하의 재일교포 프로야구 선수 장훈(張勳: 일본인들은 '하리모토'라고 부른다)이 아직 타격왕에 오르기 전 타격문제로 고민하다 도장을 찾아오자 웨이트트레이닝을 통한 근력강화를 주문했다. 그 효과가 있었던지 강타자가 된 장훈은 이후 재일 한국인에 대한 차별을 극복해내고 일본 프로야구계의 전설로 남게 된다. 역도산의 공으로만 돌릴 수야 없지만 아무튼 힘들고 어려웠던 시절 재일 한국인의 영웅, 역도산이 해준 충고와 격려가 큰 힘이 되어준 것은 틀림없다.

마사오가 니쇼노세키 도장에서 스모를 배우던 무렵 역도산은 허무하게 세상을 떠난다. 스모계를 떠나 프로레슬링을 창설하고 천하무적의 선수로 일세를 풍미하던 그는 1963년 12월 도쿄의 한 술집에서 우발적인 시비 끝에 야쿠자의 칼에 찔려 숨지고 말았다. 역도산이 레슬링으로 전환할 때 큰 도움을 준 사람은 그보다 한 살 위의 한국계 가라테 영웅, 최영의(최배달, 오야마 마쓰다쓰)였다는 점도 잠시 되새겨 볼 필요가 있다.

요코즈나 다마노우미는 최영의, 역도산, 김일, 장훈 등의 부모가 모두 한국인이었던 것과 달리 아버지만 한국인이었다. '절반의 한국인'

으로 스모계에서 버티기 힘들 것을 우려해 그가 스모계에 입문할 때부터 성씨를 바꾸고 그랬으니, 시기적으로 이보다 한참 전이고, 게다가 온전한 한국계인 역도산이 겪었을 어려움이 얼마나 컸을 것인지 짐작이 간다. 그것을 아는지라 스모 관계자들이 마사오 소년을 스카웃할 때 호적문제에 그리 신경을 썼을 것이다.

누가 아는가. 가마고리에서 올라온 소년 다마노시마가 상대적으로 왜소한 몸집으로 요코즈나를 향해 모래판에서 땀을 쏟고 있을 때 역도산의 혼령이 '내가 이루지 못한 요코즈나의 꿈을 자네가 이뤄주게나' 하고 격려하며 지그시 지켜보고 있었는지.

자칫 선수생활을 접어야 할 무렵에 유력자가 중재에 나서 도장 분열사태는 가까스로 수습되었다. 다마노시마는 니쇼노세키 도장을 떠나 가타오나미 도장으로 옮겼다. 다마노시마는 폐업계 제출의 와중에 훈련을 제대로 했을 리 없었다. 게다가 대회 직전 형 슈이치의 살인사건 소식을 뒤늦게 들었다. 복역중인 형무소는 대회가 열리는 나고야에서 그리 멀지 않은 미에형무소란 것마저 알았으니 마음이 편했을 리 없었다.

결국 나고야 대회에서 형편없이 나쁜 1승 6패를 기록한 뒤 다마노시마는 형 슈이치를 찾아갔다. 아직 스모 선수로 그렇게 이름은 날리고 있지 못했지만 면회를 통해 여러 사람에게 살인범의 동생이란 점이 알려질 수 있음에도 불구하고 굳이 면회를 온 것이다.

"……."

슈이치는 미에형무소로 면회 온 동생에게 아무 말도 하지 못한 채 머리를 수그렸다.

'동생아, 미안하다. 형 노릇도 하지 못하고. 용서해다오.'

형의 미안해하는 모습에 다마노시마는 어쩔 줄 몰라 했다.

"형, 미안해."

"무슨 소리야. 내가 면목이 없다. 네가 요즘 성적이 좋지 않은 것이 모두 나 때문인 것만 같고···."

"형 사고 소식을 늦게야 알았어. 아무도 알려주지 않았거든. 형을 이렇게 내버려두는 게 아닌데···."

그간 스모에 열중하다 보니 형이 살인사건을 일으켜 수감된 사실은 알지 못했다며 다마노시마는 형에게 사과했다.

자업자득인 슈이치는 동생의 이 말에 눈물이 핑 돌았다. 1승 6패라는 형편없는 성적은 최근 이적을 둘러싼 소동으로 연습을 제대로 하지 못한 탓도 있었다. 하지만 형이 살인범으로 복역중이란 충격적인 소식도 정신적으로 나쁜 영향을 주었다. 슈이치는 자신보다 정서가 풍부했던 동생의 성격으로 보아 오히려 후자의 영향이 더욱 컸을 것으로 믿고 있다.

스모에 입문하기 위해 고향을 떠나던 날 역에서 배웅한 뒤로 처음 보는 동생의 모습이었다. 눈물로 헤어졌던 까까머리 앳된 소년의 모습은 간데 없고 어느새 수염까지 자란 어엿한 청년이 되어 있었다. 체중도 훨씬 불어나 있었다.

'3년 세월이 사람을 이렇게 변하게 했구나. 그동안 나는 무얼했나.'

감옥에 갇힌 슈이치로서는 세키도리 지위 확보를 목전에 둔 동생이 정말 자랑스러웠다. 그에 비해 자신이 보낸 3년은 어떤가. 세 살 아래 동생 앞에 도무지 얼굴을 들 형편이 못되었다. 어렸을 때 가르쳐주고, 혼을 내던 형의 위엄은 없어졌고, 이제 동생의 눈조차 제대로 바라볼 수 없는 죄수의 몸이 되어 있었다.

형이 확정돼 형무소에 수감된 사람에는 징역형을 받은 사람과 금고형을 받은 사람이 있다. 징역은 노동이 징벌로 강제 부과되지만 금고형은 그렇지 않다. 보통 징역수가 되나 징역수에도 죄명은 다양하다. 절도, 살인, 강도, 공갈, 사기, 횡령, 강간 등. 형기도 장단이 있는데 사형에서 3개월까지 있다.

사형수를 수형자로 부르지는 않는다. 사형수가 형을 받는, 즉 수형하는 때는 결국 사형이 집행돼 죽을 때이기 때문이다. 이밖에 무기징역과 징역 20년 정도의 긴 형도 있다. 이런 장기수는 모두 흉악범으로 슈이치가 수용된 미에형무소에는 한 사람도 없었다. 이런 사람들은 최장기형무소인 기후형무소로 보내졌기 때문이다. 미에형무소는 20세부터 25세까지의 초범만 수용하는 형무소였기에 가장 오랜 형기는 7년이라고 했다.

연령도 어린데다 초범만 수용한 형무소였기에 슈이치로서는 그나마 다행이었다. 흉악범이 설치는 기후형무소로 갔더라면 아마도 그의 인생은 더 나쁜 쪽으로 기울었을지 모르고, 동생과의 이야기를 정리할 시간조차 갖지 못한 채 이미 세상을 떠났을지 모른다.

슈이치는 뒷날 재범 형무소인 나고야형무소에도 수감된 적이 있다. 그때에도 절실하게 느낀 일이지만 미에형무소는 나고야형무소에 비해 지내기가 수월한 곳이었다.

형기 중에도 짧은 형기를 받은 사람을 '오줌형'(刑)으로 불렀다. 오줌 몇 번 누다 보면 금세 출소할 정도로 형기가 짧다고 해서 생겨난 말이었다. 슈이치가 받은 징역 6년형도 사형수와 무기수에서 바라보면 '오줌형'이었는지 모른다. 하지만 대개는 3개월, 6개월, 1년 정도까지를 '오줌형'으로 분류하고 있었다. '오줌형'은 대개 절도나 횡령 등 피해액수가 적은 범죄라 범죄자들만의 세상인 형무소 안에서는 대부분 기를 펴지 못하고 지냈다.

형무소 내 사방은 독거방과 5, 6명 내지 7, 8명이 공동생활을 하는 잡거방으로 나뉜다. 잡거방에는 여러 가지 죄명의 수형자가 함께 지낸다. 죄명별로 나누어 생활시키지 않기 때문에 6년짜리 살인범이 있는가 하면 1년짜리 도둑도 있었다.

슈이치는 징역 6년의 살인범이었기에 대접을 받으며 '꿀리지 않고' 지낼 수 있었다. 어쩌다 재수 없이 생긴 교통사고로 3개월 징역사는 사람 등 선량한 사람은 방구석에 처박혀 중죄인처럼 지내고, 살인 등 중죄인은 어깨를 펴고 당당하게 구는 곳이 형무소다. 살인범 쪽이 도둑놈보다 제대로 대접받는 사회, 그게 범죄자만의 형무소 세계 내의 질서였다. 그러나 살인이라고 해도 종류에 따라 기를 펴지 못하는 경우도 있었다.

돈을 노리고 계획적인 살인을 했다거나, 바람피운 게 들통나서 다투던 끝에 아내를 목 졸라 죽인 파렴치한 경우였다. 사내간에 의견이 대립해 치고 박고 찌르다 사람을 죽인 경우는 그래도 할말이 있었지만 여자를 목 졸라 죽인 사내는 놀림감이 되었다. 이런 죄수들은 1년짜리 도둑한테조차 무시당했다. 살인범인 슈이치도 아내를 목 졸라 죽였거나 독살한 죄수를 만나면 밸이 꼬였다. 눈곱이 코딱지를 더럽다고 비웃는 격일지 모르지만.

"그런 놈들과 같은 방에서 잔다는 게 정말 싫었지만 어쩔 수 없는 노릇이었지요."

초범인데다 어중이떠중이 잡범과 같은 방에서 잠을 자려니 익숙해지기까지 상당한 고생을 하지 않을 수 없었다. 사람 좋아 보이는 빈집털이 전문 도둑도 있어 재미있는 이야기를 듣기도 했다.

"어이 형씨, 빈집 털러 가면 어디부터 뒤질 꺼요?"

"글쎄, 장롱 서랍일까. …"

"그래? 장롱 … 좋지. 그러면 서랍 어디부터 손댈 건데?"

"위에 있는 것부터 열어보겠지."

"하하, 당신은 물건 훔친 적이 없군."

"왜?"

"위에서부터 열면 그걸 닫지 않으면 아래 칸을 볼 수가 없지. 그래서 밑에서부터 열어야 해."

이 말에 '떡은 떡집 주인이 최고'라는 말이 있듯 도둑들도 나름대로 연구깨나 하네 하며 고소를 금치 못했다.

빈집털이 말로는 집을 턴 뒤 집안을 뒤져 먹는 밥이 세상에서 가장 맛있다는 것이었다. 일을 마치고 노곤해 잠시 빈집에서 눈을 붙인 적도 있다는 대담한 도둑도 있었다. 밥을 먹은 뒤 방안에 똥을 싸놓는 것이 경찰에 잡히지 않는 비결이라는 말도 들었다.

도둑 중에는 '콩도둑'도 있었다. 쌀, 보리 등 곡식종류 가운데 하나인 콩을 훔치는 도둑인가 싶어 한심하다 했는데 그게 아니었다. 콩은 여자의 성기를 뜻하는 은어로 '콩도둑'은 강간범을 뜻했다. 콩도둑은 기가 죽어지냈다. 한마디로 사내답지 못한, 쪽팔리는 죄명이었던 것이다. 슈이치는 콩도둑만큼은 짐승과 마찬가지로 취급했다. 이런 콩도둑들 이야기를 뭐가 그리 재미있다고 귀를 쫑긋해서 듣고 있는 놈들이나, 자랑스런 일이라도 한 것처럼 범행장면을 떠벌리는 놈들을 보면 아구통을 날려주고 싶었다.

범죄자 가운데도 나름대로 동정이 가는 사람들이 있었다. 부모가 병들어 누워 있거나 혹은 아이들 학비를 마련하기 위해 물건을 훔친 사람, 빌린 돈을 갚아보려고 물건을 훔친 도둑은 그래도 '순수한' 편으로 생각됐다.

슈이치가 싫어했던 범죄자 가운데에는 강도범도 있었다. 똑같이 백만 엔을 손에 넣었다 해도 그냥 훔친 절도범은 초범이면 가벼운 형으로 끝나지만 협박해 빼앗은 강도범은 그렇지 않다. 절도범에는 사형과 무기가 없지만 강도는 최저 5년이고 최고 사형도 가능했다. 살인이라도 최저 3년까지 있으니 우발적 살인보다는 악질적 강도범의 형량이 무거웠다. 사형수에는 이 강도살인범이 많다.

그냥 물건을 훔치면 절도인데, 한소리 외쳤다 하면 강도로 몰리고 만다. 우스개 소리지만 물건을 훔쳐 빠져나오는데, 집주인이 잠에서 깨 "누구냐" 하고 소리칠 때 "미안합니다. 도둑인데요"라고 대꾸라도 했다가는 강도가 되고 만다는 말도 있었다.

형무소에서는 절대 볼 수 없는 것이 두 가지가 있다. 타는 불과 여자다. 급식을 하는 취사장이라면 불을 볼 수 있지만 일반 수용자는 볼수 없다. 여자라고는 가끔 위문공연을 오는 가수를 멀리서 우러러 볼수 있을 뿐이다. 20세에서 25세까지만 수용하는 형무소인지라 절절 끓는 성욕을 주체하지 못해 밤에는 여기저기서 자위를 해댔다. 성에 대한 관심은 출소 후 써먹을 때에 대비해 음경을 '멋진 놈'으로 탈바꿈하기 위해 이물을 집어넣는 것으로 해소되기도 했다. 넣는 물건은 진주가 가장 좋다고 했는데, 형무소 안에 진주가 있을 리 없다. 대신 칫솔대를 얇게 갈아 음경의 피부 사이에 넣었다. 서너 개를 넣는 게 보통이었는데, 게 중에는 30 몇 개를 넣었다며 뻐기는 사람도 있었다.

그런저런 일들을 겪으며 슈이치는 긴 형무소 생활을 이겨내는 법을 하나 둘 익혀갔다.

1963년 여름의 나고야 스모대회.

동군 마쿠시타 랭킹 4위로 출전한 다마노시마는 6승 1패의 성적을 거두고 한 단계 상위 리그인 주료에 들어갔다. 이제 가을대회부터는 드디어 '세키도리'로 불리게 된 것이다.

스모계 최상위 리그는 '마쿠노우치'인데 이제 바로 그 직전 단계까지 다다른 것이었다. 세키도리는 주료 리그와 마쿠노우치 리그에 소속된 스모 선수를 칭하는 말로 세키도리가 되어서야 진정한 프로 선수로서의 대접을 받게 된다.

슈이치는 형무소에서 동생이 승승장구하고 있다는 소식을 신문기사를 통해 접하게 된다. 형무소 내 각 공장 게시판에는 일간지가 붙여져 있었다. 범죄가 주로 보도되는 사회면은 군데군데 먹칠을 해놓았지만 스포츠 면은 온전했다. 힐끗 보았는데 낯익은 얼굴사진이 눈에 들어왔다. 동생 마사오였다. '다마노시마 마사오'라는 활자도 크게 인쇄돼 있었다. 해설기사는 새로 주료에 승급한 인물을 소개하는 코너였다. 대학 노트 절반 정도의 제법 큰 크기의 기사였다.

뜻밖의 희소식에 슈이치는 환성이라도 터트리고 싶었으나 흥분을 억누른 채 기사를 순식간에 읽어내려 갔다. 낮 휴식 때라 다른 죄수들도 게시판 앞에 몰려 있었지만 대개 프로야구 기사가 있는 지면 앞에 있었다. 그런 까닭에 슈이치는 자리를 비켜줄 필요가 없이 동생에 관한 기사를 몇 번이고 읽고 또 읽었다. 기사 옆의 얼굴사진은 인쇄상태가 좋지는 않지만 틀림없이 동생의 얼굴이었다.

'야! 마사오. 해냈구나. 드디어 해냈어! 축하한다. 내 동생 마사오가 큰일을 했어!'

죄수였기에 다른 사람에게 형제관계가 알려지면 곤란했고, 마음속으로만 환호와 감격의 소리를 외칠 수밖에 없었다.

4년 반 전, 15세로 스모에 입문한 동생이 그간 흘린 피눈물과 땀의 대가가 바로 이 기사가 아닌가.

슈이치의 흥분은 멈추지 않았다. 오후 작업이 개시되었지만 동생에 관한 기사가 눈에 어른거려 일이 손에 잡히지 않았다. 신문은 모두 열람하고 나면 게시판에서 떼내 담당자가 폐기하게 된다. 슈이치는 그 기사가 갖고 싶어 미칠 지경이었다. 그게 어떤 기사인데, 동생 사진이 담긴 신문지면이 구겨져 내버려진다고 생각하니 견딜 수 없었다.

슈이치는 담당간수를 만나서 어떻게든 부탁해보기로 결심했다. 잠시 휴식시간에 담당자를 찾아갔다. 형무소란 곳은 모든 수형자를 똑같이 취급한다. 예외는 결코 없다. 신문 스크랩도 개인 소지품이 될 수 없다. 휴지 한 장이라도 개별적인 예외는 없다. 그게 법이다. 그것을 알면서도 슈이치는 부탁한 것이다. 담당간수는 이해할 수 없다는 표정으로 슈이치를 쳐다보았다.

"신문기사? 다마노시마라고? 못 들어본 이름인데. 그런데 왜 그 기사를?"

'내 동생이란 말이요' 하고 고함치고 싶었지만 슈이치는 꾹 참고 적당히 둘러댔다.

"고향 가까운 곳에 사는 후배입니다."

"그래? 그렇지만 안돼. 너만 특별히 취급할 수야 없지 않나."

섭섭했다. 담당자의 태도는 확고했다. 단념할 수밖에 없었다.

하루 일이 끝나 사방에 돌아왔지만 주료에 승진한 동생 일만 머릿속에 가득했다. 저녁식사를 마치고 자유시간이 되었지만 슈이치는 자랑스런 동생의 모습을 떠올리며 혼자 미친 사람처럼 실실 웃었다. 하지만 이내 그 기사 쪽지 하나 손에 넣을 수 없는 처지에 울적해했다. 동료들은 웃었다 울었다 하는 슈이치를 보며 '갑자기 돌았나' 하는 눈으로 바라보며 슬슬 피했다.

누군가 사방 밖에서 불렀다.

"564번, 이리 와."

"네."

슈이치는 벌떡 일어나 복도 쪽으로 갔다.

"이거 받아."

신문게시를 담당하는 간수가 철격자 사이로 손바닥만한 신문지 조각을 내밀었다.

"아니, 이건."

동생 소식이 실린 기사였다. 감격스러웠다. 담당이 떠난 뒤 슈이치는 신문조각을 든 채 눈물을 글썽였다.

'이걸 얻다니, 보물 같은.'

아마 담당은 슈이치의 신상자료를 확인해 보고 기사 주인공이 동생이란 것을 알아낸 모양이었다. 감시하는 자, 감시당하는 자, 각기 입장은 달랐지만 사람인 이상 정이라는 게 있구나 하는 것을 느꼈다.

슈이치는 형무소에 들어와 한 번도 동생 이름을 입 밖에 낸 적이 없었으며 그날 이후로도 마찬가지였다. 담당간수도 동생에 관해 알게 되었을 텐데도 철저히 입을 닫고 사생활을 보호해주었다.

동생이 땀과 눈물로 싸워 얻어낸 성과를 세상에 알리는 소중한 기사였다. 슈이치가 볼 때는 동생은 이미 '스타'가 된 것이었다. 슈이치는 대학노트 사이에 그 기사를 소중히 끼워 넣었다. 담당의 따뜻한 마음씨도 같이 기억해두었다. 그날 밤은 좀처럼 잠을 이룰 수 없었다.

'고생 어린 4년 반, 마침내 얻어낸 세키도리. 모습도 멋지구나.'

슈이치는 짤막한 시를 한참동안 지어보다 잠이 들었다.

다마노시마가 면회를 다녀간 뒤 웬만큼 시간이 지나서 돈을 부친 증빙서류가 도착했다. 현금은 직접 만질 수는 없었지만 형무소 관계자가 영치금이 도착한 사실을 확인하는 서류에 서명하라고 해서 알게 되었다. 동생이 보낸 것이었다. 편지도 한 통 전해졌다.

"형, 내가 마침내 세키도리가 되었어. 처음 월급이란 걸 받았기에 일부를 보내. 그동안 형한테 아무것도 해준 게 없어 미안해. 앞으로 힘껏 도울게. 건강 조심하고 하루빨리 출소하길 빌며. 동생 마사오로부터."

열아홉 살 동생이 스물두 살 형을 위로하고 있었다. 무엇하나 해준 것 없는 형은 그저 나이 많은 것만으로 대우를 받고 있었다. 부끄러웠다. 친형이 살인범으로 감옥생활을 하고 있다는 사실만으로도 심적 부담이 컸을 텐데 불평 한마디 하지 않고 도리어 형을 측은하게 여기고 도움을 주고 있는 것이다. 유명해질수록 인기관리상 야쿠자 형 따위는 '나 몰라라' 하고 사는 게 보통인데 마사오는 형을 버리지 않았다.

송금은 정기적으로 계속됐고 언제나 격려의 편지가 들어 있었다. 슈이치는 자신이 한심했다. 스모에 입문하고 난 뒤 전화 한 통, 편지 한 통 하지 않은 채 방치했던 동생이었다. 제대로 된 형이라면 동생이 출세가도를 달리도록 지성으로 응원하고 격려했어야 했는데.

슈이치는 형무소가 자체 발행하는 소식지에 가끔 심심풀이로 글을 투고했다. 그런 일도 있고 해서 문예 담당자와 알게 되었다. 어느 날 문예 담당자는 하이쿠(俳句: 일본 고유의 정형시. 한국의 시조보다 짧은 단행시) 비평을 써달라고 슈이치에게 부탁해왔다.

무료한 감방생활을 달래기 위해 재소자들이 투고하는 하이쿠는 응모편수가 많았다. 매번 우수작을 골라내 두세 줄 짤막한 비평과 함께 게재하고 있었다. 이번에는 재소자 가운데 한 사람에게 비평을 맡기자는 기획을 한 모양이었다. 어찌된 영문인지 다름 아닌 슈이치에게 비평자의 역할이 맡겨진 것이다.

슈이치는 당연히 고사했다. 하이쿠에 대해 잘 모를 뿐 아니라, 재소자의 하이쿠를 같은 신분으로 비평한다는 것은 이상하다 싶어서였다. 하지만 재삼 권유를 받고는 흥미삼아 맡기로 했다.

그러마고 해놓고 나니 곧바로 후회가 생겼지만 이미 시위를 떠난 화살이 되어버리고 말았다. 중학교 때 국어공부를 열심히 한 것도 아니고, 고교는 건성으로 다니다 2학년 때 퇴학당한 상태였으니 하이쿠에 대해 변변히 배워본 적이 없었다. 그렇다고 벼락치기 공부로 며칠 만에 터득하기도 어려웠고, 말 같지 않은 비평을 한대서야 창피스러울 것이고, 이런저런 걱정거리가 태산이었다. 다른 사람 손을 빌 수도 없었다. 고민하던 끝에 '에라, 모르겠다. 일단 해보자' 작정하고 하이쿠가 써진 종이를 주욱 늘어놓았다.

한 하이쿠가 퍼뜩 눈에 띄었다.

"은하는 흐리네.
가난한 내 기도.
무릎을 꿇네."

처음 본 순간 잘 썼는지 못 썼는지 그런 것은 따질 수 없었지만 무척 아름다운 시라는 생각이 들었다. 더러운 곳이 없는, 착 가라앉은 듯한 풍경이 머리에 떠올랐다. 작자와는 일면식도 없었지만 같은 죄인 중에서도 자신처럼 나쁜 놈과는 달리, '착한 죄인'도 있나 싶었다.

작자는 소 내 소식지에 하이쿠가 자주 실리는 실력자라고 했다. 슈이치는 그의 인물상을 머릿속에 그려보았다.

죄명은? 연령은? 용모는? 가정환경은? 교육은?

작자의 이름과 소속공장은 쓰여 있었지만 일반사회와 달리 이동의 자유가 없는 형무소라 얼굴을 직접 맞대고 만날 확률은 매우 낮았다. 만나고 싶기는 했지만 만난다고 해서 무슨 문학클럽을 만들 것도 아니었다. 생각나는 대로 비평의 글을 붙였다.

　'어둠 속에서 한 줄기 빛을 보았을 때 그곳으로 향해 내딛기 시작한 희망에 찬 발걸음. 그리고 그 기쁨. 이 굳은 걸음이야말로 값진 것이 아닌가. 지금 작자는 실로 그곳을 향해 걷고 있다.'

　슈이치는 하이쿠를 꼼꼼하게 분석할 능력은 없었다. 하지만 이 하이쿠의 아름다움에 대해서는 느낌이 없을 수 없었다. 그걸 적어본 것이었다. 슈이치는 작자와 일면식도 없었지만 틀림없이 아름다운 심성을 지닌 사람일 것으로 지레짐작했다. 그렇지 않다면 어찌 이런 멋진 하이쿠를 쓸 수가 없다고 믿었다. 본인도 알 듯 말 듯한 내용이었지만 이런 생각을 담아 비평을 썼다.

　'아름답다'는 단어.

　불량소년, 태양족, 야쿠자 생활을 해온 그로서는 좀처럼 써 본적이 없던 말이었다. 하지만 이때만큼은 그 단어 외에는 다른 적합한 단어가 없다는 생각이 들었다.

　같은 재소자의 작품을 비평하기란 여간 쑥스러운 일이 아니었다. 슈이치는 작자가 자신의 비평에 대해 어떤 생각을 할까 궁금했다. 하이쿠 실력자의 작품에 대해 비평한 글에 영 자신이 없었기 때문이었다. 비평이 아닌 감상 정도로 여겨주기를 바랄 뿐이었다.

　며칠 뒤 누군가가 "저기 보이는 사람이 그 하이쿠 쓴 사람이야" 하고 일러주어 멀리서 그의 모습을 잠깐 볼 수 있었다. 그는 슈이치가 배치된 공장과 다른 곳에서 일하다 출소가 가까워지면서 변사(便舍)라는 곳으로 옮겨 일하고 있었다.

형무소에 수용된 재소자는 징역(懲役) 수로 불리는데, 이는 말 그대로 역(役), 노동을 통해 징벌을 받는다는 뜻이었다. 무슨 일이든 몸을 움직여 일하지 않고는 지낼 수 없었다. 일하지 않는 자에게 밥을 공짜로 먹여주지 않는 곳이다. 스스로 먹을 밥은 스스로 일해서 마련하라는 것이다. 일하는 것을 싫다고 거부하면 이는 규율위반으로 징벌방에 갇히게 된다. 징벌방에 갇히면 주어지는 밥은 겨우 죽지 않고 살 정도의 최저한만 공급된다. 형무소에서 징역수는 싫던 좋던 무조건 일을 해야만 한다. 그것이 형무소에서의 생존조건이었다.

미에형무소에는 제1공장 목공, 제2공장 제화, 제3공장 양제 식으로 10여 개의 공장이 있었다. 그 밖에 취사장, 세탁, 외부청소, 내부청소, 영선, '변사' 등도 죄수가 배치돼 일할 부서였다. 누가 어디 배치될지는 적성검사와 지능검사 등 신입훈련 과정과, 형기의 장단을 고려해 정해졌다.

슈이치는 6년이란 긴 형기였기에 기술을 몸에 익히도록 해주자는 배려가 있어 인쇄공으로 배치됐다. 하지만 길들여지지 않은 망아지 같은 슈이치는 인쇄공장에서 진득하니 일을 계속하지 못했다. 툭하면 싸움을 벌이곤 해 급기야 징벌방에 갇히게 되었다.

하이쿠의 작자가 변사에서 일하고 있다는 이야기로 돌아가자.

변사는 모든 감방 안의 대소변을 치우는 일을 맡았다. 요즘에는 형무소 변기도 수세식이 대부분이지만 슈이치가 복역한 1960년대 미에형무소는 감방 안에 나무통을 들여놓고 그 안에다 볼일을 해결했다. 원시적이었으며 몹시 비위생적이었다. 밀폐된 것이나 마찬가지인 감방 안에서 누군가 대변이라도 해놓으면 참기 힘들었다. 식사도 감방 안에서 하기에 악취를 견디기 몹시 힘들었다.

낮 동안 일할 때에는 공장에 변소가 달려 있으니 가능한 거기서 볼

일을 마치도록 서로 신경을 썼다. 그러나 6, 7명이 한방에서 지내다 보니 게 중에는 소화상태가 나쁜 사람도 생기게 마련이어서 별수 없이 감방 안에서 큰일을 보는 경우가 생겼다. 그럴 때에는 너나할 것 없이 신경질을 내고 싶지만 언젠가 자신도 그런 처지가 될지 모른다 싶어 다들 꾹 참을 수밖에 없었다. 일요일은 작업이 없어 하루종일 감방에서 지내다 보니 통 속이 대소변으로 넘쳐 났다.

죄수를 수용하는 형무소가 돈 받고 편히 쉬게 해주는 호텔이 아닌 것은 당연하다. 하지만 화장실 사정을 보면 인간이 생활하기 가장 나쁜 여건을 일부러 만들어 놓았구나 하는 생각이 들었다. 출소시 소원 수리서를 받을 때 슈이치는 화장실 문제만은 꼭 개선해달라고 청원했다. 정말 한이 되었던 것이다.

하이쿠를 쓴 사람은 변사에서 오물통을 비우고 씻는 일을 했다. 공장노동자들은 매일 정해진 복도를 오가는데 한 발이라도 옆길로 가면 경을 쳤다. 그러나 변사 담당자는 간수의 감시 아래였다고는 해도 감방 내를 자유로이 오가며 변기통을 꺼내 처리했다.

그의 용모와 일하는 모습을 볼 수 있었는데 상상했던 이미지와 너무 달랐다. 키는 크고, 피부는 하얗고, 콧대는 반듯하고, 입은 굳게 다문 이지적인 모습이라야 했다. 또 머리는 까까머리지만 머리카락은 검고, 숱이 많아야 했다. 헌데 그토록 아름다운 하이쿠를 지은 작자의 실제 모습은 상상과는 정반대였다. 키는 너무 작고, 등은 고양이 등처럼 굽었으며, 햇볕에 그을린 얼굴은 동정을 보내고 싶을 정도로 볼 품 없었고, 다리는 안짱다리에 그것도 몹시 짧았다. 장갑을 낀 손가락도 굽어져 있는 것 같았다.

귀공자 같은 용모의 작자를 연상해온 슈이치는 전신에 기운이 쑥 빠지는 걸 느꼈다. 그러나 한편으로는 그가 용모단정한 사람이 아니었다는 점에서 일종의 안도감도 느껴졌다. 그가 단정한 용모이기를 기대했던 자신의 어리석음도 통감했다.

아름다움과 깨끗함은 대체 어디에서 생기는 것일까. 원초적 의문을 가져볼 계기가 되었다. 말을 직접 나눌 기회는 없었지만 그의 시와 용모를 슈이치는 아직도 기억하고 있다.

"은하는 흐리네.
가난한 내 기도.
무릎을 꿇네."

슈이치는 폭력에 의지해 살아온 야쿠자였음에는 틀림없었지만 확실히 감수성이 예민했다. 40년 전 읽었던 하이쿠를 아직 기억하는 것 말고도 그런 증거는 또 있다.

감옥에서 지내던 어느 날 그가 창살 너머로 날아온 참새를 바라보며 느낀 것을 정리한 "참새와 나"란 다음과 같은 짧은 글을 보아도 그가 얼마나 섬세한 성격인지 알 수 있다.

"내가 지낸 독방은 앞에 출입문이 있고 뒤에는 창이 있었다. 거기에는 폭 1m 정도의 복도가 베란다처럼 붙어 있어 간수가 지나다닐 수 있게 되어 있었다. 벽돌로 된 복도 벽에는 채광을 위해 구멍이 나 있었으며 거기를 통해 보이는 경치는 사각형이었다. 나는 때때로, 비록 좁기는 하지만 창을 통해 밖을 보면서 눈요기를 했다. 창에 붙어서 밖을 내다보는 것은 금지되어 있기 때문에 몸은 출입문 쪽을 향해 정좌한 채 목만 돌려서 내다보는 것이었다.

맞은 편 건물 귀퉁이에 비둘기가 빗살처럼 나란히 앉아 있는 것을 자주 보았다. 추운 날이나 비가 오는 날이면 몸을 둥그렇게 한 채 꼼짝도 않고 있었다. 그날도 그런 광경이었다.

추위로 욱신욱신해오는 다리를 껴안은 채 멍하니 창 밖을 내다보고 있으려니 비가 조금씩 뿌리기 시작했다. 빗줄기를 피해 어디선지 날아온 세 마리 참새가 바로 코앞의 벽돌 속에 나래를 쉬고 있었다. 참새들은 내가 창에서 내다보고 있는 데에는 신경을 쓰지 않는 것처럼 벽돌 속에 들어오자마자 젖은 등을 내 쪽으로 향한 채 부지런히 몸의 이곳저곳을 부리로 다듬기 시작했다.

젖은 날개를 말리고 있는 것일까. 몇 차례고 나래 짓을 하며 부채처럼 몸을 둥글게 펼치거나 움츠리거나 하며 부리로 부지런히 깃을 다듬었다. 부리가 빗 역할을 하는 것 같았는데 실로 끈기 있게 같은 행동을 반복했다. 젖은 몸이 마르기 시작하고 털도 제대로 다듬어지면 이번에는 부리를 콘크리트에 대고 고개를 좌우로 흔들기 시작했다.

잘 보면 머리 쪽에는 아직 물기가 남아 있었다. 이것을 어떤 방법으로 말릴지 흥미가 솟아올랐다. 말과 소가 꼬리로 파리를 쫓듯 그들도 꼬리나 날개를 사용할지 모른다. 그렇게 생각한 순간 나는 감동하고 말았다.

참새가 날개를 내려뜨리나 싶었는데, 요가의 수행자가 머리 뒤로 발을 돌리는 것처럼 의외로 간단히 날개 사이로 한쪽 발을 내밀어, 마치 바이브레이터처럼 빠르고 세밀한 움직임을 해댔다. 한쪽 발로 선 채, 다른 발은 등에서부터 머리로 돌린 모습은 기묘한 느낌을 주었다. 쭉 뻗은 다리가 이처럼 자유롭게 움직인다는 것에 나는 정말로 감동했다.

한 마리는 새끼였는지, 추위에 약한 모습으로 몸을 둥그렇게 하고 있었으며 눈마저 탈진해 졸음이 온 듯 끔벅거렸다. 하지만 다른 두 마리도 비슷한 자세를 취하는 것을 보면 탈진과 상관없이 그럴 때가 된 것 같았다. 비가 그칠 때까지 가면(假眠) 상태라도 취할 태세인가. 조용함이 이어졌다. 나는 정적을 참을 수 없게 되었다. 참새들이 더 움직여주었으면 싶었다.

창틀을 손톱으로 두들기면 새들이 어떤 반응을 보일까 시험해보고 싶은 유혹에 빠졌다. 모처럼 창 밖에 찾아와 평화롭게 쉬는 데 이들이 놀라 날아가버리면 어떻게 하나 하는 걱정도 있었지만 두드려보지 않고는 못 배기게 되었다. 아주 조금만이라면 괜찮지 않을까, 아주 작은 소리라면.

나는 살금살금 창틀을 두드려 보았다. '쿵.'

참새들은 감전이라도 된 것처럼 화들짝 놀라 날아오르더니 앉아 있던 장소 주위를 빙빙 돌며 전후좌우 상하를 몇 번이나 살펴보며 정체 불명의 굉음이 어디서 발생한 것인지를 찾는 것 같았다. 부풀어 났던 몸은 원래의 민첩함으로 되돌아갔다. 나는 그들이 때때로 고개를 갸웃하며 놀라는 모습이 너무 우스워 혼자 킬킬거렸다. 2분 정도 지나니 참새들은 소리의 원인을 찾아내는 걸 포기한 듯 전처럼 몸을 둥그렇게 하고 모여 앉았다.

참새들이 안심할 무렵을 노리고 있던 나는 다시 '쿵'하는 소리를 일으켰다. 이번에도 놀란 참새들은 일제히 날아올라 아까처럼 주의 깊게 소리의 정체를 찾아 나섰다. 그 모습은 가엾을 만큼 진지한 것이었다. 잠시 시간이 지나니 참새들은 또 다시 체념한 듯 원래 자세로 돌아왔지만 이번에는 좀처럼 몸을 둥글게 하지 않았다. 안심이 되지 않은 모양이었다. 5분 정도 지났을까, 아무리 해도 참새들은 몸을 부풀리지 않고 더 이상 눈도 감지 않았다.

이내 아까의 정적이 되찾아왔다. 낮게 드리워진 비구름은 정말 싫은 빛깔이다. 맞은 편 건물의 비에 젖은 부분이 암흑색으로 변하며 불규칙한 모양을 만들면 그것이 무언의 압력을 가해온다.

'비는 싫다. 비와 밤만은 오지 말았으면. 그만큼 태양이 비춘다면.'

참새들은 아무 일도 없었던 것처럼 평정을 되찾았다. 아니, 평정한 것처럼 꾸민 채 전 신경을 귀에 집중하고 있는지 모른다.

'바보 같은 놈들. 하필이면 왜 이 기분 나쁜 교도소에 있는 거냐. 저쪽 반대편에도 벽돌이 있지 않냐. 날아가버려라 제발.'

이런 마음도 들었지만 한편으로는 가지 않았으면 하는 바램도 있었다.

정적, 그리고 정적. 정적을 더 이상 그대로 둘 수 없었다. 이번에야 말로 정말 멀리 날아가버리는 것이 아닐까 걱정하면서도 어떻게든 창틀을 두드려 참새를 놀라게 해주고 싶었다. '쿵.'

느닷없는 소리에 참새들은 화들짝 놀라 공중으로 한 뼘쯤 날아올랐다. 도망가지는 않았지만 이번에는 세 마리가 한 장소에 모여 앉아 몸을 서로 맞대고 부들부들 떨고 있는 것처럼 보였다. 나는 그들이 놀란 것에는 개의치 않은 채 그저 도망치지 않은 것이 기뻤다. 그때 돌연 내 방의 문고리가 덜커덩하고 소리를 냈다. 나는 놀라서 황급히 얼굴을 감방 문 쪽으로 향하고 자세를 가다듬었다. 문이 열릴 기미는 없었고 이내 찰랑찰랑 소리가 났다. 청소하는 사람이 문고리를 닦는 소리였다.

'한마디 말이라도 건네고 닦아라, 좀' 하고 버럭 소리라도 지르고 싶었다. 놀란 가슴이 좀처럼 진정되지 않았다. 나는 갑자기 참새들이 가여워졌다. 창 쪽으로 눈을 돌려 다시는 '쿵' 소리를 내지 않을 것이라고 맹서하려는데, 참새들은 이미 다른 곳으로 날아가고 없었다.

'안 되는구먼. 언제나 내 인생은 이런 꼴일까.'

나는 사라지고 만 참새들에게 잘못을 빌지 않을 수 없었다.

'미안하구나.'

어느 사이에 비는 멈추고 힘을 잃은 저녁노을이 무심하게 감방으로 스며들어왔다. 나는 멍하니 자신의 과거를 생각해보며 참새들이 쉬고 있던 자리를 언제까지나 바라보았다."

슈이치는 감옥살이를 하기 전에는 몰랐지만 가석방이란 제도를 알게 되었다. 형기의 3분의 1을 넘기면 심사대상이 됐다. 6년형이라면 2년 복역하면 일단 가석방 심사대상이 된다. 물론 실제로는 형기의 3분의 1을 마치고 출소한 사람은 거의 없었고 3분의 2를 채워야 가석방을 통한 출소가능성이 생겼다.

더욱이 가석방 대상은 초범과 모범수로 제한됐다. 또 보증인 성격의 신병인수인 신분이 확실해 출소 후 재범하지 않고도 안정된 생활을 할 거라는 것을 보여주어야만 한다. 가석방 심사시 하루라도 일찍 출소하고 싶은 심정으로 모두들 모범답안을 준비한다. 가석방으로 출소해도 형기 만료시까지는 보호관찰 아래 있지만 감방생활에 비하면 자유상태나 마찬가지다. 따라서 모든 수형자는 우선 가석방을 목표로 복역한다.

규율위반을 하지 않고 담당한테 잘 보여서 하루라도 일찍 가석방 심사대상이 되도록 작업에 성의를 다한다. 열심히 하면 할수록 계급은 위로 올라가고 가석방도 그만큼 가까워진다. 초범에 모범수, 신병인수인이 확실하면 죄명에 따라 다르기는 하지만 3분의 2 정도 형기를 마치면 가석방으로 출소가 가능하다. 이런 믿음이 초기 수형생활의 유일한 낙이었다.

하루 빨리 출소하자.

6년형을 언도받았을 때 아득하게 긴 세월을 어찌 감방에서 버티나 싶어 통곡이라도 하고 싶었다. 하지만 가석방제도가 있지 않는가. 그 생각만으로도 어느 정도 기분을 가라앉힐 수 있었다.

슈이치는 입소 후 소속조직 기입난에 프로도박집단인 세토일가라고 기록하지 않았다. 세토일가에 관계있다고 하면 가석방 심사시 불리할 것이 틀림없었기 때문이었다. 평범한 젊은이로 싸움판에서 칼을 휘두른 것이 잘못돼 그만 살인한 것으로 해두었다.

형무소 안에서는 폭력단원과 일반범죄자를 분류해 심사하기 때문에 대개는 일반범죄자 행세를 했다. 형무소 측도 슈이치의 사정을 어느 정도는 알았겠지만 그들은 일일이 확인하지 않았다. 귀찮았기 때문이다. 본인이 관계가 없다고 기록한 내용만 있으면 그만이었다.

신입자는 기초훈련을 받은 뒤 각 공장에 배치돼 4급에서 출발한다. 형의 길이에 따라 벌점이 정해져 있었는데 형기가 길수록 벌점이 많았다. 매달 담당간수가 수형태도와 작업성적 등을 고려해 감점해나가는데 때로는 벌점이 늘어나기도 했다. 징벌방에 가둘 정도의 규율위반이 아니면 벌점을 받는 것으로 끝났다.

일찍 진급하기 위해 모두들 담당간수의 얼굴빛을 살피며 벌점을 줄이려 열심이었다. 이때도 소년원 출신들은 요령이 뛰어났다. 몰래 숨겨 갖고 들어온 바늘을 간수에게 건네면서 "주웠다"고 신고하면 선행에 대한 대가로 벌점이 줄어들었다.

수형자는 수의에 번호표를 달고 있는데 거기에는 1급에서부터 4급까지 한눈에 알아 볼 수 있도록 옆줄이 들어가 있었다. 1급은 세 줄, 2급은 두 줄, 3급은 한 줄, 4급은 줄이 없었다. 모자에도 마찬가지 표시가 들어 있었다.

얼굴에 철판을 깔고, 모든 걸 참고 오직 출소만 생각하자고 결심했다. 하지만 형무소라는 곳이 맘먹은 대로 그리 일이 이뤄지기만 하는 곳은 아니었다. 교통사고와 마찬가지였다. 아무리 방어운전을 한들 무조건 헤딩해 들어오는 운전자를 만나면 어쩔 수 없다. 대형 사고가 나지 않는다 해도 수습하기란 여간 성가신 일이 아니다.

미에형무소에는 초범만 있었지만 형사처벌 대상이 아닌 미성년자 때부터 별의별 죄로 소년원을 들락거린 사람들이 많았다.

소년원에는 중등소년원과 특별소년원 등이 있는데, 거기를 모두 거친 사람도 있었다. 이들과 슈이치는 수형생활에서 어른과 어린이만큼 차가 있었다. 이들은 소년원 출신이란 배경을 믿고, 형기는 길지만 요령 없는 풋내기였던 슈이치에게 시비를 걸어왔다.

처음 몇 달은 '말썽을 일으키지 말자'는 일념으로 이들에게 대들지 않았다. 하지만 몇 달 뒤에는 끝내 소년원 출신들과 대판 싸움을 벌여 징벌방에 갇히고 말았다.

이 일을 계기로 슈이치의 형무소 생활은 엉망이 되고 말았다. 순탄하게 오르던 언덕에서 한번 미끄러져 떨어지고 나니 줄줄이 미끄러졌고, 정신을 차렸을 때는 이미 바닥 중의 바닥에 놓였다.

등급에서도 최하위 '제외'란 처지에 놓이게 되었다.

가석방을 꿈꾸며 수감 초기에는 일에 열중했던 슈이치는 4급 복귀마저 쉽지 않았다. '제외'란 징벌을 받게 되면 떨어지는 단계로 형무소 내에서조차 쓰레기 취급을 당했다.

당시 슈이치는 정말 철부지에 지나지 않았다. 조금이나마 철이 있었다면 이 대목에서 '내가 대체 뭐하고 있나?' 정신을 가다듬고 4급 복귀를 목표로 열심히 노력했을 것이다. 하지만 40년 전 슈이치는 그렇지 못했다. 가석방이란 목표가 실현 불가능하게 멀리 사라지고 난 뒤 더욱더 사고뭉치로 변한 슈이치는 '제외'자를 위한 독방생활을 하게 됐다. 모든 게 자포자기 상태였다. 모두 3급 2급으로 진급, 일부는 가석방으로 출소해 나가는데 슈이치는 해도 들지 않는 독방생활을 계속했다. 자업자득이었음에도 불구하고 교도소 측에 더욱 반항했고 나중에는 도무지 아무도 손대지 못할 골통 죄수가 되고 말았다.

징벌을 받고 있던 어느 날이었다.

면회계의 간수가 어머니가 면회왔다가 그냥 갔다고 알려주었다.

4급이라면 한 달에 한 번 면회가 허용된다. 친족만으로 제한되지만 간수의 입회 아래 10분가량의 면회시간이 주어졌다.

슈이치는 판결이 있던 날 재판소 2층 계단 창에서 물끄러미 내려다보고 있던 어머니의 얼굴이 떠올랐다.

산더미 같이 할 이야기가 많을 것이다. 아들 건강도 걱정하고 있을 것이다. 제대로 착실하게 일하고 있는지도 물어볼 것이다. 그런데 사고뭉치 아들은 감방에서조차 규율위반을 해 징벌을 받고 있었다. 어머니는 징벌중에는 면회가 금지된다는 것을 모른 채 면회를 왔던 것이다. 모범수로 하루라도 빨리 출소하기만 바라고 있는 아들이 지금 징벌을 받고 있다는 것도 전연 모른 채 찾아온 것이었다.

살인범으로 불리는 아들을 두었기에 늘 가슴 졸이다가 남들 몰래 살짝 면회왔던 어머니는 뜻밖에 '면회불가' 통보를 받고 까무러치게 놀랐다. 어머니는 아들과의 면회시간을 갖지 못한 채 발길을 돌렸다. 어깨를 힘없이 떨어뜨린 채 되돌아갔을 어머니를 떠올리며 슈이치는 독방에서 무릎을 껴안고 한없이 흐느꼈다.

그 일이 있고 나서 슈이치는 달라졌다.

'징벌만은 받지 말자.'

맘을 다잡았다. 징벌이 해제돼 보통의 독방생활로 돌아갔으나 작업은 부과되지 않았다. 슈이치는 자원해서 일거리를 달라고 했다. 봉투와 쇼핑백의 바닥을 풀로 붙이는 일이었다. 작업량은 정해져 있지 않았지만 슈이치는 취미생활이라도 하듯 열심히 봉투를 붙였다. 어제보다 한 장이라도 더 많이 만들자는 생각으로 붙이고 또 붙였다.

다른 사람과 대화할 기회는 거의 없었다. 슈이치는 화두(話頭) 대신 봉투를 붙든 채 묵언수행을 하는 사람 같았다. 아침, 저녁 점검중에 자신의 죄수번호를 외치는 것이 전부였다. 일년 반 정도 그렇게 묵묵히 지냈다. 가끔 날이 좋으면 30분 정도 햇볕을 쬐곤 했지만 거개가 습기제거 정도에 지나지 않았다. 그런 때에는 무슨 말이라도 간수에게 걸었다. 대화에 굶주려 있었던 것이다. 슈이치를 귀찮게 생각하는 간수도 있었지만 싱글싱글 웃으며 대해주는 간수도 있었다.

독방 안에서 자청해 일을 하던 어느 날 방문이 철커덩하고 열렸다.

"564번, 공장에서 일하게 됐다. 사물을 챙기고 방 옮길 준비해."

독방에서 잡거방으로 옮기게 됐고, 공장에도 나가게 된 것이다.

'수형태도가 나빠 만기 출소까지 독방생활이야.'

교도소 측으로부터 그런 말까지 들었던 슈이치가 다시 햇볕이 드는 공장에서 일하게 된 것은 실로 대단한 진보였다. 고독이 벌이 될 수 있다는 것. 오랜 독방생활이 남긴 잊지 못할 교훈이었다.

각 공장의 담당간수는 징벌방에 갔다 온 수형자는 잘 받으려 하지 않았다. 작업장 분위기를 엉망으로 만들어 놓아 아무래도 마이너스가 되는 일이 많기 때문이다. 누구나 자신이 맡은 공장만큼은 소란 피우는 사람이 없고, 작업실적도 좋기를 바란다.

슈이치는 제4공장에 배속되었다.

'왜 나 같은 징벌방 출신을 받아들였을까.'

배속된 날, 슈이치는 담당간수의 얼굴을 유심히 쳐다보았다. 몸집은 크고, 수염이 짙은 사람이었는데 목소리는 의외로 부드러웠다.

'어쨌거나 나를 받아준 사람인데 배신하지 말자.'

철판을 찍어내는 공작기계를 맡은 슈이치는 다짐했다.

육체노동을 해본 일이 없는지라 철판을 찍어내는 작업은 매우 위험했고 겁도 났다. 삐끗하면 다치고 마는데 위험방지 장치조차 갖추지 않은 오래된 기계라 모두들 슬금슬금 뒤로 꽁무니를 뺐다. 슈이치도 두려웠다. 화투장 만지는 것은 선수였지만 기름투성이 기계공으로서는 완전히 숙맥이었다.

'이런 일 못하겠소. 다른 일로 바꿔주쇼.'

죄수는 이런 말을 꺼낼 수 없다. 그랬다가는 작업거부로 징벌방 처분을 받는다. 공작반장은 기계 조작법을 상세히 설명해주었지만 슈이치의 머리에는 들어오지 않았다. 흘끔흘끔 곁눈질로 담당간수를 보니 아무 내색도 않고 무언가 끄적대고 있었다. '일단 배치되면 끝인데 뭘 바래' 하는 표정으로.

슈이치는 결심했다.

'좋다. 가능한 최선을 다해보자. 징벌방 생활은 지겹다. 그나마 날 받아준 곳이니 해내자.'

반장에게 다시 내용을 확인한 다음 일러준 대로 철판을 들고 공작기계 옆에 섰다. 두께 2~3㎜의 철판을 양손으로 들고 직경 3㎝ 정도의 원형으로 찍어내는 작업이었다. 공작기계의 빠르기는 시간당 100회 이상이었다. 철판을 찍어내는 원형의 칼날은 눈앞에서 왕복운동을 했다.

"팡, 팡, 팡, 팡."

같은 재료로 한 개라도 더 찍어내기 위해 손을 공작기계 가까이에 대고 철판을 구석구석까지 사용해야 했다. 백 개 가까이 찍어내고 나면 슈이치의 온몸은 땀투성이가 되곤 했다.

철판을 이용해 찍어내는 작업은 항상 위험이 따른다. 자칫 방심하면 손가락이 잘리고 만다. 또 상하좌우로 고루 찍어내야 하기에 왕복운동을 하는 공작기계에 맞춰 눈대중으로 재료인 철판을 이동시키지 않으면 안 되었기에 긴장의 연속이었다.

그런 작업을 상당기간 계속하고 있던 어느 날 금줄이 든 조그만 천조각 한 개가 슈이치에게 전달됐다.

무사고를 나타내는 무사고장(章)이었다. 작업의 무사고가 아니라, 수형생활중 사고를 치지 않고 착실히 생활하고 있다는 것을 나타내는 표시였다. 이는 수년간 무사고를 나타내는 것으로 가석방에 절대적으로 유리했다. 슈이치는 아무 생각 없이 공작기계만 열심히 조작했을 뿐 남은 형기를 계산해보지도 않았다. 예기치 않게 주어진 무사고장에 슈이치는 내심 기뻐했다. 하지만 주먹 출신들은 묵묵히 일만 하는 슈이치를 보며 '꼴값 떠네. 무사고장은 무슨 놈의 무사고장' 하는 경멸 어린 눈초리를 보냈다.

징역살이하는 사람들은 '강아지'란 말을 듣는 것을 싫어했다. 강아지란 동료들의 비행을 형무소에 일러바치는 밀고자를 일컫는 은어였다. 한번 '강아지'로 낙인찍히면 재소자들은 두 번 다시 그를 사람으로 대접하지 않고 왕따시켰다. 하지만 '강아지'는 형무소에서는 없앨 수 없는 존재였다. 당연히 강아지는 관 측에서 보아 장래성이 좋은 사람, 즉 무사고장이 많은 사람이 될 가능성이 컸기에 주먹 출신들은 무사고장을 경멸했던 것이었다.

　슈이치도 주먹 패에 속해 있었기 때문에 무사고장을 다는 것을 그만 둘까 하는 생각도 했다. 하지만 동생과 어머니 얼굴이 떠나지 않아 줄을 계속 늘려 나가자고 다짐했다. 주먹 출신들이 우습게 보든 말든 무사고장을 달기로 했다. 처음에 무사고장을 깔보던 주먹 출신들도 세월이 지나면서 한 사람, 두 사람 무사고장을 다는 사람이 늘어갔고, 슈이치와의 관계도 한층 부드러워졌다.

　어느 날 입욕순서를 기다리며 옥외에 정렬해 있던 중 돌풍이 불어와 담당간수 모자가 바람에 날아가고 말았다. 모자는 지면을 굴러가다 이내 하수구 속에 빠지려 했다. 담당간수는 대기중인 수용자들의 감시도 해야 했기에 모자를 뒤쫓아가 집을 수도 없어 그냥 눈으로만 지켜볼 뿐이었다. 수용자들은 볼 만한 구경거리가 생겼다는 듯, 간수의 모자가 곧 흙탕 범벅이 되는 순간을 고대하며 피식피식 웃었다.

　슈이치가 돌연 대열에서 이탈했다. 규율위반이 되거나 말거나 생각하지 않고 무의식중에 모자 뒤를 급히 쫓아갔다. 아직 깨끗한 상태에서 모자를 붙잡기는 했는데 그 순간 나뒹굴고 말았다. 정강이를 하수구 부근에 '어이쿠' 신음소리를 낼 정도로 크게 부딪치고 말았다. 한동안 일어나지 못할 정도로 아팠으나 어쨌거나 모자에 묻은 먼지를 털어 담당간수에게 전해줄 수 있었다. 간수는 "고맙다"며 죄수인 그에게 감사의 말을 했다.

　다른 수형자들은 벌점이 많이 쌓인 슈이치가 특별 감점을 받기 위해 쇼를 한다고 생각했지만, 슈이치는 그저 자연스럽게 몸이 움직였을 뿐이었다.

　동생이 주료로 승진한 것을 알게 된 것은 제4공장에서 프레스공으로 일하고 있을 때 공장에 게시된 신문을 통해서였다. 기뻐서 하늘에라도 오를 듯한 기분이었다. 동생으로부터 격려편지와 송금이 계속 왔다. 하루 빨리 출소의 날 만 기다리는 나날이었다. 동생도 지위가 올라갈수록 매스컴에서도 관련기사를 자주 다뤘다. 형이 형무소에서 복역중인 사실이 알려지면 어쩌나 하는 생각으로 슈이치는 그간 포기하고 있던 가석방 가능성을 목표 삼아 열심히 일했다.

'속만 썩혔지 무엇 하나 형 노릇 해본 일이 없는데, 동생한테 신세를 갚는 길이라면 하루라도 빨리 출소하는 것밖에 없다.'

죄인이 아니라, 한 사람의 사회인으로 인간세상에서 사는 것이 무엇보다 보은이라고 생각했다.

무사고장도 2개, 3개로 늘어 예상외의 빠른 속도로 3급으로 승진했다. 3급이 되면 가석방 대상에 들어간다. 1급, 2급부터 순서대로 가석방으로 출소해 나가는 것이 보통이기에 아직 슈이치로서는 손에 닿지 않는 곳에 있었지만 희망의 불빛이 보이기 시작했다.

과거의 수형성적을 보면 도무지 가석방을 바라볼 수 없는 나였지만 무슨 일이 있다 해도 동생한테 입은 은혜를 갚고 싶었다.

동생 다마노시마는 주료를 세 대회 만에 통과하고 같은 도장 선수라도 시합을 벌이도록 대회형식이 바뀐 1965년 첫 대회에서 랭킹 4위인 고무스비에 새로 올랐다. 첫날에는 같은 도장의 선배인 요코즈나 다이호와 대전했다. 고무스비가 오제키를 멋지게 이기자 환호성이 올랐고 이때의 강렬한 인상으로 많은 팬들이 생겨났다. 스타는 결정적인 대목에서 한 건을 한다. 그날 마사오가 그랬다. 언론매체가 마사오를 집중 취재했음은 물론이다.

부쩍부쩍 성장해 가는 동생의 소문을 들을 때마다 감옥에 갇혀 있던 슈이치는 자탄했다.

'빨리 2급으로 진급하고 싶다, 그렇게 되면 ….'

이 무렵 담당간수가 생각지도 않은 말을 해주었다. 가석방 대상으로 현재 심사중이라는 것이었다. 심사신청은 담당간수의 권한이라는 것은 알고 있었지만 설마 자신을 심사대상으로 올릴 줄은 꿈에도 생각하지 않았다. 전혀 예기치 않았던 가석방 심사라 감격해서 아무 말도 할 수 없었다. 심사대상이 되면 대부분 출소하기에 예상보다 빨리 출소할 수 있게 된 것이다.

슈이치는 당시 가석방 심사대상이 된 것은 자신의 노력이 결실을 맺은 것이었다기보다는 동생 마사오의 배려와 담당간수의 덕분이라고 여긴다.

1966년 3월, 5년여 만에 슈이치는 다시 세상 밖으로 나왔다.

동생 다마노시마는 이 해 여름 세키와케에 올랐으며, 그 뒤 3대회 연속 3상(감투상 등)을 수상하고 당당히 요코즈나 다음의 2인자인 오제키로 승진했다.

출소, 사랑과 이별 6

'가석방.'

꿈만 같았다. 가석방이 결정됐다는 소식을 듣는 순간 슈이치는 믿어지지 않았다. 미에형무소에 잔뜩 겁을 먹고 들어오던 때에는 도대체 무슨 뜻인지도 몰랐던 말이었다.

살인죄로 6년형이 확정됐던 슈이치가 모범수로 가석방된 것은 1966년 3월, 체포된 지 5년 2개월 만이었다. 만기출소보다 10개월이 빨랐다. 비록 살인은 했지만 범행 당시 스무 살의 어린 나이였던 점과 후반기 행형 실적이 좋아 이 같은 혜택이 주어진 것이다.

얼마 만인가. 너무도 눈부신 바깥세상. 철문 밖에 나서 봄기운을 담은 공기를 심호흡하는데 누군가 부른다.

"슈이치!"

"여기야. 여기."

두 살 위의 형 이치오였다. 곁에는 친구 Y가 서 있었다.

형과 Y를 부둥켜안고 슈이치는 인간의 냄새를 맡았다. 출소의 흥분과 재회의 감격이 안긴 몇 방울의 눈물을 찍으며 슈이치는 두 사람을 따라가 대기중인 검은 승용차에 올랐다. 차 뒷좌석에 앉아 차창을 열고 맡아보는 자유의 냄새는 그렇게 상큼할 수 없었다. 그런데 시간이 지나면서 점차 냄새가 이상해져갔다. 헛구역질이 나오기 시작했다.

너무 오랜만에 차를 탄 까닭이었다. 자동차 진동은 멀미를 가져왔고 한참을 맡아보지 못한 가솔린 냄새에 비위가 상했던 것이다. 도무지 참을 수 없어 길가에 차를 세우고 토했다. 미에형무소가 있는 쓰 [津]에서 가마고리까지는 승용차로 두 시간 거리였는데, 그 사이에 차를 세우고 토하기를 다섯 번이나 했다. 슈이치의 고향 돌아가는 길은 그렇게 멀고멀었다.

거리는 몰라보게 변해 있었다. 미래세계에 타임머신을 타고 도착한 느낌이었다. 낯선 높은 건물들은 타관에 온 느낌을 주었다. 고도성장기를 맞은 일본의 변모는 당대 사람도 눈이 핑핑 돌 정도였으니 장기간 수감생활을 하고 나온 슈이치가 어리둥절해 한 것은 당연했다.

운전대를 잡고 있는 친구만 보아도 크게 달라졌다. 슈이치가 살인범으로 체포될 무렵만 해도 조직에서는 슈이치보다 한 수 아래로 취급당했던 친구가 아닌가. 그런데 차를 몰고 있다니! 운전사가 아니라 자신의 차라고 하지 않는가. 뜻밖이었다.

멀미 속에서도 피 끓는 청년의 가슴을 쿵쾅거리게 하는 일이 있었다. 거리를 활보하는 젊은 여성들의 짧은 치마였다. 허벅지 한참 위까지 눈부시도록 허연 다리를 드러내고 있었으며, 다리 위로는 팬티가 보일락 말락 했다. 젊은 때를 감방에서 보내며 오랫동안 금욕해온 슈이치는 싱싱한 육체를 멀리서 바라보는 것만으로 몸을 비틀어대야 했다. 마치 스커트 안을 투시경을 통해 은밀한 곳까지 죄다 들여다본 것처럼 홀로 민망한 생각이 들어 얼굴이 벌겋게 달아올랐다. 눈을 감아도 어른거리는 허연 살결에 멀미가 더 심해지는 것만 같았다.

"어때, 세상 많이 변했지? 죽이지 않니? 저 다리 좀 봐라. 흐흐."

눈을 이리저리 돌려대며 허둥대는 그를 곁눈질하며 형이 키득거렸다. 어느새 슈이치는 전신을 휩싸고 감돌던 아스라한 전율의 기억을 더듬으며 길거리로 다시 눈을 돌리고 있었다.

가마고리에 도착하자 형은 단골 스시 집으로 안내했다. 주인이 형과 의형제 사이인 '히코스시'〔彦壽司〕였다.

"고생 많았다. 슈이치의 건강과 행운을 위해, 건배!"

"고마와. 형."

"건배!"

"고맙네."

형과 친구는 슈이치의 출감을 축하하며 조촐한 환영식을 베풀었다. 너무도 외로운 생활을 해온 슈이치인지라 새삼 형제애와 우정에 뜨거움이 북받쳐왔다.

마음은 밤새도록이라도 마실 것 같았는데 몸은 그게 아니었다. 맥주 한 컵을 홀짝홀짝 마시는 데도 무려 1시간이나 걸렸다. 타고난 술꾼이란 원래 없는 법이며 음주는 습관에 지나지 않는 것일까. 투옥되기 전 술을 못 마시는 편이 결코 아니었던 슈이치였지만 오랫동안 술한 방울 입에 댄 적이 없었기에 이날은 술이 도무지 몸에 받지 않았던것이다. 맥주 몇 잔을 마신 정도였는데도 만취한 사람처럼 눈이 스스로 감겨와 견딜 수 없었다.

"허허, 이 사람 참. 그새 몸이 약해졌군. 그만 쉬게."

친구는 슈이치를 부축해 인근에 잡아놓은 여관으로 안내했다.

"자, 그럼 내일 보자구."

친구가 방을 나서자마자 곧바로 한 여성이 들어오더니 무릎을 꿇고 고개 숙여 인사했다.

"안녕하세요. 처음 뵙겠습니다. 요코라고 합니다. 잘 부탁드립니다."

온천가 일대에서 일하는 기생(게이샤)을 친구가 몸을 풀라며 들여보낸 것이었다. 슈이치는 누구라도 좋으니 여자와 밤새도록 하고 싶었다. 형무소를 출발해 가마고리로 오는 도중에 눈을 혼란스럽게 했던 미니스커트 차림의 허벅지가 어른거렸다. 졸음은 말끔히 사라졌고 슈이치는 굶주린 늑대처럼 여자를 덮쳤다.

"아이, 참. 급하기도 하지. 잠깐만. 허, 흑."

게이샤는 상대가 형무소에서 갓 출소한 사람이란 것은 친구한테 들어서 알고 있는 듯했다. 슈이치는 욕망의 불길로 뜨거운 하체를 다짜고짜 요코의 것에 밀착시켜 들어갔다. 식을 줄 모르는 열기에 넘쳐 슈이치가 요구할 때마다 요코는 거부하지 않고 모두 받아주었다. 그때마다 요코의 관절 마디마디 하나는 산산이 분해된 것처럼 흐느적거렸다. 그리고 다시 긴장, 이완의 과정이 반복됐다.

슈이치보다 대여섯 살 위의 요코는 그간 뭇 남성을 상대해온지라 상대의 리드에 따라 금세 뜨거워질 줄 아는 육체를 갖추고 있었다. 요코의 달궈진 몸 안에 들어간 슈이치는 자신의 작은 분신이 흐물흐물 녹아드는 걸 느끼며 황홀했다. 기적처럼 그의 하체가 머리를 쳐들고 되살아나면 다시 거친 폭풍우를 일으키며 칠흑의 동굴 속으로 돌진해 들어갔다.

어느새 슈이치 위에 걸터앉은 요코는 고압전선에 감전된 것처럼 등을 활처럼 뒤로 구부리며 낮은 신음소리를 끝없이 토해냈다. 거듭되는 절정의 포만감으로 요코의 작은 몸은 경련을 일으키며 떨고 있었다.

달콤한 사랑의 말이나 부드러운 애무 따위는 출소 직후의 슈이치에게 사치였다. 눈앞에 어른거리는, 군침 도는 먹이감을 덮쳐 포식하듯 그에게는 육체의 교접만이 전부였다.

슈이치가 마침내 몽롱한 만족감 속에 졸음을 느끼며 요코의 몸에서 떨어져 나갔다. 요코는 한동안 죽은 듯 꼼짝 않고 있었다. 지금껏 경험하지 못했던 격정에 찬 공격이었다. 그러나 공격을 받을수록 기쁜, 패배가 아닌 열락의 환희를 수차례나 맛보았다.

요코는 발끝으로부터 번지기 시작한 열기가 머리털 끝까지 오르며 번지기 시작해서는 마침내 세포 하나하나의 반란으로 폭발하는 걸 느끼며 전율했다.

이 남자는 누구일까. 슈이치의 가슴에 요코의 손끝이 살며시 닿는 순간 슈이치의 것은 불연 듯 다시 일어섰다. 요코도 기다렸다는 듯 가느다란 신음을 내뱉으며 몸을 틀어 슈이치를 받아들였다.

5년여 수감생활 끝에 세상 밖으로 나온 슈이치의 첫날밤은 그렇게 승패가 기록되지 않는 공방으로 이어졌다.

가석방 상태였기 때문에 슈이치는 잔여 형기 동안 보호관찰 아래 놓여 있었다.

공연히 말썽을 피웠다가는 재수감된다. 그의 신병을 인수해준 사람은 동네 유지로, 주먹세계와도 끈이 닿아 있는 회사 사장이었다.

"감사합니다. 저를 위해 애를 써주신 것으로 알고 있습니다."

"허허, 나야 별로. 자네가 수고했지. 자네 오야붕과의 일도 있고 해서 …. 아무튼 앞으로 탈 없이 잘 지내기 바라네.”

인사를 받으며 동네 유지는 오야붕 가모시타와 선이 닿아 있음을 알려주었다.

‘역시 오야붕이 뒤를 봐주었구나.’

번듯한 회사를 경영하는 사장이 신병인수를 해준 것도 슈이치의 가석방 심사에 유리하게 작용했던 것이다. 출소 후 사장이 데리고 있겠다는 약속이었기에.

하지만 슈이치는 출소한 지 며칠이 지나지 않아 신병인수자인 사장의 회사가 아닌, 예전의 오야붕 가모시타 밑으로 돌아갔다. 감독기관의 누구도 이에 대해 뭐라는 사람은 없었다.

세토일가에 몸을 다시 맡기게 된 슈이치는 5년여 공백기간이 가져온 변화를 통감했다.

달라진 것은 건물과 미니스커트뿐만이 아니었다. 세상을 움직이는 틀이 바뀌어 있었다. 오야붕도 더 이상 전문도박으로 먹고사는 처지가 아니었다. 도박에 대한 처벌이 강화되면서 진즉에 업종전환을 단행한 상태였다. 오야붕은 여러 술집에 손을 대고 있었다. 뿐만 아니라 댄스홀, 바, 스트립쇼 극장, 포르노영화관 등 미가와 온천 일대의 환락가는 가모시타의 영향력 아래에 있었다.

슈이치 말고는 한 사람도 없었던 신참들은 그 사이 20여 명으로 늘어나 있었다. 낯선 얼굴의 신참들은 가모시타의 영향력 아래에 있는 업소를 상대로 영업을 하는 사원이기도 했다.

야쿠자라고 해서 주먹만 휘둘러 업소주인과 종업원한테 돈을 뜯어내는 것은 아니다. 업소가 특정 야쿠자 조직과 관계를 맺는 것은 보험에 가입하는 것과 비슷한 성격을 띤다. 반강제적으로 가입해야 하는 데다 보험료가 제멋대로란 점이 일반보험과 다르기는 했지만. 술과 여자를 파는 장사를 하다 보면 항상 문제가 터지는데, 이를 효과적으로 처리하기 위한 서비스 조직으로서의 야쿠자가 필요했다. 업소와 야쿠자는 공생관계에 있었다.

업소는 특정 야쿠자 조직이 직·간접으로 운영하는 회사로부터 술과 안주는 물론 가게에 까는 매트, 장식용 화분이나 그림, 물수건, 연말연초에 문밖에 꾸미는 장식품 등을 구입하지 않을 수 없었다. 여자 조달도 비슷한 루트를 통해 이뤄졌다. 업소로서야 어차피 구입비로 들어갈 돈을 야쿠자 조직에 '보험료'를 겸해 내는 것이었다. 겉으로는 정상적인 거래형태를 취하고 있지만 구매자 측이 가격흥정을 벌여볼 여지가 없다는 점에서 불공정한 측면이 강한 거래였다.

야쿠자 조직은 업소에 각종 물품을 대주고 받는 돈과 명절 때 인사치레로 건네지는 돈, 특별행사의 찬조비 등의 수입에 대한 반대급부로 상당한 서비스를 제공하지 않으면 안 되었다. 요금과다를 둘러싼 손님과의 시비, 뜨내기 건달의 영업방해 통제, 손님들간의 폭력사태, 업소간의 인기 아가씨 쟁탈전 조정업무, 경찰의 업소단속에 따른 시의적절한 대처 등이었다. 업소에 조직원을 몇 사람 취직시키는 일도 흔했다.

경찰은 야쿠자 조직을 방치했다. 매일처럼 유흥가에서 일어나는 소란에 일일이 개입할 인력도 없고, 개입한다 해도 골치가 아팠기에 일대를 관할하는 야쿠자 조직과 눈에 보이지 않는 '업무제휴'를 하고 있었다. 제한된 범위 내에서 야쿠자가 위탁통치를 하는 것을 묵인했다. 지금도 대도시에서 야쿠자 조직이 공공연하게 각종 회합을 열고, 대표를 선출하고 있는 것은 이 같은 공생관계가 있기에 가능한 일이다. 40년 전에야 오죽했겠는가.

슈이치도 이제는 도박계가 아닌 새로운 영역의 어딘가에 활동무대를 정하지 않으면 안 되었다. 오야붕은 슈이치가 감방에 오래 있었던 까닭에 바깥세상의 흐름을 제대로 파악할 시간을 주기 위해 일단 자택에 머물며 경리 일을 맡아보도록 시켰다.

예전 스무 살도 안 된 나이에 오야붕의 애인으로 함께 살면서 걸핏하면 훌쩍훌쩍 울어대던 선배 여학생은 체격부터 달라져 있었다. 앳된 소녀 티는 완전히 사라졌고 한눈에 세월의 변화를 드러냈다. 야릿야릿하던 몸은 많이 불어나 고교생 때의 늘씬한 모습은 조금도 남아 있지 않았다. 복역중 슈이치는 출소 후 오야붕의 애인이자 선배 여학생과의 재회의 순간을 머릿속에 그려본 적이 많았다.

'첫 인사는 무엇이 좋을까.'

'어떤 제스처가 적당할까.'

'저쪽에서는 무슨 말을 걸어올까.'

수감생활중 그의 상상 속에 맴도는 이성이라고는 오야붕 가모시타와 사는 선배 여학생 정도였기에.

첫 인사는 의외로 단순했다. 그럴 수밖에 없었다. 오야붕의 부인이 아닌가.

"안녕하셨습니까. 또 신세를 지게 되었습니다."

"네, 어서 오세요."

과거와 전혀 다른 뉘앙스였다. 개인적 감정이 전혀 들어있지 않은 듯한 사무적인 말 한마디뿐이었다. 5년 사이 20명도 넘는 '야쿠자 사원'을 거느리게 된 오야붕의 부인은 과거 '요짱'이란 애칭으로 부르던 슈이치에게는 더 이상 관심을 둘 여유가 없었다. 쌀쌀맞게 느껴지는 그녀의 말씨에 청년 슈이치는 적지 않은 마음의 상처를 받았다.

'사원' 20명이 수하에 있다 보면 복역, 출소는 다반사였다. 그때마다 한 사람, 한 사람에게 특별한 감정을 갖고 대해줄 수도 없다. 그러다 보니 나한테도 그러려니 체념했지만 5년여 수감기간이 따순 정을 느끼며 행복해 했던 그의 '가정'마저 사라지게 한 걸 실감했다.

오야붕의 새 부인은 그 사이 인력관리에 수완이 붙은 것 같았다. 인사담당 부사장처럼 사원들 위에 군림하고 있었다.

출소 후 들은 이야기지만 살인사건이 터진 이후 오야붕 가모시타와 신참시절 훈련사범격이었던 젠고로도 경찰에 불려가 취조를 당했다. 경찰도 슈이치가 가모시타 수하라는 것을 잘 알고 있었다. 또 젠고로는 슈이치에게 피살당한 사람과 과거에 멱살잡이를 했다는 증언을 확보했던 것이다. 따라서 살인의 배후에 혹시 세토일가, 그 중에서도 가모시타와 젠고로가 있지 않나를 캐는 조사였다.

두 사람 모두에게 슈이치의 살인사건은 자다 봉창뜯는 소리였다. 하지만 경찰은 지역조직과 외부조직 간의 집단적 항쟁가능성을 놓고 철저히 수사했다. 두 사람이 특히 조마조마했던 것은 조사경험이 많지 않은 슈이치가 까닥 잘못해서 두 사람한테 사주받았다는 식으로 진술해버리면 슈이치 이상의 중벌을 꼼짝없이 받아야 했기 때문이었다. 살인을 하도록 시킨 사람이 지시에 따라 사건을 직접 저지른 하수인보다 더 중한 벌을 받는 탓이었다.

살인교사범으로 몰려 처벌받지 않을까 전전긍긍하던 두 사람은 슈이치가 끝까지 자신의 책임을 주장해 기소되지 않고 풀려났다. 슈이치의 돌발적 행동으로 경찰조사를 받게 된 두 사람은 몹시 불쾌해했다. 조직과 직접 관련이 없는 일로 조직원이 칼을 휘둘러 사람을 죽이는 바람에 조직 전체가 위기를 맞았던 것이다.

슈이치의 살인극은 세토일가 조직이 개입된 것은 아니었다. 나와바리를 지키기 위한 싸움도 아니었고, 오야붕의 복수를 위한 라이벌 그룹과의 항쟁에서 비롯된 것도 아니었다.

세토일가는 슈이치의 행동을, 비록 폭행당하는 선배를 구하려 한 것은 의리 있는 행동이었다 해도 대의명분이 없는 개인적 싸움으로 결론지었다. 하마터면 조직 전체가 큰 위기를 맞을 뻔했다는 점에서도 이번 사건은 어디까지나 슈이치의 사적 행동으로 해두는 것이 조직을 지키는 방편이기도 했다.

슈이치는 사사로운 일로 사건을 일으켜 조직을 위태롭게 만든 잘못으로 조직으로부터 절반쯤 파문상태에 있었던 것이다.

이 때문에 슈이치가 출소하던 날 세토일가에서는 아무도 마중을 나가지 않았다. 환대받을 형편이 아니었던 것이다. 수감중이었다고 해도 활동경력으로 보면 이미 조직의 중간간부급이었지만 이런 경위 때문에 어쩔 수 없이 신참 조직원들이나 하는 밑바닥 일을 해야 했다.

푸대접을 받고 있었지만 슈이치는 맘속에 자신은 '일가를 모욕한 뜨내기를 해치웠다'는 자부심이 있었다. 조직이 평가해주건 말건, 그는 자신의 행동이 조직의 명예를 지키기 위한 '거사'였다는 생각을 간직하고 있었다.

오야붕 밑에서 일하고 있는 20여 명의 '사원' 대부분이 하고 다니는 짓거리에 슈이치는 절로 한숨이 나왔다. 대체 회사원을 하다 야쿠자가 되었는지, 아니면 야쿠자를 하다 사원 노릇을 하게 되었는지 짐작하기 어려웠다. 자신은 과거에 제대로 된 정통 수련코스를 밟았는데, 이 친구들은 조직의 확대기를 틈타 마구잡이로 비집고 들어온 사람들이 아닌가.

종업원과 바텐더로 업소에 취직하고 있던 자가 시간이 조금 지나면 문신을 새기고 조직의 일원이 되는 수가 많았다. 그러다 보니 사원,

종업원의 대부분이 사실상 오야붕 밑의 조직원이기도 했다. 따라서 이들 세계는 일반 회사에 가까운 것이었으며, 슈이치가 어려서 눈에 익혔던 도박집단의 명맥을 오래 이어온 세토일가의 관례나 예의 등에 대해서는 눈곱만큼도 관심이 없었다.

조직원은 많아졌으되 협객의식을 가진 자를 더욱 찾기 힘들어진 것을 슈이치는 한탄했다. 오야붕도 그랬다. 과거와는 달리 어쩐지 계열사를 여럿 거느린 기업의 회장 같은 인상이 강하게 풍겼다.

"이 사람이 전에 말한 슈이치다. 서로 인사 나누고 잘 지내라."

어느 날 오야붕이 부하 전원을 소집하더니 슈이치를 소개했다.

대부분 모르는 얼굴들이었다. 세 사람 정도는 10대 '태양족' 시절에 같이 어울려 다닌 얼굴이었다. 출소하던 날 마중 나와주었던 Y도 그 중 한 명이었다. 다른 이들은 타관 출신이었기에 새로 사귀지 않으면 안 되었는데 여간 피곤한 일이 아니었다.

그가 자랐던 가마고리 지역 출신들은 슈이치가 출소하자 마음 든든하게 생각했다. 이 지역 출신이 아닌 뜨내기 중 한 명이 '큰형님' 행세를 해대며 거들먹거려 비위가 틀어져 있던 중이었다. 지역 출신들은 형뻘인 슈이치가 출소하자 그의 주위에 모여들어 일제히 울분을 토해냈다.

"선배, 이렇게 당하고만 있을 수 없잖습니까. 무슨 수를 써 주십시요."

호소를 듣고도 슈이치는 선뜻 나서지 않았다.

"조금만 기다려보자."

다시 사고 치면 재수감될 수도 있는 상태인데다 아직 조직 내 분위기를 파악하는 데에도 시간이 더 필요했던 것이다.

비록 즉각적인 행동을 만류하기는 했지만 슈이치도 시간이 지나면서 지역 출신들과 마찬가지 생각을 갖지 않을 수 없었다. 굴러들어온 돌이 박힌 돌 빼낸다고, 뜨내기들이 지역 출신을 밀어내고 좋은 자리를 차지하고 나서는 노골적으로 업신여기는 것은 정말 눈꼴사나웠다. 그냥 이대로 놔둘 수 없다는 생각이 모락모락 피어올랐다.

신참들은 모두 오야붕이 관여하는 가게의 어느 곳에선가 일하는 사원이었다.

오야붕 집에서 경리 일을 한동안 돕던 슈이치에게 스트립쇼 극장에서 일하라는 지시가 내려왔다. 왠지 찜찜했지만 오야붕 말이니 듣지 않을 수 없었다.

벌거벗은 육체에 밤의 마술까지 더해져 사람을 들뜨게 하는 스트립쇼 극장. 그곳에서 일하게 된 초기에 혈기에 넘치는 슈이치는 밤마다 주체할 수 없는 욕망에 괴로워했다. 무용수의 나신을 볼 때마다 흥분을 억제하는 것만 해도 큰 고통이었다. 눈을 감아도 나신의 환영이 눈꺼풀을 밀고 들어오는 듯했고, 코를 막아도 기분 좋은 여자 냄새가 피부를 통해 스며드는 것 같았다.

당시 일본 가요계에는 허스키 보이스로 남자인지 여자인지 잘 구별하기 힘든 남녀가수 두 사람, 모리 신이치〔森進一〕와 아오에 미나〔青江美奈〕가 대히트를 기록중이었다.

〈여자의 한숨〉, 〈황홀한 블루스〉 등의 애절한 곡조에 맞춰 허리를 뒤틀며 춤추는 스트립 댄서들의 교태는 미칠 듯이 욕정을 자극했다.

묘한 것은 그런 댄서들도 낮 동안 극장 주위에서 마주치면 다른 보통 여자들과 마찬가지로 별다른 느낌이 들지 않는 것이었다. 하지만 어느덧 어둠이 깔리고 무대에 올라 화려한 조명과 스포트라이트를 받으면 완전히 절세의 미녀로 돌변했다. '조명발', '화장발', 그리고 밤의 위력이었다. 스트리퍼가 쉽사리 직업을 던지지 못하는 것은 밤무대의 특성이 자신에 대한 환상을 갖도록 만들기 때문이다.

형무소에서는 볼 수 없었던 여자, 그도 벌거벗은 여자가 매일 밤 코 앞에서 요염한 자태로 꿈틀댄다. 금욕생활이 길었던 슈이치는 세포 하나하나에 강렬한 자극이 발생해 전신이 굳어지는 듯했다. 무용수를 멍하니 바라보는 슈이치의 눈은 종업원의 것이 아니라 넋 나간 손님의 눈이었다.

밤마다 욕정과 흥분으로 비몽사몽의 상태였던 그가 조금씩 냉정을 찾게 된 것은 스트립쇼 극장에서 일한 지 3주가량이 지나면서부터였다. 스트립쇼 극장에서는 슈이치를 비롯해 모두 5명이 일했다. 조명과 장내정리, 호객 일을 매일 교대로 했다. 온천가라 항상 손님들이 북적대 극장수입은 짭짤했다.

어느 날 밤도 극장 밖에서 온천가를 찾아온 손님을 상대로 호객을 하고 있었다. 가마고리 일대에는 온천지가 몇 군데 있는데 게이샤들이 손님을 끌고 조금 떨어진 다른 온천지로 놀러 나오곤 했다. 그날 밤도 그런 손님과 게이샤 커플 모습이 미야온천지에 많았다. 이렇게 멀리서 일부러 와준 손님에 대해서는 특별할인을 해주었다. 손님을 데려온 게이샤에게는 가방을 사례품으로 증정했다. 슈이치는 게이샤에게 감사의 말과 함께 선물을 건넸다.

"감사합니다. 또 찾아주세요. 약소하지만 선물입니다."

"어머, 오빠. 난 그런 거 필요 없어. 오빠 보고 싶어서 왔단 말이야. 호호호."

동행한 남자의 눈을 살짝 피해 다가온 게이샤는 슈이치의 뺨에 혀가 닿을 듯 가까이 와 소곤댔다. 갑작스런 말에 슈이치는 어리둥절했다.

기모노 정장을 한 게이샤의 모습을 본 기억이 없었다. 손님이 계속 밀어닥쳤기 때문에 더 이상 그녀와 대화를 나눌 수 없었다. 게이샤는 곧 동행한 손님을 데리고 극장 안으로 들어갔다.

슈이치는 호객을 계속했다. 1시간 정도 지나자 아까 말을 건넸던 게이샤가 쇼 구경을 마치고 손님보다 한 발 먼저 나왔다.

"고맙습니다. 또 부탁합니다."

슈이치가 게이샤에게 다시 말을 건네자 게이샤는 한 장의 명함을 건넸다.

"전화 꼭 해줘. 오빠. 기다릴게."

곧 뒤따라 나온 손님과 함께 돌아가며 게이샤는 슈이치에게 다시 교태를 지어보였다.

'대체 누구지?'

출소한 지 얼마 되지 않은 슈이치로서는 여자를 사귄 기억이 없는데 얼른 짐작이 가지 않았다. 명함에는 게이샤의 이름과 소속된 집 이름이 써 있었다. 그때서야 '아하' 소리가 나왔다.

출소하던 날 밤 한 마리 짐승으로 변한 슈이치를 밤새 상대하느라 녹초가 됐던 그 여자였다. 그날 밤은 한시가 급한 슈이치의 사정을 고려해서 아예 옷을 벗기기 어려운 기모노 대신 평상복을 입고 여관을 찾아왔던 것이다.

기모노를 제대로 차려입은 모습은 처음 보았기에 얼른 알아보지 못했지만 명함에 새겨진 '요코'란 이름을 보고 퍼뜩 기억을 해냈다. 솔직히 욕정에 불타고 있던 슈이치는 그날 밤 얼굴이야 어쨌든 좋았다. 몇 살 위의 요코는 출소 후 바깥사회에 적응하지 못해 어디 한 곳 정을 붙이지 못하고 있던 슈이치를 따뜻한 육체로 품어주었다.

스트립쇼 극장에서는 4명의 무용수가 일했는데 한 달 간격으로 교대시켰다. 1년에 약 48명의 스트리퍼가 일하는 셈이다. 실제로는 같은 사람이 중복되기도 했지만 상당한 수였다. 혼자 출연하는 경우도 있었지만 커플로 출연하는 경우도 있었다.

뭇 사람들 앞에서 나체로 음란한 동작을 하는 스트리퍼는 모두 닳아빠진 여자라고 생각하는 사람들이 많다. 슈이치도 처음에는 그랬다. 하지만 이들을 계속 대하게 되고 나서는 순정파도 있다는 사실을 알게 되었다. 누가 처음부터 스트리퍼 팔자로 태어난단 말인가. 건달에게 빠져 흘러 다니던 끝에 스트리퍼가 된 경우가 많았다. 생계수단을 찾아 이 길에 들어섰을 뿐 남자를 거의 모르는 순박한 여자도 있었다.

부부나 가족단위 출연도 많았는데 좀처럼 이해하기 어려운 장면도 있었다. 아내가 섹시한 신음소리를 내며 손님들에게 다리를 벌려 중요한 곳을 보이며 돈을 벌고 있는 장면에서 남편이 무대 뒤에서 작은 소리로 '더 벌려' '허리를 더 돌려' 하며 지시하는 것이 아닌가. 웃음이 나올 것 같은데 부인은 남자가 시키는 대로 다리를 활짝 벌리고 허리도 예전보다 섹시하게 흔들어댔다.

이 남자 없이는 살 수 없는 까닭에 시키는 대로 할 뿐이었다. 성기를 뭇 남자에게 내보이며 돈을 번다는 것은 슈이치의 감각으로는 말도 안 되는 일이었다. 하지만 그런 현장을 지키며 밥을 벌어먹고 지내는 것이 슈이치였다.

어느 날은 모녀가 한꺼번에 출연했다. 남자는 아내와 딸에게 스트립쇼 연출을 지시했다. 아내에게 두 다리의 위치나 벌리는 자세에 대해 주문하는 것은 그렇다 치더라도 아직 어린 딸한테도 아내보다 더한 포즈를 주문했다. 아내와 딸의 다리를 벌리게 해 먹고 살아야만 하는 것인지 회의가 들 때도 많았다.

'그래, 할 수 없지. 세상에 별 직업이 다 있으니.'

모른 척하기로 했지만 그래도 개운치 않은 나날이었다.

부리부리한 눈, 늠름한 체격, 패기 넘친 젊은 청년 슈이치에게 반해 버린 스트리퍼가 등장하는 것은 필연이었다. 스트리퍼들은 슈이치와 같은 시간대에 밤의 세계에서 동고동락하고 있었기에 자주 얼굴을 마주하게 됐다. 서로의 생활에 대한 공감대가 있었기에 식사를 함께 하며 이야기를 주고받을 때도 있었다.

슈이치 스스로는 자신의 용모에 대해 "인상이 고약하고 생김새도 촌티가 나는 사람"이라고 평한다. 하지만 젊은 시절 그의 사진을 보면 여자라면 누구나 혹할 매력적인 용모이다.

당시 슈이치로서는 굳이 여자를 찾아 쫓아다니지 않아도 좋은 여건이었다. 1년이면 40여 명의 스트리퍼와 접했기에 그 중 접근해오는 여자와 하룻밤 즐긴다 해도 전혀 어색하지 않았다. 이제껏 애정과는 인연 없는 생활을 해온 슈이치인지라 하룻밤 자고 끝내는 사랑이, 징징 울고 짜는 밀도 높은 사랑보다 훨씬 더 속이 편했다.

그때 등장한 여자, 히로미에게도 남자가 있었다. 하지만 가마고리에 공연왔을 때에는 혼자였다. 공연을 마치고 쉬는 시간에 슈이치를 자주 접했다. 그에게 이끌린 그녀가 먼저 유혹했다. 슈이치로서도 마다할 처지가 아니어서 거부감 없이 잠자리를 같이 했다.

"아, 좋아. 슈이치." 육체의 갈망을 마지막 한계까지 풀기 위해 슈이치의 등을 찰거머리처럼 붙잡고 버둥거리며 히로미는 쉴 새 없이 사랑의 밀어를 되뇌었다.

"슈이치, 사랑해. 같이 있고 싶어."

그저 하룻밤 상대려니 생각했던 스트리퍼였지만 사근사근한 태도에 이끌린 슈이치는 여러 날 밤을 같이 보내게 되었다. 이윽고 히로미가 사랑을 고백하며 함께 살 것을 제안하고 나서자 슈이치는 당황했다. 처음 받아 보는 애정고백인지라 어떻게 대처해야 할지 몰랐다.

슈이치를 유혹해 잠자리를 같이 할 때까지 이미 히로미는 여러 가지 생각을 했던 모양이었다.

'사랑.'

낯익은 단어였기에 슈이치는 그리 감동하지 않았다. 사랑의 의미는 모른 채 그저 하루 일이 끝나면 여자의 부드러운 속살을 찾아 들었을 뿐이었다.

슈이치는 히로미와 동거하면서 가끔 이런 생각을 했다.

'그 남자가 못해주던 밤일을 내가 잘해주니 날 좋아하는 것 아닌가. 이제 그 남자는 완전히 잊어버렸겠지.'

히로미는 성욕이 강한 것 같았는데 그간 남자관계에 어지간히 불만이 많았던 모양이라고 생각했다. 슈이치는 히로미를 비롯한 여자를 섹스의 대상으로만 보고 있었다. 하지만 히로미가 슈이치에게 원하는 것은 단지 섹스만은 아니었다. 격정적인 사랑만 나누는 상대라면 굳이 슈이치를 찾지 않아도 줄을 서 있었다.

당시 슈이치에게는 미래를 약속한 여자는 없었다. 외로움을 달랠 이성이 필요한 사정은 피차 비슷한 상황이었다. 큰 고민을 하지 않고 동거생활에 들어갔다.

"원래 전 서양무용을 전공했어요."

히로미는 동거한 지 며칠이 지나면서 슈이치에게 과거를 고백했다. 큰 극장의 무대에서 당당히 춤추던 댄서였다는 것이다.

슈이치도 히로미에게 점차 진지한 마음을 품게 되면서 나름대로 여자에 대해 알아봤다. 그리 유명하지는 않았지만 희극 연출가로 활동하던 한 남자와 깊은 관계를 가졌다. 스트리퍼가 된 계기에 대해 히로미는 말하지 않았다. 그러나 이 남자와의 만남이 스트리퍼의 길로 이끈 계기가 된 것 같았다. 슈이치도 히로미를 상처받게 하고 싶지 않아 굳이 더 이상 캐묻지는 않았다.

스트립쇼 무용수는 슈이치가 일하는 극장에서 한 달간 일하면 다른 곳의 스트립극장으로 이동했다. 히로미도 슈이치와 한 달을 보내고 나서는 다른 곳으로 이동했다. 다시 가마고리에 돌아와 공연할 때만을 간절하게 기다리게 되었다.

스트리퍼란 직업을 갖고 있었지만 히로미는 순정이 넘치는 여자였다. 히로미는 아이치현 내의 다른 극장에서 출연중인 때나 다른 현이라도 가까운 거리에서 공연할 때면 공연을 마치자마자 요금이 많이 나오는 데도 불구하고 택시를 타고 슈이치의 품을 찾아 달려왔다.

그런 마음 씀씀이에 반해 슈이치도 차츰 진지한 태도로 만나게 되었다. 자신도 모르는 사이에 나고야에 출연중인 그녀를 만나러 가게 되었다. 물론 사전 연락은 하지도 않았다. 그저 손님인 것처럼 극장에 들어가 객석 한 모퉁이에서 사랑하는 여자, 히로미의 무대 맵시를 지켜보았다. 몇 손가락에 드는 일본의 대도시 나고야에 비하면 가마고리 시는 산골이나 마찬가지였다. 시골 온천극장에서 그녀를 바라 볼 때와는 느낌이 확연히 달랐다. 시설이 훨씬 좋은 극장에서 춤추는 그녀의 모습은 한층 더 멋졌다.

사회자가 그녀를 소개하면 한시 빨리 멋진 몸매를 화끈하게 보여 달라고 관중들은 휘파람을 불고 난리였다. 히로미가 꿈틀꿈틀 허리를 뒤틀며 몸에 짝 달라붙은 롱드레스와 속옷을 하나하나 벗어 던지기 시작하면 객석의 흥분은 최고조에 달했다. 히로미는 브래지어만 걸친 상태에서 격렬하게 허리를 흔들어 대며 온갖 선정적 자태로 손님들의 목젖에 침이 넘어가게 해놓고는 브래지어를 벗기 시작했다. 간드러진 모습으로 브래지어를 벗으면 다음은 팬티. 한 줌도 안 되는 듯한 팬티마저 벗고 나면 그것을 발가락에 끼고 늘씬한 다리를 위로 쭉 뻗어 선정적인 포즈를 지으며 요염한 얼굴을 객석을 향해 돌린다.

손님들의 눈은 일제히 댄서의 몸 한 곳으로 집중된다. 앞줄에 앉은 손님은 자리에 엉덩이를 붙이지 못하고 무대 곁으로 다가선다. 슈이치와 비슷한 일을 하는 젊은 친구들은 이때 긴장하게 된다. 혹시 손님이 무대 위로 올라가 쇼를 망치는 일이 생길까 싶어서다. 손님들이 여자의 은밀한 곳을 주시하며 침을 삼킬 때 슈이치는 우쭐한 기분을 느끼기도 했다.

'정신 나간 친구들. 교태를 부리는 저 여자는 공연이 끝나면 내 품에 안긴다고. 바로 내 애인이라고 애인!'

슈이치는 기성을 올리고 휘파람을 불며 스트리퍼에 흥분하는 손님들의 모습을 바라보며 히로미의 몸도, 마음도 모두 자신의 것인 양 우월감을 느꼈다. 객석을 향해 큰 소리로 이 사실을 알려주고 싶은 기분이었다.

당연한 것이지만 히로미가 슈이치와 정을 주고받는 은밀한 모든 부위를 낯선 사람들에게 보여주는 모습을 보면서 슈이치는 질투와 원망, 증오의 감정도 동시에 느껴야 했다. 이런 생각이 있는 한 스트리퍼의 동거남, '기둥서방'은 될 수 없는 노릇이었다. 슈이치는 어느새 히로미의 동거남으로 자리잡아가고 있었다.

그녀가 도쿄 일대 극장을 돌며 공연하는 어느 날이었다. 도쿄 인근, 오미야〔大宮〕의 한 극장에서 출연하던 때였는데, 그녀한테서 장거리 전화가 왔다.

"슈이치, 빨리 와 줘."

"무슨 일이야? 대체 무슨 일이 생겼어?"

깜짝 놀란 슈이치가 묻자 여자는 한숨과 함께 말했다.

"무슨 일은? 외로워서 그래. 보고 싶어."

"실없는 소리 말고. 정말 다른 일 없어?"

"안 올 거야? 그렇다면 내가 일 때려치고 내일 내려갈 거야."

이래서는 곤란한 일이다. 슈이치는 이런 말까지 할 정도면 얼마나 외롭겠나 싶어 곧바로 도쿄로 향했다.

출연진과 함께 머물던 그녀는 슈이치와 행복한 시간을 보내기 위해 따로 방을 잡아 놓고 있었다. 진지했다. 그녀는 슈이치의 따뜻한 가슴에 포근하게 안기는 순간을 기다리는 희망으로 고된 하루하루를 견뎌 내는 듯했다. 그런 그녀가 슈이치도 사랑스러워 견딜 수 없었다. 냉정한 사람이었지만 그 여자의 진심이 몸에 스며들어 날이 갈수록 사랑하는 마음은 깊어갔다. 하지만 그녀를 따라 출연 코스를 계속 붙어 다닐 수 없는 노릇이었다.

"일을 그만두고 같이 지내요. 슈이치, 제발 부탁이야. 응?"

히로미는 애원했지만 슈이치로서는 한번 맘먹고 시작한 야쿠자의 길을 중도에 그만두고 살림을 차린다는 것은 꿈에도 불가능한 일이었다. 슈이치는 찜찜한 마음으로 가마고리로 돌아왔다. 한동안 '그녀 말대로 할 걸 그랬나' 하는 후회와 이제라도 달려가 보고 싶은 그리움으로 밤잠을 설쳤다. 눈물을 그렁거리며 가지 말라고 애원하던 모습이 잊혀지지 않았다.

며칠이 지난 뒤 다시 오미야에서 장거리 전화가 걸려왔다.

이번에는 경찰서 유치장에 갇혀 있다는 것이었다. 당시는 스트리퍼에 대한 규제가 엄격해 음모를 노출해서는 안 된다는 조항이 있었다.

업소에서야 보여줄 것은 죄다 보여주고 있었지만 어쨌거나 단속조항이 있었으니 재수 없으면 걸릴 수밖에 없었다.

'외설물 진열죄'란 희한한 죄명으로 그녀는 경찰서에 붙잡혀 있었다.

전에도 체포된 적이 있었지만 동거남이 손을 써서 벌금만 내고 풀려난 적이 있었다는 말이 기억났다. 그 남자와는 헤어진 터라 이제 부탁할 사람이라고는 슈이치 밖에 없었던 것이다.

"미안하지만 빨리 와서 어떻게 좀 해줘요."

목소리는 의외로 침착했다. 지난번 슈이치가 냉정하게 자신을 뿌리치고 가마고리로 돌아간 일 때문에 정나미가 떨어진 탓일까.

"그래 알았어. 곧바로 갈게. 조금만 기다려."

슈이치는 일단 그녀를 안심시켰다.

도쿄로 출발하려는데 일이 꼬이려고 그랬던지 오야붕이 지시를 내렸다. 슈이치가 평소 관리하는 가게에 문제가 생겼던 것이다. 두세 시간으로 끝날 일이 아니었다. 슈이치 일이었기에 다른 사람에게 맡길 수도 없는 형편이었다.

히로미 일이 걱정되었지만 그렇다고 오야붕의 명령을 무시한다는 생각은 할 수 없었다. 가급적 빨리 일을 마치고 곧장 오미야로, 경찰서로 찾아갈 생각이었다. 하지만 일 처리는 자꾸 늦어졌고 간신히 사흘 뒤에야 오야붕에게 조치결과를 보고할 수 있었다.

구치소에 갇혀 있던 히로미의 일이 머리에서 떠나지 않았지만 '어린애도 아니고 무슨 수를 썼겠지. 극장 지배인이라도 신병을 인수해주었다면 지금쯤 풀려났겠지' 하며 애써 좋은 쪽으로 생각하고 있었다.

오미야의 극장 사무실에 전화해보니 짐작한 대로 히로미는 풀려났다고 했다.

"통화하고 싶은데 좀 바꿔주시겠어요?"

"아, 그게 …. 풀려나긴 했는데 바로 떠나버려서."

"에? 어디로요? 어느 극장입니까?"

"아무 말 없이 가버려서 모릅니다."

슈이치도 갑자기 속이 상했다. 아무리 섭섭해도 그렇지, 누군 사정이 없나? 그 새를 참지 못하고.

'에이 참, 또 다시 연락 오겠지.'

슈이치는 고자세를 취했다. 하지만 히로미로부터는 영영 연락이 오지 않았다. 지금도 슈이치는 히로미가 어디서 어떻게 살고 있을까 생각하며 마음 아파한다. 자신의 박정함을 아직도 원망하고 있을 것만 같아서.

첫사랑이나 마찬가지였던 히로미를 쓸데없는 고집과 판단착오로 멀리 떠나보내고 만 슈이치는 한동안 깊은 슬픔에 잠겨 지냈다. 이쪽 사정도 알아보지 않고 떠나버린 히로미에 대해 원망도 생겼다.

당시 자신의 모습에 대해 슈이치는 "정말로 이기심 덩어리였지요. 나만 좋다면 다 좋은 것 아니냐고 생각했어요. 다른 사람의 기분을 살피는 마음 따위는 전혀 갖고 있지 않았던 것이지요"라며 뉘우쳤다.

자신을 진심으로 사랑하는 스트리퍼를 품에 안고서도 스트리퍼에 대한 편견을 완전히 떨쳐버리지 못한 슈이치는 그렇게 자책했다. 히로미는 슈이치 내면의 이런 치사한 생각도 모른 채 오로지 사랑만을 생각하고 있었던 것인지 모른다.

슈이치도 히로미와의 사랑을 어떻게 결론지어야 할지 진지하게 생각해본 적이 있었다. 하지만 '한때는 좋을지 몰라도 언제까지 함께 살 수야 없지 않는가' 하는 회의도 들었다. 스트리퍼를 아내로 맞이할 기분은 솔직히 아니었던 것이다. 마음 한 구석에 자신을 깔보고 있던 슈이치를 버린 것은 히로미로서 정답이었을지 모른다고 슈이치는 애써 자위했다.

　　슈이치는 한동안 스트립쇼 극장에 몸을 맡기고 사회 분위기에 익숙해지기까지 시간을 벌고 있었다. 언제까지 그 일을 계속할 생각은 없었다. 히로미와의 일도 한시 빨리 잊어버리고 싶었기에 스트립쇼 극장을 떠나 다른 일을 하고 싶었다.

　　때가 오면 자립하겠다는 생각은 출소 직후부터 늘 갖고 있었다. 오야붕도 허락해주지 않을 이유가 없었다. 온천 환락가에 어울리는 장사가 없을까 이것저것 궁리해보았지만 역시 가장 잘 먹히는 것은 '여자 장사' 같았다.

　　당시 '가이드 아가씨' 등의 이름으로 객실에 여자를 들여보내는 클럽이 성행했는데, 이것을 해보기로 했다. 이 일에는 좋은 여자를 많이 확보하는 일이 급선무였다. 슈이치는 이 일을 도와줄 사람을 찾고 있었는데 동향 출신 시게무라〔茂村〕가 눈에 띄었다.

　　시게무라는 조직원 가운데서 늘 눌려지내며 두각을 나타내지 못했으나 여자 다루는 솜씨 하나만큼은 타의 추종을 불허했다. 잘 생긴 얼굴은 아니었지만 여성들이 좋아하는 분위기를 만들어내는 재주가 뛰어났다. 슈이치의 신종사업을 위해서는 보물과 같은 존재였다.

　　그에게 부탁해 괜찮은 여자 5명을 불러모은 다음 '가이드 클럽 만월'(滿月)이란 간판을 달고 곧바로 영업을 시작했다. 만월은 가마고리 중심부에서 조금 떨어진 미야온천가에 있었다.

　　세상천지 남자들은 죄다 그 일만 생각하고 사나 싶을 정도로 여자를 보내달라는 연락이 쇄도했다. 남자는 직업이고 나이고 따질 것도 없이 모두 여자를 밝히는구나 하는 생각이 들 정도였다.

예상외의 호조 속에 한 달여를 보내고 자리를 잡자 또 다른 일을 기획하게 됐다. 가마고리 시내에서 클럽을 운영하는 영업자들을 모두 모아 상조회를 만들게 됐다. 이 바닥에 가장 오래된 사람으로 여론 지도 자격인 한 남자를 회계로 지명하고 슈이치 자신은 회장자리에 앉았다. 각 업소에 종사하는 여자 한 명당 한 달에 얼마씩 적립금을 징수해 상조회를 관리 운영하게 됐다. 슈이치는 일약 클럽사장의 좁은 세계를 벗어나 '야쿠자 조합장'의 자리를 확보하게 됐다.

　영업도 순조롭고 수입도 눈에 띄게 늘어났지만 기분은 영 개운하지 않았다. 본업인 도박이 아니라 본인의 의지에서건 어떻건 젊은 여성의 육체를 먹이 삼아 지내고 있다는 생각 때문이었다.

　바로 이 무렵 슈이치를 음으로 양으로 도와주는 믿음직함 남자, 야마시타〔山下〕와의 만남이 있었다. 나이는 세살 위였지만 젊은 슈이치에게 항상 '형님'하며 깍듯하게 윗사람으로 모셨다. 사내답고 화끈한 슈이치의 성격을 맘에 들어한 그는 시종 슈이치 곁에서 전력을 다해 일을 도와주었다. 야마시타가 없었다면 당시 자신의 생업은 순탄치 못했을 것이라고 슈이치는 단언한다.

　야마시타는 시게무라와 친한 사이로 출소 후 얼마 되지 않아 슈이치와 첫 대면을 했던 사람이다. 원래 겸손하고 말수가 적었으며, 심한 나가사키〔長崎〕 사투리를 썼다. 아가씨들을 다루는 일 등은 시게무라가 맡았으며 야마시타에게는 클럽의 전반적인 관리를 맡겼다.

　슈이치는 야마시타와 함께 만월을 자주 찾아갔다. 히로미가 떠난 뒤로 딱이 정해놓은 여자가 없던 터라 슈이치는 술집에 찾아온 여자들 가운데서 하룻밤 상대를 찾아내 꼬셨다. 그 일이 지겨워지면 다른 술집에 들르곤 했다. 그러던 어느 날 한 술집에서 일하고 있는 아담한 몸집의 여자에 눈길이 꽂혔다. 늘 해오던 대로 '작업'에 들어갔지만 이게 어찌 된 일인지 도대체 먹혀들지 않았다. 지금까지 상대해온 여자들과는 어딘지 달라 애를 태우게 만들었다. 정신을 차리고 보니 여자한테 완전히 빠져 있었다.

슈이치는 이 여자 아닌 다른 여자한테는 아예 눈길조차 주지 않았다. 매일 밤 그 술집에 들러 말을 붙여 보았지만 여자는 의례 하는 말 이상으로 친밀감을 보이지 않았다. 그 여자가 일하는 가게주인은 나이든 할머니였는데, 의붓딸인지 어떤 관계인지 조차 알 수 없었다. 어딘지 모르게 우수에 젖은 듯한 여자의 표정에서는 잊고 싶은 과거가 보이는 것 같았다.

어느 날 밤 자정이 넘고 다른 손님이 자리를 모두 떴다. 슈이치는 '행여 오늘은' 기대하면서 시간을 끌며 술잔을 비우고 있었다. 단 둘이 되자 여자는 슈이치와 대작을 하기 시작했다. 슈이치도 웬만큼 취한 상태에서 여자가 혀 꼬부라진 소리로 말을 꺼냈다.

"당신, 나 좋아해? 그건 좋다 이거야. 하지만 적당히 놀고 끝내는 건 싫어. 난 진짜로 사귈 사람이 필요해 알았어? 그래도 좋다면 좋아, 같이 가자구."

슈이치는 술이 확 깼다. 그 자리에서 여자의 두 손을 움켜잡고 감격스럽게 대답했다.

"당신 좋아해. 얼마나 좋아하는지 몰라. 진짜 사귀고 싶어."

슈이치는 이제까지 지나온 일들을 숨김없이 털어놓은 다음 함께 지내고 싶다고 말했다.

남자와 여자 사이란 정말 알 수 없는 일이었다. 한 달 전 처음 볼 때만 해도, 어제만 해도 남남이었는데 그날 밤 살을 섞은 뒤로 두 사람은 누가 봐도 영낙없는 금실 좋은 부부로 거듭났다. 그동안 어떻게 서로 떨어져 긴 세월을 살아왔나 싶을 정도로 매일 밤 서로의 숨결을 귀로 확인하지 않고는 잠을 청할 수 없는 사이가 됐다.

그 여자의 이름은 쿠니코〔邦子〕였다. 정식 혼인신고는 아이가 태어나면 해도 되지 하는 생각에서 굳이 서두르지 않고 있었다.

일을 뚝심 있게 밀어붙이는 사람이었지만 그렇다고 아무 때나 경우 없이 촐싹대고 설치는, 그런 방정맞은 타입하고는 거리가 있었다. 친절하면서도 어딘지 알 수 없는 신비감마저 갖추고 있었기에 야쿠자 조직을 이끄는 사람의 아내로서는 최고의 여자였다.

슈이치는 아내 쿠니코의 관리와 시게무라, 야마사타의 도움을 받아 순조롭게 세력을 확대해 나갔다. 스모 선수로서 점차 두각을 나타내고 있던 다마노우미의 명성 덕택도 있어 가마고리 일대에서 웬만한 사람은 슈이치를 알아보게 됐다.

아내 쿠니코는 조직관리라고는 하지만 집안에만 있는 것을 답답해했다. 슈이치는 쿠니코를 위해 가마고리 시내에 자그마한 바를 차려주었다. 쿠니코는 활달한 성격이었기에 바에서 일하는 것을 즐겼다.

한편 야마시타는 여기저기에서 똘똘한 젊은 친구들을 어떻게 찾았는지 데려와 슈이치 밑으로 속속 편입시켰다. 슈이치의 조직이 커나가면서 어느 조직원도 말썽을 부리지 않았던 것은 야마시타의 인재채용에 힘입은 것이었다.

쿠니코는 부하들 사이에서 매우 인기가 좋았다. 나이보다 생각이 깊다는 평이 많았는데, 그런 소리를 들을 때마다 슈이치는 '그래도 내가 여자 보는 눈은 있지' 생각하며 흐뭇해했다. 가게에서 일하는 아가씨들도 전폭적인 신뢰를 보내주어 슈이치의 사업에 큰 도움이 되었다.

조직원이 그런대로 먹고 지내는 데 불편은 없었지만 조직이 커나가자 다른 영업도 생각하지 않을 수 없었다. 슈이치의 조직은 새 분야를 개척했다. 온천가의 호텔이나 여관과 계약해 '출장 도우미'를 내보내는 일이었다. 이용요금은 게이샤나 '가이드 아가씨'보다 적었지만 싼 여자를 찾는 손님도 적지 않았기에 호텔과 여관 측과 상호이해가 맞아 떨어졌다.

출소 후 오야붕 가모시타 밑에 들어갔을 때 함께 일했던 조직원들은 여전히 사원처럼 더부살이를 하고 있었다. 그러나 슈이치는 오야붕한테 신세를 지지 않아도 충분할 정도의 자체 조직을 거느리게 되었다. 가모시타는 슈이치를 신뢰했기에 세력충돌에 따른 마찰은 일어나지 않았다. 손발이 되어 조직을 관리해온 야마시타는 슈이치의 소개로 한 여자와 살림을 차렸다. 중매까지 서준 오야붕을 위해 야마시타는 더욱 열성껏 부하를 감독하는 역할을 했고 조직은 안정되어 갔다.

이 무렵 슈이치의 동생 다마노시마는 스모계 2인자인 오제키로 승진해 인기 스모 선수의 한 사람으로서 활약하고 있었다. 두 살 위 형인 이치오도 가마고리 시내 중심가에서 '클럽 오제키'를 경영하고 있었는데 그런대로 장사가 됐다. 슈이치 형제들이 모두 순풍에 돛을 단 격으로 별 탈 없이 지내던 시기였다.

어느 날 오야붕이 슈이치를 부르더니 "빈 지역이 생겼는데 맡아주지 않겠느냐"고 했다.

세토일가는 도카이〔東海: 도쿄에서 오사카에 이르는 일본열도 남해안〕에서는 유수한 도박집단이었지만, 이 무렵 새로운 세력이 대두해 세력분포도는 복잡하게 되었다. 세토일가의 본가는 세토〔瀨戶〕시였지만 슈이치가 출소한 무렵에는 8대 총장(그 전의 '총재'란 명칭을 개칭)이 살고 있는 가마고리 시가 본가가 되어 있었다. 도카이지방 여기저기에 '나와바리'를 갖고 있었다.

새로 맡게 된 나와바리는 하즈〔幡豆〕였다. 가마고리에서 서쪽으로 조금 떨어진 조그만 항구도시였다. 이 지역을 맡고 있던 오야붕이 숨지면서 빈 지역이 되자 가모시타는 수하 가운데 능력이 뛰어난 데다 믿음직한 슈이치에게 맡긴 것이다.

슈이치는 하즈 책임자가 된 것을 계기로 본업인 도박업을 전개했다. 위험부담은 있었지만 수입이 매력적이었다. 매번 도박장을 바꾸는 등 보안유지를 철저히 해주자 이제까지 명맥을 간신히 이어오고 있던 다른 도박명가와 신흥조직들에서 물 좋은 손님을 데리고 찾아올 정도가 되었다. 역시 도박은 '물장사'보다 한 수 높은 차원의 세계였다.

가마고리 쪽은 시게무라와 야마시타가 확실하게 장악하고 있어 아무 말썽이 일어나지 않았다. 당분간 떨어져 지내게 되었지만 쿠니코는 언제나 푸근한 마음씨로 슈이치를 편하게 해주었으며 가게도 번성했다. 쿠니코 밑에서 일하고 싶어하는 아가씨들이 많아 그 길에 음식점도 하나 새로 냈다. 슈이치와 쿠니코는 천생연분처럼 배포가 척척 맞았다.

슈이치가 노는 바닥이 바닥인지라 여러 여자가 항상 주위에 있었다.

미소라 히바리의 노래에 〈어떤 여자의 노래〉라는 가요곡이 있다. 가사에는 "하나 둘 세어보면 두 손에 남겨진 상처의 흔적"이란 대목이 있다. 남자를 사랑했다가 속고 버림받아 상처받고, 그래도 다시 사랑을 찾아 나서, 마침내 술에 젖어 가는 가여운 여자를 그린 노래이다.

슈이치도 '하나 둘 세어보면 양손에 넘칠 여자와의 만남'이 있었다. 직장 여성과의 만남은 거의 없었고 술집 여자들이 거의 전부였다.

술집 여자는 대별하면 두 가지 타입이 있다. 하나는 장사에 철저한 여자. 이름을 어떻게든 팔며, 손님 얼굴은 안 보이고 돈만 보일 정도로 다부진 타입의 여자이다. 두 번 다시 슬픈 사랑은 맛보지 않겠다는 독한 자세의 여성이다. 물론 마음 깊은 곳에는 아직도 사랑을 갈망한다.

또 다른 타입은 늘 당하고도 진창에서 빠져나오지 못하는 가여운 여자다. 사랑하면 속고 배신당하고 다시 절망에 빠진다. 그런 줄 알면서도 사랑하지 않고는 못 배긴다. 사랑하면 사랑할수록 고독이라는 허무감에 빠져간다. 고독에서부터 도망치려 술에 젖는다. 사랑하면 절망의 늪에 빠지고, 사랑받지 않으면 고독이 마음의 가운데를 휩쓸고 지나간다. 사랑과 술의 반복. 신체는 썩어가고 마음은 갈기갈기 찢어지고 만다. 늘 울기만 하는 여자. 욕지거리만 늘어놓는 여자. 손목을 걸핏하면 잘라 자살을 시도하는 여자. 술 힘을 빌리지 않으면 살 수 없는 여자들은 이런 타입이다.

쿠니코는 전자의 다부진 타입으로 속고 속는 가운데 굳건히 성장해 온 사람이었다.

쿠니코와 충직한 두 부하 야마시타, 시게무라의 도움으로 슈이치는 별로 신경 쓸 일이 없었다. 나와바리 밖의 도박장에 가서도 좌장 역할을 맡아달라고 부탁받을 만큼 슈이치의 지위도 확고해졌다. 25세 때 감옥에서 나와 29세 때 항쟁사건이 터질 때까지의 4년 사이에 슈이치의 신흥조직은 궤도에 올라섰다. 출소 후 처음 1년은 오야붕의 일손을 도와주었기 때문에 실제로는 3년간에 일어난 일이었다. 슈이치가 급속도로 자신의 조직을 키우게 되자 주위 사람들은 그를 달리 보게 되었다.

슈이치는 아직 서른 살도 되지 않았기에 부하들이 오야붕을 부를 때 쓰는 '아버지'라는 호칭에 거부감을 느끼고 있었다.

와타나베〔渡辺〕라는 중간간부가 있었다. 충직한 관리자로 무엇이든 다 믿고 맡길 수 있었는데, 야마시타가 데려온 사람이었다. 야마시타와 마찬가지로 슈이치보다 나이는 위였다. 와타나베는 인물도 근사한 데다 세상살이에 능통하고 예의도 바른 사람으로 슈이치가 부족한 부분을 메워주었다. 연배인 사람으로부터도, 동생 같은 사람으로부터도 그는 '아버지'라고 불렸다. 슈이치도 젊은 부하들이 그를 그렇게 부르는 것을 용인했을 정도로 조직의 분위기가 좋았다.

슈이치는 조직원들이 주위로부터 욕을 먹는 짓을 하지 않도록 각자의 생활안정을 위해 부하들에게는 매월 수당을 지급했다. 넉넉한 액수는 아니었다 해도 야쿠자 세계에 월급이란 개념을 도입한 것은 매우 선진적인 조치였다.

또 한 가지 확실히 주지시킨 것은 절대로 모르는 사람에게 피해를 주지 말라는 것이었다. 훈육주임 역할을 한 사람은 와타나베였다. 그는 건달세계에도 지켜야 할 도덕과 윤리가 있다는 것을 부하들에게 철저히 교육시켰다. 슈이치의 조직은 이처럼 강력한 통제 아래 있었기에 주위와 충돌을 일으키지 않으면서도 성장을 거듭해나갈 수 있었다.

슈이치는 부하들로부터 따뜻하고 뒷바라지를 잘해주는 자상한 사람으로 통했다. 슈이치는 한편으로 이미 인기 스모 선수 반열에 든 동생 다마노우미에게 조금이라도 해가 되는 일은 하지 않기 위해 애썼다.

1970년 3월 오사카대회에서 다마노우미는 마침내 스모계의 최고봉 요코즈나에 승진했다. 슈이치는 승진 축하를 겸해 요코즈나를 만나기 위해 아내와 부하 4, 5명을 데리고 오사카 봄대회장으로 외출을 떠났다. 밤이 되면 놀고 오라고 부하들을 풀어주었는데 건달세계의 본고장, 오사카인지라 부하들이 혹시라도 사고를 일으킬까봐 항상 조마조마했다.

'우리 같은 시골 야쿠자는 오사카 조직에 비하면 한 주먹감도 안 된다.' 시골 야쿠자의 한계를 망각하지 않는 것이 오사카에서 온전히 목숨을 보전할 수 있는 길이었다. 부하들이 단체로 오입하러 갈 때도 오야붕 슈이치는 이들을 밖에서 기다리고 있었다. 인솔책임자인 와타나베는 원래 술을 한 방울도 하지 않았기에 항상 브레이크 역할을 해주어 이렇다 할 사고는 없었다.

행복한 나날이 계속되던 어느 날 쿠니코가 갑자기 쓰러졌다.

동네 병원에 가니 "위급한 상태이니 큰 병원으로 가보라"고 했다. 급성간염이었다. 입원시키고 보니 아내의 존재가 그간 얼마나 컸는지 알 수 있었다. 만에 하나를 생각하니 앞이 캄캄해졌다. 무사하기만을 빌고 빌었다. 아내가 워낙 다부진 편이라 슈이치는 별다른 걱정을 해본 일이 없었다. 마음의 기둥이 되어준 아내에게 만일 무슨 일이 있다면 어떻게 하나 불안한 마음뿐이었다.

다행히 일주일여 만에 퇴원했다. 과로에서 온 급성간염이었다. 퇴원한 뒤 아무 일도 없었던 것처럼 웃는 얼굴로 돌아온 아내를 굳게 껴안고 눈물을 흘렸다.

"쿠니코, 이제 다신 아프지 마."

슈이치는 하지만, 얼마 되지 않아 자신의 욕망을 이기지 못하고 쿠니코의 배려를 망각하고 다른 길로 빠지고 만다.

'얼마나 나는 비열한 남자였던가.'

슈이치는 훗날 숱하게 그런 반성을 했다.

아내를 그렇게 사랑했으면서도 홀연 나타난 한 아가씨에게 영혼을 송두리째 넘기고 말았다. 아내와 같이 산 지 3년이 되던 28세 때의 일이었다. 그 아가씨는 슈이치보다 열 살 아래, 18세 간호사 미사(美紗)였다.

하즈지역 책임자가 된 슈이치는 그곳에 머물던 어느 날 병원을 찾아갔다가 우연히 미사를 만났다. 환자와 간호사 관계에서 연인으로 발전한 것이다. 열 살 아래 소녀의 청순미에 반한 슈이치는 사춘기 소년처럼 두근거리는 가슴으로 그녀를 만나기 시작하다 끝내 깊은 관계를 맺었고 급기야는 살림까지 차리게 되었다.

미사는 소녀들이 흔히 그렇듯 거친 야쿠자 세계에 대한 동경심이 무척 컸다. 자신을 우상처럼 바라보는 미사의 눈동자를 들여다보며 슈이치는 더 없이 행복했다. 젊고 싱싱한 미사의 육체의 늪에 빠져드는 쾌락에 젖어들면서 슈이치는 끝내 마음마저 모두 잃어버리고 말았다.

미사에게 얻어준 집에서 밤을 보내는 날이 많아졌다. 이때 아내 쿠니코는 임신한 상태였기에 성생활 때문이라도 하즈의 미사네 집에서 있는 편이 좋았다.

"오야붕, 이러시면 곤란합니다. 그 여자와 헤어지십시오."

도저히 보아 넘길 수 없었던지 어느 날 충복인 와타나베가 굳은 표정으로 말했다.

"뭐야, 지금 나한테 이래라 저래라 하는 거야?"

슈이치는 화를 내고 말았다. 나이 많은 와타나베를 부하들 앞에서도 존중해주던 예전의 슈이치가 아니었다. 슈이치의 일탈행위를 비판하는 와타나베의 직언은 이어졌다.

"생각해보십시오. 누구 덕으로 우리 조직이 이만큼 커졌습니까? 오야붕 혼자 힘입니까? 그걸 잊지 마십시오."

아내 쿠니코의 뒷바라지 덕을 잊지 말라는 말이었다. 그걸 알면서도 어쩔 수 없이 미사와 관계를 계속하고 있는 자신에 대해 짜증이 난 슈이치는 말을 잘랐다.

"내 일은 내가 알아서 해. 쓸데없는 일에 참견 마!"

젊은 오야붕 슈이치보다 부하들이 더욱 친근감을 느끼고 '아버지'라고 부르던 와타나베가 아닌가. 그런 와타나베의 충고를 무시해버린 슈이치는 더욱더 쿠니코로부터 멀어져갔다. 자연 와타나베도 멀리하게 됐다. 조직은 위기를 맞고 있었다.

마침내 쿠니코도 슈이치가 미사와 하즈에 딴살림을 차리고 있다는 사실을 알게 되었다. 성격이 칼 같았던 쿠니코는 슈이치에게 울며불며 매달리지 않았다. 슈이치가 자신을 배신했다고 생각한 쿠니코는 순식간에 가게를 정리하고 임신 8개월의 몸으로 고향으로 돌아가버렸다.

'그냥 한 번쯤 항의해보려는 뜻이려니' 하며 슈이치는 돌아오기를 기다렸다. 그러나 쿠니코는 완강했다. 보름이 지나서야 비로소 슈이치는 정신을 차렸다. 마치 갓난아이가 엄마를 찾아 헤매듯 쿠니코의 고향까지 내려가 양친에게도 사죄하고, 쿠니코에게도 용서를 빌었다.

그런데도 이미 돌아선 그녀는 털끝만큼도 마음을 바꾸지 않았다. 한 발 더 나아가 배신자가 된 슈이치와의 생활을 완전히 청산했다는 것을 직접 보여주기 위해 생명의 위험을 무릅쓰고 뱃속의 아이까지 지워버리고 말았다.

굳게 믿었던 남자의 배신에 죽고 싶을 정도의 쇼크를 받았던 것이 틀림없다. 한두 번 장난이었다면 몰라도 딴 살림을 차리고 있었던 슈이치를 도저히 용서할 수는 없었다. 누구보다 아이가 태어날 날을 손꼽아 기다리던 아내가 아닌가. 그런 여자가 아이를 지워버렸다니! 그 말을 듣는 순간 슈이치는 등골이 오싹해졌다. 마음의 상처가 어느 정도인지 짐작됐다.

과거를 씻고 새 출발한 두 사람의 남녀가 서로 상처를 어루만져가면서 쌓아올려 온 행복이었다. 그 행복은 슈이치의 배신으로 일순에 무너지고 말았다. 부끄럽고 자시고 따질 계제가 아니었다.

"미사와 깨끗이 헤어질 테니 제발 돌아와 줘."

사정하며 쿠니코에게 매달렸다. 슈이치는 아예 가마고리를 떠나 쿠니코의 고향에 진을 치고 읍소하게 되었다. 쿠니코도 슈이치가 미사와 헤어진다고 약속하며 반성하는 모습을 보이자 조금씩 생각을 돌리게 됐고 마침내 가마고리로 돌아왔다.

하지만 슈이치의 여자문제는 아직 말끔하게 정리되지 않은 상태였다. 미사에게 어떻게 작별을 고해야 할지 고민만 거듭하고 있었다.

슈이치는 고민 끝에 미사의 기분 따위보다 역시 쿠니코와의 장래가 더욱 중요하다고 판단했다. 미사에게 헤어지자는 말을 어렵게 내뱉고 말았다. 미사는 그때 임신한 상태였기에 헤어지자는 말을 받아들일 수 없었다. 불장난으로 시작된 사랑이었지만 임신하고 보니 헤어진다는 것은 상상도 못할 일이었다. 돌연 헤어지자는 말에 충격을 받은 미사는 집안에서 가스 자살을 기도했다. 다행히 부하들이 빨리 발견해 목숨은 가까스로 건졌다.

자신의 욕망이 두 여자의 운명을 바꾸어 놓을 것이라고는 슈이치는 생각해본 적이 없었다. 슈이치는 아내와 미사 사이에 끼어 옴짝달싹하지 못하게 되고 말았다.

아내 쿠니코에게는 미사와 깨끗하게 헤어지겠다고 약속했지만 자살까지 기도하며 완강하게 헤어질 수 없노라고 버티는 미사를 그대로 내팽개칠 수도 없었다. 쿠니코의 눈을 속여가며 미사의 거처를 옮겼고 여전히 두 집 살림의 배신자 행태를 계속하지 않을 수 없었다.

또 다시 이런 배신을 용서해줄 아내는 아니었다. 그 보복이 있으리라는 것도 알았다. 하지만 매몰차게 여자관계를 정리하지 못한 슈이치는 그날그날 둘러대며 이중생활을 계속했다.

'나중에 어떻게 되겠지.'

가만히 기다리는 수밖에 없었다. 마침내 미사에게서 사내아이가 태어났다. 슈이치로서는 29세에 얻은 첫 번째 아이였다. 슈이치는 복잡한 기분이었다.

미사가 임신했을 때 아내의 입장도 있고 해서 빨리 지워버리라고 말했지만 미사는 기어코 말을 듣지 않고 출산한 것이다. 간절히 원하던 아내의 출산은 불가능해졌고 대신에 얻은 아이였다.

음지의 자식은 누구로부터도 축복받지 못한 채 병원 분만실에서 울음소리를 내질렀다. 그 소리를 듣고 있었던 것은 분만실 밖 복도 끝의자에 혼자 물끄러미 앉아 출산을 기다리던 슈이치뿐이었다.

쿠니코는 일단 고향에서 돌아왔지만 슈이치와 예전처럼 좋은 관계를 회복하지는 못했다. 미사와의 관계도 모른 체하고 있었지만 미사가슈이치의 아이를 낳은 그날 밤 사실을 확인하고는 어디론가 사라졌다. 슈이치는 다시 그녀를 찾아 나설 수 없었다. 애원한다고 돌아올 여자가 아니란 것도 알았다.

'한국계 요코즈나' 탄생과 요절 ⑦

　유도의 길 대신 스모계로 진출한 마사오(당시 선수명은 다마노시마)
는 한풀이라도 하듯 파죽지세로 승진의 계단을 올라갔다.

　중학교 졸업 직후 모래판을 처음 밟은 이래 7년 반이 지난 1966년
가을대회에 마사오는 요코즈나 다음의 2인자 자리인 오제키로 등장했
다. 그의 라이벌로 후일 '기타다마시대'로 불리게 되는 양웅시대를 연
인물, 기타노후지는 다마노시마보다 한 걸음 앞서 한 대회 전에 오제
키에 올라가 있었다.

　1년 뒤에는 고토자쿠라〔琴櫻〕도 오제키로 승진, 진즉 오제키가 된
도요야마〔豊山〕를 포함해 오제키 4명이 병존하는 시대를 맞았다. 요
코즈나 자리로 누가 먼저 승진할 것인가를 놓고 이들 4명의 오제키가
치열한 각축전을 벌이던 시기였다.

당시 요코즈나는 28세의 카시와도, 27세의 다이호, 29세의 사다노야마(佐田の山) 등 3명이었다. 스모의 요코즈나는 복싱처럼 단 한 명의 타이틀 홀더가 아니라 일정한 자격을 갖춘 사람에게 부여하는 최고 실력자의 지위이이다. 따라서 대개는 동군, 서군에 각각 한 명이 있는 경우가 많지만 부상에 따른 갑작스런 은퇴 등으로 어떤 때에는 한 명만 있는 경우도 있다. 반면 세 명이 존재하는 경우도 나온다.

요코즈나 바로 아래 자리인 오제키에는 23세의 다마노시마, 25세의 기타노후지, 27세의 고토자쿠라, 30세의 도요야마 등 4명이 버티고 있었다. 다마노시마는 네 명의 오제키 가운데 최연소였다. 다마노시마가 당시로서는 얼마나 빠른 성장을 했는지를 증명해주고 있는 것이다. 요즘이야 프로골프나 프로바둑에서 10대, 20대가 판을 치는 것이 상식처럼 되었지만 40년 전에는 그렇지 않았다.

다마노시마는 스모협회로부터 오제키 승진을 정식으로 통고하는 서신을 받으며 작은 실수를 저질렀다. 서신을 들고 오는 '사신'을 맞이할 때 너무 기쁜 나머지 말을 잘못한 것이다. 스모계의 오랜 관습에 따르면 승진소식을 전하는 사자에게 하는 말은 정형화되어 있었다.

'삼가 받자옵니다.'

다마노시마는 이 간단한 구절을 수십 번 연습했음에도 불구하고 카메라맨들의 플래시 세례를 받는 통에 당황한 나머지 "기쁘게 받자옵니다"라고 말해버렸다.

절반의 한국인이란 사실이 세상에 알려지면 핍박을 받지 않을까 하는 고민이 항상 뇌리에 떠나지 않았던 다마노우미는 그런 열등감을 잊기 위해서라도 더욱 땀을 흘려야 했다. 자신의 콤플렉스를 극복, 승화한 그가 마침내 오제키에 올랐으니 어찌 기쁘지 않았으랴. 그런 온갖 상념이 교차하는 복잡한 심경에서 말이 잘못 나온 것이다. 창피해서

식은땀이 나더라고 후일 마사오는 형 슈이치에게 당시 상황을 회고한 적이 있다.

오제키 승진!

"오메데토우 고자이마스(축하드립니다)."

같은 도장의 선후배 모두 달려들어 헹가래를 쳐주었다. 공중에 떠올려진 채 활짝 웃고 있는 새 오제키의 사진이 신문과 잡지에 실렸다. 어디에도 그가 한국계 2세란 기사는 보이지 않았다. 기자들 가운데 이 사실을 아는 기자가 단 한 명도 없었다는 것은 상상할 수 없는 일이다. 굳이 그의 아버지가 한국인이란 사실을 전하고 싶지 않았으리라.

규모가 그다지 크지 않은 신설 도장에서 영광스런 오제키가 탄생했으니 소속 스모 선수들이 자부심에 가슴이 펴진 것은 당연했다.

'우리도 할 수 있어. 큰 도장에서만 오제키, 요코즈나가 나오란 법 있더냐.'

그런 결의와 자신감으로 도장 소속 선수들은 다마노시마를 목표로 더욱 연습에 열중하는 분위기였다. 오제키 다마노우미의 존재는 매우 큰 자극이 되었던 것이다.

이 무렵 일이었다. 슈이치의 사무실에 한 중년 남자가 청구서를 들고 왔다. 스모 선수들이 자주 가는 술집에서였다.

"무슨 뚱딴지같은 소리야? 거기서 술 마신 기억이 없는데."

"죄송합니다만 술값이 아니라 빌린 돈입니다. 일전에 몇 번이나 편지와 전화로 부탁을 드렸지 않았습니까?"

"거 참. 뭔가 잘못된 모양인데 거기서 돈 꾼 적도 없다니까."

앞뒤를 맞춰보니 형 이치오가 빌린 돈을 받으러 온 것이었다.

술집 주인은 이치오로부터 돈 이야기를 듣고 '동생이 오제키인데 설마 내 돈을 떼먹기야 하겠는가' 하며 큰 돈을 빌려주었던 것이다. 그런데 술집에도 일이 생겨 당장 그 돈을 회수해 돌리지 못하면 안될 사정이 생겨 바로 갚아달라고 나온 것이었다.

슈이치는 형 사무실 위치를 알려주며 돌려보냈다. 그러고 나서 가만 생각해보니 형제를 착각해서 온 것이 아니라 동생한테도 이 사실을 알리고, 결국 오제키 막내 마사오에게도 영향이 미칠 수 있다는 뜻을 내비치며 은근히 협박하고 있는 것이 아닌가 싶었다.

나중에 형을 만날 일이 있어 이 이야기를 꺼냈는데, 형의 태도에 슈이치는 혀를 차지 않을 수 없었다.

"아, 그거. 신경 쓰지마. 그 깐 몇 푼이나 된다고."

"그래도 상당한 액수던데, 어떻게 할 건데."

"알았어, 알았다고. 언젠가 갚으면 될 것 아냐."

슈이치로서는 인기인이 된 막냇동생 이름을 팔아 큰 돈을 빌린 형의 태도는 도무지 납득이 되지 않았다. 이치오 형은 사교장인 '클럽 오제키'를 경영했는데 초기에는 그런대로 장사가 되었다. 하지만 원래 사람들과 교류하는 것을 즐기는 성격이라 영업장소라기보다 지인들과 어울리는 장소로 변해버려 매상은 신통치 않게 되었다. 혼자 힘으로 빌린 돈을 가까운 시일 내에 갚기는 힘든 형편이었다.

대체 어찌 갚겠다는 것인가. 만일 갚지 못하면 한창 뻗어나가는 다마노우미에게 영향이 미칠 것이다. 자칫 재판사태까지 이어져 뉴스거리라도 되면 형을 물론 가족 모두 창피스런 일이다. 스모에 진력해야 할 동생 마사오의 입장을 생각해볼 때 이치오 형의 행태는 불안하기 짝이 없는 노릇이었다.

세상사람들은 동생이 잘 나가는 유명인이 되자 슈이치에게 이렇게 말하곤 했다.

"동생이 잘 나가는데 형도 살림살이가 궁하지는 않겠지. 돈도 넉넉
히 보내줄 테니."

슈이치로서는 이해가 안됐다.

'왜 동생이 오제키가 되고, 요코즈나가 되면 내가 돈이 많아진단 말
인가.'

'동생이 땀 흘려 번 돈인데 그게 내게로 온다고 맘이 편할 리도 없고
그런 돈이 돌아올 턱도 없지 않은가.'

모두들 동생한테서 돈을 받았으려니 생각했지만 그런 일은 없었다.

'제발 그런 소리 좀 하지 마소.'

주위 사람들한테 답답해서 이렇게 말했을 때도 사람들은 짜게 놀려
고 내숭떠는 것으로 치부했다. 급하면 동생한테 빌릴 수야 있었겠지만
슈이치는 결코 손을 벌린 적이 없다. 그런데도 세상사람들은 남의 말
이라고 함부로 떠들었다.

슈이치는 이 무렵 자신의 조직을 거느리고 있었기에 돈이라면 별로
아쉬울 것이 없었다. 오히려 어떻게 하면 동생한테 도움을 줄 수 있을
까 생각하고 있었다. 동생 돈을 노린다는 것은 털끝만큼도 생각하지
못했다. 물론 복역중에는 마사오 동생으로부터 격려의 편지와 함께 영
치금을 여러 번 전달받았다. 그때 어린 동생한테 신세를 졌기에 형으
로서 더 없이 부끄러웠고, 출소 이후에는 동생을 도와주지는 못할망정
절대로 동생한테 해가 될 일은 하지 않겠노라고 맹서했던 것이다.

하지만 형 이치오의 행동을 보면 어딘지 생각이 다른 것 같았다. 인
기 스모 선수가 된 동생을 이용하는 일이 꽤 있었다.

마사오가 요코즈나에 오른 후의 어느 날이었다. 슈이치는 도쿄에
갈 일이 있어 마사오를 만나 형 이야기를 꺼냈다.

"그런데 형이 말이다. 네 이름을 팔아 어디서 큰 돈을 빌린 모양이

더라. 한심한 노릇이야. 요즘 심하게 빚 독촉을 받는가봐. 오죽하면 나한테까지 빚을 갚으라고 찾아왔겠냐."

술도 한 잔 걸친 터라 혹 이치오 형이 돈을 꾸러 온다던가 하면 단단히 주의를 주라는 뜻으로 한 말이었다.

"이 참에 확실히 해두지 않으면 말야 나중에 더 큰 일이 생길 거야."

형 이치오는 요령이 좋아서 막내가 유명인사란 점을 최대로 활용했다. 우승 기념사진을 촬영할 때는 항상 요코즈나 옆에 앉아서 두 손을 번쩍 치켜들고 '만세' 소리를 외치는 장면에 끼었다. 신문 잡지에는 당연히 동생 다마노우미와 함께 형 사진이 크게 실렸다. 각종 파티 등을 열 때도 요코즈나 동생을 참석시켜 화제를 모았다. 시골사람치고는 상당한 홍보 마인드를 갖고 있었던 셈이다.

"질투심에서 그런 것은 아닙니다. 형이 하는 일이 자칫 다마노우미한테 영향을 미치지 않을까 순수한 마음에서 걱정했던 것뿐이지요."

슈이치는 당시 심정을 이렇게 털어놓았다. 하지만 야쿠자가 생업인 슈이치로서는 큰형처럼 요코즈나 동생을 불러 놓고 파티를 열고 싶어도 신분상 불가능한 일이었다. 자신은 하고 싶어도 못하는 일을 하는 형의 행동을 더욱 고깝게 여긴 측면도 있지 않았나 싶다.

요코즈나 다마노우미는 슈이치가 큰형을 공격하는 이야기를 묵묵히 듣고 있더니 말했다.

"빌린 돈 이야기라면 벌써 큰형한테 들어서 알고 있어. 큰형도 아이가 아니고 아무 생각 없이 그렇게 하지는 않았겠지. 아무튼 자기 앞가림 정도는 하고 있잖아. 정 사정이 딱해서 못 갚게 된다면 내가 해드리면 되잖아. 그쯤 일이 뭐 대수야. 형은 너무 걱정 마."

"마사오, 너는 늘 큰형한테는 관대하더라. 그래도 한두마디는 해두어야 할 거야. 이대로 내버려두면 일이 점점 더 커져. 형은 원래 그런 성격이야. 너도 잘 알잖아?"

다마노우미는 생각에 잠겨 있더니 이윽고 슈이치의 눈을 뚫어져라 쳐다보며 말했다.

"이 이야기는 지금까지 누구한테도 안 했어. 들어봐. 내가 중학교를 마치고 스모에 입문한 직후야. 이치오 형은 날 격려해주러 도쿄에 자주 왔어. 멀리서 와준 것만 해도 큰 힘이 됐고 고마웠는데 그때마다 선물을 갖고 오거나, 500엔, 천 엔도 놓고 가고 그랬어. 그땐 이치오 형도 돈이 없던 시절이잖아. 형이 놓고 간 그 돈이 얼마나 크고 고마웠는지 몰라. 늘 배가 고파 국수를 사먹었는데 그 맛은 평생 못 잊어. 국수를 먹다 말고 이치오 형 생각을 하며 두 손 모아 감사기도를 했다고. 그때 생각을 하면 큰형이 지금 내 이름을 이용하고 다닌다는 일쯤은 아무것도 아니야. 그러니 그렇게 화내지 마. 내가 알아서 할게."

슈이치는 이때만큼 창피한 적이 없었다. 자신이 얼마나 못나게 느껴졌는지. 지금도 당시를 회상하면 슈이치의 얼굴이 붉어진다.

'그런 일도 있었구나. 내가 큰형을 비난할 자격이 있는가. 동생한테 충고한답시고 실상은 형 험담만 늘어놓은 것이 아닌가. 역시 나란 놈은 어쩔 수 없어. 막내 마사오가 큰형이 주고 간 돈으로 국수를 사먹으며 두 손 모아 감사하고 있을 때 나는 뭘 하고 있었던가. 제멋대로 싸돌아다니다 끝내 사람마저 죽이고 형편없는 죄수가 되어 있지 않았던가. 동생을 돕기는커녕 오히려 감옥에서 동생한테 영치금을 받지 않았던가.'

슈이치는 머리에 커다란 충격을 느꼈다. 앞에 앉아 있는 사내가 동생이 아니라 큰 어른처럼 보였다.

"알았어, 마사오. 다신 큰형 이야기 꺼내지 않을게."

힘들었던 시절 큰형의 격려를 아직도 잊지 못해 감상에 젖어 있는 막내의 손을 덥석 잡고 새삼 동생의 속이 깊음을 느꼈다.

슈이치는 큰형에 대해 오랫동안 '형편없는 형'이라고 생각해왔는데 동생 다마노우미로부터 이 말을 듣고부터는 이런 생각 따위는 모두 지워버렸다.

'역시 형은 나보다 막냇동생을 생각하는 마음이 달라.'

이렇게 인정하지 않을 수 없었다. 이후 이치오 형에 대해서는 험담을 하지 않았고, 빌린 돈을 어떻게 했는지도 더 이상 묻지 않았다. 결국 막내 마사오가 돈을 갚아 주었으리라고 짐작이야 했지만.

오제키 승진 이후 1년간 다마노시마의 성적은 솔직히 기대 이하였다. 이제까지 맹렬한 스피드로 정상을 향해 치닫던 기세가 어인 일인지 한풀 꺾여버린 듯했다. 요코즈나라는 최고봉은 누구에게나 쉽사리 등정을 허락하지 않았던 것이다. 정상 가까이에는 늘 짙은 안개와 거센 폭풍우가 휘몰아치고 있었다. 다마노우미도 많은 스모 선수들처럼 그 한계에 부닥쳐 좌절하고 말 것 같았다.

오제키 승진 이후 첫 대회에서는 9승 6패를 기록했다. 그런대로 괜찮은 성적이었지만 그에게 큰 기대가 걸렸던 만큼이나 실망하는 사람도 많았다. 그래서 나온 말이 '물 오제키'란 별칭 아닌 별칭이었다.

쉬쉬하고 있었지만 어차피 알 만한 사람은 다 아는 사실이 그가 한국계란 것이었다. 거기에 따른 멸시가 한층 더 '물 오제키'란 비웃음을 키운 것인지도 모른다.

하지만 1967년 큐슈대회에서 11승 4패의 두 자리 승수를 기록하고부터 '물 오제키'란 말은 싹 사라졌다. 이 대회가 결정적 고비였다. 이후 다마노시마의 활약은 눈부셨다. 이어서 치러진 13차례 대회 중 매 대회 15번 싸워 10승 이상, 두 자리 승수를 올린 것은 무려 11차례나 됐다. 그 사이 요코즈나 승진의 기회도 세 번이나 잡았다.

하지만 승진의 문턱에서 결정적 고비를 넘지 못하고 매번 주저앉고 말았다. 운도 운이려니와 승진심사규정의 애매한 해석도 작용했기에 작은 도장 출신 선수의 설움도 맛보아야 했다.

1968년 초 봄대회에서 12승 3패로 준우승을 기록한 다마노시마는 다음 여름대회에서 13승 2패로 첫 우승을 차지했다. 누구나 요코즈나 승진은 확실하다고 생각했지만 실제는 그렇게 되지 않았다.

이 성적은 요코즈나 승진에 필요한 내용을 규정한 스모협회 내규에 비추어 요코즈나로 올라도 충분한 성적이었다.

하지만 승진은 이뤄지지 않았다. 이유는 현역 요코즈나와 대전이 없었다는 것이었다. 이 대회 때 요코즈나로 있던 두 사람, 다이호와 카시와도는 모두 부상을 이유로 휴장한 상태였다.

요즘은 다르지만 당시는 요코즈나가 부상 등을 이유로 휴장하면 그 만이었다. 한 차례 대전도 하지 않아도 요코즈나 지위는 은퇴하지 않는 한 유지할 수 있었다. 휴장을 해도 되는 점을 자주 악용한다는 시비가 끊이지 않아 현재는 장기 휴장을 할 경우 징계를 하거나 요코즈나 지위까지도 박탈할 수 있도록 해두었다.

아무튼 다마노우미로서는 억울하기 짝이 없는 노릇이었다.

'휴장상태인 요코즈나와 어떻게 시합을 하란 말인가.'

승복하기 어려운 결정이었다. 슈이치는 "말도 안 되는 소리를 해대는 심사위원들의 머리를 의심하지 않을 수 없었다"고 당시 억울했던 심정을 털어놓는다.

'그렇다면 현역 요코즈나가 계속 휴장하면 아무도 새로 요코즈나에 오를 수 없지 않은가!'

실로 한심한 결정이었다. 다마노시마 역시 분한 마음이 생길 수밖에 없었다. 그렇지만 그는 결코 기가 죽지 않았고 다시 승진 찬스를 만들었다.

하지만 이번에도 요코즈나의 자리는 그의 몫이 아니었다. 슈이치는 당시만 해도 '짜고 벌이는 시합'이 많았다고 고개를 내젓는다.

큰 도장간에 이익을 나눠 갖기 위해 소속 선수간의 승패를 적당히 조정하는 일이 있었다는 것이다. 현재도 종종 승패조작 시비가 이는 것을 생각하면 당시로서는 가능성이 더욱 컸을 법한 이야기다.

다마노시마가 끝내는 요코즈나에 오르기는 했지만 그의 승진을 시기한 세력이 상당기간 승패를 조작했을 수 있다는 의구심을 슈이치는 아직도 품고 있다.

1970년 정월 첫 대회, 당시 한 사람의 요코즈나 다이호는 휴장했다. 우승하면 요코즈나에 오를 수 있는 절호의 기회였다. 하지만 다마노시마와 기타노후지가 13승 2패 동률을 기록해 우승자 결정전에 들어갔다. 다마노시마는 이 시합에서 지고 말았다.

다음 봄대회에서 다마노시마는 마침내 기타노후지와 동시에 요코즈나에 승진하게 된다. 두 사람 모두 현역 요코즈나와 대전은 없었다. 그럼에도 승진한 것을 보면 예전에 승진시켜 주지 않을 때 들먹였던 내규 따위는 결국 핑계였던 셈이다. 그러니 '요코즈나도 인위적으로 만들어지는 것 아닌가' 하고 슈이치가 생각했던 것도 무리는 아니다.

카시와도가 은퇴한 뒤 다이호 한 사람이 요코즈나로 남은 상태였기에 새로운 요코즈나 탄생은 어느 정도 예견된 상황이었다. 그리고 예상대로 두 사람의 새 요코즈나가 탄생했다. 명실공히 '기타다마시대'의 막이 열린 것이다. 다마노시마는 26세, 기타노후지는 28세 때의 일이었다.

다른 사람들이 볼 때 아무런 고민도 없고, 양지바른 곳에서 승승장구하기만 해 한없이 부러운 대상도 각기 나름대로 콤플렉스가 있는 법이다. 엄청난 부자이지만 자식이 머리가 꽝이라든가 눈이 뒤집힐 정도의 미인인데 있어야 할 곳에 털이 없어 고민한다든가 하는 따위다. 항상 밝고 환한 웃음으로 인기를 끌었던 다마노시마에게도 콤플렉스는 있었다.

　　몸집이 작다는 열등의식도 초기에는 있었다. 하지만 체격은 작지만 누구에게도 지지 않을 강인한 팔과 탁월한 발기술, 고무줄처럼 유연 허리를 갖고 있어서 그런 생각은 떨쳐낼 수 있었다. 호성적을 올리면 이런 열등의식은 사라지고 만다. 타고난 강인한 정신력이 이를 극복하는 데 도움이 되었을 것이다. 하지만 아무리 해도 씻어낼 수 없는 커다란 열등감이 그를 사로잡고 있었고, 이 때문에 그는 밤낮없이 괴로

요코즈나 시절의 다마노우미.

위했다.

슈이치는 도쿄에 올라가면 가끔 동생 다마노우미의 숙소를 찾아갔다. 결혼은 하지 않았기 때문에 스모 선수들의 합숙소에서 거주하고 있었다. 자신이 야쿠자 세계에 몸담고 있다는 것 때문에 혹시라도 동생에게 누가 될까 싶어 그리 자주 가지는 못하지만, 그래도 도쿄에 볼일이 있거나 하면 들렀던 것이다.

'지금 집에 있으면 좋을 텐데 ….'

미리 연락하고 갈 신분이 아니었기에 이런 식으로 운을 기대하며 무작정 찾아가는 것이 보통이었다. 운 좋게 동생이 방에서 쉬고 있었다. 당시는 제2인자인 오제키로 승진한 상태였다.

다마노우미의 방은 2층에 있었다. 다다미 6장 정도의 넓이였는데 TV와 침대도 놓여 있었기에 매우 좁게 느껴졌다. 선물로 받은 양주병들도 한 구석에 가지런히 놓여 있었다. 복도 건너편에는 넓은 방이 있었는데 이곳에는 세키도리(상위 리그인 주료와 마쿠노우치에 들어간 선수)에 아직 들지 못하는 선수들이 함께 기거하고 있었다.

다마노우미는 시합이 없는 날이면 연습을 마치고 오면 방에서 뒹굴뒹굴하며 TV를 보거나 책을 읽었다. 혹은 기타치며 노래를 흥얼거리는 것이 취미였다.

슈이치가 어느 날 방문했을 때였다.

다마노우미는 기타를 치고 있었다. 곡명은 기억하지 못하지만 당시 유행했던 어떤 가요곡이었다. 손길을 멈추고 슈이치를 반겼다.

"아, 형. 어떻게 왔어? 혼자 온 거야?"

"어, 그래 나 혼자 왔다."

"도쿄에는 무슨 일 있어?"

"특별한 건 아니고. 바둑시합이 있어서 올라온 김에 들러봤지. 컨디

션은 어때?"

당시 슈이치는 도쿄의 일본기원에서 치러진 바둑대회에 아이치현 대표로 참가하기 위해 상경했다.

"어때라니 무슨 소리야, 보면 알잖아."

다마노우미는 예의 환한 웃음을 지어 보인다.

"형, 목마르지. 맥주 할래?"

"좋지."

"거기 냉장고 열어봐. 뭐든 다 있어."

슈이치는 냉장고 문을 열고 큰 맥주병을 꺼냈다. 당시에는 캔맥주가 없었던 것으로 슈이치는 기억한다. 컵을 찬장에서 두 개 꺼내 홀짝거리며 마시기 시작했다. 대회기간중이 아니면 스모 선수도 술을 마시는 데 제약이 없었다. 마시다 보니 이야기는 자연스럽게 고향 쪽으로 돌아갔다.

다마노우미가 대개 질문하면 형 슈이치가 알려주는 식이었다. 동급생들의 근황, 학교선생 이야기, 또래 여자아이들에 대한 갖가지 소문, 가족 이야기 등이 끝없이 이어진다. 외로운 타향살이기에 고향소식은 듣기만 해도 기쁘다. 다마노우미는 때로는 파안대소하며 형이 전해주는 이런저런 소식에 반응한다.

그러던중 갑자기 다마노우미의 표정이 굳어진 때가 있었다.

"그런데 말야, 아버지가 얼마 전에 또 어떤 여자를…."

슈이치가 이 말을 꺼냈을 때였다. 다마노우미는 주위를 둘러보며 '쉿'하며 형의 입을 막았다. 그리고 형에게 귓속말을 했다.

"아버지 이야기는 꺼내지 마. 누가 들으면 어떻게 하려고 그래."

슈이치도 낮은 목소리로 말했다.

"그래도 궁금하지 않냐?"

"그건 그렇지만 호적에 아버지는 없는 걸로 하고 있잖아."

"아, 참 그렇지."

"아버지가 조선인이란 것이 알려지면 어떻게 할 거야. 형이 책임질 꺼야? 조선인이란 게 알려지면 나는 더 이상 스모를 할 수 없어. 사귀는 여자들도 다 도망가버릴 거야. 앞으로 절대 입 밖에 내지마. 아버지한데는 안 된 일이지만 어쩔 수 없어."

아버지가 한국인이라는 것에 얼마나 큰 콤플렉스를 다마노우미가 갖고 있었는지 슈이치는 이때 절감했다. 야쿠자 세계에서 사는 자신이 느끼는 정도의 콤플렉스를 갖고 있으려니 했는데 동생은 그 정도가 훨씬 심했다. 생각해보면 당연했다. 스모계 인기스타로 스포트라이트를 받고 있던 다마노우미로서는 한시도 고민하지 않을 수 없는 문제였던 것이다.

슈이치와 다니구치 형제 4명은 호적상으로는 완전한 일본인이다. 그러나 주위에서는 '조센징'이라며 수군거렸다.

일본 땅에서, 일본인 엄마의 뱃속에서 나와, 일본에서 자랐고, 일본인 학교를 다니며 교육을 받아 일본말밖에 모르고, 일본인과 결혼해 일본에서 죽게 되어 있는 그들은 누가 봐도 일본인이다. 그러나 몸의 반에 한국인 아버지, '조센징'의 피가 흐르고 있다는 점 때문에 공공연히 손가락질을 했던 것이다.

스모계에서 승승장구하는 신분이면서도 아버지를 아버지라 부를 수 없었던 다마노우미의 심정은 비통했을 것이다. 골칫덩어리 아들인 슈이치에 비하면 어려서부터 고분고분하던 막내 마사오에 대해 아버지, 정유성도 그나마 정을 쏟았는데 아들 주변에는 얼씬거리지 못하게 막았다. 아들이 시합을 마치고 어쩌다 고향에 내려와 쉴 때에야 만날 수 있었다.

어느 날에도 동생을 찾아갔다.

이때는 요코즈나가 된 다음이라서 둘이서만 따로 만나 이야기할 시간은 그리 많지 않았다. 항상 누군가가 무슨 일로 찾아오곤 했기 때문이다. 둘만 있게 되면 별의별 이야기를 했다. 물론 한국인 아버지, 정유성에 대한 이야기만큼은 금기였다.

우스운 이야기지만 주위 사람들이 궁금하다며 꼭 물어봐 달라기에 요코즈나한테 이런 질문을 한 적이 있었다. 몸집이 엄청 크고 몸무게가 많이 나가는 스모 선수들은 여자와 섹스할 때 어떻게 하느냐는 것이었다. 몸집이 엄청 크고 배도 툭 튀어 나와서 과연 제대로 될까 싶었다. 보통 체위로 하면 밑에 깔린 여자가 완전히 짜부라지고 마는 것은 아닐까. 남녀 위치를 바꾸면 혹 될 성싶기도 하고. 이런 궁금증에

스모계로 진출한 마사오(오른쪽)가 고향을 찾아와
아버지 정유성과 기념촬영을 했다. 안고 있는 아이는 손자.

관해 사람들은 슈이치에게 자주 물어봤다.

"싱겁기는. 다른 사람들하고 같지 뭐 다를 게 있어."

아는 척은 했지만 동생에게 직접 확인해보고 싶었다. 천하의 요코
즈나에게 이런 한심한 질문을 던지는 것은 친형이니까 가능한 것이었
다.

"요코즈나. 너는 할 때 어떻게 하냐."

"에? 하다니요, 뭘?"

"그거 있잖냐. 빠구리."

슈이치는 섹스나 성교보다 사회 밑바닥 용어가 더 익숙하다.

"아, 그거. 어떻게 하다니?"

"그러니까 그게, 보통 사람들 하듯 하느냐고."

"하하하 형, 바보 같은 소리 좀 하지 마. 그럼 보통대로 하지 뭐 스
모 선수는 구조가 달라?"

"그래도 보통처럼 하면 여자가 완전히 짜부라지잖냐?"

"나 참, 형도. 짜부라지면 질수록 기분 좋은 거 아냐? 하하하."

"그래도 너무 뚱뚱하면 아무래도 보통처럼은 안될 건데."

"형은 시간도 많네. 스모 선수도 사람이야. 도깨비가 아니라고. 형
도 참."

슈이치는 객쩍은 소리를 했다 싶었다. 주위 사람들에게 요코즈나
동생의 말을 전했지만 사람들은 여전히 고개를 갸웃거리며 믿으려 하
지 않았다. 성에 관한 인간의 궁금증은 역시 영원한 과제인가보다.

슈치이와 마사오 형제는 고향 이야기를 한바탕 하고 나면 정치나 스
포츠, 예능계에 관한 이야기를 나누었다.

한번은 가수 고야나기 루미코〔小柳ルミコ〕이야기가 화제가 됐다.

그런 '아이돌' 소녀가수가 데뷔했다는 말은 들었지만 그리 유명하지는 않았던 때인데 슈이치가 가볍게 물어보았다. 마사오는 '루미짱'이라 부르며 대단히 친한 관계라고 말했다.

〈나의 성 밖 마을〉(私の城下町)이란 곡으로 데뷔했는데, 다마노우미는 두 번째 레코드의 뒷면에 실려 있던 〈해질 무렵 고향 마을〉(夕暮れの里)이란 노래를 더 좋아했다. 조용하고 외로운 멜로디의 노래를 들으면서 사춘기 청년은 고향을 그렸던 것이다.

스모 선수와 가수.

왠지 잘 안 어울리는 조합 같지만 다마노우미는 루미코를 매우 귀여워했다. 마치 친동생처럼 신경을 써주었다.

루미코는 다마노우미가 급사한 뒤 소속 도장인 가타오나미〔片男波〕헤야〔部屋〕에서 열린 고별식장에 찾아와 분향했다. 당시 유족석에 앉아 있던 슈이치는 퍽이나 비통해하던 루미코의 모습을 기억한다. 검은 양장 차림의 루미코는 영정 앞에서 합장하며 눈물을 줄줄 흘렸다.

다마노우미와 루미코는 한두 해 사귄 사이가 아니었다. 무명 선수였던 다마노우미가 루미코를 처음 본 것은 루미코가 초등학교에도 들어가기 전이었다. 8살 차가 있었으니 큰오빠와 막내 여동생 같은 기분이었을 것이다.

두 사람의 만남에는 후쿠오카의 큐슈대회가 인연이 되었다. 일 년에 여섯 번 일본 각지에서 열리는 스모대회는 시기에 따라 장소가 정해져 있다. 매년 11월에는 큐슈의 하카타〔博多〕에서 열린다. 시합기간은 보름이지만 선수들은 현지적응과 연습 등을 위해 대회가 열리는 도시에서 한 달가량 머물게 된다.

루미코네 집은 운송업을 했는데 단골 거래처 가운데에 다마노우미가 소속된 도장의 후원회장이 있었다. 스모 선수들이 후원회장 집에 인사하러 가면 대개 아버지를 따라온 루미코도 있었다. 루미코의 아버지도 스모를 열성적으로 지원했다.

루미코는 요코즈나 다마노우미의 사후 이렇게 그와의 일을 회고한 적이 있다.

"처음 만난 게 몇 살 때였는지는 기억이 잘 안나요. 매우 어렸을 때니까요. 스모 선수를 보면 아이들은 어딘지 좀 무섭다고 느끼는데, 다마노우미(당시 쓰던 이름은 다마노시마)는 그렇지 않았어요. 인상이 좋아서인지 아이들이 유독 잘 따랐고 그때마다 그는 아이들과 잘 어울려주었지요. 솥뚜껑 만한 손으로 번쩍 들어올려 비행기를 태워주거나 배위에 올려놓고 북처럼 튕겨주기도 했고 짱코나베(스모 선수들이 즐겨먹는 찌게요리)를 한 술씩 떠먹여주기도 했지요. 어머니와 함께 대회장에 가서 '다마노시마, 힘내'하고 응원도 했지요. 여덟 살 위의 친오빠 같았어요."

이 무렵 스모 선수들이 "루미코는 커서 뭐가 될 거야?" 하고 물으면 루미코는 조금 생각하는 척하다 항상 "스모 선수!" 하고 소리를 치곤했다. 선수들은 다다미 위를 뒹굴며 배꼽을 잡고 웃었다. 선수들은 루미코를 만날 때마다 이 대답이 듣고 싶어 똑같은 질문을 던지며 재미있어 했다. 그만큼 루미코에게 스모 선수, 특히 다마노우미는 우상이었던 것이다.

스모계에는 여자 선수가 없다. 아니 스모는 남성만의 스포츠다. 뿐만 아니라 스모 선수가 대결하는 모래판 위에는 여성이 올라가면 안된다는 금기사항마저 있다. 수년 전 오사카에서 스모대회가 열렸을 때 당시 여성 오사카부(府) 지사가 대회최종일 우승자에게 상을 주는 일로 시끄러웠던 일이 있다. 시상식은 모래판 위에서 열리는데 '여성 금기'를 앞세운 반대여론 때문에 여성 지사는 끝내 모래판 위에 오르지 못했다.

언젠가 다마노우미는 어린 루미코에게 "어떤 일을 하게 되더라도 '이까짓 걸 못해낼까' 하는 근성과, 다른 사람보다 몇 배나 더 노력하는 것이 필요해. 노력할수록 사람은 훌륭하게 되는 거야" 하고 일러주었다.

"그 말을 할 때의 다마노우미 표정은 지금도 기억나요. 무서우리만치 진지했으니까요. 저는 중학교 졸업 후 고향 큐슈를 떠나 다카라쓰카〔宝塚〕음악학교에 들어갔지요. 다마노우미와 만날 기회가 적어졌지만 대신 오빠의 실력이 좋아지니 자연 신문이나 TV를 통해서 소식을 듣게 되었지요. 점점 유명해지는 다마노우미를 보며 '오빠가 저렇게 잘하고 있는데 나도 열심히 해야지' 다짐하곤 했지요.
나는 와타나베 프로덕션에 들어가 TV드라마 '무지개'〔虹〕에 출연한 직후 〈나의 성 밖 마을〉이란 노래로 데뷔했습니다. 모처럼 오빠하고 만나게 된 것은 데이코쿠〔帝國〕호텔에서 열린 데뷔곡 발표 파티 때였지요. 하오리 차림으로 달려온 요코즈나는 '야, 이게 누구야! 꼬마 루미코가 이렇게 컸단 말이야! 하하' 하며 사람들이 지켜보고 있는데 나를 번쩍 안아 올려 주었어요. 약간은 창피하기도 했지만 너무너무 기분 좋았어요. 오빠가 나를 인정해준 것이."

그후 많은 히트곡을 내고 톱 가수 반열에 든 루미코가 다마노우미 사후에 술회한 그와의 추억은 이어진다.

"스모계와 예능계, 서로의 세계는 달랐지만 다마노우미란 오빠가 있었다는 것이 내게 얼마나 큰 힘이 되었는지 몰라요. 낯선 예능계에서 시

달리다 보면 아무래도 힘이 빠질 때가 있지요. 그때마다 요코즈나 다마노우미 오빠가 있어 의지가 되었어요. 보이지 않은 도움 덕택에 〈나의 성 밖 마을〉이란 노래는 대히트 했고, 후일 데이코쿠호텔에서 120만 매 돌파기념 파티도 열었지요.

파티 이야기가 나왔을 때 오빠는 꼭 참석하고 싶다고 했는데 공교롭게도 날을 잡다 보니 스모대회 일정과 겹쳐 파티 당일에는 축하 메시지를 녹음한 테이프를 보내주었지요. 입원했다는 말을 들은 것은 바로 그 직후였고. 맹장염이라고 하기에 별거 아니로구나 생각하고 문안도 안 갔지요. 두고두고 후회스럽지만.

특히 〈해질 무렵 고향 마을〉이란 노래를 부를 때마다 눈물이 쏟아졌어요. 이 노래는 내 두 번째 앨범의 뒷면에 있는데, 원래 레코드 뒷면의 곡은 사람들이 잘 몰라요.

'두레박 우물에서 퍼 올린 찬물은 벌써 가을 빛'이란 가사인데 오빠는 이 대목이 대단히 맘에 든다고 했어요. 그래서 〈해질 무렵 고향 마을〉이란 노래를 부를 때면 오빠 생각이 나지요. 요코즈나 오빠가 스물일곱에 세상을 떠났다는 것은 정말 믿어지지 않아요. 지금도 그 큰 몸으로 내 앞에 나타나 '어이, 루미코 잘하고 있지?' 하며 어깨를 툭 칠 것만 같아요. 제게는 영원한 오빠입니다."

다마노우미는 노래를 좋아했다.

슈이치가 도장을 찾아갔을 때 홀로 방에서 기타 치며 노래를 흥얼거릴 때가 많았다. 침대에 앉아 벽에 기댄 채 노래했는데 상당한 수준급이었다. 그 중에서도 즐겨 부르던 노래가 3곡 있었다. 하나하나 추억 어린 곡이었다.

후나키 이치오〔舟木一夫〕가 부른 〈고교 3년생〉, 이시하라 유지로의 〈하얀 거리〉(白い街), 오키 노부오〔大木伸夫〕의 〈눈물의 술〉(涙

の酒)이었다.

다마노우미는 중학교 졸업과 동시에 주위의 권유 등으로 유도가 아닌 스모계로 나갔기에 늘 아쉬움이 남았다. 고교에 진학해 유도 실력을 갈고 닦아, 유도와 인연이 깊은 경찰관이 되고, 올림픽 대표가 되는 꿈을 포기해야 했던 것이었다.

친구들은 대부분 고교에 진학해 학창시절을 즐기고 있었지만 그는 스모계의 말단에서 흙투성이 상투머리에, 겨울에도 맨 몸에 홑옷만 걸치고 다니는 초라한 생활을 했다. 고교생들의 검정색 교복은 마사오에게는 한없는 동경의 대상이었다. 그런 때 같은 나고야 출신으로 같은 또래 고교생 가수가 출현해 〈고교 3년생〉이란 노래를 부른 것이다.

마사오는 니쇼노세키에 입문한 식객이나 마찬가지였기에 처음 도쿄에 올라왔을 때의 생활은 매우 힘들었다. 당시 잠을 잔 곳은 복도 같은 곳이었다.

당시 사진을 보아도 얼마나 그가 고독했는지 알 수 있다. 입문 초기 사진에서 마사오의 모습을 찾아내기란 쉽지 않다. 사진 중앙에는 언제나 요코즈나 다이호 등 쟁쟁한 선수들이 자리하고 있고, 주위에는 다른 선수들이 차지하고 있다.

슈이치는 동생을 간단하게 발견하는 방법을 찾아냈다. 사진의 가장 뒷줄 맨 끝에 있는 작은 얼굴이 동생 것이다. 순위가 올라가도 항상 그 자리, 뒷줄 맨 끝에 얼굴만 나오게 서 있었다. 마사오의 사진 찍는 자리를 통해서도 그가 얼마나 소외된 상태에서 슬픔을 겪어야 했는지 상상해 볼 수 있다.

'고향에서 부모와 함께 단란한 생활을 하며 고교생활을 즐기고 있는 친구들. 그런데 지금 내 신세는?'

중학교를 갓 졸업한 소년 마사오는 서러운 눈물로 밤마다 이불을 적셔야 했다. 요코즈나가 되어서 라디오에서 흘러나오는 〈고교 3년생〉 노래를 들으면 자신이 지나온 쓸쓸한 길이 떠올랐던 것이다.

이시하라 유지로의 〈하얀 거리〉는 가사 속에 "하얀 거리, 하얀 거리, 나고야의 거리" 식으로 나고야란 지명이 자주 나온다. 유지로는 노래 가사에 자주 등장하지 않는 나고야를 도회적인 센스로 무드 있게 불러 히트했다. 나고야를 로맨틱한 도시로 만들어 준 데 대한 답례로 다마노우미는 이 노래를 즐겨 부르지 않았을까. 나고야 또한 다마노우미의 고향, 아이치현에 속한 도시였기 때문이다.

〈눈물의 술〉은 전형적인 엔카이다.

오키 노부오라는 가수는 크게 활약한 가수는 아니었지만 꽤 팬을 가진 가수이다. 다마노우미의 방안 TV 위에는 이 가수의 금빛 레코드가 장식품으로 놓여 있었다. 그한테서 선물로 받은 것이었다. 대단히 가치가 있는 레코드판이었기에 상당히 친했던 모양이다.

〈눈물의 술〉은 최초에는 별로 팔리지 않았는데 밤에 유선방송에서 자주 내보내면서부터 히트해 골든레코드까지 받았다. 슈이치도 술이 한 잔 들어가면 가라오케에서 자주 이 노래를 불렀다.

미련 많은 남자가 술에 흐트러진 모습으로 부르는 노래이다. 슈이치에게는 여자 경험이 많아 이런저런 생각을 하며 이 노래를 불렀지만 다마노우미가 이 노래를 좋아한 것은 의외였다. 다마노우미도 여자관계가 없지 않았지만 자유시간이 그리 많지 않다 보니 그 정도로 깊은 사연이 있었을까 하는 것이 슈이치의 짐작이다.

다마노우미는 기타 치고 노래하는 것만 좋아한 것이 아니라 피아노 연습을 한 적도 있다. 도쿄의 숙소 부근에 NHK방송 전속악단 멤버가 살고 있었다. 그와 사귀게 된 다마노우미는 그 사람 집에서 초보단계였지만 피아노 레슨을 받았던 것이다.

어려서 한때 잘 살던 시절도 있었지만 철들면서부터는 판잣집 같은 곳에서 궁핍한 생활을 했다. 이따금 집에 들어온 아버지가 어두침침한 방안에 훈도시 한 장만 걸친 채 궁상스런 모습으로 앉아 있던 모습은 상상하기도 싫었다.

다마노우미는 자신의 불운했던 과거를 노래에 담아 날려보내고 있었는지 모른다. 이런 꿈을 꾸며.

'저 언덕 위의 하얀 2층 양옥이 우리 집이다. 부친은 넥타이를 맨 신사, 모친은 앞치마를 두른 청결감 넘친 모습이다. 인형처럼 예쁜 여동생은 거실에서 피아노를 치고 있다. 올림픽 금메달을 따기 위해 유도에 전념하고 있는 대학생 아들은 나, 마사오다. 모두가 동경하는 이

다마노우미가 자신의 방안에서 일본도를 들고
포즈를 취했다. 표정에 어딘지 그늘이 져 보인다.

대학생 유망주는 물론 한국인 피가 섞이지 않은 100% 일본인이다.'

다마노우미에게는 두 개의 고향이 있다. 가마고리와 오카자키이다.
태어난 곳은 오사카이지만 젖먹이 때 어머니 등에 업혀 소개되었기 때문에 기억이 남아 있을 리 없었다. 고향이라기보다는 출생지라고 해야 할 것 같다. 오카자키에는 초등학교 3년 때까지 8년간, 가마고리에서는 중학교 졸업 때까지 6년간 생활했으니 살았던 햇수로 따지면 오카자키 쪽이 가장 길다.
어느 곳을 마음의 고향으로 생각하고 있었을까. 본인에게 들어보고 싶지만 그럴 수가 없는 노릇이다.
슈이치는 현재 가마고리에 살고 있지만 중학교 입학 전의 어린 시절을 보냈던 오카자키를 고향으로 여긴다.
중학교 졸업 후 숨질 때까지 청년기를 도쿄에서 보낸 다마노우미로서는 가마고리도, 오카자키도 모두 그리운 고향임에 틀림없었지만 아마 한 군데만 고르라 했다면 가마고리를 선택했을 것이다. 연령적으로도 다감한 10세에서 15세까지 6년을 보낸 곳이 가마고리였기에 그의 뇌리에 강한 인상으로 남아 있었을 것이기 때문이다.
NHK 스모 생중계방송시 아나운서는 선수명과 함께 출신지를 소개하는데 다마노우미는 가마고리라고 소개했다. 입문 당시 주소가 가마고리로 되어 있었기 때문이다. 일반인들도 그렇게 믿었으며 본인 역시 가마고리를 가장 고향다운 고향으로 여겼을 것 같다. 괴로울 때나 힘들 때면 더욱 그리운 친구들과 가족이 있었고, 형제들과 싸돌아다니며 놀았던 햇살에 반짝이는 모래밭이 있었고, 잔잔한 바다 위로는 꿈길처럼 아련히 섬들이 떠 있었던 곳이 가마고리였다. 그런 추억의 힘으로 다마노우미는 역경을 견뎌내며 정진할 수 있었다.

하지만 그가 고향으로 믿는 가마고리의 사람들은 다마노우미를 고향사람으로 인정해주지 않았다.

1963년 나고야대회에서 다마노시마(당시는 다마노우미로 개명하기전)는 6승 1패의 좋은 성적을 올려 마쿠시타 랭킹 4위에서 상위 리그인 주료로 승진할 것이 확실해졌다. 주료에 승진하면 대회가 열릴 때마다 매일 씨름판 위를 한 바퀴 돌며 관중들에게 인사를 하는데, 이때 선수명 등을 수놓은 앞치마 같은 장식이 필요했다. 그러나 당시 다마노시마는 앞치마 같은 장식을 마련할 돈이 없었다.

주료 리그와 최상위 리그인 마쿠노우치에 들어가는 스모 선수는 이른바 '세키도리'라 불렸다. 제법 많은 월급도 지급됐다. 그간 고생한 보람을 느끼며 달라진 지위를 만끽하게 되는 것이다. 이처럼 영광스런 승진인데 멋진 장식용 앞치마 하나 마련하지 못한대서야.

보통이라면 출신지역 후원회가 앞치마를 만들어 보내주며 축하해주었다. 하지만 가마고리 지역에서는 아무 반응도 보이지 않았고 마치 타관 사람 대하듯 했다. 다마노시마를 고향사람으로 받아들이지 않았던 것이다. 어디까지나 오사카, 오카자키를 거쳐 이주해온 외지인이었다. 더구나 아버지가 한국인으로 건달처럼 지내고 있는 것을 아는지라 더더욱 모른 체하고 싶었으리라.

다마노우미보다 1년 선배인 카즈아키라〔和晃〕란 스모 선수가 있었는데, 이 사람은 조상 대대로 가마고리 지역에서 살아왔기에 모두들 이 사람한테만 신경을 쓰고 있었다. 다마노우미를 스모계에 내보낸 K선생이 앞장서서 어떻게 할 수 있었을 텐데 하는 아쉬움을 슈이치는 아직도 갖고 있다.

당시 도장의 책임자인 오야가타도 수완이 썩 뛰어난 것 같지는 않다. 결국 오야가타가 쓰던 앞치마에서 '다마노우미'〔玉乃海〕의 마지막 글자 우미〔海〕를 '다마노시마'〔玉乃島〕, 시마〔島〕로 바꾸어 세공한 다음에 쓰게 되었다.

다마노시마가 그 뒤 오제키, 요코즈나로 착착 승진하자 후원자가 여기저기서 등장했지만 그도 체면치레로 한 사람이 많았으며 진심으로 후원한 사람은 그리 많지 않았다. 가장 좋은 후원자란 돈은 많이 내고, 말은 적게 하는 사람이다. 하지만 가마고리의 후원자 가운데는 이와 전혀 반대되는 행태를 보인 사람이 많았다. 후원회는 선수활동에 필요한 각종 비용을 부담해주는 것이 보통이나 다마노시마가 힘들었을 때 가마고리에 있던 후원회는 이름뿐이었다.

요코즈나에 올랐을 무렵 가마고리에서 다마노우미를 위한 격려회가 열렸다. 다마노우미가 단상에 올라 회중에게 인사했다.

"모쪼록 카즈아키라와 마찬가지로 잘 부탁드립니다."

당시 이 말을 듣고 있던 슈이치는 마음이 아팠다.

'오죽하면 동생이 저런 소리를 하겠나.'

최상위 리그인 마쿠노우치의 랭킹 1위, 스모계 최고실력자인 요코즈나가 자신을 위한 격려회에 참석해 자신보다 4단계나 밑인 마에가시라〔前頭〕 지위에 있는 선수를 예로 들며 그와 똑같이 취급해달라고 부탁한다는 게 도대체 말이나 되는가! 지역 출신 스모 선수와 타관 출신을 차별하지 말아달라는 정중한 항의였는지 모른다.

타지에서 온 사람이라 해도 누구보다 가마고리를 사랑하는데, 지역 사람들은 모두 삐딱한 눈으로 보고 있다는 것을 알았을 때 다마노우미는 가장 먼저 아버지의 출신 성분을 떠올렸는지 모른다.

'아버지만 제대로 된 사람이었다면.'

슈이치는 야쿠자 생활을 하고 있던 자신에게도 책임이 없지 않다고 인정한다. 형이라도 제대로 된 사람이었다면 고향사람들이 다마노우미를 더욱 따뜻하게 받아주었을지 모른다.

실제로 후원자 가운데에는 슈이치에게 노골적으로 그렇게 말한 사람도 있었다. 가마고리 시에서 1, 2위를 다투는 건설회사의 사장이었다. 인부에서 시작해 각고의 노력 끝에 사장에 오른 그는 마사오가 오제키에 승진한 직후에 슈이치와 만나자 말했다.

"동생이 오제키가 되었으니 자네도 이제 발을 씻고 제대로 된 생활을 해야 하지 않겠나. 앞으로 더 출세해 요코즈나가 될지도 모르는데 야쿠자 형이 있으면 동생도 운신하기 어려울 것이고. 아무튼 동생 일을 생각한다면 당장이라도 야쿠자 세계에서 떠나게나."

슈이치는 한동안 대꾸할 말을 찾지 못했다.

동생한테 신세를 졌다. 옥살이 뒷바라지를 해준 일은 결코 잊을 수 없었다. 가석방으로 하루라도 일찍 출소하는 것이 보답이라고 생각해 이를 악물었다. 그 결과 가석방을 얻어냈고 동생에게 보탬이 되자는 각오를 다지며 출소했다. 하지만 그 뒤 현실은 어땠는가. 형무소를 한 발 나선 순간부터 슈이치는 사회 분위기에 그대로 휩쓸려갔다. 마음에 새겼던 결의는 한여름 아이스크림 녹듯 사라졌고 세상의 물결과 파도에 묻혀 예전의 건달세계로 너무도 자연스럽게 복귀하고 말았다.

야쿠자 세계로 돌아가는 것이 동생한테 누가 된다는 것을 알면서도 몸에 배인 야쿠자 냄새를 씻어내지 못했던 것이다. 한때 정차했던 열차가 '건달노선'을 다시 달리게 된 것이었다. 게다가 이제는 자신의 조직을 이끌고 있다. 부하들을 태우고 달리는 열차를 도저히 멈추게 할 수 없었다. 슈이치는 반발했다.

"사장님, 저는 동생이 중학생 때부터 이 세계에서 밥을 먹고 살아왔습니다. 동생이 오제키가 되었기 때문에 그만두라고 해도 '네, 그만두겠습니다'라고 말할 수 없습니다. 더 이상 혼자가 아니고 부하들도 있습니다. 동생을 위해서 하는 말이겠지만 우리한테도 생활이 있지 않겠습니까. 그만두면 누가 먹여 살려줍니까. 사장님께서 먹여주실라요? 아, 그렇다면 당장 그만 두지요. 먹여 줄 생각도 없으면서 그런 무책임한 말은 하지 마십시오."

슈이치는 후원자의 충고를 귀담아 듣기는커녕 돈이나 많이 내 동생이나 제대로 후원하라고 역공한 것이다. 슈이치가 야쿠자를 그만두는 것이 당시 동생에게 더욱 필요한 후원이었을 수도 있었는데 슈이치는 거기까지는 생각하지 못한 채 당장의 벌이만 생각했다.

여하간 가마고리의 후원자들은 슈이치 일가의 배경을 잘 알았기에 건성으로만 후원하는 사람이 많았다. 평소 엄청나게 후원할 것 같이 분위기를 잡다가도 추럼 이야기가 나오면 슬그머니 꽁무니를 빼는 것이 당시 가마고리 후원자들의 특징이었다며 슈이치는 아직까지 서운해한다.

사장이 하는 충고에 반발해 대들기는 했지만 슈이치로서도 야쿠자 활동이 동생의 출세에 지장을 주면 안 된다는 생각은 늘 하고 있었다. 하지만 노는 물이 그런지라 슈이치는 뒷날 또 다시 커다란 소동을 일으키고 만다.

모두 양손을 치켜들고 만세를 부르며 요코즈나 승진을 축하할 때 다마노시마는 두 가지 중대한 문제로 머리가 아팠다. 첫째는 스모 선수명(시코나) 개명이었고, 둘째는 도효이리[土俵入り] 의식이었다. 도효이리는 스모 선수가 모래판 위에 올라와서 하는 의식.

우선 시코나 개명이었는데 그동안은 다마노시마란 선수명으로 스모를 계속해왔다. 이 때문에 선배들은 '시마'라고 불렀고 동료들은 '시마짱'이라고 불렀다. 다마노시마란 이름은 고향을 떠나기 전 형제가 머리를 짜내 지은 데다 9년간 고락을 함께 해온 것이었기에 애착이 가는 선수명이었다. 철부지 소년을 그리운 고향 앞바다에 떠 있는 섬들과, 눈물로 헤어진 부모와 형제들과 친구들로 이어주는 이름이기도 했다. 괴롭고 힘들었을 때 그의 마음을 이해해준 것은 분신과도 같은 선수명 '다마노시마'뿐이었다.

그런 이름을 요코즈나 승진이 정해진 직후, 2대째 오야가타 다마노우미가 돌연 자신의 선수명으로 바꾸도록 강요한 것이었다. 마사오는 애착이 가는 '다마노시마'를 버리기 싫어 처음에는 당연히 사절했다. 하지만 오야가타는 줄곧 이름을 잇도록 강요했다.

마사오는 곤란하게 됐다. 현역시절의 오야가타가 마쿠노우치 리그의 서열 3위인 세키와케 단계에까지 올라갔을 때 썼던 선수명을 격이 훨씬 더 높은 요코즈나, 그도 전도 양양한 청년 요코즈나에게 쓰도록 강요하는 것은 납득하기 어렵다.

본인이 오야가타를 존경해서, 비록 요코즈나에는 오르지 못했다 해도 습명하겠다고 나선다면 그것은 별개의 문제이다. 하지만 습명하기 꺼려하는 제자에게 자신의 선수명을 잇도록 하는 것은 억지가 아닐 수 없다. 그렇지만 스모도장은 오야가타의 영향력이 절대적이어서 소속된 선수가 그의 요구사항을 뿌리치기란 요코즈나라고 해도 불가능했다. 오야가타는 계속 개명을 요구했고 마사오는 결국 뿌리깊은 봉건잔재의 벽 앞에서 어떻게 해볼 도리가 없었다.

다마노시마란 선수명은 버려졌고 바라지도 않던 타인의 오래된 선수명, 다마노우미를 사용하게 되었다.

슈이치는 이 개명소식을 들었을 때 불길한 예감이 스쳤던 것을 기억한다. 열망하던 유도의 길을 버리고 원치 않던 스모계로 떠나갈 때의 불안해하던 얼굴과 눈에 그렁그렁 넘치던 눈물도 생각해냈다.

슈이치는 스모 선수를 거느리고 있는 프로모터 격인 오야가타들을 향해 억지로 자신의 선수명을 잇게 하려는 생각을 버리라고 주문한다. 스모계에 커다란 족적을 남긴 사람의 경우는 그 이름이 선수에게 너무 부담스럽고, 성적이 그리 뛰어나지 않았던 경우는 왠지 찜찜하기 때문이다.

이제 '다마노우미'가 된 마사오가 고민한 두 번째 문제는 대회 개막 첫날에 모래판에 올라 치르는 의식, 도효이리의 형식에 관해서였다.

두 가지 형이 있는데 '운류형'〔雲龍型〕과 '시라누이형'〔不知火型〕이 있다. 운류형은 제10대 요코즈나 운류 큐키치〔雲龍久吉: 요코즈나 재임 1861년 9월~1865년 2월〕, 시라누이형은 제11대 요코즈나 시라누이 코에몬〔不知火光右衛門: 요코즈나 재임 1863년 10월~1869년 11월〕이 행했던 의식에서 비롯됐다.

차이를 설명하기는 쉽지 않지만 요코즈나가 의식을 치르며 손을 들어올릴 때 운류형은 왼손에 이어 오른손을 들어 천천히 펼치는 반면 시라누이형은 양손을 동시에 들어올리는 정도로만 이해하자.

도효이리 의식을 선택할 때도 마사오는 처음부터 오야가타의 무리한 요구에 눈물을 흘렸다. 도효이리시 운류형이 압도적으로 많다. 예로부터 시라누이형을 택한 선수는 스모 생명이 짧다고 전해져 오기 때문이었다. 마사오도 이를 알았기에 운류형으로 하고 싶어했다.

또 마사오는 스모 선수로서는 몸집이 작은 편이었는데 운류형이 더 어울렸다. 그러나 오야가타는 마사오의 희망을 무시하고 시라누이형을 택하도록 했다. 시라누이형은 몸집이 큰 스모 선수에게는 잘 어울리지만 몸집이 작은 스모 선수에게는 어울리지 않는다는 것이 일반적인 생각이었다.

오야가타의 말은 이랬다. 당시 요코즈나가 3명 있었는데 3명 모두 운류형으로 하면 재미가 없으니 관중 서비스 차원에서라도 한 명은 시라누이형을 보여주어야 한다는 것이었다. 그렇다면 다이호나 기타노후지 같은 몸집 큰 스모 선수에게 시키면 될 것을 결국 다마노우미에게 이 역할이 떨어지게 된 것이다.

슈이치는 오야가타에 대해 아직도 좋은 감정을 갖고 있지 않다.

"과거 여러 번 만났지만 술버릇도 나쁜 데다 방약무인함에는 얼굴이 붉어질 정도였지요."

이런 일도 있었단다.

어느 대회의 마지막 날 모임에서 술에 취한 오야가타가 슈이치를 지명하더니 사람들 앞에 나와 노래를 부르라고 시켰다. 슈이치는 창피했고 그럴 기분도 아니어서 머뭇거렸다. 그러자 오야가타는 비틀거리며 슈이치가 있는 자리에 걸어 와서는 큰 소리로 꾸짖었다.

"어이, 시골 깡패 주제에 내 말을 안 들어? 빨랑 나와 노래해!"

슈이치는 오야가타의 몸집 절반밖에 안 되었지만 순간적으로 벌떡 일어섰다. 갑자기 도발적인 태도를 취하는 슈이치의 기세에 눌려 오야가타는 당황했다. 주위 사람들은 두 사람의 팽팽한 대치상태를 숨죽이며 지켜봤다. 마사오가 낌새를 채고 쏜살같이 달려와서는 형 슈이치의 손을 잡고 그 자리에서 자신과 함께 오야가타 앞에 무릎 꿇게 했다.

"죄송합니다."

"바보 같은 놈!"

오야가타는 다마노우미가 무릎을 꿇고 나오자 더 이상 어쩌지 못하고 자리로 돌아가며 슈이치에게 경멸이 담긴 한마디를 내뱉었다.

마사오는 형과의 사이에 생긴 일이 번질까 싶어 오야가타의 뒤를 쫓아가 옆에 무릎을 꿇고 앉아 맥주를 따라주었다. 슈이치는 동생의 그런 모습을 보며 맘 내키는 대로 살고 있는 자신에 비하면 막냇동생이 참으로 힘들게 살고 있구나 하는 생각을 했다.

마사오는 원하지도 않는 '다마노우미'란 선수명으로 개명하고, 원하지 않는 시라누이형으로 도효이리를 한 지 1년 반 만에 급사했다.

이런저런 사정으로 최근 요코즈나에 오른 뒤 치르는 의식에서도 시라누이형은 거의 채택되지 않고 있다. 2003년 3월 요코즈나에 올라 아직도 맹활약중인 몽골 출신의 아사쇼류〔朝靑龍〕도 운류형으로 도효이리 의식을 행했다.

전후 일본 스모 역사를 이야기할 때 다이호의 이름이 반드시 등장한다. 전인미답의 우승 32회 기록을 세우며 일세를 풍미한 까닭에 '교진〔巨人〕, 다이호, 다마고야키(계란찜)'란 당시의 유행어에도 등장했다. 당시 총리 이름은 기억하지 못하지만 다이호의 이름을 모르는 사람은 없었다.

현재처럼 골프나 축구 등에는 그렇게 관심이 없었던 때라 오락이라고 하면 야구와 스모 정도였기에 요즘 이승엽 선수가 활약중인 프로야구팀 '교진'과 요코즈나 '다이호'가 나란히 이름을 올렸고, 아이들에게 인기 많은 '다마고야키'가 톱 브랜드로 꼽혔다.

야구의 나가시마, 왕정치의 인기도 있었지만 다이호는 단정한 용모와 보통의 일본인과는 다른 균형 잡힌 늠름한 체격으로 여성에게도 매우 인기가 높았다. 스모 중계방송을 하면 길거리에 설치된 TV 앞에 인파가 운집했다. 요즘의 썰렁한 분위기와는 천양지차였다.

동생 다마노시마도 이런 시기에 스모에 입문했다. 도치니시키〔栃錦〕와 와카노하나〔若ノ花〕시대를 거쳐 카시와도와 다이호시대로 이행할 무렵으로 스모 인기는 절정기를 맞고 있었다. 몸집이 작아 억지

로 체중을 불린 끝에 턱걸이로 입문했던 다마노시마는 다이호와 똑같이 니쇼노세키 도장 소속이었기에 입문 초기부터 연습시합을 지켜보며 성장해 갔다. 너무 몸집이 작아 주료 리그까지만 올라가도 다행이라고 말하는 사람도 있었다. 하지만 타고난 근성과 인내력으로 실력자가 되었고 명선수였던 후타바야마〔双葉山〕가 부활한 것 같다는 평까지 들었다.

다이호의 따뜻한 보살핌 덕도 컸다. 인기스타 다이호가 하위 리그에 속한 다마노시마와 연습을 해준 것은 보기 드문 장면이었다. 아마 다이호도 이때부터 무언가 다른 선수와는 이질적인 어떤 느낌을 다마노우미에게서 받았는지 모른다. 절정기에 급사한 다마노우미를 추모하며 다이호는 이렇게 회고했다.

"다마노시마란 선수명으로 니쇼노세키 도장에 소속해 있었을 때 처음에는 같은 도장이었지만 그를 잘 몰랐다. 기억나는 것은 내 선배였던 다마유라 세키〔玉響關〕 선수의 심부름역을 하고 있을 때 같다. 조니단인가, 산단메이던 시절이다. 후배들의 연습장면을 보고 있었는데 몸집은 가냘픈데 매우 탄력성이 뛰어나, 끼에 넘치는 스모를 하는 선수가 눈에 띄었다. '저 친구는 누굽니까?' 하고 묻자 다마유라는 "다마노시마란 녀석인데 중학교 때 유도 2단까지 땄다더군. 아직 스모도 뭣도 아니고 유도의 메치기만 해대지만. 하하하" 하고 대답했다.

당시 니쇼노세키 도장에는 마쿠시타에 들지 못한 선수만도 60~70명가량 있었기 때문에 다마노우미의 일은 금세 잊고 말았다. 1962년 여름대회가 끝난 뒤 가타오나미 도장이 니쇼노세키 도장에서 분리해 나갈 때 다마노우미도 함께 나가 이제는 도장이 다르게 되었다.

이 무렵 우리 도장에는 고토자쿠라, 다이키린 등 주료 리그 진입 직전의 원기 왕성한 선수도 있었고, 그 밖에 마쿠노시타에서도 상위에 드는 정예 선수가 많았기에 연습장 분위기는 활력에 넘쳤다. 다마노우미는 도장은 달랐지만 하루도 빠지지 않고 이 친구들과 연습했는데 한번은 나와 연습하기 위해 일부러 찾아왔다.

다마노우미군은 이 무렵부터 확실히 기억한다. 오제키에서 요코즈나로 승진해 올라간 나와 마쿠시타 리그에 있던 다마노우미가 말을 나눌 기회는 없었지만 연습장에서는 몇 번이고 연습상대가 되었다. 워낙 재주가 넘쳐 내가 혼이 난 적도 있을 정도였다.

주료에 올라가서도, 마쿠노우치에 들어와서도 다마노우미군은 항상 니쇼노세키 연습장을 찾아왔다. 내 스스로 말하기는 무엇하나 결국 나와 연습경기를 갖고 싶어서였다. 몇 번 연습을 해주고 나면 '한 번만 더 부탁드립니다'하며 고개를 숙이고 파고드는 근성은 무서울 정도였다. 화끈하게 눕혀놓으면 '어마 뜨거라' 하고 안올려나 하고 세게 메다꽂기도 했지만 다음 날에는 어김없이 다시 얼굴을 내밀었다. 작은 몸집이면서도 스모에 도전하는 열기와 집념은 다른 사람의 몇 배였다."

다마노우미에게 다이호는 커다란 은인이었다. 본인 노력도 있었지만 요코즈나까지 오른 것은 다이호 대선배와 몸을 부딪쳐 가며 체득한 '요코즈나의 호흡' 덕이 아니었을까. 제 일인자, 최강의 요코즈나 가슴에 맞부딪치며 연습할 수 있었던 것은 대단한 행운이었다.

그런 사연도 있기에 다마노우미는 항상 다이호를 존경했으며, 은혜를 입은 선배인 만큼 언젠가 은혜를 갚을 기회가 오기만 간절히 고대했다. 이윽고 기회가 왔다.

1965년 정월대회 첫날 고무스비가 된 다마노시마의 대전상대는 뜻밖에도 다이호였다. 예전에는 같은 계통의 도장 선수끼리는 대전하지 않았는데 스모 개혁정책의 일환으로 그 대회부터는 대전이 가능하게 된 탓이었다.

21세의 다마노시마는 이 시합에서 대선배인 요코즈나 다이호를 맞아 멋진 안다리걸기로 이김으로써 은혜를 갚았다. 스모계에서는 가르침을 받은 스승을 이기는 것을 보은으로 받아들이며, 매우 중하게 여긴다. 다이호는 다마노시마의 성장한 모습을 확인하고 내심 흐뭇해했는지 모른다.

신문 잡지에는 다마노시마의 공격을 견디지 못하고 엉덩방아를 찧고 마는 요코즈나 다이호의 사진이 크게 실렸다. 같은 도장 선수간의 대전을 피해온 관행을 타파한 '전시합제' 채택의 긍정적 효과란 점에서 모든 언론매체가 이 시합을 대대적으로 다뤘다.

그 뒤 5년이 흐른 1970년 정월대회가 끝난 뒤 다마노시마는 요코즈나에 천거됐고 선수명도 다마노우미로 바뀌었다.

1971년 정월대회에서 우승을 걸고 두 요코즈나, 다이호와 다마노우미가 대전하게 되었는데, 이 큰 승부에 대해서는 여러 소문이 나돌았다. 한 주간지가 스모계의 짜고 하는 시합을 특집으로 대대적으로 다룬 적이 있다. 요코즈나들의 실명까지 지면에 등장시켜 부끄러운 승부 조작의 실상을 낱낱이 폭로했다.

다이호와 다마노우미의 시합에 대해서도 마치 밀담현장에 배석한 것처럼 자세히 쓰여 있었다. 슈이치도 스모계의 짜고 벌이는 시합에 관해 듣고 있었지만 어디까지 진실인지는 확인할 길이 없다.

1971년 첫 대회는 다마노우미로서는 새로운 기록을 세우느냐 마느냐가 걸린 중요한 대회였다. 이전 두 대회에서 연속우승을 했기 때문에 3대회 연속우승에 도전하고 있었다.

마지막 날까지 다마노우미는 14전 전승, 다이호는 13승 1패. 누가 보아도 다이호는 전성기 때보다 체력이 떨어진 상태였기에 다마노우미가 2대회 연속우승의 여세를 몰아 우승하리라고 예상했다. 하지만 다이호는 그런 예상을 뒤엎고 역전우승을 했다.

마지막 날 대결에서 다이호는 깨끗한 들배지기 기술로 다마노우미를 꺾었다. 결국 두 사람은 14승 1패 동률을 기록했고 우승자 결정전을 벌였다. 한 차례 승부가 나지 않아 잠시 쉬었다가 벌어진 재시합에서 다이호는 역시 들배지기로 이겼다.

청중들은 불사조 같은 다이호에 박수갈채를 보냈다. 언론매체도 다이호의 집념과 관록을 칭찬했다.

한 차례만 이겼어도 우승을 차지했을 텐데 다마노우미는 아깝게 기회를 놓친 것이다. 두 시합에서 내리 패한 그를 인터뷰하기 위해 몰려든 취재진에게 그는 "뭐 그까짓 일을 갖고" 하며 알 듯 말 듯한 미소만 지었다.

슈이치도 당시 스모시합을 TV로 보았는데 고개를 갸웃하지 않을 수 없었다. 다이호의 체력상태를 보더라도 동생이 두 번 연속 지리라고는 꿈에도 생각하지 않았다. 짜고 벌이는 시합이 있었다고 해도 이같이 중요한 시합에서, 그것도 두 번 연속 일부러 지라는 주문을 받았다고는 생각하기 힘든 만큼 역시 보통사람을 뛰어넘는 다이호의 집념과 기력, 관록이 승리한 것으로 보는 것이 타당할 것이다.

그러나 항간에는 두 차례 시합 모두 짜고 한 시합이었던 것 같다는 추측이 무성했다. 다이호가 "최후의 우승을 끝으로 명예롭게 은퇴하고 싶다"고 다마노우미에게 은근한 부탁을 했고, 다마노우미가 어쩔 수 없이 선배의 뜻을 받아들인 것이라고 마치 현장을 옆에서 지켜보기라고 한 것처럼 자신 있게 이야기하는 사람도 있었다.

슈이치는 가정이기는 하지만 동생 다마노우미가 다이호로부터 그런 은근한 부탁을 받았다면 사실 거절할 수 없었을 것으로 본다. 다이호 선배로부터 큰 은혜를 받은 만큼 명예로운 은퇴를 위해서라면 자신의 욕심은 나중으로 미룰 수도 있는 사람이 다마노우미였다고 여긴다. 다마노우미는 그런 정도의 기다림쯤은 아무것도 아닌, 오랜 인내의 세월을 보냈기에.

다마노우미의 돌연한 죽음은 결과론이지만 5월부터 그를 괴롭혀온 맹장염에서 비롯된 것이었다. 의학적으로는 맹장수술의 후유증이 아닐지 몰라도 조기에 입원했더라면 이런 일이 없지 않았을까 하는 아쉬움에서다.

나고야대회 후 동북지방을 돌며 연습할 때에도 몹시 아파 일시 도쿄로 돌아온 적이 있었다. 그러나 다마노우미는 "가을대회 후 요코즈나 다이호의 은퇴시합이 있는데 그때까지는 어떻게든 참아보겠다"며 입원을 미뤘고 결국 그 특유의 의리가 끝내 생명을 앗아간 것인지도 모른다. 1971년 가을대회는 9월 26일에 15일째, 마지막 날을 맞았다.

다마노우미는 한시 빨리 입원해서 수술을 받아야 하는 몸 상태와 사정상 어쩔 수 없이 입원을 미뤄야 하는 스모계 현실, 양쪽으로부터 심한 스트레스를 받고 있었다. 5월 여름대회 이후 아프기 시작한 맹장염은 이제 입원수술을 받지 않으면 안될 만큼 악화된 상태였다. 그런데도 약으로 다스리며 얼음찜질을 매일 하는 방법으로 10월 4일까지 참기로 한 것이다. 10월 2일에는 요코즈나 다이호의 은퇴시합이, 4일은 스모 입문동기인 아사세카와[淺瀨川]의 은퇴시합이 있었다.

신세를 진 동문의 대요코즈나 다이호로부터는 은퇴시합 직전에 치러질 의식에서 예식용 큰 칼(太刀)을 들고 자신을 호위하는 역을 맡아달라는 부탁을 일찌감치 받아놓고 있었다. 스모계에서 같이 고생해온 동기생 아사세카와에게도 당대의 인기 요코즈나로서 은퇴시합을 참관해주는 것으로 우정을 보여주고 싶었다.

5월에 아프기 시작한 맹장은 7월 나고야대회에서도 재발했는데, 이때도 약으로 다스리면서 얼음찜질을 하고 출전했다. 8월 도호쿠지방 순회연습에서도 격통이 와 미나토 구의 도라노몽병원에 입원했지만 수술은 하지 않았다.

가을대회는 9월 12에 개막이었기에 맹장염이 낫지도 않은 상태에서 출장했다. 7일째인 다카미야마〔高見山〕 전에서는 백혈구 수치가 천 2백을 넘었지만 다이호, 고토자쿠라, 류코〔龍虎〕가 모두 휴장했기에 씨름판이 썰렁해질까봐 통증과 열을 참으며 출장을 강행했다.

왜 이렇게까지 무리했을까. 주위는 기록을 의식한 것이라고 했지만 그의 성격을 아는 사람들은 한결같이 책임감 때문이었다고 단언한다.

슈이치는 "동생은 의리와 은혜를 결코 잊지 않는 성격이었으며, 깍듯한 예절이 몸에 배인 사람이었다"고 말했다. 다이호의 부탁이 없었다 해도 어린 선수 때 신분의 차에도 불구하고 기꺼이 연습상대가 되어준 은인의 마지막 승부를 곁에서 지켜보며 성원할 성격이다.

10월 4일 다이호와 아사세카와의 은퇴시합이 끝난 뒤 다마노우미는 곧바로 도라노몽병원에 입원했다. 차에 올라탄 다마노우미는 팬들에게 웃음을 지으며 오른손을 흔들어 답례했지만 왼손으로는 보이지 않게 아픈 배를 누르고 있었다. 4일 4층 414호에 입원했다. 나중에 생각해보니 사람들이 기피하는 숫자의 연속이었다.

아사세카와의 은퇴시합을 보며 다마노우미는 동료 선수들에게 "시합 끝나면 곧바로 입원해 수술을 받는데 만일 무슨 일이 생기면 뒤를 잘 부탁한다"고 농담처럼 말했다고 한다.

또 입원해 있을 때에도 친한 카메라맨에게 "수술하면 최후가 될지도 모르니 사진을 칼라로 잘 찍어 달라"고 특별히 부탁했다. 또 수술 전날인 5일에는 병문안을 온 어머니에게 신형 소형카메라를 보여주며

"이게 마지막이 될지도 모르니 사진을 찍어두자"고 말했다고 한다. 우연일지 모르지만 마사오는 어쩌면 자신의 운명을 향해 다가오고 있는 불길한 신호를 예감하고 있었던 것 같기만 하다.

9월 나고야대회 마지막 날 전승우승을 축하하는 모임에서 형인 슈이치에게 맹장수술 건에 관해 슬쩍 지나가는 말로 이렇게 말한 적이 있었다.

"내버려둘 수는 없고 언젠가 수술해야 하는데, 솔직히 배를 절개수술하고 나면 예전처럼 힘을 쓰지 못할 것 같아 불안해."

의학에 문외한이었던 탓도 있을 것이다. '맹장수술 따위를 갖고 무슨 걱정이냐'고 하는 사람도 있을지 모르나 아무리 간단한 수술이라도 본인으로서는 매우 심각한 문제이다. 주위 사람들에게 농담 반으로 불길한 이야기를 했던 것은 아마 이런 불안감 때문이었으리라.

'재수 없는 이야기는 입 밖에 꺼내지 말라'는 옛말대로 인가. 말이 씨가 된다고 다마노우미는 비운을 맞게 된다.

앞에서도 언급했지만 몇 가지 찜찜한 일도 있었다. 요코즈나 승진 시 이제까지 써온 선수명 다마노시마를 다마노우미로 무리하게 바꾼 것이나 도효이리시의 시라누이형을 채택한 것이다.

한 가지 또 있다. 요코즈나에 오른 후 처음 맞는 정월인 1971년 1월 31일. 요코즈나가 올리는 연례행사인 메이지[明治]신궁에서의 의식 때였다.

운류형으로 치른 기타노후지에 이어 시라누이형으로 다마노우미가 치를 차례가 되어 갑자기 구름 한 점 없던 하늘에서 굵은 비가 내리기 시작했다. 쫄딱 젖고 말았는데, 이도 급작스런 타계를 암시한 것이 아니었나 생각하는 이들도 있었다.

다마노우미는 10월 4일에 입원해 6일 맹장수술을 받았다.

운명의 날인 11일, 다마노우미는 오전 7시 반경 기상했다.

수술한 지 5일이 지나 실밥은 아직 풀지 않았다. 이틀 뒤인 13일에 풀 예정이었다. 예후는 아주 좋아서 다음날인 12일에는 오사카 긴키〔近畿〕대학에서 열리는 전지훈련에 인사말을 하러 가도 좋다는 말을 의사한테 듣고 있었다.

다마노우미는 병실에서 같이 밤을 새며 시중들었던 사람의 도움을 받아 휠체어에 올라 탄 뒤 화장실에 다녀와 병실에 되돌아왔다.

잠시 후 그는 "오늘 아침은 기분이 좋으니 밖에 있는 세면대에서 이를 닦고 세수를 하고 싶다"고 했다. 다시 휠체어에 태워 개운하게 세면과 양치질을 한 뒤 병실에 되돌아왔다. 다마노우미는 침대에 허리를 걸치고 앉더니 간병인에게 "목욕을 못해 답답한데 타월에 물을 적셔 몸을 닦아달라"고 부탁했다. 잠시 몸을 닦은 다음 다마노우미는 갑자기 가슴을 움켜쥐며 힘들게 말했다.

"답답해. 눕고 싶어. 자리를 펴줘."

다마노우미는 쓰러지듯 침대에 몸을 눕혔다. 전날도 잠시 이처럼 숨쉬기 힘든 적이 있었는데 바로 좋아졌다. 간병인은 금세 좋아지려니 하고 요코즈나가 누운 것을 확인한 뒤 아까 세면대에 놓아둔 세면용구를 챙기러 병실 밖으로 나갔다.

잠시 후 돌아와보니 다마노우미는 침대 위에서 발버둥치며 뒹굴고 있었다. 얼굴은 시뻘겋게 되어 있었다. 가슴 부위를 쥐어뜯으며 "답답해" 하며 신음하고 있었다.

보통 일이 아니었다. 간병인은 급히 간호사실로 달려갔다. 시간은 오전 8시 반을 지나고 있었다.

당직의가 달려왔을 때 다마노우미의 호흡은 이미 멈춰진 상태였다.

혈압은 50까지 떨어져 있었다. '치아노제'(청색증: 혈액중의 산소가 모자라게 돼 피부나 점막이 검푸르게 보이는 일) 상태가 되어 있었다. 명백한 심장질환이었다. 곧바로 각과 전문의들이 긴급소집돼 병실 내에서 수술이 행해졌다.

병실의 하얀 벽은 핏방울로 물들었다. 방바닥에는 괴로운 나머지 다마노우미가 쥐어뜯은 흔적처럼 머리카락이 흩어져 있었다. 나중에 청소하던 사람은 그 머리칼을 치우며 고통에 허우적거리던 요코즈나의 처참한 모습을 연상하고 눈물을 흘렸다고 한다.

심전도는 3시간쯤 완만한 곡선을 이루었으나 마침내 일직선이 된 채 움직이지 않았다.

때는 1971년 10월 11일 오전 11시 30분.

요코즈나 다마노우미는 생애를 마쳤다. 27세였다.

슈이치는 동생 다마노우미가 의식불명에 빠졌다는 소식을 10월 11일 오전중 가마고리 자택에서 들었다. 전날 술이 잔뜩 취해 잠이 들었는데 당일 아침에는 숙취로 머리가 몹시 아파 누워있을 때였다.

동생이 맹장으로 입원한 사실은 알고 있었지만 대단한 병이 아니라 걱정하지 않았는데 돌연 걸려온 전화내용에 그는 경악했다.

어떻게 해서 의식불명에 빠졌는지 짐작도 할 수 없었는데, 그 뒤 절망적인 상태라는 소식이 이어져 마치 귀신에 홀린 듯한 기분이었다. 마침내 죽었다는 연락을 받고 나자 지금까지 일어난 모든 일들이 숙취로 인해 생긴 악몽이 아닌가 싶었다.

급거 상경한 슈이치는 도라노몽병원 영안실에서 요코즈나 다마노우미의 유체를 앞에 두고 섰다. 너무도 변해버린 모습에 눈물 한 방울 흘릴 여유조차 없었다. 대체 무슨 일이 일어난 것일까. 몽유병자처럼 정신이 없어 주위 상황을 파악하기까지는 한참 시간이 걸렸다. 눈앞에는 동생의 유해가 있고 주위 사람들은 침울한 얼굴로 모두들 입을 굳게 다물고 있다.

모아진 두 손의 손목 부근에 하얀 붕대가 눈에 띄었다. 소매를 들춰 보니 양 손목이 붕대로 묶여져 있는 것이 아닌가. 죽은 사람에게 수갑을 채운 것 같다. 슈이치는 가까이 있던 젊은 사람한테 물었다.

"왜 손목을 묶어 두었는가?"

"손을 앞으로 가지런히 해야 하는데 팔이 굳어서 안돼서요."

"대체 부처를 묶는다는 게 말이나 되는가."

슈이치가 따지듯 물었다. 일본인들 가운데는 사람은 죽으면 모두 부처가 된다는 믿음을 가진 이들이 많다.

"양손을 가슴 앞으로 모아놓지 않으면 성불할 수 없다는 말이 있어서요."

이 말에는 더 이상 대꾸할 수 없어 그냥 넘어갈 수밖에 없었다. 슈이치는 차가워진 동생의 손을 만지며 조금 긴 듯한 손톱을 정성스레 깎아주었다.

다이호는 다마노우미가 급사했다는 소식을 듣고 황망히 병원으로 달려와 마치 친동생이 죽은 것처럼 슬퍼했다. 다이호가 다마노우미를 진심으로 좋아했다는 것은 운구장면에서도 알 수 있었다. 시신을 병원 밖으로 운구할 때 그는 고인의 형인 슈이치의 바로 옆에 서서 하얀 천으로 싼 시신을 들것으로 옮겨 실었고 영구차까지 운반했다.

영구차는 슈이치와 오야가타의 부인 등을 태우고 선수들이 기다리고 있는 가타오나미 도장으로 갔다. 도쿄 스미다〔墨田〕구의 이시하라〔石原〕정에 있던 도장은 뜻밖의 비보에 모두들 제 정신이 아니었다. 시신은 2층 큰 방에 옮겨져 안치됐다. 흰 천에 덮여 있는 것이 시신이란 것을 알기는 했지만 천 밖으로 상투 꼬리가 조금 밖으로 내비쳐 다마노우미의 죽음이 모두에게 더욱 현실감 있게 다가왔다.

다이호로서도 바로 전달 자신의 은퇴시합(10월 2일)에서 시합 전 의식을 빛내준 젊은 후배가 9일 뒤 차디찬 몸이 되어 굳어버린 현실에 그저 비통할 뿐이었다. 갑작스런 죽음이 도무지 믿어지지 않았을 것이다. 다이호는 '그때 억지로라도 입원시켰다면 이런 일은 없지 않았을까' 한탄하지 않았나 싶다. 다마노우미 없이도 은퇴식을 못 치를 것은 없었기에.

저녁 9시가 지나 부축해주지 않으면 설 수 없을 정도로 혼절한 상태에서 다마노우미의 생모가 도착했다. 생모는 큐슈에서 손녀 뻘 되는 이의 결혼식에 참석중 뜻밖의 연락을 받았던 것이다. 결혼식장에서 사회자는 특별히 그녀를 지목하며 "한창 이름을 날리고 있는 현역 요코즈나의 어머니께서 참석하셨다"며 소개해 좌중이 부러움 섞인 탄성을 올린 직후였다. 귀여운 손녀가 새 출발을 하는 것을 지켜보며 '이게 행복인가' 하는 바로 그 순간 돌연 요코즈나 아들의 죽음이 전해진 것이다. 천국에서 지옥으로 일순에 떨어진 것이었다.

다마노우미의 어머니는 아들의 영정을 보고 털썩 자리에 주저앉더니 "날 두고 먼저 가다니" 하며 통곡했다. 주위에 있던 사람들도 어머니의 호곡에 참고 있던 슬픔의 눈물을 쏟아냈다.

밤 10시 넘어서는 오사카에 가 있던 스모도장의 책임자인 오야가타도 비행기편으로 급거 도쿄로 돌아왔다.

"어이, 시마! 시마!"

중학교를 마치고 스모에 입문할 당시의 애칭을 부르며 그의 몸을 붙잡고 흐느꼈다.

병원 측은 기자회견을 열고 사인을 '우폐동맥간 혈전증'(右肺動脈幹 血栓症)이라고 발표했다. 일본에서는 드물지만 구미에서는 다수 보고된 급성질환이었다. 격렬한 운동을 하던 사람이 전혀 몸을 움직이지 않으면 혈관에 핏덩어리 혈전이 생겨서 이런 불운한 결과를 가져온다. 미리 예상하기란 대단히 어려워 불가항력이라고밖에 할 수 없다.

"폐동맥에 핏덩어리가 생겨나 심방의 움직임이 둔해지고 간장 비장 위장에 울혈상태가 발생했다. 심장과 뇌에는 출혈이 없었다. 맹장수술했던 장소에는 이상이 발견되지 않았다."

슈이치는 병원 측이 기자회견을 통해 사인을 발표한 내용을 진실이라고 받아들인다. 부검을 통해서 하나하나 확인된 것이었기 때문이다. 맹장염 수술의 후유증과는 관련 없는 폐동맥간 혈전증이 직접원인이었다.

그러나 슈이치는 아직도 마음 한 구석이 개운치 않다.

비과학적인 이야기지만 동생은 질병이 아니라, 한이 맺힌 탓에 핏덩어리가 가슴 어딘가에 뭉쳐서 그토록 일찍 죽은 것은 아닌가 하는 생각 때문이다. 동생의 가슴에 뭉쳤던 것은 핏덩어리가 아니라, 오랜 고뇌와 번민의 덩어리였다. 그 응어리진 번민이 가슴을 압박해 그를 앗아간 것이다. 누구에게도 속 시원히 털어놓지 못한 출생의 비밀 때문에 고통 속에 허우적거리다 그처럼 생을 일찍 마감했다.

심장이 뛰지 않아 피가 통하지 않으며 전신을 뒤흔드는 격렬한 고통, 참으로 괴로웠을 것이다. 고통으로 머리카락을 쥐어뜯는 광경은 상상만으로도 슈이치는 자신도 질식할 것 같은 느낌이 든다.

'아니야, 결코 병이 아니야. 결코 단순한 병사(病死)는 아니지.'

동생은 살아 생전 한 번도 울먹이는 소리를 하는 것을 본 적이 없다. 어떤 커다란 고난도 가슴에 묻고 불평 한마디, 우는소리 한마디

하지 않고 묵묵히 살아왔다. 다마노우미, 27년의 생애는 고난과 인내의 연속이었다. 의학적으로는 병사일지 모르나 형으로서는 고민사로 믿는다. 핏덩어리가 동생을 죽인 것이 아니라 사회의 이해부족이란 고뇌의 덩어리가 죽인 것이다.

슈이치가 동생에 관해 이야기를 세상에 전하려 한 것은 동생의 마음에 담겨 있었을 고민, 영혼의 외침을 더는 방치할 수 없다는 생각에서였다. 동생의 영혼이 아직도 구천을 맴돌고 있다면 이제 세상에 그 일을 낱낱이 밝혀 편히 잠들 수 있게 해주리라는 생각에서였다.

다마노우미가 죽고 난 직후 발간된 1971년 11월호 월간지 《스모》는 표지에 급서한 제51대 요즈크나, 다마노우미의 환하게 웃는 얼굴

1971년 11월호 《스모》지 표지. 다마노우미 추도특집이 실려있다.

사진을 싣고 있다. 추모특집으로 꾸며진 이 잡지에는 여러 장의 사진과 함께 그를 회고하는 기사도 실렸다.

하지만 어디에도 그의 혈통에 관해서 언급하지 않고 있다. 당시 살아있던 그의 한국인 아버지 '정유성'에 관해서는 단 한 줄도 싣지 않았다. 아버지의 사진이 없음은 물론이다. 일찍이 아버지를 여의고 홀어머니 보살핌을 받고 컸다는 거짓 신화가 실려 있다. 이 스토리에 구색을 갖추기 위해 어머니의 사진 한 장도 곁들여 있다.

그 사실을 몰라서가 아니었다. 알면서도 모른 체했던 것이다. 일본의 국기(國技)인 스모계 지존(至尊)의 자리를 깔보고 얕잡아 보아온 한국계 피가 섞인 사람에게 빼앗겼다는 것을 인정하기 싫어서였다.

요즘의 스모계는 물론 달라졌다. 몽골 출신 씨름꾼들의 맹활약으로 외국인 요코즈나의 존재는 더 이상 예외적인 상황이 아니기 때문이다.

아버지의 성을 물려받는 것은 한국이나 일본이나 마찬가지. 따라서 지금이라도 다마노우미의 이름, 다니구치 마사오는, 요시타케 마사오로 정정되어야 마땅하지 않을까. 그리고 그보다 한 발 나아가서 그의 한국인 아버지 정유성 씨의 성을 따 정씨로 불러야 하고, 이름도 마사오가 아니라 정부, 즉 정정부(鄭正夫)로 불러야 하는 것이 아닐까.

한국계 요코즈나 정정부가 1970년대 일본 스모계에 존재했다는 사실은 충분히 기록으로 남겨둘 가치가 있다고 생각한다.

절반의 한국인이란 점 때문에 '조센징'으로 분류돼 알게 모르게 멸시당하고, 살인범의 동생이라는 수군덕거림 속에서도 그는 일본 씨름판의 최고봉에까지 올랐다. 필설로 다할 수 없는, 눈에서 피가 나올 정도로 분하고 원통한 마음을 그는 묵묵히 모래판 위에서 땀방울을 흘리며 다졌던 것이다.

분하고 억울한 마음은 슈이치도 마찬가지였다. 그러나 슈이치는 괴로울 때 이를 갈면서 자신을 눌렀고, 억울할 때면 다른 사람의 눈을 의식하지 않고 펑펑 울었다. 폭력에는 폭력으로 맞섰다. 가슴속에 계속 담아둘 성격도 아니었다. 동생처럼 사회적 지위나 명예가 있는 직업도 아니었다. 무엇인가를 지키기 위해 체면치레로라도 참고 지낼, 냉정함 따위는 필요 없었다.

이젠 고인이 된 슈이치의 큰형 이치오도 언젠가 슈이치에게 말한 적이 있다.

"동생 다마노우미는 다른 사람이 없이 나하고 남으면 곁에 있는 내가 무색할 정도로 괴로워했다."

주위의 기대가 커지면 커질수록 고독감이 커졌던 마사오. 이상과 현실과의 사이에 끼여 다른 사람에게는 말할 수 없는 출생의 비밀과 형이 살인범이라는 것이 신문 잡지에 언제 폭로될지 몰라 우려했던 그런 것들이 커다란 고민이 되어 늘 가슴을 짓눌렀다.

슈이치도 동생을 고민사 시킨 범인의 한 사람에 틀림없지만 엄청나게 봉건적인 스모계의 관습에 번롱된 것도 관계가 없다고는 할 수 없을 것이다.

쉽게 상처받는 소년 시절, '조선인 튀기'라고 불리던 것이 얼마나 슬펐는지 모르리라. '조선'이라고 큰 소리로 놀리거나, 혹은 등뒤에서 소곤소곤 하는 소리를 들어야 했던 형제는 폭력으로 대항한 형과 참고 참았던 동생으로 다른 길을 갔다. 형은 드디어 폭력단에 발을 담갔고 동생은 인내 끝에 요코즈나까지 올랐다.

'조선'이 무엇인지 아무것도 모른 채 태어난 형제에게는 태어난 것 자체가 불운이었을까. 세상을 상대로 폭력을 휘두르며 울분을 터트리고 살아온 형과 모든 것을 가슴속에 쓸어 담으며 줄곧 참아온 동생. 그 살아가는 방식이 형제의 운명을 달리 만들고 만 것 같다.

정유성은 일본 전국에 모르는 사람이 없이 쭉쭉 뻗어나가던 요코즈나 막내아들 마사오, 다마노우미가 죽자 살아 생전 아비 행세를 못해왔던 분통을 한꺼번에 터트렸다. 스모계 인사들은 다마노우미의 생부, 한국계 정유성이 아버지 행세를 할 수 없도록 마사오의 호적을 어머니 밑으로 넣어 사생아로 만들었기 때문이었다.

다마노우미가 급사한 뒤 한국의 창과 비슷한 재주를 가진 유명한 사람이 가마고리에서 〈아아 다마노우미〉라는 제목으로 추모공연을 한 적이 있었다. 다마노우미의 일대기를 다룬 내용이었다. 급사 직후라 다마노우미를 기억하는 많은 팬들이 공연장을 가득 채웠다.

클라이맥스는 부모에 관해 언급하는 대목에 이르러서였다.

"일찌기 아버지를 여의고 홀로 된 어머니, 갖은 고생고생 다 해가며 어떻게 키운 다마노우미인데 …."

절절히 읊어대자 청중은 손수건으로 눈물을 찍어냈고 이윽고 막이 내렸다. 창을 하는 사람이 땀을 씻으며 대기실로 돌아가자 화가 잔뜩 난 표정의 아버지, 정유성이 기다리고 있었다.

바로 조금 전 죽은 것으로 절절히 읊어댔던 아버지였다.

정유성은 버럭 고함을 질렀다.

"애비가 이렇게 버젓이 살아 있는데 무슨 개 뼉다구 같은 소리야. 죽었다고? 그래 죽은 귀신한테 한번 맞아봐라. 이 놈아."

사정없이 욕을 퍼부으며 멱살을 잡고는 두들겨 팼다.

주위 사람들이 간신히 뜯어말려 더 이상 큰 사고는 없었지만 정유성으로서는 이제까지 아버지면서도 아버지란 말을 못해온 분풀이를 해댄 것이다. 창하는 사람은 그저 대본대로 했을 뿐 실제로 몰랐을 수도 있지만 어쨌든 엉뚱하게 봉변을 당했다. 이때의 창 공연은 레코드로도 만들어졌다. 〈아아 다마노우미〉라는 제목이었다. 한바탕 난리법석이 일어난 뒤로는 창을 하는 사람은 두 번 다시 같은 공연을 하지 않았다.

서출이란 이유로 아버지를 아버지라고 부르지 못했던 홍길동의 이야기가 뒤바뀌어 정유성은 스모의 1인자, 요코즈나가 친아들이면서도 내 아들입네 하고 공개석상에서 한 번도 자랑스럽게 부르지 못했다. 자식을 키워내고도 변변치 못한 한국인이란 이유로 버림받았던 것이다. 막내아들 다마노우미(마사오)가 요코즈나였을 때 어느 날 정유성은 NHK 특별프로그램에 출연한 가족을 TV로 보게 된다. 아내, 아들들, 손자들 …. 조선인이란 이유로 '초대받지 못한 손님' 정유성은 분루를 삼켜야 했다.

지금 다마노우미는 고향 가마고리의 텐케이인[天桂院]이란 일본의 절 언덕 위에 잠들어 있다. 묘는 일본의 수도 도쿄를 향해 세워져 있으며, 신칸센에서 볼 수도 있다.

'일본국 남자' 본명 다니구치 마사오, 제51대 요코즈나 다마노우미.

절 경내의 묘역에서 가장 높은 곳에 자리잡고 있으며 묘비 또한 가장 높다. 다마노우미의 묘비 옆에는 어머니 다니구치 하루요의 위패가 보인다. 하지만 다마노우미의 아버지 정유성, 일본명 요시타케 기치타로는 어디에도 보이지 않는다.

슈이치는 만년에 양로원에서 살던 아버지가 죽자 이곳에 유골을 함께 안장했다.

"그래도 부부였으니 같이 모셔야 할 것 같아서 …."

그런데도 아버지의 위패가 보이지 않는 이유를 무엇일까.

아직 마사오를 기억하는 스모팬들이 이곳을 찾아오는데 굳이 그런 사실을 알릴 필요는 없다고 슈이치가 판단했기 때문이다. 아들 곁에 한국인 아버지 정유성의 유골이 안치되어 있는 줄을 세상 사람들은 모른다.

정유성은 91세 되던 2000년, 어느 양로원에서 쓸쓸히 세상을 떠났다. 정유성은 저 세상에 가서도 아버지 대접을 받지 못하고 있을까.

항쟁, 야쿠자의 길

8

슈이치의 오야붕, 가모시타 밑에는 같은 성씨를 가진 부하 간부 K
가 있었다. 친형의 아들, 조카였다. 슈이치가 복역중 조직에 들어왔
으니 후배였지만 슈이치가 '공연한 살인으로 조직에 큰 위기를 초래한
혐의'로 상당기간 파문상태에 있었기에 그와 형제의 동등한 지위를 갖
게 되었다.

이 조카가 거느린 조직과 슈이치 조직, 다니구치구미〔谷口組〕 사이
에 난투사건이 일어나 신문과 TV에 야쿠자 항쟁사건으로 크게 보도되
었다. 그러나 슈이치는 "일방적인 습격사건이었을 뿐"이라고 주장한
다. 그 경위는 이랬다.

오야붕 가모시타는 도박에 대한 처벌이 대폭 강화되자 술집경영으
로 발을 넓혔다. 직영하는 술집도 있었는데 그 중 한 업소의 지배인이

슈이치를 찾아와 하소연했다.

이야기를 듣고 보니 오야붕의 조카가 이끄는 조직에 속한 부하 한 명이 술집 여종업원 기숙사 안에 들어와 자주 행패를 부리는 통에 여종업원들이 무서워 벌벌 떠는 등 골칫거리라는 것이었다. 조직원이 아닌 지배인 처지에서는 어떻게 해볼 도리가 없다는 것이다. 슈이치는 지배인이 맡은 가게가 다른 곳도 아닌 오야붕의 직영 가게였기에 이대로 내버려두면 오야붕의 체면까지 상하게 될 것 같아 나름대로 해결책을 찾아보마고 말했다.

그러던 어느 날 한 술집에서 술을 마시고 있는데 여종업원 기숙사에 들어가 말썽을 피웠다는 문제의 조직원이 부하 몇몇을 데리고 들어왔다. 기분이 언짢았지만 상대가 오야붕의 조카가 이끄는 조직의 멤버인지라 쉽게 말을 꺼내기 힘들었다. 그들은 슈이치에게 아는 체를 하고는 옆자리에서 술을 마셨다.

술이 어지간히 들어가자 슈이치는 지배인의 말이 생각나 더 이상 참지 못하고 문제의 조직원을 불렀다.

"지난번 여종업원 기숙사에서 행패 부렸다는 게 사실이야? 두 번 다시 그 따위로 처신하지 마. 알았어?"

"네, 문제를 일으킨 데 대해 반성하고 있습니다."

엄중하게 주의를 주자 일단은 수긍하는 자세를 보였다.

K는 그 무렵 닥치는 대로 졸개를 늘리고 있었다. 슈이치가 이름도, 성격도 잘 모르는 졸개들이 떼거리로 몰려다녔다. 슈이치가 받았던 신참수업 과정도 물론 거치지 않았다. 슈이치는 이런 '의리도 개코도 없는 졸개들' 때문에 지배인이 읍소하는 일까지 벌어진 것이 아닌가 싶어 분통이 터졌다.

사과를 했다고는 하지만 즈네들끼리 웃고 떠드는 소리를 듣고 있자니 마치 자신을 조롱하는 것 같아 다시 화가 치밀었다.

슈이치는 데리고 온 부하들에게 "조장이 개판이니 저 따위로 노는 놈들이 생기는 거야. 조장이 더 문제야" 하며 한참이나 K를 혹독하게 비판했다. 일이 꼬이려니 이 말을 저쪽에 있던 K 부하들이 들었던 모양이다. 그날 밤 오야붕 K에게 쪼르르 달려가 있는 소리 없는 소리를 보고하면서 사단이 생겼다.

다음날 저녁 슈이치는 고충을 하소연했던 지배인을 만나러 갔다.

어젯밤 문제를 일으킨 자한테 직접 사과를 받아냈으니 앞으로는 별일 없을 거라는 이야기를 하던 참인데 얼굴을 모르는 야쿠자 풍의 몇 사람이 나타났다. 그 중 젊은 친구가 인사고 뭐고 생략하고 대뜸 시비조로 슈이치를 향해 말을 걸었다.

"거, 말 좀 물읍시다."

"······."

슈이치는 누군지 알 수 없어서 잠자코 있었다.

"어젯밤에 당신이 우리 오야붕을 모욕했다는데 그게 사실이요?"

참으로 도전적이었고 버르장머리 없었으며 싹수는 털끝만치도 없는 말투였다. 어젯밤 만난 얼굴들은 아니었지만 K 조직원들이 틀림없었다. 슈이치는 일순 '아차' 싶었다. 저쪽에서 취중의 발언까지 새삼 확인할 정도라면 이미 문제가 벌어진 것이었다. 내가 말이 조금 지나쳤었나 보군. 그런 생각이 들기는 했지만 열이 뻗쳐올랐다.

'아직 얼마 되지 않은 피라미 새끼가 감히 이 따위로 날 신문하려들다니.'

해명이나 반성은커녕 분노로 피가 거꾸로 치솟았다. 이것이 덫이었는지 몰랐다. 하지만 슈이치는 심사숙고형이 아니었고, 이내 분통을 터트리고 말았다.

"이런 건방진 놈의 새끼. 감히 누구한테. 나한테 말 붙이려면 아직도 십 년은 더 조직에 있어야 할 놈이."

슈이치는 자리를 박차고 일어나서는 K 조직원을 냅다 두들겨 팼다.

슈이치 부하들과 상대편 조직원들이 와락 모여들어 일촉즉발의 상태가 되었으나 누군가 중재에 나선 사람이 있어서 그 자리는 그 정도로 끝났다. K 조직원들이 씩씩대며 물러간 뒤 슈이치는 자신이 운영하는 술집으로 옮겨 울분 속에 잔을 기울이고 있었다.

"세상 참 더럽군. 새파란 놈의 새끼들이 기어오르다니."

얼빠진 놈들이 설치고 다니는 풍조가 생각할수록 기가 막혀 한탄하며 마구 술을 마셨다. 소란이 일어난 것을 듣게 된 형제격의 조직원들이 찾아와 다들 참으라고 만류했다. 가모시타 오야붕에게도 즉각 소란이 빚어진 사실이 보고된 모양이었는지 전갈이 왔다. 늦은 시각이었지만 곧바로 오야붕의 자택에 출두하라는 내용이었다.

"슈이치, 집안 싸움만큼은 절대로 해서는 안 된다. 무슨 일이 있는지 모르나 이 말만은 명심해라."

더 이상 사건을 키우지 말라고 못을 박았다. 슈이치는 '조카 단속 좀 잘하시라'는 말이 입에 뱅뱅 돌았으나 오야붕을 불편하게 만들고 싶지 않아 그저 "네, 알겠습니다" 하고 자리를 물러났다. 최초에 말썽을 피운 것은 조카 측이 아닌가. 그렇다면 그걸 단속해야지, 무조건 덮어두겠다는 말인가.

불만이 있었지만 오야붕이 한 말이다. 오야붕의 말은 무조건 지키지 않으면 안 된다. 화를 식히며 술집에 돌아오니 오야붕의 자택에 슈이치가 출두한 뒤 사태가 어찌되려나 근심스레 기다리던 형제 또래들과 부하들은 안도의 숨을 쉬었다. 슈이치는 자신을 걱정해준 이들에게 오야붕이 한 말을 전했다.

그때였다. 이웃에 사는 친구가 허겁지겁 술집에 들어오더니 "빨리 피해" 소리쳤다.

"슈이치, 일이 터졌어."

"무슨 소리야?"

"K패거리가 자네 집을 습격했는데 모두 일본도를 뽑아들고 있어."

그저 몇 대 때려준 것밖에 없는데 일본도까지 등장했다니! 슈이치는 격앙해 당장 뛰어나갈 태세를 했다. 하지만 모두 말리며 일단 자리를 피하는 것이 좋겠다고 해 시내에서 조금 떨어진 술집으로 옮겼다.

K 일파가 일본도로 무장하고 슈이치 집을 쳐들어간 것은 오야붕을 모욕한 사실을 확인하러간 부하가 슈이치에게 얻어터지고 돌아온 직후였다. 조직원들은 격노한 오야붕 K 앞에서 얼굴을 들지 못했다.

"일들 똑바로 못해! 너희놈들은 대체 뭐하는 것들이야."

오야붕한테 질책을 당한 이들은 곧바로 오야붕과 조직의 명예를 걸고 무장을 한 채 슈이치 집을 습격한 것이다. 이때 슈이치는 술집에 머물고 있어 집은 비어 있었다.

슈이치는 '더 이상 일을 키우지 말라'는 오야붕 가모시타의 명령과 형제 격인 간부들의 만류도 있고 해서 K일파의 행동에 대응하지 않고 꾹꾹 참고 마시고 있었다. 하지만 술이 들어가면서 판단은 점점 흐려졌고 집에 일본도를 들고 난입한 놈들을 이대로 좌시할 수 없다는 생각이 머리 속을 점령했다. 끝내 열이 폭발한 슈이치는 밖으로 나와 꼬붕에게 운전하도록 시켰다.

"야, K 집으로 가자."

"안 됩니다. 지금은 너무 위험합니다."

"닥쳐. 당장 가. 할말이 있다."

K 집 앞에 자동차가 섰다. 부하들은 필사적으로 차에서 내리는 슈

이치를 말렸다. 슈이치는 이를 뿌리치고 비틀거리며 부하 한 사람이 호신용으로 갖고 다니던 단검을 뽑아들고 집에 들어갔다. 집 안은 비어 있었다. 사실상 조직간의 전쟁을 개시하며 저쪽에서는 역습에 대비해 K가족을 대피시킨 상태였다.

부하들은 "다른 때를 골라서 버릇을 고쳐 놓아야 한다"며 슈이치를 말렸지만 술이 잔뜩 취한 슈이치는 고집을 부렸다.

"다른 곳으로 빨리 가!"

하는 수 없이 부하들은 K 오야붕의 소실이 살고 있는 단독주택으로 차를 몰았다.

슈이치는 물론 다른 부하들도 전혀 싸울 채비를 하지 못한 상태였다. 부하들은 상대편의 준비상황이 어떨 것이라는 점을 잘 알았기 때문에 슈이치를 수없이 만류했다. 그러나 술에 만취한 슈이치는 기어이 오야붕 K를 만나 직접 사과를 받고 말겠다며 막무가내였다.

'조직을 이끄는 조장인 나한테 감히 피라미를 보내 심문하려 들다니. 몇 대 팬 것 정도를 갖고 같은 형제 조직간에 일본도를 뽑아들고 집을 습격하는 것은 또 어디서 배워먹은 짓거리야.'

슈이치는 야쿠자 사회에 대한 환상, 의리니 협객이니 하는 따위의 명분 있는 행동만을 기대하고 있었던 순진한 야쿠자였는지 모른다. 하지만 상대편 K 조직은 급속히 커지기 시작하는 슈이치 조직을 견제할 기회만 진즉부터 노리고 있었던 것이다. 피라미 같은 졸개를 보낸 것도 일부러 슈이치를 열받게 만들기 위한 음모였을 수 있다.

차에서 내린 슈이치는 집 앞 공터에 서서 K가 듣고 있는 것처럼 고함을 냅다 질렀다.

"야, K, 나 슈이치다. 할말이 있다. 나와라."

그 순간 집 부근의 나무 사이와 건물 옆 골목에서 한 무리의 검은 그림자가 쏟아져 나왔다. 손에손에 칼을 뽑아들고 슈이치 일행을 향해 돌진해오는 것이 아닌가. 슈이치 일행이 올 때를 기다리며 매복하고 있었던 것이다.

슈이치는 순간 술이 확 깼다. 어두웠지만 10명 정도라는 것이 한 눈에 들어왔다. 이들은 제발로 걸어 들어온 공격목표, 슈이치를 향해 포위망을 서서히 좁혀 들어왔다. 슈이치는 단도로 일본도 공격을 두 세 번은 막아냈지만 승패는 이미 갈라진 상태였다. 단도를 쥔 슈이치, 빈손의 부하들. 그리고 일본도를 휘두르는 저쪽.

슈이치는 일본도 공격을 혼신의 힘을 다해 용케 몇 번 단도로 막아냈지만 강력한 후속공격에 그만 단도를 떨어뜨리고 말았다.

빈손이 된 자신을 일본도로 내려치려 하자 슈이치는 왼손을 들어 목 경동맥을 지키려 했다. 바람을 가르며 날아온 일본도는 슈이치의 왼쪽 손바닥을 벤 데 이어 왼쪽 가슴을 파고들었다. 목은 그나마 다치지 않았지만 가슴 쪽 늑골이 허옇게 드러났다.

슈이치에 대한 공격은 여기서 그치지 않았다. 뒤쪽으로 돌아온 놈에게는 오른쪽 어깨를 깊이 베였다. 옆으로 접근해온 놈에게 다시 칼부림을 달해 오른쪽 팔은 덜렁덜렁 뼈까지 보일 정도가 됐다.

제 몸조차 지킬 수 없었던 슈이치. 비무장 상태로 술취한 오야붕을 따라왔다가 습격당하게 된 맨손뿐인 부하들. 그러나 상대방은 가차없이 일본도를 휘둘렀다. 이대로 가면 전원 몰살당하고 말 것이다. 슈이치는 사력을 당해 외쳤다.

"K, 그만해라. 이제 됐다."

어둠 속에서 습격을 지휘하고 있던 K가 나타났다.

"슈이치, 날 모욕해?"

"이만큼 했으면 충분하다. 그만 칼을 내려놔라."

땅바닥에 쓰러진 슈이치는 덜렁거리는 오른쪽 팔을 왼손으로 받쳐 들고 K를 향해 애원조로 말했다.

"흥, 그래. 칼은 내려놓지."

K는 싸늘한 미소를 띠더니 벽돌 한 장을 집어들어 슈이치의 머리통을 내리쳤다. 슈이치는 천지가 암흑으로 뒤덮이는 걸 느끼며 정신을 잃었다.

너무 안이하게 판단했던 것이다. 설마 이렇게까지 나오리라고는 생각하지 않았다. 예전에 함께 화투를 치고 당구를 치던 사이의 K가 아닌가. 그러나 세월은 사람을 변하게 만들었던 것이다.

이튿날 일간지와 TV 등은 이 사건을 야쿠자 조직간의 대규모 집단 항쟁사건이라며 대대적으로 보도했다. 슈이치는 일방적으로 당한 사건이라고 여기지만 사건의 배경에는 조직간 항쟁의 측면이 없지는 않았다.

슈이치는 하루가 다르게 세력을 넓히고 있는 중이었다. 특히 동생 다마노우미가 그 전 대회에서 요코즈나에 승진하면서 슈이치의 조직원들은 나는 새도 떨어뜨릴 만큼 흐름을 탔다.

이 습격사건에 휘말려 슈이치의 부하 한 사람이 일본도에 잘려 목숨을 잃었다. 슈이치는 온몸을 난자당하는 중상을 입었다. 다른 부하들도 모두 부상을 당했다.

K 등은 모두 잠적했고 경찰은 이들을 긴급수배했다. 강력한 경고에도 불구하고 집안싸움을 일으킨 조카에 대해 격노한 가모시타 오야붕은 K 일파에게 모두 경찰에 자진 출두할 것을 지시했고 이들은 모두 체포됐다.

슈이치의 오야붕, 가모시타 긴고로〔鴨下金五郎〕는 세토일가에 속한 협도회(俠道會) 회장 타이틀을 갖고 있었는데 1982년 병사했다. 암이었다. 당시 세토일가는 8대 총장 고바야시 긴지(小林金次)가 다스리고 있었으나 제2인자로 막강한 권력을 행사하고 있던 이는 가모시타였다. 총장이 은퇴하면 가모시타가 당연히 9대 총장 자리에 앉게 되어 있었다. 그런데 총장이 은퇴하기 전에 가모시타가 먼저 죽자 세토일가 내에 총장 후계를 놓고 큰 동요가 일어났다.

세토일가는 일본 전국에 걸친 조직이라 총장 이름은 널리 알려져 있었는데, 제2인자 가모시타 이름 또한 총장 못지않게 유명했다. 그와 형제의 맹세를 한 오야붕들이 일본 전국에 쫙 깔려 있었다. 그 중에서도 도요하시의 오야붕 A와 매우 친했다.

가마고리와 도요하시는 바로 붙어 있는 도시인데 여기에 실력자가 두 사람이나 살고 있었던 까닭에 이 일대 환락가는 양 세력간의 상호 견제와 균형 속에 평화가 유지되고 있었다.

그런데 실력자 가모시타가 죽게 되자 사건이 발생한다. 도요하시의 오야붕 A와 세토일가 8대 총장 고바야시가 잇달아 총에 맞아 죽은 것이다. 가모시타가 병사한 뒤 어느 날 도요하시의 오야붕 A는 가마고리에 있던 8대 총장 고바야시 자택에서 회담을 가졌다. 조직간의 우의를 다지는 정례회동이었다. 회담 후 고바야시 총장은 A 오야붕을 차가 세워져 있는 곳까지 배웅했다. A 오야붕이 막 차에 오르려는 순간 누군가 권총을 발사해 A가 즉사했다. A 오야붕 곁에는 두 사람의 간부가 동행하고 있었지만 어둠 속의 급습에는 어떤 조치도 취할 틈이 없었다.

범인은 달아나버렸다. 조직을 총동원해 찾아낸 결과 범인은 세토일가의 조직원이란 사실이 밝혀졌다. 암살범은 A 오야붕에게 개인적 원한을 품고 이런 일을 저질렀던 것이다.

암살범은 8대 총장의 직계는 아니었고, 오사카에서 가까운 오하리〔尾張〕의 조직원이었다. 하지만 졸지에 두목을 잃은 도요하시 측에서는 당연히 8대 총장이 오야붕의 피살사건에 직접 관련된 것으로 믿고 8대 총장을 보복대상으로 정했다. 도요하시 측은 두목이 사살당한 것을 앙갚음하기 위해 8대 총장을 표적으로 삼으라는 급전을 전 조직원을 향해 날렸다.

사실 총장은 사건과 관계가 없었지만 도요하시 측은 두목이 당한 만큼 상대편 두목도 죽어야 했다. 이것이 야쿠자 세계의 법이다.

8대 총장은 자택을 드나들면 피습될 것이 뻔했기 때문에 여기저기 은신처를 전전하면서 몸을 숨긴 채 도요하시 조직과 물밑 교섭에 들어갔다. 직접 개입하지는 않았다 해도 적어도 안전관리상 중대한 실수를 저지른 만큼 사죄의 뜻으로 8대 총장 자리를 내놓는 선에서 일단 정리가 되어 가는 듯했다. 8대 총장이 자리를 물러났지만 도요하시 측 조직원 사이에서는 여전히 불만이 많았다. 상대방 조직의 두목이 건재하는 한 어찌 우리 오야붕이 편히 눈을 감겠느냐며 대부분 울분을 감추지 못했다.

9대 총장에 세토시 지역 조직의 오야붕, 와타나베 게이이치로〔渡辺啓一郎〕가 올라 사태를 수습하려 애쓰고 있었지만 도요하시 측 조직원들의 뱃속은 여전히 부글거렸다.

조직의 두목, 총장이라고 해도 일단 은퇴하고 나면 한 사람의 평범한 노인에 지나지 않는다. 오야붕의 피살에 한을 품고 있던 도요하시 조직원 가운데 한 명이 끝내 전 총장의 자택에 몰래 숨어 들어가 있다가 귀가하는 그를 사살하고 말았다.

이번에는 세토일가 9대 총장 쪽에서 격노했다. 현역 총장이라면 모를까, 은퇴한 노인을 몰래 집에까지 숨어 들어가 사살한 것은 너무나 비열한 짓이라는 것이었다.

다시 전쟁이 시작될 조짐이었다. 도요하시의 A 오야붕의 뒤를 이은 2대째 오야붕이 신속하게 움직였다. 화평을 원하는 조직 전체의 뜻과는 달리 한 개인이 저지른 일로 정리가 됐다. 대신 은퇴 후 일개 노인으로 지내던 전 총장을 사살한 데 따른 도의적 책임을 지고 2대째 오야붕이 손가락 한 개를 절단하며 사과하는 것으로 사태는 드디어 마무리됐다.

이웃 도시인 가마고리와 도요하시는 가모시타의 죽음 이후 원수지간이 되고 말았다. 가모시타의 타계로 완충세력이 사라졌기에 빚어진 사태였다. 이 사태 이후 슈이치는 도요하시에 갔다가 적대세력으로 여겨 해코지 당할까 싶어 도요하시 방면에는 일절 발을 들여놓지 않게 되었다. 자주 바둑을 두던 기원에도 얼굴을 내밀지 않게 되었다. 20년 세월이 지난 아직까지도 슈이치는 도요하시 쪽과 소원한 상태이다. 당시 바둑친구들은 슈이치가 갑자기 발을 끊은 이유를 아직도 자세히 모를 것이다.

도요하시 조직의 A 오야붕이 피살될 당시 동행했던 간부 T는 그후 여러 사람으로부터 비난받았다. '오야붕을 어떻게 모셨길래 너는 살고 오야붕만 죽었냐'는 힐난이었다. 슈이치와도 절친한 사이였던 그는 이 문제로 고민을 거듭했다. 어느 날 그는 A 오야붕의 묘 앞에서 권총자살을 한 채 발견됐다.

T는 오야붕을 마음속으로 정말 존경했고 오야붕도 T를 매우 아끼는 편이었다. A 오야붕은 협객이라는 말이 어울리는 오야붕이었다. 저 세상 가는 오야붕에 결국 충복이 동행하게 된 것이다.

한편 8대 총장을 보복 살해했던 도요하시 조직의 부하는 조직의 압력을 견디지 못하고 복역중 자살했다. 피가 피를 부르는 것을 여실히 보여준 일이었다.

　오야붕에 얽힌 이야기를 하다 슈이치는 이런 일화도 들려줬다.

　도박장은 대개 다다미 8장 크기의 방을 둘로 나눈 정도의 크기였다. 가운데에 패를 펼치는 장방형 판을 깔고 그 주위에 20~30명의 손님이 앉는다. 손님 외에 고리를 떼는 도박장 개설자 측 사람이 앉아 도박을 주재하는 것이 보통이다.

　당시 일본에서 행해지던 도박은 지방에 따라 다소 달랐지만 대체로 주사위나 화투로 승부를 가렸다.

　주사위 노름은 두 개의 주사위를 통 속에 넣고 흔들다 판에 뿌려서 위에 나타난 숫자의 합이 홀수인가 짝수인가로 승부를 가린다.

　화투로 할 때는 판에 깔린 3매씩의 화투패 두 곳 중 한 곳에 돈을 건다. 가장 먼저 깔린 3장의 패일지, 나중에 깔린 3장의 패일지에 운을 맡기는 것이다. 패 석 장의 끝수를 합해 9에 가까울수록 유리하고 0에 가까우면 최악이다. 한국에서도 유행했던 '도리짓고땡' 노름과 흡사한 방식이었다. 끝자리 수가 같게 되면 그냥 비기는 것이 아니라 센 조합과 약한 조합이 있어서 그것으로 승부를 가린다. 이때에는 판돈의 절반을 이긴 쪽이 갖고 나머지는 개평으로 도박장 개설자의 가방 속에 들어간다.

　승부는 밤 새워가며 수십 회 벌어지기 때문에 결국은 비긴 경우 판돈의 절반을 개평으로 뜯는 탓에 판돈의 태반은 개설자의 가방 속에 들어가고 만다. 게 중에는 재치 있게 판을 벌여 돈을 따는 사람도 있지만 수학적으로 말하자면 게임에 참가한 모든 사람이 결국에 지는 게임을 하는 것이다.

　슈이치는 장난삼아 하는 노름일지라도 돈을 잃으면 기분이 나쁘지 않냐며 한 가지 수법을 살짝 전수해 주었다.

어떤 노름판에도 항상 '쪼칭'[提燈]이 있는 만큼 '쪼칭'을 찾아내라는 것이었다. 쪼칭의 원래 뜻은 '제등', 즉 어둔 길을 밝혀주는 등불이다. 도박계에서 은어로 사용되는 쪼칭이란 말은 자꾸 지다 보니 잔뜩 열이 올라 있는 사람이다. 이런 사람이 보이면 일단 그 사람이 거는 쪽과 반대로 돈을 걸면 돈을 딸 가능성이 높다는 것이다. 어느 쪽에 걸까 망설여질 때 판단 참고자료로 '쪼칭'을 활용하면 좋다는 것이다.

노름의 대가였던 슈이치도 잘 이해하기 힘들지만 점점 돈을 잃어가는 '쪼칭'이 거는 것과 반대로 하면 신통하게 거의 반드시라고 해도 좋을 정도로 돈을 따게 되더라는 것이다. 경마 경륜 경정 등의 사행성 오락게임에서도 '쪼칭'이 거는 쪽은 피하고 반대로 걸면 통하는 수가 많다는 것이다.

'쪼칭'에 동정하는 심정으로 '이제 먹을 때도 되지 않았나' 하며 같은 쪽에 걸었다가는 자신도 당하고 만다는 것이다. 승부의 세계에 부화뇌동은 금물이다. 열을 받아 머리에서 김이 모락모락 나는 '쪼칭'만 찾아내면 그날은 돈 버는 것이나 마찬가지다. 노름의 요체는 냉정함을 잃지 않는 것이다.

도박에서는 속임수가 항상 따라다니는데, 열을 받으면 그것을 알아차리기가 더욱 힘들어진다. 슈이치도 직접 속임수를 목격한 적이 있다. 패를 석 장씩 나누어 끝수를 보는 게임에서였다. 딜러가 따로 있기도 하지만 때로는 선수들이 돌아가며 패를 돌리기도 한다. 패를 돌리는 사람의 손놀림이 좋지 못하면 다소 서투르게 돌리는 경우도 있다. 그 사람도 상당히 서툴렀다. 아니 서투른 척했다.

그는 패를 돌리기 전 책상다리를 한 자신의 앞에 검은 색 가방 한 개를 놓았다. 돈을 넣었다 뺏다 하기 때문에 그리 이상한 것은 아니었다. 하지만 그 가방 중앙에는 하얗게 빛나는 금빛 장신구가 있었다. 그 사람은 화투를 돌릴 때 순간 금속장신구 위에 화투장을 비추고는 패를 읽었다. 안경 역할을 하는 금속장신구 덕택에 끝수를 알게 되는 것이다. 그러느라 일부러 서투른 척했던 것이다. 일순이지만 화투장에 익숙한 사람이라면 끝수를 금세 알 수 있다. 그 사람은 금속장신구로 끝수를 읽었기 때문에 어느 쪽이 이길 것을 알게 되고, 그 결과를 판에 낀 같은 편에게 알려주는 것이다.

특정한 손가락을 든다거나 귀를 만지거나 호주머니에 손을 넣어 물건을 찾는 척하는 방법 등으로 신호를 보낸다. 끝수를 다 알고 있으니 게임은 끝난 것이나 마찬가지였다.

슈이치는 두 사람이 사기를 벌이고 있는 것을 잽싸게 알아차렸다. 즉각 다른 방에 있던 오야붕 가모시타에게 이 사실을 알렸다. 오야붕은 일단 도박이 끝날 때까지 기다렸다가 일당 두 명을 붙잡아 두도록 했다. 두 사람을 대하는 오야붕은 서슬이 퍼랬다.

옛날 같으면 본격적인 시합에서 사기를 치는 사람은 한쪽 팔을 자르기도 했고, 덕석말이를 해서 겨우 죽지 않을 만큼 팼다.

"이런 놈들은 따끔한 맛을 봐야해. 누구 목도 좀 가져와라."

슈이치는 곧바로 목도를 준비해 오야붕에게 건넸다. 오야붕은 슈이치의 얼굴을 힐끔 쳐다보았다. 무서운 표정이었다.

오야붕은 목도로 너무하다 싶을 정도로 혼을 내고 쫓아낸 다음 슈이치와 다른 간부를 모아놓고 큰 소리로 꾸짖었다.

"너희놈들은 그렇게 하고도 조직인이냐. 내가 목도를 들게 만들다니. 이런 바보 같은 놈들. 모두 다 꺼져. 전부 파문이야, 파문!"

서슬퍼런 노기에 슈이치와 간부들은 어찌할 바를 몰랐다.

조직세계에서 있어서는 안 되는 실수를 슈이치가 한 것이다.

목도를 가져오도록 시켰다고 오야붕에게 '여기 대령했습니다' 하고 그냥 목도를 건넬 일이 아니었다. 슈이치가 "제게 맡겨주십시오" 하고 직접 나서서 목도로 놈들을 혼쩌검 내는 것이 야쿠자 세계의 철칙이었다. 그러나 당시 수행중이던 슈이치는 거기까지 생각이 미치지 못했던 것이다. 오야붕의 손에 피를 묻히게 해서는 안 된다는 것을 명심하게 된 계기가 됐다.

목도를 건네 받을 때 오야붕의 심정은 목도로 차라리 슈이치를 비롯한 멍청한 부하들의 골통을 까고 싶을 정도로 기분이 나빠 매서운 눈초리로 슈이치를 바라보았던 것이다. 하지만 눈치 없던 슈이치는 '사기꾼이 도박판에 끼여들도록 관리를 잘못해 기분이 나쁜가 보다' 하고 생각했다.

야쿠자 집단에서 톱이 어떤 사건에 직접 손을 대면 그 조직은 붕괴된다. 전쟁에서도 그렇다. 수뇌가 항상 진두지휘, 선두에 서서 싸우는 것은 폼은 그럴 듯하나 지휘시스템상 좋지 않은 일이다. 조직세계에서도 그렇다. 톱이 직접 사건에 개입했다가 체포되면 조직은 이내 공중분해되고 만다. 따라서 목도를 휘두르는 일은 오야붕이 아니라 신참내기들의 일이다. 오야붕은 응징하는 것을 모른 척하고 있다가 점잖게 "이제 그만들 하지" 하며 말리는 역할을 하지 않으면 안 되었다. 오야붕이 이래라 저래라 말하지 않아도 부하들이 재빨리 알아차리고 행동에 옮기지 않으면 안 된다.

세토일가의 9대 총장에 오른 와타나베 게이이치로는 전형적인 조직인이었다. 몸집은 작은 편이었지만 일을 시원시원하게 해치웠고 성격도 활달했다. 복역기간도 길었다.

와타나베는 슈이치의 오야붕, 가모시타 긴고로와 형제 의리를 맺은 사람이었다. 태어난 곳도 자라난 곳도 세토였기에 가마고리에 있던 총장의 거처를 9대 총장에 오르면서 세토로 돌려놓았다.

그가 총장에 오른 시기는 도요하시의 A 오야붕을 세토일가 조직원이 사살하자 이에 대한 보복으로 도요하시파가 8대 총장을 살해한 직후였다. 두 조직간에는 전시 분위기가 감돌았지만 그가 이를 무난하게 수습한 솜씨는 높게 평가하지 않을 수 없다.

그는 8대 총장 수하에서 성심을 다했고 8대 총장 유고시에는 존망의 위기에 빠진 일가를 잘 다스린 공로로 9대 총장에 올랐다.

슈이치는 와타나베 신임 총장에 호감을 갖고 있었고, 신임 총장도 슈이치가 하는 일을 잘 봐주었다. 한 모임에서 와타나베가 해준 한마디에 슈이치는 감동한 일이 있었다.

슈이치는 가모시타 오야붕의 조카, K와의 일로 파문장을 받았다. 다시 복역하고 나온 슈이치는 지역 내에서 활동하는 데도 상당한 제한을 받았다. 매일 무위도식하다시피 하는 세월을 수년간 보내야 했다.

몇 년이 지나서야 간신히 파문이 해소돼 조직에 복귀했지만 옛날 동료들은 모두들 냉대했다. 사실 파문당한 시점에서 발을 씻어도 됐는데 슈이치로서는 달리 자립할 방법을 몰랐다. 야쿠자 세계는 고교 중퇴 이후 그의 삶의 모든 것이었으니 어쨌거나 그 언저리를 맴돌며 살아남아야 했다.

조직에 복귀한 직후의 일이었다. 어떤 자리였는지는 기억나지 않지만 세토일가의 총장을 비롯한 주요 간부들이 모두 참석한 대형 모임이었다. 슈이치는 평조직원 속에 섞여 앉아 있었다.

사고를 쳐서 파문당했던 만큼 그를 깔보는 사람도 많았기에 가급적 사람들 눈에 잘 띄지 않는 곳에 숨어있듯 앉아 있었다. 주위를 둘러봐도 아는 사람이라곤 없고 젊은 조직원들뿐이었다.

창피했지만 어쩔 수 없었다. 자리를 둘러보던 와타나베 총장은 슈이치를 알아보고는 여러 사람들에게 모두 들으라는 듯 슈이치에게 큰 소리로 말을 걸었다.

"이봐 슈이치, 왜 거기 앉아 있는 거야. 자리가 틀렸지 않은가. 이리 와."

와타나베는 주요 간부들이 앉은 쪽으로 슈이치를 불러 앉혔다. 비록 파문당한 전력이 있기는 하지만 간부대접을 해준 와타나베의 정감 어린 한마디에 슈이치는 목이 메었다. 잘 나가다 하루아침에 재수 없이 영락한 슈이치의 신분이었기에 더욱 감읍했다.

슈이치는 원래 머리가 나쁜 편은 아니었지만 본인 스스로도 인정하듯, 주로 못된 일에 머리를 썼다. 그러다 '더 이상 나쁜 일을 하지 않아도 좋은 사회', 감옥에 갇히게 되었을 때 그는 책을 읽었다. 주로 일본 역사소설이었다. 비단 그만 아니라 일반대중에게 예나 제나 인기 있는 소설 장르는 시대소설이다.

슈이치는 특히 전국시대, 오닌〔應仁〕의 난이 일어나면서부터 150여 년간의 이야기에 흠뻑 빠졌다. 오다 노부나가〔織田信長〕, 도요토미 히데요시〔豊臣秀吉〕, 도쿠가와 이에야스〔德川家康〕의 세 영웅을 비롯해 수많은 무장들의 영고성쇠는 확실히 일반대중의 흥미를 끌기에 최고의 소재이다. 역사소설의 보고인 셈이다.

오닌의 난은 1467~77년에 일어난 내란이다. 당시 쇼군〔將軍〕은 아시카가 요시마사〔足利義政〕. 쇼군 아래 2인자 자리인 간레이〔管領〕로 있던 호소카와 가스모토〔細川勝元〕가 동군을 형성하고, 혼슈〔本州〕 서부의 막강한 영주 가문의 수장인 야마나 모치토요〔山名持豊〕가 서군을 만들어 격돌했다.

양측은 각자에게 유리한 쪽으로 쇼군의 후계자를 정하려다 무력대결에까지 이르렀다. 1465년 쇼군 요시마사의 부인이 아들을 낳았다. 쇼군 요시마사로서는 기쁜 일이었지만 이미 동생 요시미(義視)를 후계자로 선정해 놓은 뒤에 아들이 태어났기에 문제가 생겼다.

요시미는 호소카와와 손을 잡고 이미 결정된 후계자로서의 기득권을 주장했다. 그러나 요시마사의 부인은 호족세력 야마나 일파와 제휴해 자신의 아들이 쇼군 후계자로 새로 선정되어야 마땅하다고 맞섰다. 끝내 양 세력간 전쟁이 발발한 것이 1467년.

동군 16만 명, 서군 11만 명이 격돌해 싸움을 벌이면서 주전장이 된 고도(古都) 교토는 폐허로 변했다. 귀족문화의 상징이었던 유명한 금각사(金閣寺)도 이때 불탔다. 지방 영주들은 더 많은 영지를 확보하기 위해 동서 양 진영의 어느 한쪽에 운명을 맡겼고 전쟁은 전국으로 확대됐다.

10년간 계속된 전쟁 끝에 1477년 호소카와 세력이 정권을 장악하는 데 성공했다. 하지만 전쟁중 지방에 대한 중앙정부의 지배권이 크게 약화돼 쇼군을 정점으로 해온 무인집권체제는 기능부전에 빠지게 됐다. 이후 16세기 말 오다 노부나가와 도요토미 히데요시가 전국을 통일하기까지 1백여 년간 일본은 무차별 살육전이 이어지는 혼란기를 맞이한다. 이 시기를 전국시대라고 부른다.

슈이치는 전국시대 이야기뿐 아니라 그에 앞선 시대, 9세기부터 12세기 말에 이르는 헤이안(平安)시대 말기의 역사에도 관심이 많았다.

특히 양대 군벌의 대립, '겐페이'(源平)의 흥망성쇠에 마음이 동했다. 그 시대에 특별한 관심을 가졌던 이유가 재미있다.

"전국시대 이야기가 직선적인 용맹함을 빛나게 묘사하는 시기라면 헤이안시대는 좀더 곡선적인 애처로움과 무상함이 느껴지는 시대이기 때문이지요."

슈이치의 이 말을 듣고 문득 '만일 그가 야쿠자가 안됐더라면 아마도 문학인이 되었을지 모른다'는 생각이 들었다.

퇴학을 당하기 전 고교 고문시간에 배운 〈헤이케 모노가타리〉[平家物語]에 영향을 받았던 것 같다고 슈이치는 스스로 분석한다. 헤이케 모노가타리는 다이라[平] 씨 일가의 흥망을 중심으로 한 중세시대 국민적 서사시다. 그 기조는 제행무상(諸行無常), 흔구정토(欣求淨土), 인과응보(因果應報)의 불교사상이다.

"기온정사 종소리는 제행무상의 울림, 사라나무 꽃 색깔에 흥망의 이치 담겨있네."

이렇게 시작하는 문장을 처음 접했을 때는 익숙하지 않은 한문 어구가 낯설기만 했다. 그러나 배워갈수록 7·5조의 한문 반, 일본어 반글이 갖는 우아한 향기에 취하고 말았다. 당시 슈이치로서는 불교사상의 심오한 근본까지는 이해하지 못했지만 불우한 가정환경에 있던 사춘기 소년의 마음을 붙잡았던 것이다.

불과 8세의 안도쿠[安德] 천황이 양파의 갈등 속에 물 속에 빠뜨려져 죽임당하는 대목에 이르러서는 미나모토[源], 다이라 양쪽 세력 가운데 누가 옳고 그름을 떠나 참으로 가엾다는 생각으로 가슴아팠다. 천황은 권력투쟁의 소용돌이 속에서 너무나 어린 나이에 희생됐다.

뻗어나가는 것이 주는 즐거움보다 사라져 가는 것이 전해주는 가엾음 쪽에 슈이치의 마음은 쏠렸다. 싹트기 시작하는 신록보다도 시들어가는 낙엽 쪽이 주는 감동이 더하듯.

〈헤이케 모노가타리〉에 그려진 시대, 즉 헤이안 말기부터 가마쿠라

막부 초기까지 일본에는 새로운 갈래의 불교 종파가 수없이 등장한다. 사회가 황폐할 때 신흥종파가 많이 생긴다. 조선왕조 말기, 외세 침탈 속에 동학이 민중 사이에 금세 확산된 것을 떠올려보면 당시 일본의 상황이 이해될 것이다. 현재 일본 불교 종파의 대부분은 이 시대를 경계로 해 생겨났다.

그 중에서도 법연(法然)의 정토종(淨土宗)을 더욱 체계화한 신란〔親鸞, 1173~1262〕의 정토진종(淨土眞宗)은 일반민중 가운데 급속히 뿌리내렸다.

전란은 끊이지 않았고 날이면 날마다 덧없이 사라지는 숱한 목숨, 정토사상은 이런 혼란기를 사는 민중에게 있어 유일한 광명이었다. 신란을 중심으로 한 새로운 종파는 이제까지 승려들의 생활양식과는 달리 육식을 하고, 처자식도 거느렸다. 이 때문에 초기에는 기존 교단으로부터 이단으로 배척받기도 했으나 신도와 승려가 크게 늘어나면서 정식교단으로 인정받게 되었다.

신란을 개창자로 받드는 정토진종의 세력은 현재 일본 내에 2만여 개의 사찰을 거느리고 있다. 교토(京都)의 유명한 관광지인 혼간지〔本願寺〕는 원래 신란 멸적 후 그의 유골을 수습하기 위해 지어진 것이다.

현세의 덧없음을 비관해, 오로지 아미타여래만 믿고 그 불력(佛力)에 의해 내세에서는 극락정토에 태어나 아무 고생 없이 안락하게 살고자 하는 정토사상은 현대의 일본인에게도 특징적으로 발견되는 현실주의적 감각과 맥이 통하는 것 같다.

슈이치는 〈헤이케 모노가타리〉를 관철하고 있는 사상이 자신의 마음속에서도 흐르고 있음을 느낀다. 일생을 통해 남은 것이라면 무상(無常)과 번뇌의 연속이었을 뿐이다. 만물은 유전하며 영구히 변하지 않는 것은 이 세상에 어느 것 하나 없다. 무엇 하나 불변상주(不變常住)하는 것은 없다.

사랑하는 이의 마음마저 때에 따라 달라진다. 사랑한다는 상대의 말도 부담스럽고 사람을 지치게 만드는 것으로 받아들이기도 한다. 그토록 뜨거운 사랑을 나누던 즐거움도 내일이면 이별의 슬픔으로 바뀌기도 한다. 어제 손을 맞잡고 이야기하던 친구가, 아끼는 동생이, 오늘 내 곁에 싸늘한 시체로 누워있다. 그런 절망감과 허무감 속에서 슈이치는 술과 도박으로 한 세상을 보냈다.

거품 같은 세상, 사람 마음의 덧없음, 사람 사이의 끈은 또 얼마나 깨지기 쉬운가. 신산고초(辛酸苦楚)를 겪어온 슈이치에게 제행무상이란 말만큼 귀에 쏙 들어오는 말은 없었다. 무상과 번뇌가 지배하는 육신을 수의에 싸안은 채 독방에 앉아 있을 때의 안타까움. 무상하다는 생각이 절망감을 불러일으키고 번뇌는 자책을 거부하게 만든다. 분노와 탄식, 음욕.

분노해서는 안 된다고 다짐해도 소용없다. 음욕을 채우려 하지 말라고 억압하면 할수록 머리를 쳐들고 일어나는 육신의 욕망. 그렇게 번뇌에 지쳐버렸을 때 언젠가 스쳐 지났던 신란의 불교사상에 다시 접하게 되었고, 나이 들면서 슈이치는 불교의 세계에 조금씩 들어가게 됐다.

새로운 발견이었다. 성인 신란도 그와 마찬가지로 한 인간이었다. 그가 '애욕의 너른 바다에 몸이 빠지고, 번뇌 투성이로 사는 자네에게는 지옥이 딱 어울리는 집일세' 하고 말하는 것 같았다.

그 시대 민중이 신란에 의해 계몽된 것처럼 슈이치도 인생 말기를 맞아 그의 가르침에 고개를 조아리고 있다.

신란의 가르침을 집약하면 '부단번뇌, 득열반'(不斷煩惱 得涅槃),

즉 번뇌를 끊지 않고도 열반할 수 있다는 것이다. 스스로 어찌 해보겠다는, 자력(自力)을 버리고 그저 아미타불을 믿는 타력(他力)에 기대하라는 것이다. 번뇌를 끊고, 불도에 정진하는 출가의 모습만큼 존경스런 것은 없다. 그러나 번뇌에 시달리면서도 구도하는, 재가불자(在家佛者)의 모습 또한 누가 부정할 수 있을까.

계곡의 맑은 물에 딱 어울려 핀 흰 백합은 아름답다. 그러나 더러운 진흙에 피어난 연꽃을 누가 더럽다고 손가락질하랴. 진흙에 핀 연꽃, 그것이 바로 신란의 가르침이었다. 설령 연꽃은 피워내지 못한다 해도 일단 진흙탕 속에서 헤매고 있던 슈이치로서는 마음이 놓이는 일이었다.

한국에도 알려진 영화배우 다카쿠라 켄〔高倉健〕이 젊은 시절 주연으로 등장하는 협객영화를 보면 가슴이 시원해진다. 권선징악의 내용에다 누구라도 짐작할 수 있듯 해피엔딩으로 끝나게 되는 암행어사 박문수 같은 내용이 아니라서 좋다. 쇼군이 등장하는 내용 뻔한 시대극에서는 느낄 수 없는 생생한 박력감이 있기 때문이다.

영화팬들은 다카쿠라 켄이 속 시원한 복수전에 돌입해 상대편의 옆구리에 일본도를 쑤셔 넣고 솟구쳐 나오는 피에 전신이 피범벅되는 장면에 가서는 박수라도 치고 싶은 심정에 빠진다. 인간의 본성에 내재된 파괴본능을 대리충족시키며 카타르시스를 느끼는 것이다. 잔인한 장면에 고개를 돌리는 여성관객도 마음 한 구석에는 그런 심리가 있을 것이다.

다카쿠라 켄의 살인행위를 보며 영화팬들은 '저러면 안 되는데' 하기보다 '거, 참 시원하게 해치우는구만' 하고 열광한다. 혼자서 몇십 명의 악당에 맞서 활극을 펼치는 장면은 야쿠자 슈이치도 침을 꼴깍 삼키며 지켜보았다. 영화가 끝나고 밖으로 나서는 영화팬들은 모두 통쾌한 복수극을 마치고 난 다카쿠라 켄과 같은 표정이다. 자신이 할 수 없는 일을 누군가 대신 해주었기 때문이다.

영화는 대개 복수가 완성되는 대목에서 끝난다. 하지만 슈이치는 살인 후 영화주인공 다카쿠라 켄의 삶에 대해서까지 생각하곤 했다. 복역한 뒤 출소한 다음의 인생? 그런 것은 없다. 사형이기 때문이다.

현실세계에서 그렇게 사람을 죽이면 100% 사형당한다. 큰일을 해치운 만족감은 있을 것이나 그것은 일시적인 것일 뿐, 기다리고 있는 것은 교수형이다. 교수형을 기다리는 시간에 다카쿠라 켄의 뇌리를 스치는 것은 무엇일까. 사랑하는 아내와 귀여운 자식들의 눈물? 부모의 슬퍼하는 모습? 어깨를 나란히 했던 친구의 웃는 얼굴? 원수를 해치웠다는 소식에 기뻐하는 오야붕과 꼬붕의 만족스런 얼굴? 한시도 잊을 수 없는 고향풍경?

독방에 앉아 죽음을 기다리는 주인공의 모습은 영화에는 없다. 관객들이 보고 싶어하지 않기 때문이다. 현실세계와 다르거나 말거나 영화 속에서 쾌감을 얻고 싶어 돈주고 영화를 보는 관객을 굳이 엄한 현실세계로 끌고 들어가지 않아도 좋은 것이다. 영화 속의 다카쿠라 켄은 멋질지 몰라도 현실세계에서는 이겨도 죽음, 져도 죽음이다. 그것으로 끝이다.

슈이치는 술에 취해 경솔하게 부하들을 끌고 K 조직원들을 상대하러 갔다가 피살된 부하 한 사람의 위패를 집안에 두고 있다. 거실에 차려진 불단(佛壇)에는 가족 위패가 있고, 그 곁에 살해된 부하의 이름이 적힌 위패가 있다. 다마노우미보다 약간 작은 크기의 위패 앞에 합장할 때마다 슈이치는 자신을 구하려다 죽은 부하의 원통해하는 소리가 들려오는 것 같다고 한다.

그렇게 굳게 결의했던 복수도 하지 못한 채, 이제 늙고 병든 몸으로 다만 두 손을 모아 기도할 뿐인 자신이 부끄럽다고도 했다. 원수를 갚아 주지 않는 한 부하의 원통함은 풀리지 않을 텐데 하는 생각을 갖고 있으면서도 명복을 빌 뿐이다.

중상을 입고 입원해 있던 중 부하의 죽음을 알게 되었을 때 '퇴원하면 반드시 너의 복수를 해주겠다'고 맹세하기도 했다. 맨손인 자신과 일행을 일본도로 난자한 무뢰배들을 절대로 가만 내버려둘 수는 없었다. 한시 빨리 보복하고 싶었으나 한동안 슈이치는 일어서는 것조차 불가능했고, 한쪽 팔은 수술을 받고도 한동안 남의 팔처럼 덜렁거려 있는 것이 불편할 정도였다.

퇴원하고 보니 상대방은 전원 체포돼 슈이치의 손이 닿지 않는 형무소에서 모두 복역중이었다. 복수를 하려 해도 불가능했다. 자신도 복역해야 했고, 상대 조직원들이 출소하기만을 기다릴 수밖에 없었다. 그러나 모두들 8~10년의 장기형이었다.

긴 세월을 꾹 참고 복수의 시기를 기다리지 않으면 안됐다.

세상 사람들은 팔짱을 끼고 있는 듯한 슈이치를 비웃었다.

'오야붕 노릇을 하려면 똑 바로 해야지, 무슨 꼴이냐'고 손가락질했다. '제 잘못으로 부하가 죽었는데도 가만있는 걸 보면 벨도 속도 없는 모양이군' 하며 수군댔다. 치욕스러웠다.

게다가 슈이치 일행이 빈손이었다는 것을 모르는 사람들은 대등하게 맞섰는데 슈이치파가 실력이 형편없다 보니 일방적으로 작살이나 난 것처럼 말해 더욱 낯부끄럽게 했다. 모두 일본도를 휘두르는 10명 가까운 상대를 무슨 수로 빈손으로 맞서 이긴단 말인가. 싸움 실력이 있다 해도 맨손으로는 어림없는 이야기다. 하지만 사람들은 남의 이야기라고 쉽게들 말해댔다. 3년, 4년 세월이 흘러도 복수극을 펼치지 않는 슈이치를 바보 취급하면서.

다카쿠라 켄 영화를 너무 많이 본 사람들은 일방적으로 깨지고도 복수할 생각이 없는 것처럼 보이는 슈이치를 얼간이, 멍청이 보듯했다.

'어떻게 하면 복수할 수 있을까.' 속이 끓어올라 잠 못 이룬 밤도 숱했다. 슈이치는 치욕감 속에서 한동안 복수욕과 필사적으로 싸워야 했다. 조직은 해체되었고 처자도, 부하들도, 친구도 모두 떠나갔다. 외로운 가운데 주위로부터 늘 무시당할 뿐이었다. 슈이치는 누구라도 좋으니까, 단 한 명이라도 좋으니 내 마음을 알아주었으면 좋겠다는 일념이었다. 하지만 아무도 없었다. 슈이치는 술에 빠졌다.

술 없이는 살 수 없게 되었다. 술에 빠져 있는 순간만큼은 괴로움에서 벗어날 수 있었다. 허망한 심정에서 여러 여자를 넘나들며 육체를 탐하기도 했다. 그렇지만 정을 붙이지 못하고 곧바로 헤어졌다. 아니, 헤어졌다기보다는 정을 붙이기가 싫어 굳이 내 곁에 있어달라 붙잡지 않았던 것이다.

복수하는 것이 슈이치 인생의 끝, 사형을 뜻한다는 것을 사람들은 생각하지 않았다. 살인전과가 있는 슈이치였기에 복수를 하다 사람을 죽이면 이번에는 명백하게 사형이 집행될 것이었다. 협객영화에서는 그런 장면이 없다 보니 사람들은 나중 일이야 어찌됐던 당장 속 시원한 복수극을 고대할 따름이다.

교수형에 처해지는 자신의 모습을 생각해본 사람이 몇이나 될까.

'내 입장에 놓였다면 저들은 어떻게 할까.'

무서웠다. 사형당하는 것이 무서워졌다. 복수는 겁나지 않았지만 그 뒤의 수순, 사형이 무서웠다. 교수대를 올라가는 자신의 모습을 상상해보면서 굳셌던 복수결의는 약해졌다.

시간은 마구 흘렀고, 세월이 흐르면서 복수욕도 약해져갔다. 이제는 '반드시 해치우고 말겠다'는 한때의 생각이 완전하게 사라지고 없다.

사람들은 흔히 이렇게 이야기한다.

'내 목숨은 아깝지 않지만 사랑하는 사람을 위해, 가족을 위해 참았노라.'

그럴듯하게 들리지만 이는 거짓말이라고 슈이치는 믿는다.

"사랑하는 사람과 가족 때문이라고요? 아닐 겁니다. 자신의 죽음이 두렵기 때문에 참을 수밖에 없어요. 이 세상에 미련이 있기 때문에 복수가 불가능하게 된 것이지요."

바둑, 마지막 여자, 재회　⑨

"이시다〔石田〕 씨, 혼닌보〔本因坊〕 획득을 축하드립니다."
"감사합니다."
1971년 여름 슈이치는 도쿄역 야에스〔八重洲〕 방면에 있던 일본기원 중앙회관에서 23세의 젊은 혼닌보, 이시다 요시오〔石田芳夫〕 당시 7단에게 축하인사를 건넸다. 일본기원은 그후 이치가야로 옮겼지만.
혼닌보란 일본의 바둑 명가(名家) 이름이자 《마이니치신문》이 주최하는 기전명이기도 하다. 《아사히신문》이 주최하는 메이진〔名人〕 전과 함께 가장 전통 있는 기전이다. 스모에 비교한다면 프로기전 메이진은 동편 요코즈나(스모는 동서 양 진영으로 나뉘어 있음), 혼닌보는 서편 요코즈나에 해당할 것이다. 우승상금 규모로야 《요미우리신문》이 주최하는 고세이〔棋聖〕전이 가장 많지만, 프로의 세계에서도 돈으로 따질 수 없는 전통의 가치는 엄연히 있다.

"그런데 이름은 정하셨나요?"

"네, 이시다 요시오〔石田芳夫〕의 '요시'〔芳: 일본어 발음으로는 호〕를 따서 '혼닌보 슈호'〔秀芳〕로 정했습니다."

"아주 좋네요. 여기 사인 좀 부탁드릴까요."

이시다 혼닌보는 슈이치가 참가자명이 인쇄된 대회 팜플렛을 내밀며 사인을 요청하자 청년 혼닌보 답게 수줍은 표정으로 서명해주었다. 일본기원 주최로 전국의 현단위 대표들이 겨루는 연례대회였다.

슈이치는 아이치현 대표로 출전했으며 새로 혼닌보에 오른 이시다 7단은 지도기사로 임석했다. 두 사람은 모두 아이치현 출신이었기에 예전에도 인사를 나눈 적이 있었으며, 한 판의 지도대국도 있었다.

"그런데 이시다 씨, 혹시 '메이진 슈세키'〔秀石〕라고 아십니까?"

"슈세키라. 그런 메이진이 있었나요? 슈에이, 슈샤쿠, 슈사이 …. 아무래도 기억이 안 나는데 …?"

"하하하, 모르실 겁니다. 제 별명이니까요."

"예?"

"얼마 전 아이치현 대회에서 우승해 아마추어 메이진 타이틀을 따자 친구가 축하의 뜻으로 붙여준 것입니다. 괜찮지요?"

"아, 그랬군요. 좋은 이름이네요. 실력이 많이 느셨나보네요. 이번 대회에 좋은 성적 거두시길 바랍니다."

"시골 메이진이 두면 얼마나 두겠어요. 하하하. 그렇지만 해볼랍니다."

이시다 혼닌보는 2년 전 고향에 내려갔을 때 지도대국을 해준 슈이치가 아이치현 대표가 되어 상경하자 기쁜 듯 격려했다.

경기 시작을 알리는 신호에 따라 혼닌보는 프로기사석으로, 슈이치는 선수석으로 헤어졌다. 1, 2회전은 순조롭게 승리를 거두고 통과했지만 3회전, 8강에 진입하는 문턱에서 그 고비를 넘지 못했다.

초・중반에는 시종 슈이치가 반면을 리드하고 있었다. 절대 유리한 국면에서 후반을 맞이하면서 승리가 눈앞에 보이기 시작했다.

'이제 드디어 8강전이구나, 8강! 상대는 누구일까. 잘하면 결승까지도!'

이런 허튼 생각에 빠진 순간 패배의 마신이 찾아와서는 완착을 만들어냈고 결국 반집 역전패를 당하고 말았다.

'그래 어차피 끝난 것, 승부는 빨리 잊자.'

슈이치는 8강에 진출하게 된 이들의 모습을 부러운 듯 쳐다보며 혼닌보를 찾아보았다. 대회장 안쪽에서 1, 2회전 탈락자를 상대로 지도 대국을 하고 있었다. 그 옆에는 이름도 쟁쟁한 일본기원 소속 프로 9단진이 즐비했다. 7단인 이시다가 가장 상석에 앉아 있는 것이 놀라웠다. 9단진만 앉는 자리에, 그도 가장 상좌에 앉아 있었다. 역시 혼닌보 타이틀 보유자란 대단한 것이었다.

그후 한 달이 지난 뒤 어느 날 TV 스모 중계방송에 초대손님으로 청년 혼닌보 이시다가 출연했다. 스모대회는 보름간 계속되는데 매일 마지막 시합은 항상 요코즈나가 등장한다. 슈이치가 동생 다마노우미의 등장을 기다리고 있을 때 다마노우미보다 네 살 연하의 청년 혼닌보는 아나운서에게 이렇게 말했다.

"저는 요코즈나의 형하고 대결해본 적이 있는데, 음, 대단히 세더군요."

"에, 형하고요? 형도 스모를 하나요?"

"하하하, 스모는 아니고 바둑입니다. 형은 아마추어 바둑 강자인데 아이치현 대표입니다. 저와 대결을 한 적이 있지요."

슈이치는 실력으로 빛나는 요코즈나, 동생 다마노우미가 모래판에 당당하게 선 모습을 보면서 뜻밖에 전도양양한 바둑계의 요코즈나, 혼닌보가 자신에 관한 말을 하는 것을 듣고 감격했다.

다마노우미는 이 해를 넘기지 못하고 운명의 장난으로 급서했다.

슈이치는 지금도 스모시합 중계방송이 있을 때마다 이시다 혼닌보의 목소리와 당당했던 다마노우미 요코즈나의 모습을 떠올리곤 한다. 이시다 7단은 그후 9단으로 승단했으며 한때 일본 바둑계를 평정했다. '컴퓨터'란 별명을 얻을 만큼 치밀한 수읽기와 정교한 끝내기를 자랑했으며, 당시 이렇다할 바둑교재가 없어 번역된 일본 바둑책을 본 한국의 중년층 이상이라면 그의 이름을 기억할 것이다.

1974년 슈이치는 야쿠자 조직간의 항쟁사건에 연루돼 2년간 복역한 뒤 나고야형무소에서 출소했다.

그 사이 가정은 결단났고, 자신이 이끌던 조직, 다니구치구미는 완전히 해체됐다. 한때 11명에 이르렀던 부하도 모두 떠났다. 세토일가는 그를 파문한 상태였다. 출소 후 시간이 조금 지난 뒤 파문결정이 취소돼 야쿠자 세계로 복귀했지만 세상은 또 다시 바뀌어 있었다.

독자조직을 다시 꾸리기까지는 시간이 필요했다. 그때 바둑이 없었다면 무료함 때문에 더더욱 허튼 짓을 많이 했을 것이다. 슈이치는 '오쇼'[王將] 기원에 매일 출근하다시피 하며 바둑을 두었다.

바둑친구들은 살인전과가 있는 슈이치가 재차 일으킨 폭력사건에 대해 잘 알고 있었지만 아무런 내색을 하지 않고 예전과 똑같이 대해주었다. 동호인끼리의 세계에서만 가능한 포용력이었으며, 바둑친구들도 '바둑 고수 야쿠자'의 존재에 어느새 익숙해져 있었다.

1982년 슈이치가 모셔온 오야붕, 가모시타가 죽었다. 슈이치보다 몇 살 위의 G가 오야붕 자리를 물려받았다. 슈이치와는 오래 전부터 형제간의 의리를 맺고 지내온 사람이었다. 그동안 조직 내에서 형제격으로 지내온 다른 사람들은 그를 새 오야붕으로 받아들이고 깍듯이 모시겠다는 뜻으로 술잔을 나누는 의식에 참가했다.

슈이치는 당일 행사장에 칭병을 하고 나가지 않았다.

'내 오야붕은 가모시타 한 사람이다. 당신은 나와 동격인 형제의리를 나눈 사람일 뿐. 어찌 당신을 오야붕으로 받들 수 있나.'

슈이치는 야쿠자 세계에 20년 넘게 몸담아오면서도 그 세계에 도무지 융화될 수 없는 독특한 성격을 지니고 있었다. 소년기에 그가 야쿠자 조직에 들어올 때 갈구했던 것은 돈이나 권력, 자리보다 따뜻한 정과 의리의 세계였다. 특히 오야붕 가모시타는 양아버지와 같은 존재였다. 과거 수행중 "네 아버지는 대체 몇 명이냐"며 질책했던 가모시타의 말은 잊을 수 없었다. 형제격으로 지내온 G를 가모시타를 대신하는 새 오야붕으로 섬긴다는 건 불가능했다.

오야붕으로 받드는 의식에 뚜렷한 이유 없이 불참하면 제재가 따른다는 것은 누구보다 잘 알고 있었다. 하지만 오야붕이 세상을 떠난 마당에, 처자식도 없는 몸에 무엇 하나 겁낼 것이 없었다.

오야붕이 된 G는 의식을 치르고 난 뒤 처음 열린 간부회에서 슈이치를 향해 시비조로 힐난했다.

"왜 행사 때 안 나왔어? 내가 싫단 말인가?"

슈이치는 별로 마음에 들지 않았던 새 오야붕에게 최대의 야유를 담아 대꾸했다.

"싫다, 어쩐단 생각은 별로 없었소. 그 전날 만취해 머리가 너무 아파서였을 뿐."

숙취를 핑계로 댔지만 새 오야붕에게 충성을 서약하는 행사 따위를 무시하고 있다는 의사를 명백하게 전한 것이었다. 새 오야붕 G는 슈이치의 태도에 크게 비위가 상했다.

슈이치는 오야붕 승계의식행사 이야기가 나오면서 '오야붕의 작고를 계기로 조직세계에서 발을 씻어야 할 때가 되었구나'라고 생각했다.

오야붕을 두 사람 가질 생각은 없었다. 오야붕에 별로 어울리지도 않을 것 같은 G의 잔을 받는 것도 굴욕적인 일이었다. 당연히 오야붕을 무시한 벌로 어떤 처분을 받게 될 것은 알았지만 그 정도 각오는 행사참가를 거부하기 전에 이미 해두었던 것이다.

다른 형제 또래들은 G의 잔을 받고 그 밑에서 조직생활을 계속했다. 다들 나름대로 사정이 있었을 것이다. '긴 것은 구부러진다'는 일본 속담처럼 조직에서 살아남으려면 대세에 순응하는 것이 당연할 것이다. 그러나 살아남겠다는 생각을 버린 사람에게 조직의 대세란 더 이상 아무런 가치가 없다.

슈이치는 조직생활을 스스로 그만두었다.

이윽고 날아온 징계처분은 파문도, 절연도 아니었다. 그보다 확실하게 조직에서 잘린 것이다. '제적'이란 처분이 내려졌다. 학교로 치면 정학이나 퇴학은 재입학이 가능하지만 제적처분을 받으면 재입학이 불가능한 상황과 마찬가지였다.

'차라리 속 시원하게 되었군.'

파문 혹은 절연이라면 아직도 세토일가와 끈이 닿아있는 듯한 기분이 들었을 텐데 제적처분이 내려져 완전히 잘린 터라 홀가분한 심경이었다. G는 형제 격으로 오래 지낸 슈이치에게 지저분한 방식의 해코지는 하지 않았다. 제적처분을 통해 슈이치에게 앙갚음하는 것으로 끝났다. 그게 마지막 의리였을 것이다.

가모시타 오야붕이 사라진 세토일가에 슈이치는 아무런 미련도 남기지 않았다. 오야붕의 죽음과 동시에 발을 빼게 된 것은 슈이치로서는 운이 좋은 편이었다고 할 수 있다. 발을 씻고 싶어도 씻을 수 없는 사람들이 많은데, 슈이치는 과감하게 정리하고 새로운 인생을 걷게 된 것이다.

다음해 슬픈 일이 생겼다. 복역중 이혼한 아내는 친정이 있는 홋카이도로 가면서 아들을 데리고 갔는데, 그 아들이 13세에 자전거 사고로 죽은 것이다.

한없는 허무함이 슈이치를 엄습했고 폭음과 황음에 빠졌다. 그러다 다시 바둑에 빠졌다. 바둑이 없었다면 그의 인생은 끝 모를 나락의 세계로 떨어졌을 것이다.

가마고리 시 외곽에 개인이 경영하는 고라쿠엔〔碁樂苑〕이란 기원이 있었다.

경영이라 하면 큰 규모를 연상시켜 다소 어폐가 있지만 아마 5단의 주인은 워낙 운영을 깔끔하게 했다. 그래서 경영감각이 있다고 한 것이다. 전형적인 일본의 주택가 한 복판에 자리한 민가를 개조한 기원이었다. 가정적인 분위기가 여느 기원과 달랐기에 여성과 아이들도 가벼운 마음으로 드나들 수 있었다.

큰 도시의 대로에 인접한 기원은 담배연기로 꽉 찼다. 음주한 사람도 간혹 있었다. 그러나 고라쿠엔 기원은 금연이었으며, 음주자의 입장도 제한했다. 그러다 보니 기원 안이 매우 깨끗해 남녀노소 누구나 부담 없이 쉴 수 있는 공간이 되었던 것이다. 주인은 아이들을 무척 좋아했는데 사람들은 그를 '원장'(苑長)이라고 불렀다. 손님을 진심으로 떠받들어주는 성품을 갖춘 '인격 고단자'였다.

슈이치가 고라쿠엔 기원과 인연을 맺게 된 것은 지방신문에 난 인물 기사를 통해서였다.

어느 날 아침 지방지에 기원 주인 에가와 요시에(江川吉枝)에 관한 기사가 실렸다. '요시에'란 이름을 제목에서 보았을 때 흔히 여자들이 쓰는 이름이라 '여자로 아마추어 5단이면 아주 센 편인데' 하며 관심을 갖게 됐다. 기원을 오픈하기까지의 이야기와 포부 등이 실린 기사를 다 읽고 보니 쉰 살을 넘긴 남성이 주인공이었다.

주인의 소박한 희망이 마음에 들어 한번 만나보고 싶었다. 전화로 약속한 다음 수일 뒤 기원을 찾아갔다. 옆 마을이라 가벼운 마음으로 들러 본 것이었다. 규모도 아담하고 분위기도 너무 맘에 들었다.

주인인 에가와의 첫인상은 매우 좋았다. 이야기를 나눠보니 '싫다' '좋다'를 똑 부러지게 밝히는 성격이었는데 그도 맘에 들었다.

세상 돌아가는 이런저런 이야기를 나누다 대국하게 되었는데, 기력으로는 슈이치 쪽이 위인 것 같았다. 슈이치도 일본기원에서 5단 증서를 받았기에 덤 없이 호선으로 대국했다. 두 차례 대국 모두 슈이치의 압승으로 끝났다. 아무래도 두 점 접어주면 비슷할 정도의 실력인 것 같았다.

다음에 다시 기원에 들리자 에가와 원장이 슈이치에게 이런저런 질문을 많이 했다. 그 사이 누구한테 슈이치에 관한 소문을 들었던 모양으로 과거부터 현재까지 자세하게 물어왔다. 경찰 조사만큼은 아니었지만 꼬치꼬치 물어보는 것이 슈이치의 기분을 언짢게 만들었다. 기원에 와서까지 왜 과거사에 관해 추궁당해야 하나. 불쾌한 심정을 솔직히 털어놓았다.

에가와 원장은 조금도 기가 꺾이지 않고 당당하게 말했다.

"나는 건전한 기원을 만들기 위해 아이들과 여성들도 지도하고 있어요, 이 기원에 어울리지 않는 사람, 예를 들면 조폭이나 그런 사람이 출입하면 모두 곤란합니다. 실례지만 당신은 조폭과 관계 있다고 누가 그러더군요. 그래서는 사실 곤란합니다."

겁먹은 표정이 아니었다. 그만큼 정의감이 강한 사람이었다. 사실 원장이 하는 말도 무리는 아니었다. 슈이치가 출입하면 다른 사람한테 폐를 끼칠 수 있다. 슈이치는 지난 이야기를 다 털어놓았다. 지금은 손을 씻은 상태이지만 야쿠자 이력 때문에 기원출입을 못하게 된 터에 무슨 말을 못하랴. 살인범으로 복역한 일까지 모두 말하고 나니 속은 시원했지만 기껏 마음에 드는 기원을 발견했는데 오늘로 끝이라니 섭섭했다.

그 무렵 슈이치는 집 부근의 동네 기원에서 주로 지냈는데 불만이 컸다. 동네 기원을 찾는 사람은 대부분 나이든 사람들이었는데 도대체 신경 써서 지도해주고 싶은 사람은 한 명도 보이지 않았다.

노인네들이라서 '이 나이에 기력 늘려 저승 가서 두겠느냐' 식으로, 기력이 어금버금한 사람 하나 붙잡고 눌러 붙어서 종일 똑딱 바둑이나 두는 것이었다. 그러니 머리 싸매고 씨름해야 하는 슈이치 같은 고단 자는 대국 상대로서 영 환영받지 못했다. 한마디로 배움에 도통 뜻이 없는 사람들이었다.

바둑을 좀 아는 슈이치가 볼 때는 딱한 노릇이었다. 새싹을 발굴해 낸 유망주들이 바둑계를 호령하는 과정에 내가 일조할 수 있다면 얼마나 좋을까. 늘 이런 생각을 갖고 있던 터라 새로운 분위기의 기원, 고라쿠엔을 발견했을 때 참으로 흐뭇했다. 그런데 과거사 때문에 쫓겨나게 된 것이다. 원장이 나오지 말라면 어쩔 수 없는 노릇이었다.

그대로 물러나기엔 억울해 한마디 퉁명스럽게 덧붙였다.

"거 참, 다 지난 일 갖고 새삼스럽게 이러쿵저러쿵하다니. 쳇."

다신 안 오마는 떫은 표정으로 일어서려는 데 원장이 급히 소매를 붙잡는다.

"잠깐, 잠깐만요, 슈이치 씨. 그러니까, 전부 과거 일이란 말이지요? 지금은 관계없는 일이지요?"

손을 씻은 지 10여 년이 지난 상태였다.

"그렇다면 좋습니다. 틀림없이 옛날 일이지요? 과거는 누구나 있지요. 중요한 것은 현재 아닙니까. 지금 제대로 된 길을 걷고 있다면 아무 문제없습니다. 저로서는 아이들도 드나드는 곳이라 책임상, 실례인줄 알면서 불쾌하게 만들게 되었습니다. 용서하십시오. 앞으로는 누가 뭐라 해도 제가 앞장서서 해명하겠습니다. 당신을 싫어해서 기원을 찾지 않게 되는 사람이 나오더라도 저는 개의치 않습니다. 제가 당신의 출입을 인정한 이상 아무 염려 말고 자주 들러 주십시오."

원장은 뜻밖에 사과와 함께 슈이치의 출입을 인정해주었다. 뿐만 아니라 고수인 슈이치를 지도사범으로 대접하겠다고까지 말했다.

"감히 사범께 기료를 받아서는 안 되지요. 앞으로 기료는 없습니다. 대신 죄송합니다만 시간 나는 대로 지도기를 두어주시면 영광이겠습니다."

슈이치는 원장의 마음 쓴쓴이에 머리가 절로 수그려졌고 마음속으로는 감격의 눈물을 흘렸다. 세상일은 정말이지 알다가도 모르는 것이었다.

슈이치는 '객원사범'이란 이름으로 출입자 명부의 가장 위에 올랐다. 원장은 좋은 친구가 되었고, 슈이치는 그의 꿈을 실현시키는 데 일조를 한다는 뜻으로 바둑지도에 열성을 다했다.

'나를 소중하게 대해준 에가와 원장의 배려를 배신해서는 안 된다. 나의 과거를 모두 알게 된 뒤에도 변함없이 대해주는 여러 동호인을

실망시켜서는 안 된다.'

이런 각오로 성실하게 바둑사범의 일을 해나가게 되었다.

바둑은 또한 슈이치가 한국과 한국인에 대한 완고한 '거부증', 절대로 고쳐질 수 없을 것 같던 오해와 편견을 극복하는 데 기여했다.

그는 '못된 아버지의 나라라서 더욱 싫은 열등국가' 한국보다는 당연히 일본의 바둑실력이 윗길이라고 믿었다. 그만 아니라 일본 바둑팬, 일본 바둑계의 공통된 시각이었다. 실제로 그런 시절이 있었다. 해방 후 1980년대까지만 해도 '바둑 선진국' 일본으로 유학한 기사 혹은 꿈나무가 있었다. 일본 바둑계에서 크게 이름을 떨친 명예 혼닌보, 조치훈 9단이나 조선진 9단 등이 그런 경우이다.

현재는 상황이 달라져 한일 프로기사의 실력에 관해 우월을 따진다는 것은 별 의미가 없어지고 말았다. 한국 바둑의 4대천왕인 이창호, 이세돌, 박영훈, 최철한이 요즘 가끔 일본행을 하는 것은 공부하러 가는 것이 아니라 타이틀 따러 가는 것이다. 그렇다고는 해도 일본이 바둑을 문화와 예술의 경지로 끌어올려 놓은 공적, 현재도 승부결과로는 따질 수 없는 아름다운 바둑문화를 가진 나라란 점은 높이 평가받아 마땅하다.

슈이치는 아직 몸이 건강했을 때인 10여 년 전 우연히 만나 사귀게 된 한국인 바둑친구 '권' 선장 이야기를 했다.

권 선장은 목재를 싣고 외국을 돌아다니는 큰 화물선의 선장이었다. 정기적으로 슈이치가 사는 항구, 가마고리에 들렀다. 그가 타고 들어오는 배는 수천 톤급으로 가마고리 항구에 정박한 배 가운데서 가장 컸다. 배가 항구에 들어와 정박한 뒷날이었다. 권 선장이 바둑고수인 슈이치를 찾아 기원을 방문했다. 미리 기원에 전화를 걸어 슈이치와 시간약속을 하고서였다.

　나이는 40대 중·후반, 아무리 해도 50세는 넘기지 않은 것 같았다. 권 선장은 아주 절제되고 세련된 일본어를 구사했다. 나중에 들어보니 서울대학교 출신이라고 했다.

　'역시. 선장은 배를 탄다고 해도 육체노동을 하는 것이 아니라 두뇌를 사용하는 자리이니 머리가 좋아야 하겠지. 옷도 멋지군.'

　슈이치는 권 선장의 학식과 해외를 많이 돌아다녀서인지 몸에서 자연스레 풍겨나오는 세련미가 퍽이나 부러웠다. 자신이 갖추지 못한 것을 모두 갖춘 사람, 그런 한국인에 대한 열등감 혹은 부러움이 후일 권 선장과의 바둑시합을 한층 치열하게 만들었을까.

　첫날 대국을 하면서 치수가 문제로 등장했다.

　"으음, 일단 네 점을 놓으시면 어떨까요?"

　아이치현 아마대표까지 했던 슈이치인지라 바둑깨나 둔다는 아마추어와 대개 넉 점을 접어주었기 때문에 특별히 권 선장을 깔봐서 그런 것은 아니었다.

　"예?"

　권 선장은 슈이치를 올려다보았다. 낯빛은 모욕을 받은 것처럼 붉어져 있었다.

　'넉 점? 내가 잘 못 들었나. 이런 꼴을 당하다니. 하지만 끙, 참아야지. 여긴 홈그라운드가 아니잖은가.'

　권 선장은 마뜩찮은 표정으로 묵묵히 넉 점을 깔았다. 역시 넉 점 치수는 아니었다. 권 선장의 압승으로 첫 판이 끝났다. 슈이치가 상대를 얕잡아 본 것이었다.

　"잘 두시네요, 이번엔 한 점 낮춰 해볼까요."

　이번에는 권 선장도 가만있지 않았다. 석 점도 굴욕적이다.

"그럼, 두 점으로 합시다."

의기양양해진 권 선장은 쉽사리 물러설 기색이 아니었다.

'어때 조금 전 내 실력 봤지? 만방이야, 만방. 당신 바둑깨나 둔다는 소문은 짜합니다만 나를 석 점, 넉 점 접게 할 정도는 아니지. 타관이라서 정선이나 호선 이야기는 못 꺼내도, 너무 이러지 마쇼.'

권 선장에게서 이런 도발적인 분위기를 느낀 슈이치도 속이 상했다.

'초면에 무례하군. 다시 넉 점 놓고 손봐주고 싶어도 손님 대접해서 석 점으로 내리자고 양보한 건데. 이런 금도에 어긋나는 일이 …. 석 점 놓고 연승하면 두 점으로 내려도 될 것을. 제깐 실력이 대수라고. 하여간 한국사람들 똥고집은 알아줘야 해.'

치수 문제가 영 풀리지 않을 것 같자 슈이치는 꾀를 부려 긴급 수정안을 냈다.

"좋소. 두 점으로 합시다. 그러나 거저는 안 되고 내기를 합시다. 어떻소?"

돈을 걸자고 하면 권 선장이 '어마 뜨거라, 그렇다면 무슨 소리. 석 점이 낫지' 하며 군말 없이 석 점으로 할 것 같기도 했다.

예상은 빗나갔다.

"내기요? 거 좋지요. 얼마로 할까요?"

워낙 자신 있게 덤비는지라 슈이치는 움찔했다. 원래 내기바둑을 전문으로 하는 '꾼'들은 처음 몇 판은 슬금슬금 져 주다가 본색을 드러내기 마련이다.

'혹시나 이 사람도? 어쩐지 외국 항구도시에 와서 바둑둔다고 기원까지 찾아온 것이 수상쩍기는 하지.'

날카로운 발톱을 감춘 채 음흉한 미소를 짓는 '꾼'이 아닐까 하고 슈이치는 잠시 머뭇했다. 그러나 기원 안에 있던 바둑팬들이 두 사람을 에워싸고 관전하고 있는 데다 내기바둑을 제안한 쪽도 이쪽이라 물러설 수 없는 형편이었다.

하기야 내기라면 그의 전공이 아닌가. 젊은 시절 화투장으로 먹고 살던 때가 있었고, 내기바둑도 숱하게 두었다. 의욕이 생겼다.

권 선장은 한 판에 상당한 금액을 걸자고 했다.

'아니 제법 큰돈인데. 손님 제대로 받았군. 흐흐흐.'

마다할 슈이치가 아니었다.

권 선장은 속기파였다. 수읽기는 상당했지만 속기파가 빠져들기 쉬운 덜컥수의 함정에서 반드시 헤매는 것이었다. 가련하게도…. 결정적인 장면에서 에러가 나와 슈이치에게 승리를 거저 상납하다시피 했다. 열이 올라서 다시 한 판, 더 열받아서 또 한판 더.

결과는 권 선장의 세 판 연속 불계패. 이쯤 했으면 물러서려나 했는데 권 선장이 새로 제안했다.

세 판을 져서 물어줘야 할 금액을 죄다 합한 금액을 이번 한 판에다 걸고 대국하자고 나왔다. 한국의 꾼들이 흔히 써먹는 '덮어쓰기' 수법이었다. 슈이치는 난감했다. 주겠다고 한 약속은 약속 아닌가. 덮어쓰기건 엎어쓰기건 그건 그렇다 치고.

"좋소. 하지만 일단 세 판 분은 정산하고 따로 걸고 합시다."

프로도박의 세계에서 성장한 슈이치가 아닌가. 이제는 멀리서 찾아온 손님에 대한 예우고 뭐고 따질 계제가 아니다. 내기가 시작된 이상 프로의 세계로 돌아가 지극히 냉정한 태도를 취한다.

"허 참, 그럽시다."

목마른 사람이 샘을 파게 마련이다. 권 선장은 두툼한 지갑을 열고 판당 걸었던 금액의 세 배를 건네준 다음 다시 의자를 바둑판 앞으로 당겨 앉았다.

두 점을 접고 두는 바둑이었기에 슈이치로서는 다소 여유가 있었다. 서너 판을 이긴 다음 한 판 가량 질 정도였다. 그러나 꼭 승부를 결정해야 할 판은 꺾어버렸다. 권 선장은 질리지도 않고 "다시 한 판 더"를 외쳤다.

"석 점으로 하는 게 어떨까요."

내기에서 벌써 많이 챙긴 슈이치가 미안한 마음에 이렇게 치수를 올리자고 하면 권 선장은 더 열받는다는 표정으로 식식댔다. 돈은 얼마든지 있으니 쓸데없는 소리 말라는 태도였다.

권 선장은 화물선이 가마고리에 정박할 때면 꼭 슈이치가 머물고 있는 기원에 찾아왔다. 바둑을 시작하면 철야하는 날이 많았다. 참으로 경탄할 만한 스태미나였고, 지칠 줄 모르는 승부욕이었다. 슈이치도 덮어쓰기 방식에 서서히 익숙해져 갔다.

하지만 '때릴 테면 때려 보쇼, 나 맞아볼 테니' 하고 덤벼들면 되레 때리는 사람이 질리는 법. 바둑을 좋아하는 슈이치였지만 져도져도, '덮어쓰기'를 외치며 덤벼드는 권 선장의 스타일에는 두 손을 들지 않을 수 없었다. 덮어쓰기란 정말 무지막지한 수법이다. 이제껏 딴 돈을 한 탕에 다 날릴 수 있다. 겁이 나서 어쩔 때는 한시바삐 날이 새기만 기다린 적도 있었다. 딴 돈 다 돌려주고라도 권 선장으로부터 벗어나 잠을 폭 자고 싶을 때도 있었다.

권 선장은 함부로 덤부로 두는 바둑이라 덜컥수가 많았으나 분명 기재(棋才)는 있었다. 한 판에 건 돈이 꽤 많았기에 기원에 놀러오는 다른 사람은 권 선장과 대국할 엄두를 내지 못했다. 슈이치로서는 아깝기는 했지만 골칫거리 권 선장의 올가미에서 벗어나려 짐짓 신사적인 말투로 "상대를 한번 바꾸어보면 어떠냐"고 권하며 사람을 붙여주려 했으나 권 선장은 '그래, 너 짖어라. 난 안 듣는다' 식으로 슈이치만 찾았다.

처음엔 두 점 치수를 인정하려 들지 않는 권 선장의 똥고집에 기가 질렸고, 덮어쓰기를 외치거나 상대방이 피곤해 해도 무턱대고 한 판 더를 외치는 무례한 태도에 기분이 찜찜했다. 이런 사람은 이제껏 일본사회에서 좀처럼 겪지 못한 성격 유형이다. 신기한 것은 권 선장을 만나면 만날수록 그런 말도 안 되는 자세에서 매력이 느껴졌다. 대국이 거듭되면서 정이란 것이 쌓여갔다. 자신도 모르게 다음 화물선 입항일을 계산하고 있었다.

까탈스런 상대였으나 권 선장을 태운 화물선이 가마고리에 입항하는 날은 슈이치가 두둑한 용돈을 챙기는 날이었다. 어느 날 권 선장이 기원으로 찾아왔는데, 평소와 다른 우울한 얼굴이었다.

"권상, 무슨 일이라도 ⋯."

"앞으로는 여길 못 올 것 같아요. 화물선 항로가 변경돼 앞으로는 가마고리 항에 정박하지 않게 됐어요."

슈이치 역시 뜻밖의 소식에 섭섭함을 감추지 못했다.

"제 고향 부산에 놀러오십시오. 부산은 가마고리 같은 시골항구와 달라요. 거긴 당신 정도 고수는 발길에 채여요. 부산 올 때는 단단히 각오해야 할 겁니다. 하하하."

화물선이 항구를 떠나기 전날 밤, 슈이치는 송별연으로 크게 한턱을 냈다. 권 선장이 그동안 '정기적금'하듯 갖다 바친 돈을 합산한 것만큼 거창하게 써가며 바둑친구와의 석별을 아쉬워했다.

권 선장은 한밤중이 되어 술에 취한 상태에서 슈이치를 데리고 화물선으로 올라갔다. 슈이치를 선장실로 안내하더니 선원들을 모두 깨워 한자리에 모으고는 한 사람 한 사람 소개했다.

"이 일본사람은 내 바둑친구 슈이치야. 바둑이 엄청 세지."

권 선장은 승패와 내기에 건 돈 따위는 모두 잊어버린 듯 슈이치와 함께 했던 즐거웠던 시간을 모두 앞에서 자랑했다.

　슈이치는 헤어지는 마당에 선상 기념대국 이야기를 꺼낼까 말까 하다 그냥 놔두었다. 일단 돌을 잡았다가는 선장실에서 철야 할 터이고, 출항시각이 다 되어 권 선장이 벌겋게 달아올라 '한 판 더' '덮어쓰기'를 외치면 꼼짝없이 부산항까지 가, 밀입국자가 되고 만다.

　그런 슈이치의 생각을 읽었는지 권 선장이 말했다.

　"부산에 도착해도 금방 또 출국하니까 한 판 해볼까요. 하하하."

　날이 훤해서야 배에서 석방됐는데 권 선장은 맥주통만한 뉴질랜드산 벌꿀 한 통을 선물로 들려보냈다.

　지인들에게 이 꿀을 나눠주는 데만 몇 해가 걸렸다. 꿀통을 열 때마다 승부욕에 넘치던 권 선장을 떠올리며 슈이치는 빙그레 웃었다.

　한국 거부증에 빠져 있던 슈이치는 바둑을 통해 한국인 권 선장을 알게 되고, 날밤을 새우는 내기바둑 속에 한국인과의 우정을 느껴간다. 이제까지 거부감 일색이었던 한국, 한국인에 대한 생각이 약간의 호감으로 바뀔 조짐을 보인 것은 권 선장과의 만남이 한몫했다.

　슈이치는 몸이 성하지 못한 지금이지만 죽기 전 한 번 부산의 권 선장을 만나고 싶어한다. 지금쯤 함교를 떠나 어느 동네 기원에서 불쌍한 사람 하나 붙잡고 '덮어쓰기'를 외치고 있을 것 같다. 만날 수 없다면 인터넷을 통해서라도 기념대국을 하고 싶어한다.

　"아마 지금 둔다면 치수는 예전하고 다르겠지요."

　뇌경색 후유증으로 몸이 불편해져 기원출입이 어렵게 된 뒤로 슈이치는 집에서 인터넷 바둑을 즐긴다. 오른쪽 반신이 부자유스러워 마우스도 왼손으로 쓰는데 잘못 누르기 십상이다. 좋은 바둑을 마우스 조작 미스로 망친 적이 한두 번이 아니다.

"시간제한 규정이 심해 제대로 된 바둑을 둘 수 없어 아쉽지요. 하지만 두고 싶을 때 아무 때나 세계중의 바둑애호가와 만날 수 있다는 것은 정말 대단합니다."

그는 인터넷 바둑세계에서도 역시 바둑강국 한국을 절감했다.

언젠가 토요일 오후 6시 일본기원 인터넷 바둑 사이트에 접속된 각국별 회원수를 헤아려 본 적도 있다. 한국 6천 5백 명, 중국 3천 명, 일본 7백 명, 대만 4백 명 순이었다. 한국에 서버를 둔 바둑 사이트는 들어가 보나마나일 것이다.

바둑애호가였던 그는 10대 천재기사 이창호가 출현해 일본기원 소속 고단자들을 줄줄이 눕히던 1980년대 후반, 1990년대 초반을 생생히 기억한다.

한국 기사들의 실력이 위라는 점을 인정할 수 없었던 슈이치는 당시 '일본 기사들이 운이 나빴지 별거 아니야' 하며 애써 자위했다.

'한국 바둑은 헝그리 바둑으로 승부밖에 몰라. 바둑은 예술이며 미학인데. 일본 기사들이 그러니 된장바둑에 힘을 못쓰지.'

'한국 바둑에는 예술성도 없고 품격도 없어.'

주위 일본인들이 그런 말을 하면 슈이치도 맞장구 치며 승부밖에 모르는 천박한 한국 바둑계를 통렬히 비판했다. 그럼에도 불구하고 천재 소년기사 이창호가 승승장구하며 세계 바둑대회를 석권하자 더 이상 무시할 수 없게 됐다. 그렇지만 역시 한국 바둑의 강세에 대한 존경보다는 역겨움, 메스꺼움이 앞섰다고 해야 옳을 것이다. 물론 그 메스꺼움은 차츰 존경으로 변해가지만.

사실 일본 프로기사 모두가 미학만을 추구하는 것만도 아니잖는가. 한국 기사들처럼 단단히 정신무장하면 대등해야 하지 않는가. 그런데도 좀처럼 이길 수 없다면 결국은 약하단 말밖에는 안 된다.

바둑애호가인 슈이치가 한국을 다시 바라보게 된 데에는 천재기사 이창호와 친구 권 선장의 존재가 크게 기여했다.

슈이치는 동생 다마노우미 33주기를 맞아 수기를 정리하던 2003년 어느 날 갑자기 눈이 침침해지기 시작하더니 이내 캄캄한 세상만 남았다. 당뇨병의 합병증으로 안저출혈(眼底出血)이 생겨 나타난 증상이었다.

당뇨병이 만병의 근원이란 말은 들어본 적이 있다. 무섭겠거니 생각은 했지만 남의 일로만 알았지, 자신이 당뇨 합병증으로 실명할 위기를 맞으리라고는 꿈에도 생각하지 못했다.

너무도 돌연한 사태에 그는 질겁했다. 아내 데루코의 인도로 서둘러 가마고리 시내 안과병원을 찾았다.

"흠, 벌써 상당히 진행됐군요. 전에 뭔가 징후가 있었을 텐데. 왜 좀더 일찍 찾아오지 않았어요."

의사는 안타깝다는 듯 한숨과 함께 병을 키워온 점을 심하게 질책했다. 의사는 지금까지 이런저런 일이 있었지 않았느냐고 병의 진행경과를 확인했다.

그 말을 듣고 보니 눈앞에 모기가 날아다니는 듯한 환영을 몇 번인가 본 적이 있었다. 그런 일이 병의 전조였다고 했다. 슈이치는 '그저 피곤해서 그런가 보다' 하며 대수롭지 않게 여겼던 것이다. 눈이 급속히 나빠진 것은 그런 일이 있고 나서부터라는 설명이었다.

"낙관할 수 없습니다. 이대로 두면 5년 이내에 완전 실명하게 됩니다."

실명! 슈이치는 이 말을 듣고 법정에서 사형선고를 받던 때만큼의 충격을 받았다. 온 몸에 식은땀이 흐르면서 몸이 부르르 떨렸다. 앞으로 어떻게 살아가나. 막막했다. 두려움으로 머리가 혼란스러웠다. 비참해진 슈이치는 의사선생에게 울며 매달렸다.

"선생님, 살려주십시오. 어떻게 방법이 없겠습니까."

덩치 큰 어린애로 변해 울먹이는 슈이치를 의사는 위로했다.

"진정하세요. 저희 병원에서는 불가능하지만 큰 대학병원에 가서 수술을 받으면 회복가능성이 있을 것도 같습니다."

의학에 무지한 슈이치는 이 말에 일순 살았다는 안도감이 들었다. 하지만 거의 보이지 않게 된 눈을 어떻게 다시 되살린단 말인가. 자신의 책임을 모면하려고 의사가 듣기 좋게 하는 말일 테지 하는 의구심도 무럭무럭 솟아났다.

"안구 세 곳에 구멍을 뚫고 그 안의 오염된 부분을 깨끗이 청소하면 시력을 회복할 수 있는데, 저희 병원은 여러 가지 형편상 수술하기 힘듭니다."

'눈동자에 구멍 뚫기'란 말을 듣는 것만으로도 슈이치는 화들짝 놀랐다. 눈에 티만 들어가도 아파 죽을 지경인데, 구멍을 뚫는다고? 자칫 눈 고치려다 더 빨리, 그것도 완전하게 실명하게 되는 것 아닌가.

나고야대학에서 진단을 받고 수술차 입원하기까지 석 달이 걸렸다. 그동안 슈이치는 생지옥에 사는 기분이었다. 매일이 불안과의 싸움이었고 실명에 대한 공포로 머리가 돌아버릴 지경이었다. 입원허가를 받고 대학병원에 가니 같은 환자가 왜 그리도 많은지 놀라웠다. 혼자가 아니란 생각이 안도감을 주었다.

나고야대학에는 전국적으로 유명한 안과전문의가 있었다. 그 의사가 집도하는 스케줄에 맞추느라 오래 기다렸던 것이다. 병원시설도 좋았으며 유명한 의사를 만난 것도 기분 좋아 3개월 전에 비하면 마음에 여유가 생겨났다. 하지만 아직도 과연 잘될 수 있을까 하는 불안감은 사라지지 않았다.

수술하기에 앞서 내과에 입원, 여러 가지 검사를 받았다. 그 결과를 하나하나 체크해가면서 수술준비를 하는 것이다. 혈압은 높았고, 당연히 혈당치도 높게 나와 그것을 조절하는 데 2주간을 보냈다. 슈이치는 두 눈이 모두 아팠는데, 우선 오른쪽부터 수술하기로 했다. 부분마취를 하기 때문에 수술중 의사들이 하는 이야기가 모두 들렸다. 슈이치만 긴장하고 있었을 뿐 그들은 농담도 주고받았다. 매일의 일과가 수술인 것이다. 가끔은 작은 웃음소리도 들렸다.

귀에 신경을 집중하고 있던 슈이치는 작은 웃음소리를 들으면서 '그래, 별 것 없을 거야. 모든 걸 맡기고 편히 맘먹자'고 생각했다. 어떤 환자는 수술 도중 의사들간의 농담에 대해 극단적으로 화를 내기도 하는데 슈이치는 긍정적으로 받아들였다. 그런 자세가 빠른 회복에 도움이 되었을까.

수술 후 치료도 생각보다 간단했다. 안대를 붙이고 몇 시간 쉬고 나니 몸을 움직일 수도 있었다. 의학적 상식이 없는 슈이치는 얼굴을 붕대로 둘둘 말아 놓고서는 캄캄한 가운데 절대안정만 취하면 된다는 말이 믿기지 않았다. 허나 말 그대로였다. 의료기술의 진보는 실로 놀라운 것이다. 아직 또렷이 볼 수 있을 정도로 회복이 된 것은 아니었지만 3개월간의 어둠에서 벗어나게 된 안도감이 컸다. 눈이 부자연스럽게 되고 보니 시각장애자들이 얼마나 힘들게 살고 있는지 느끼지 않을 수 없었다. 그들에게 무관심했던 자신이 부끄러웠고 건강한 몸을 함부로 굴려온 지난 세월도 반성했다.

수술 후 경과가 좋아 오른쪽 눈은 곧 시력을 회복했다. 오른쪽 수술 뒤 2주 뒤에는 왼쪽 눈도 수술했다. 지난번 수술경과가 좋았기에 왼쪽 수술 때에는 그리 긴장되지 않았고 역시 왼쪽 눈도 순조롭게 회복되어

갔다. 입원 전 장래를 비관하던 슈이치는 현대적 의료설비와 기술의 도움으로 지옥에서 부처님을 만난 격으로 회복해 이제 퇴원을 기다리게 된 것이다. 줄곧 뒷바라지해준 아내도 기뻐하며 퇴원 후에 할 일을 이야기하며 즐거워했다.

슈이치는 돌연한 실명소동으로 중단한 수기집필을 재개하는 것과 그동안 차를 운전하지 못했는데 퇴원하면 바로 운전을 해보고 싶었다.

왼쪽 눈을 수술한 날로부터 내일이면 일주일이 된다. 먼저 수술받은 오른쪽 눈은 3주일을 넘긴지라 이제 완전히 시력을 회복했다. 주치의와 간호사가 "수일 내로 퇴원해도 좋을 것 같다"고 말했다. 직장과 병실을 오가며 고생해온 아내에 대해 새삼 고마움을 느끼며 잠을 청했다.

눈을 감았지만 그날 새로 입실한 환자가 어찌나 코골이가 심한지 좀처럼 잠이 오지 않았다. 반대편으로 몸을 돌리려 뒤척여보는데 어쩐 일인지 그게 안 되었다. 이상했다. 다시 몇 번 더 시도했지만 누군가 몸을 붙잡고 있기라도 한 것처럼 우반신이 움직여지지 않았다. 당황하기는 했지만 사태가 얼마나 중한지 아직 깨닫지 못하고 있었다.

왼손으로 간호사 호출 벨을 눌렀다. 간호사가 곧바로 왔다. 이때까지는 아직 의식이 남아 있었다.

"정신 차리세요!"

간호사는 무슨 일이 일어났는지 곧바로 알아차리고 슈이치를 격려하며 응급처치를 했다. 바로 의사에게도 연락했다. 목 뒤쪽이 뜨거워진다는 느낌과 함께 점점 어딘지 알 수 없는 아득한 곳으로 자신이 멀어져 가는 것이 보이는 것만 같았다. 퍼뜩 뇌출혈이 아닌가 하는 생각이 들었다.

'이대로 잠들면 안돼! 안돼!'

흐려져 가는 의식 속에서 슈이치는 이렇게 외쳐보았지만 이내 저항은 무의미해졌다. 죽어간다는 것은 이런 느낌일까. 자신의 의지로 할 수 있는 것은 아무것도 없었다. 세상을 떠나가는 자신을 담담하게 지켜보는 수밖에.

뇌경색이었다.

뇌간(腦幹)이란 곳에 이상이 생겨 결국 우반신이 마비됐고 후유증으로 언어장애가 생겼다. 눈 수술 뒤 출혈을 억제하기 위해 복용해온 약을 중단하고 반대로 혈액순환을 촉진시키기 위해 링거주사를 꽂아야 했다. 피를 멈추게 하는 것보다 통하게 하는 것이 더 급하게 됐다. 눈보다는 목숨이 더 중했다.

실명의 공포란 지옥에서 벗어나 안심인가 싶었던 찰나에 다시 저승사자에게 붙잡혀 염라대왕 앞에 출두한 꼴이었다. 바로 전날까지 희망에 부푼 가슴으로 두근거렸다. 그런데 다음날 일어나 앉지도 못하게 된 것이다. 대소변도 누군가 거들어줘야 했다. 혀도 돌아가지 않아 말조차 제대로 못하도록 상황이 급변한데 대해 망연자실하지 않을 수 없었다.

'이래도 살아있다고 할 수 있을까.'

절망감이 전신을 휘몰아쳤다.

뇌간은 생명유지의 근원을 관장하는 곳인데 이곳이 고장난 슈이치는 호흡도, 감정을 조절하는 것도 부자유스럽게 되고 말았다. 마시는 것도 제대로 할 수 없었고 식사도 매우 힘들었다.

'대체 왜 이런 일이 일어난 것일까. 눈 때문에 입원했는데 이제 뇌경색이라니.'

잇단 불운에 탄식이 절로 나왔다. 울고 있던 놈이 벌한테 쏘인 격이었다. 주위에서는 "그래도 쓰러진 게 병원 입원중이었기에 그나마 천

만다행"이라며 위로했다. 곰곰 생각해보니 그도 그런 것 같았다. 불행 중 다행이었다.

뇌경색으로 쓰러진 지 3개월 만에 재활치료를 받고 슈이치는 나고야대학병원에서 퇴원했다. 죽을 고비를 무사히 넘기고 집으로 돌아와 보니 키우고 있던 애견은 죽고 없었다. 집은 너무 썰렁했다. 아이가 없는 슈이치 부부라 자식처럼 귀여워했던 애견이었다.

애견은 슈이치가 뇌경색으로 쓰러진 직후 원인불명으로 드러누웠다. 체중 60kg를 넘는 대형 '그레이트 피레니즈'였다. 프랑스와 스페인의 경계인 피레네산맥이 원산지로 순백색의 초대형견이다. 성격이 온순해 순백의 귀족견이란 별칭으로 불리기도 한다.

덩치 큰 개가 드러눕자 데루코 혼자서는 몸을 이동시키기도 힘들었다. 직장 일을 하면서, 입원중인 남편 슈이치와 집에 드러누운 애견을 동시에 보살펴야 했기에 데루코의 고생은 막심했다.

남편에게는 그래도 간호사가 늘 붙어 있었기에 어느 정도는 괜찮지 싶어 데루코는 애견을 간호하는 데 힘을 기울였다. 하루는 애쓴 보람이 있었던지 애견이 비틀거리면서 일어났다. 안도의 한숨을 내쉬며 '이제는 병원에 갈 차례지' 하고 슈이치를 만나러 갔다. 그날 밤 늦게 병원에서 돌아와 보니 애견은 다시 쓰러진 상태였다.

데루코는 예전보다 더 지극정성으로 애견을 돌봤다. 밤에도 잠을 자지 않고 다리와 몸을 만져주다 날이 밝으면 직장에 출근했다. 특별 양호노인들을 위한 복지시설에서 조리사를 했기에 시간이 빡빡했다. 일을 잠시 쉬려고 해도 여러 동료들과 근무시간을 이리저리 조절해야 했기에 그리 오래 쉴 수 없었다.

한 여름 무더위가 극성을 부리던 어느 날, 몸이 기진맥진한 상태에서 슈이치의 병실을 들렀다 집에 오니 애견은 조용히 숨을 거둔 상태였다.

'녀석이 나를 위해 죽어준 것인가?'

병원 침대에서 애견의 죽음을 듣고 슈이치는 이런 생각을 했다. 병원과 집을 오가야 하는 안주인을 보며 피로가 정점에 달했다는 것을 애견도 느끼고 있었을 것이다. 한쪽이라도 신경을 덜 쓰게 하자는 충성심에서 자진한 것만 같았다. 그러나 설령 애견이 그런 갸륵한 생각을 했다 해도 애견의 죽음이 가져다 준 쇼크는 몹시 컸다. 특히나 데루코는 몸이 피곤한 것쯤은 아무것도 아니었다. 애견의 밥그릇 등속을 치우면서 울기 시작해 한동안 눈물주머니를 달고 다니다시피 했다.

우울하고 맥 풀린 상황에서도 남편을 간호해야 했다. 웃음이 모조리 사라진 집안 공기를 맡으며 데루코는 허무한 하루하루를 보내지 않으면 안 되었다. 슈이치는 퇴원 후 쓸쓸해 하는 아내를 두고 볼 수가 없어서 한 가지 제안을 했다. 애견이 죽고 나서 아직 얼마 되지 않았지만 다른 동물을 키워보자고 했다.

아직 슬픔에서 해방되지 않은 이상 개를 키우는 것은 무리였기에 운동을 따로 시키지 않아도 좋은 고양이를 키우기로 했다.

어떻게 구할까 하는 데에는 의견이 일치했다. 살아있는 생명을 돈으로 사는 것은 피하고 버려진 고양이를 키우자는 것이었다. 마침 새끼 고양이 형제가 버려져 있는 것을 데려다 보호중인 사람이 키울 사람을 찾고 있었다. 두 마리를 서로 떨어져 살게 하는 것도 안됐다 싶어 같이 데려왔다. 검은 암수였다. 고양이를 맡겠다고 하자 그쪽에서는 고맙다며 사료까지 챙겨주었다. 아내와 말괄량이 새끼고양이들이 장난치며 노는 것을 바라볼 때 슈이치는 마음이 평온해지곤 했다.

어찌 귀여운 짓을 하는지 슈이치는 피식피식 웃을 때가 있었다. 이런 귀여운 놈들이라면 집안이 좀 엉망이 된다 해도 좋지 않나 싶어 며칠 뒤에는 네 마리로 늘렸다. 생후 3개월도 안 된 새끼고양이 네 마리는 온 집안을 정신없이 휘젓고 다녔지만 녀석들 덕분에 데루코의 얼굴에 서서히 웃음이 되돌아왔다.

여성편력을 거듭해온 슈이치가 최후로 만난 여성이 지금의 아내이다. 부하들로부터 아내 대접을 받았던 여성과 나어린 간호사 사이에서 슈이치는 한동안 꼼짝을 못할 때가 있었지만 이윽고 두 여자와의 결말이 찾아왔다.

아내 노릇을 하던 여성은 슈이치와 간호사와의 사이에 사내아이가 태어나던 날 사라졌다. 여자를 원망할 기분은 조금도 없었다. 슈이치에게 모든 것을 걸고 새 출발을 하려던 여자의 마음을 산산이 깬 자신의 행동에 대해 용서를 비는 마음뿐이었다.

간호사는 아이가 태어나자 혼인신고서를 제출하고 정식으로 호적에 넣어달라고 요구했다. 출생계와 혼인계를 동시에 제출했는데, 출생한 지 반년이 지나 벌금을 냈다. 과거 여러 여자들과 동거했지만 슈이치로서는 혼인신고를 한 것은 처음이었다.

이 무렵 슈이치는 단도를 들고 K의 집에 쳐들어갔던 일로 '흉기준비집합죄'로 유죄판결을 받고 징역형을 언도받았다. 그러나 몸에 중상을 입은 상태였기 때문에 수감시키는 유예를 받았는데, 그 사이에 다마노우미가 급사했다.

1971년 10월 11일 다마노우미는 급사했고 12월 23일 도쿄 쿠라마에〔藏前〕에 있는 고쿠기칸〔國技館〕에서 열린 스모협회장(葬)에 유족으로서 어머니와 함께 참석했다.

수감된 것은 다음해인 1972년 4월이었다. 1969년에 태어난 아들이

만 두 살 생일을 맞기 직전이었다. 처자는 검찰청까지 따라왔으나 구치소행 수감차가 오자 어쩔 수 없이 헤어져야 했다. 슈이치가 차에 태워질 때 아이는 눈을 크게 뜨고 아빠를 물끄러미 바라보다 큰 소리로 말했다.

"일 잘해. 선물 많이 사오고."

헤어질 때 그렇게 말하도록 엄마가 시켰던 모양이었다. 이것이 처자와의 영원한 이별이 될 줄은 몰랐다. 그후 모자와 다시는 상봉할 수 없게 되고 말았던 것이다.

처는 복역중 재판을 통해 이혼을 하고 아이의 친권도 가져갔다. 복역중이라 가장으로서 역할을 못하고 있던 만큼 슈이치로서는 처의 결정에 따를 수밖에 없었지만 몹시 섭섭했다.

처는 이혼한 뒤 아이를 데리고 고향인 홋카이도로 돌아가 다른 남자와 재혼했다. 슈이치의 피를 이어받았으나 어머니가 재혼하면서 성이 바뀐 아들은 중학교 1학년 때 동네에서 뜻밖의 사고로 급사했다. 신문 배달을 해가며 푼푼이 모은 돈으로 자전거를 사서 타고 놀다가 그만 자동차에 치여 숨진 것이다. 허무하기 짝이 없는 노릇이었다.

'내가 사건을 일으켜 수감되지만 않았다면….'

슈이치는 아들의 사고사 소식을 듣고 이렇게 후회하며 두고두고 가슴아파했다. 아비 노릇을 제대로 못해 아들마저 일찍 세상을 떠난 것이 아닌가 자탄하지 않을 수 없었다.

복역중 처자와 이별한 슈이치는 출소 후로도 한동안 무위도식하는 나날을 보냈다. 아들을 만나 보고 싶은 생각은 많았지만 자신을 버린 여자에 대한 감정이 있었기에 아들 곁으로 가까이 갈 수 없었다.

부하들은 모두 떠나고, 친구도 멀어지고, 처자도 가버려 혼자 남았다는 것을 실감하게 되었다. 주량만 점점 늘어 술을 들이붓듯 마시게 되었다. 매일 밤 어디선가 술잔을 비우고 있었다. 일정한 직업도 갖지 않고 도박으로 번 돈으로 하루하루를 넘기고 살았으니 당연히 사리에 어긋나는 짓도 하지 않을 수 없었다.

돈이 생기는 족족 여자를 구해서는 육체의 늪에 빠지곤 했다. 잠자리에 같이 들기까지는 좋아한다느니 흰소리도 했지만 한동안 같이 지내고 나면 기분도 시들해졌고 정을 붙일 수가 없었다. 만나고 헤어지는 것을 반복했다. 목적지도 없는 길을 이리저리 방황할 따름이었다.

어느 날 밤에도 단골술집에서 시간을 보내고 있었다. 작달막한 체구의 여자가 들어왔다. 얼굴을 아는 남자와 함께였기에 부인인가 보다 생각했는데 어울리면서 이야기를 해보니 그게 아니었다. 여자는 아이를 둔 이혼녀였고 남자한테도 처자가 있었다. 그날 밤은 이런저런 이야기를 하며 얼굴을 익히게 됐다.

그 뒤로도 슈이치는 거의 매일 밤 같은 가게에서 술을 마시곤 했는데 얼마 후 그 여자가 같은 직장에서 일하는 여성을 데리고 나타났다.

"당신 노래를 다시 듣고 싶어 왔어요."

슈이치는 자신의 노래에 반해 왔다는 여성에 호감을 가질 수밖에 없었고 세 사람이 의기투합해 마시고 노래하며 즐거운 시간을 보냈다.

헤어질 무렵 슈이치가 그 여자에게 살짝 말을 붙였다.

"둘이서만 한 잔 더 할래요?"

여자는 이 말을 기다렸다는 듯 "좋아요" 대답했다.

일단 밖으로 나갔던 그 여자는 동행했던 여성을 보내고 나서 밤이 깊은 시각이었지만 가게로 다시 돌아왔다. 두 사람은 이미 마음이 동한 상태였고 피차 뒤가 켕길 것이 없는 처지였다. 모두 이혼하고 홀로 지내고 있는 상태였다. 두 사람은 그날 밤 남녀가 갈 곳까지 다 갔다.

하지만 그뿐이었다. 슈이치는 언제나 만났다 헤어지는 식으로 그 여자를 대했다. 가끔 만나 관계를 맺고 지냈으나 여자가 어떤 생각을 하고 있을까에 대해서는 별로 신경을 쓰지 않았다. 자포자기 상태에서 밤마다 이 술집 저 술집을 전전하는 생활이 이어졌다.

하루 저녁은 다른 가게에서 술을 마시고 있는데 돌연 주인이 카운터로 와 전화를 받으라고 했다. 시각은 자정을 넘기고 있었다. 마음에 짚이는 곳이 없었다. 누구일까.

"슈이치, 저예요. 흑흑."

그 여자였다. 수화기 저편에서 한동안 흐느낌만 들려왔다.

"무슨 일인데?"

"그 자식, 나쁜 자식이 저 혼자 가 버렸어요. 엉엉."

"그때 그 남자말야?"

"네. 오늘은 같이 있자고 하더니 집안일 핑계를 대고는 가버렸어요. 다시는 만나지 않을 거예요. 보고 싶어요, 슈이치."

외롭고 쓸쓸한 나머지 슈이치가 있을 만한 곳으로 전화를 해보았다는 것이었다.

'나는 완전히 대타로군. 하지만 창피고 체면이고 버린 채 울면서 나를 찾았다니 오죽하면 그랬을까.'

그대로 내버려 둘 수는 없다. 어떻게든 위로해주지 않으면 안 된다. 슈이치의 가슴 깊이 여자의 외로움이 전해져 오는 듯했다. 슈이치는 곧바로 술집을 나섰다.

어둔 거리 모퉁이의 공중전화부스 옆에 여자는 풀이 죽은 채 우두커니 땅을 내려다보고 서 있었다. 가까이 다가서니 외로움과 슬픔으로 범벅이 된 눈물에 젖은 눈으로 슈이치를 올려다보았다.

'지금 이 여자는 나라도, 아니 누구라도 좋으니 곁에서 고독으로부터 해방시켜주기를 바라고 있구나'.

슈이치는 여자의 어깨를 따뜻하게 껴안아 주었다. 그날 밤 이후 여자는 그 남자와 결별하고 슈이치를 선택했다. 슈이치는 '이 여자는 지금 나라도 붙어 있지 않으면 큰 일을 낼지 모른다'고 생각했다. 슈이치는 주변 여자들을 정리하며 조금씩 결심을 굳혀갔다. 마침내 '최후의 여자'와 살림을 차렸다.

그 여자와 동거하면서 슈이치는 엉망진창의 생활에서 빠져 나왔다. 사랑하는 여자를 둔 남자의 삶이 이토록 평온한 줄이야.

그리고 세월이 한참 지난 2000년 10월 10일 다마노우미의 제삿날 하루 전에 슈이치는 그 여자를 자신의 호적에 올렸다. 법적인 결혼절차를 마침으로써 기분을 새롭게 하여 쓸쓸히 세상을 떠난 동생을 아내와 함께 추모하기 위해서 일부러 그날을 택한 것이다.

남자 나이 59세, 여자 나이 51세. 너무 늦게 핀 꽃이었다.

'마지막 여자' 데루코 부인과 함께.

지금 그 여자는 몸이 불편한 슈이치의 손과 발이 되어 보살펴 주고 있다. 슈이치는 몸은 불편한 상태지만 예전엔 느끼지 못한 행복감에 젖을 때가 많다.

'최후의 여자' 데루코〔照子〕를 만난 것은 슈이치로서는 크나큰 행운이었다. 두 사람을 만나게 해준 것은 노래였다. 슈이치의 노래 솜씨에 반해 데루코가 접근해오지 않았다면 슈이치는 아직도 어딘가 술집에서 훌쩍거리며 외로운 만년을 보내고 있었을지 모른다.

슈이치를 자택으로 찾아갔을 때 그는 카세트 녹음테이프 몇 개를 들고 오더니 불편한 손으로 카세트에 집어넣고는 한번 들어보라며 틀어주었다. 일본 대중가요 가운데 널리 알려진 곡들은 여러 번 들어보았기에 웬만한 가수의 목소리는 구분할 수 있는데 전혀 모르는 남자가수의 목소리였다. 도쿄특파원으로 부임하기 전 혹 업무상 필요할지 모른다 싶어 600곡이 수록된 '가라오케 베스트 히트곡' 책자를 구해 상당한 노래가사를 일삼아 외웠던 적이 있었기 때문이었다. 따라서 웬만한 대중가요 가운데 한 소절 정도는 따라 부를 수 있었다.

"이 가수는 누구지요? 짐작이 가지 않는데요."

슈이치는 미소를 짓는다. 작전이 성공했다는 듯.

"바로 접니다. 하하. 뇌경색으로 쓰러지기 1년 전에 녹음한 것이지요."

다음 곡은 여자였다. 이번에는 짐작이 갔지만 짐짓 물어보았다.

"이 여자 가수는요?"

슈이치는 대답 대신 아내 데루코를 바라보았고 데루코는 수줍음 타는 소녀처럼 배시시 웃는다.

"하하. 그랬었군요. 놀랍습니다. 어쩌면 두 분 모두 이렇게 노래를 잘합니까. 가수로 착각했잖습니까."

뇌경색으로 쓰러진 후유증으로 슈이치의 혀 놀림은 아직 불완전하기에 예전처럼 두 번 다시 노래할 수는 없다. 다시 돌아갈 수 없는 세월에 대한 짙은 아쉬움을 당시 아내와 함께 녹음했던 카세트 녹음테이프를 간간이 듣는 것으로 달래고 있다.

자택을 떠나올 때 슈이치가 선물로 준 테이프는 책상서랍 속에 소중히 간직하고 있다. 그들 부부의 인생에서 가장 아름답게 빛났던 시절을 기억해주고 싶어서다.

슈이치의 어머니 다니구치 하루요는 마사오가 스모 선수로 활약하며 부쳐준 돈으로 지은 가마고리의 단독주택에서 살다가 지병이 생겨 위독해지자 고향인 나가사키 시로 옮겼다. 거기에서 숨졌다. 요코즈나의 어머니로 한때 즐거운 시절도 보내기는 했지만 거의 평생을 고난으로 가득한 생을 살던 하루요는 1986년 79세의 생을 마쳤다.

일본의 한류 붐은 한국인들이 상상하는 것보다 대단하다. 〈겨울연가〉를 비롯한 드라마와 한국영화가 인기를 끌면서 배용준, 이병헌, 장동건, 원빈 등 한국의 사천왕(四天王) 등 배우에 푹 빠진 팬이 많다. 한류팬은 나이가 좀 든 한국사람이라면 잘 알지 못하는 한국 신인 배우들의 이름을 줄줄 왼다. 여성, 특히 중년여성 사이에서는 가히 폭발적 인기이다. 검은 테 안경을 걸치고, 외투에 머플러를 두른 모습에 가지런한 이가 인상적인 배우, 배용준은 일본의 TV 뉴스에 자주 등장한다. 그가 영화를 찍는 곳에는 중년의 일본 '오빠부대'가 진을 친다. 배용준뿐 아니라 한국의 미남배우들이 수시로 일본의 대중에 얼굴을 비친다.

슈이치는 처음 한류에 관한 언론보도를 보며 "별일도 다 있군" 하며 일시적 유행으로 그치려니 생각했다. 그런데 그게 아니었다.

'대체 어디서 어떤 바람이 불었길래! 한 수 아래로 평가해온 나라, 한국사람을 보고 일본인들이 열광하다니?'

믿을 수 없는 일이 일어났다.

조선인, '조센징'이라 불리는 것을 그토록 싫어했던 슈이치인지라 처음에는 한류 붐을 기뻐한 것이 아니라 정말로 한심하단 생각을 했다. 일부 일본인들이 "이성을 상실한 일부 중년여성들의 작태"라느니 "재일 한국인들이 만들어내고 있는 자작 연출 쇼"라고 몰아붙이며 코웃음을 치면 슈이치도 적극 동조하고 나섰다.

그런데 시간이 지나도 한류가 식을 줄 모르고 고교와 대학에서도 한국어 강좌가 갈수록 인기를 끈다는 사실을 알게 되면서 반드시 그렇게만 볼 것은 아니란 생각을 점차 하게 되었다.

한류는 한국문화에 대한 이해가 깊어진 층을 중심으로, 움직일 수 없는 일본사회의 현상으로 자리잡게 된 것이다. '욘사마' 배용준 등 한국배우들에게 빠진 팬들은 동시대를 살고 있는 한국인에 대해, 옛날 부모세대가 조센징, 조센징하던 시절과 같은 멸시와 차별, 편견과 오해의 눈길을 더 이상 보내지 않는다는 점도 알게 되었다.

'한국 붐 현상이 반세기 전에만 있었더라도 내 인생은 달라졌을 텐데…….'

슈이치는 이런 생각을 하며 운명을 탓한 적도 있다.

요즘에는 일본에서 한국여행과 한국요리가 매우 인기 높지만 슈이치가 어릴 때에는 그런 것에는 눈길조차 주지 않았다. 냄새가 강한 마늘이 필수품처럼 들어가는 한국요리를 경멸했다. 초등학교 저학년 때 슈이치가 한국계란 것을 아는 동네 아이들은 슈이치를 집적대며 '우아, 마늘 냄새' 하며 코를 싸쥐는 시늉을 하고 달아나곤 했다. 어느 날 슈이치는 작심을 하고 그 중 제일 만만한 놈을 끝까지 추적해서는 실컷 두들겨 패주었다.

폭력의 효과가 믿을 수 없을 만큼 크다는 것을 슈이치는 이때의 체험을 통해 알게 된다. 슈이치에게 누군가 흠씬 두들겨 맞았다는 소문이 퍼지자 아무도 슈이치가 있는 곳에서는 마늘냄새가 어떻고 하며 놀리는 일이 없어졌다. '조센'이란 차별어도 슈이치를 향해 직접 하는 친구도 사라졌다.

물론 그가 안 보이는 곳에서는 모두들 수군거린다는 점은 어린 슈이치도 알고 있었다. 그런 일이 얼마나 소년의 가슴에 못을 박았던가.

4형제는 도중에 성을 요시타케에서 다니구치로 바꾸었다. 아버지가 한국인이란 것을 숨기기 위해서였다. 한국인의 피가 섞인 요코즈나를 인정하고 싶지 않았던 일본사회의 편협함이 만들어낸 또 다른 '창씨개명'이었던 것이다.

한류 영향으로 슈이치 역시 한국인을 보는 태도가 달라졌다. 한번 생각을 바꾸고 보니 모든 것이 달리 보이기 시작했다. 세계 10대 경제대국으로 성장한 한국은 스포츠나 문화 면에서도 일본에 뒤지지 않을 실력을 갖추고 있다. 한국인의 헝그리 정신으로부터 배울 점이 많다. 외곬수의 민족혼도 경탄스럽다.

슈이치는 주위 사람에게 이런 한국과 한국인의 장점을 말할 수도 있게 됐다. 슈이치는 지금도 귀에 쟁쟁하다고 했다.

"뭐야. '조센징'이."

"조센징 주제에."

"쟤는 조센징이야."

일본의 식민지로 전락한 한국을 일본인들은 몇 단계 아래로 깔보았다. 일본에서 '조센'이란 말은 남북으로 갈라지기 이전부터, 한반도에 있는 나라와 민족 전체를 경멸하는 뜻으로 사용했다. 중국에 대해서는 태평양전쟁 이전부터 '짱코로'란 말로 낮춰 불렀다.

슈이치가 어렸을 때, 즉 해방 직후 오카자키에는 한국인이 많이 거주했다. 일본 여성과의 결혼, 귀국해도 논밭 등 생활기반이 없는 경우, 귀국할 경비를 마련하지 못한 사람들은 그대로 일본에 주저 않았다. 이들의 생활은 최저수준인 경우가 많았다. 생활환경은 지저분할 수밖에 없었다. 그 결과 조선인, 한국인의 이미지는 비위생, 야만으로 비쳐졌다.

당시 일본인들 역시 생활은 빈한했지만 식민지에서 징용 혹은 돈벌기 위해 건너온 한국인들 쪽이 더 비참했을 것은 충분히 상상이 간다. 식민지배로 고통받아온 한국인들에게 사죄와 협력은커녕 보통의 일본인들조차 차별을 행했다.

일본인들의 한국인 차별의 또 다른 이면에는 미국 콤플렉스가 작용하기도 한다. 미국을 상대로 전쟁을 벌였다 참패했다. 전쟁수행능력 면에서 보면 당연한 귀결일 수 있었다. 점령국 미국에 대해 일본은 저항하지 못했다. 대한민국 임시정부는 연합군의 일원임을 강조하며 전승국 지위를 주장했지만 미국은 아시아를 장악하기 위해 이를 인정하지 않았다. 전쟁이 끝나자 일본에 거주하던 한국인들은 이제까지 차별하고 멸시했던 일본인들을 상대로 전승국민 기분을 만끽하며 화풀이를 하기도 했다. 그런 세월이 오래 가지는 않았지만 전승국민 행세를 하며 일본인을 바보취급하기도 했다. 태도가 돌변한 한국인, 조선인들을 바라보며 일본인들은 기막혀했다.

'어휴 저것들, 식민지 출신들이. 턱 끝으로 부려먹었던 것들이 ….'

그런 감정이었다. 1등 국민 일본에는 도저히 따라올 수 없는 하급민족이 조선이란, 과거 군국주의시대의 차별의식이 쉽사리 몸에서 떠나가지 않았던 것이다.

절대적인 힘을 지닌 점령국가 미국에 대한 콤플렉스가 일본의 보통 사람들로 하여금 한국과 한국인을 여전히 '조센'이라 부르며 차별하도록 만들었던 것이다. 패전의 울분을 일본사회 내의 절대약자이자 소수 인종인 한국인을 상대로 분출했다.

편견이 없어졌다고 생각되는 요즘에도 슈이치는 '조센징'을 특별한 눈으로 바라보는 주위의 시선을 느낀다고 했다. 당사자가 아니면 모를 것이다.

지금이야 혼혈이라고 하면 이국적 이미지로 비친다. 특히 미국과 반반이라거나 프랑스와 반반이라거나 서양의 피가 섞인 혼혈은 동경의 눈으로 바라본다. 하지만 일본사회에서 한국계 혼혈은 결코 이를 입밖에 내지 않는다. 흑인과 반반이 섞인 혼혈은 피부색으로 짐작할 수 있지만 같은 피부색을 지닌 한국과 일본인의 혼혈은 외모로는 구분할 수 없다. 좁은 지역에서 누군가 '조센징' 피가 섞였다고 하면 그걸로 끝나버린다.

일본에서 널리 이름이 알려진 연예인이나 스포츠인 가운데는 슈이치처럼 한국계 피가 섞인 사람이 적지 않다. 양친 모두 한국인인 경우도 있고, 어느 한쪽이 한국인인 혼혈도 있다. 하지만 일부를 제외하고는 이런 사실을 감추고 살아간다. 외부에 공표한 사람은 매우 적다. 영화배우이자 감독인 비토 다케시는 그런 드문 사람 가운데 한 명이다. 영화 〈자토이치〉의 주연 겸 배우로 베니스 영화제에서 금상을 수상한 그의 본명은 기타노 다케시〔北野武〕. 그는 일본의 한 TV에 출연해 자신의 할머니가 조선인이란 사실, 즉 8분의 1이 한국인이란 점을 공개적으로 밝혔던 것으로 전해진다.

비토 다케시와 같은 사례는 매우 예외적인 경우이며, 일본에서 활동하는 한 지장이 생길 것을 우려하고, 또 현실적으로 그런 측면이 있기 때문에 한국계란 사실을 감추고 지내는 것이다. 혼혈에 대한 편견이 많이 없어졌다고 하는 요즘도 크게 상황은 달라지지 않고 있다. 비토 다케시 정도로 확고한 사회적 지위와 명성을 확보한 사람이나 할 수 있는 일이다.

오늘 일본은 물론 한국을 사는 젊은이들은 왜 슈이치 형제가 그토록 부친이 한국인이었던 사실을 숨기려 했을까 이해할 수 없을 것이다. 또 한국인으로서 자긍심을 잃지 않고 고난을 헤쳐온 재일교포와 슈이치와 같은 한국계 혼혈인들은 슈이치 형제들을 보며 욕할 수도 있다. 하지만 반쪽의 한국인 슈이치는 부친이 단지 한국인이었기 때문이 아니라, 다른 요인도 있었기에 보통의 일본인보다 더욱 한국, 한국인, '조센징'을 증오했다.

그는 아버지를 세상에서 가장 무도덕, 무교양한 사람. 무엇이던 폭력으로 끝내고 마는, 그야말로 야만인 자체로 여겼다. 존경이란 말과는 180도 다른, 경멸대상에 지나지 않았으며 더 없는 공포의 대상이기도 했다. 다른 아버지들에게서 인자한 모습이 느껴질 때마다 슈이치는 자신의 아버지란 남자, 그의 야만성, 그의 출생지인 조선을 증오했고 이윽고 '조선＝야만'이란 등식이 뇌리에 깊이 뿌리 박히게 됐다. 급기야 그가 야쿠자 세계로 들어간 것도 어쩌면 집에서는 도저히 기대할 수 없는 의리와 인정에 넘친 부친상을 오야붕에게서 기대했기 때문이었는지 모른다.

일본의 젊은 여성들이 시뻘건 고춧가루를 넣어 버무린 김치와 다진 마늘로 양념한 쇠고기 불고기, 여기에 진로소주까지 곁들이는 식문화에 익숙해졌다.

또 언제부터인지 모르지만 한국인의 이름을 부르는 방법도 가타가

나로 바뀌고 있다. 김대중을 과거에는 한자를 일본식으로 읽어 '기무다이추우'라고 했지만 이제는 한국발음 그대로 가타가나로 표기하고 읽는다. 북한의 독재자 부자도 전에는 '기무이세이' '기무쇼이치'라고 말했지만 이제는 김일성, 김정일 그대로 발음하고 가타가나로 표기하게 되었다. 〈겨울 연가〉의 배용준만 해도 일본어로 한자 이름을 읽는 것이 아니라 가타가나로 표기하고 있다.

이런 점만 보아도 한국을 대하는 일본의 태도는 슈이치가 '조센'이란 차별어를 들으며 성장했던 50년 전과는 확실히 달라진 것이다.

슈이치 부부는 집에 고양이 네 마리 말고도 개 한 마리를 키우고 있다. 고양이는 소식하는 동물이라 사료값은 그다지 들지 않는다. 거세나 피임수술, 예방주사와 백신 등을 맞히는 데 돈이 많이 들어간다. 개는 고양이보다 키우기 어렵다. 이전에 하얀 그레이트 피레니즈를 키웠는데 슈이치가 뇌경색으로 쓰러져 입원중에 죽었다.

퇴원했지만 개를 데리고 나가 운동시켜 줄 형편이 되지 않아 개를 키우는 것은 한동안 단념했다. 그런데도 다시 개를 키우게 된 사연은 이랬다.

하루는 데루코가 근무하는 복지시설에 난데없이 개 한 마리가 나타나더니 시설을 어슬렁거리며 돌아가지 않았다. 먹을 것을 주자 저녁이 되어도 어디로 갈 생각을 하지 않았다. 다음날 근처 민가를 상대로 주인을 수소문해 보았지만 나타나지 않았다. 시설 측은 하는 수 없이 보건소로 넘기기로 했다. 거기에 가면 도살처분이 기다리고 있다.

개를 좋아하는 데루코는 개의 운명이 안쓰러워 보고만 있을 수 없어 집에서 요양중인 슈이치에게 전화해 사정을 설명했다.

"여보, 운동은 내가 시킬 테니 개를 키우면 어떨까요?"

슈이치는 반대하지 않았다. 이렇게 해서 집에 들어온 개는 잡종견으로 떠돌이 생활을 꽤 했던지 몸은 비쩍 마르고 눈곱은 더덕더덕했다. 동물병원에 데려가 백신과 광견병 주사를 맞히고, 회충약을 사먹이고 눈도 치료했다. 수개월이 지나자 제법 몸에 살이 붙고, 빗으로 털을 빗으면 윤기가 반지르르 났다.

"어머, 멋지네요. 아주 좋은 품종인가 봐요."

데루코가 개를 데리고 산보하면 동네 사람들은 버려졌던 개란 생각은 아무도 하지 않고 지난번에 키웠던 명견처럼 또 색다른 명견이려니 믿으며 이렇게 말을 걸어왔다. 정성을 들이면 반드시 보답은 있게 마련이다. 동물뿐 아니라 사람도 마찬가지가 아니겠는가.

저녁식사를 마치고 데루코가 개를 데리고 운동하러 나가면 슈이치는 현관 앞에서 휠체어에 앉아 데루코가 돌아오기를 기다리곤 한다. 집 앞을 지나가던 초로의 남성과 얼핏 눈이 마주쳤다.

어디서 본 것 같기도 해서 가볍게 지나가는 투로 "안녕하십니까" 인사를 하자 그는 뜻밖에도 슈이치에게 가까이 오더니 말을 건넸다.

"혹시 요시타케 씨 아닌가요?"

돌연 옛날에 쓰던 성으로 부르는 바람에 당황스러웠다. 조선인 콤플렉스가 불현듯 되살아나 온몸이 긴장됐다. 물론 친구 가운데는 차별 따위의 감정을 일체 개입시키지 않은 상태에서 다만 어렸을 때부터 그렇게 부르는 것이 익숙해 그리 부르는 사람도 있다.

"예, 그렇소만."

"맞았구나! 나야! 나! 나카무라. 중학교 동창."

상대는 무척 반가운 표정을 하며 이름을 밝혔다. 가마고리 중학교 동급생이었다. 졸업 후 50년이 흘러 모두 늙었지만 선생들이며 친구들 이야기를 회고하다 보니 소년시절로 돌아간 듯했다.

나카무라는 타지에서 오래 회사원 생활을 하다 정년퇴직을 하고 얼마 전 고향으로 돌아왔다고 했다. 그는 간혹 산보하다 휠체어에 앉아 있는 슈이치 모습을 보고 왠지 낯이 익어 고개를 갸웃했지만 문패에 중학교 시절에 쓴 성 요시타케가 아니라 다니구치라고 되어 있어서 내가 착각했나 보다 했다는 것이다.

나카무라는 이야기 끝에 "얼마 있다 중학교 졸업 50주년 기념모임이 열리는데 같이 가보자"고 권했다.

슈이치는 중학교를 졸업하고 고교에 진학했다가 2학년 때 퇴학당하고 야쿠자 세계에서 오래 지내왔다. 그러다 보니 고교에 진학해, 대학을 나오고 회사에 취직한 친구들과도 교류가 이어지지 않았다. 중학 시절 슈이치에 당했던 감정이랄까 그런 것이 있었던지 학교 동창회 소식을 알려준 친구가 아무도 없었다. 슈이치에게 돈을 빼앗기거나 얻어맞은 불쾌한 기억을 가진 동창생들이 아직도 그를 경원시한 탓도 있었다. 슈이치도 "나라도 나 같은 놈을 동창회에 부르지 않겠지" 하며 체념하는 수밖에 없었다. 설령 모임이 있다는 통지가 왔다 해도 슈이치는 갈 생각이 별로 없었다. 자신의 살인전과나 야쿠자 생활을, 그러다 보니 슈이치가 나서서 참가하려 해본 적이 없었다.

슈이치는 나카무라의 말을 듣고도 망설여졌다.

"다른 사람들이 싫어할지 모르잖는가?"

"모두 환갑 넘었어. 그런 일 없을 거야. 자네를 반겨줄 거야."

졸업 이후 나카무라를 한 번도 만난 적이 없었지만 학교 다닐 때 나카무라에게 돈을 뺏거나 한 적이 없었던 것 같다. 그러니 동창회 나가보자는 말을 쉽게 할 것이다. 하지만 동창생이라고 다 같겠는가. 얻어맞고 돈 뺏긴 친구들은 아직도 나를 미워할 텐데. 그동안 야쿠자 생활하며 지낸 데 대한 악소문도 많고.

그러나 나카무라는 포기하지 않고 계속 권했다.

"난 중학교 때 네가 남자답고 멋있다고 생각했어. 조금 무서웠던 것은 사실이지. 하하. 그리고 참, 이번에 동창모임에 공부 잘하던 오가와도 온데. 도쿄대학에 입학해서 나중에 도쿄대학 교수한 천재 말이야."

슈이치는 오가와란 이름에 귀가 번쩍 띄었다. 얼마 만에 들어보는 이름인가. 왜 진즉 그 생각을 못했을까. 가끔씩 써온 수기를 그에게 보여주고 싶은 생각이 들었다. 착하고 머리 좋은 오가와라면 자신의 오랜 고민을 이해해줄 것 같았다.

동창회가 열리던 날 아침. 여느 때보다 일찍 눈을 뜬 슈이치는 아내 데루코의 도움을 받아가며 양복을 입느라 벌써 한참이나 씨름하고 있다. 나카무라가 데리러 오겠다는 시각이 다가오고 있었지만 아직도 넥타이를 고르지 못하고 있다.

"여보, 이건 어때? 와이셔츠하고 잘 어울리는 것 같애?"

나이 들고 병들어 휠체어에 앉은 신세가 되었으나 중학교 동창생들을 50년 만에 만나러 가는 날은 중학교 입학식 날 때처럼 그를 들뜨게 만들었다. 나카무라는 동창회 날 슈이치의 휠체어를 밀어주며 종일 보호자가 되어 주었다.

50년 전 중학교 졸업 동기생은 10개 반, 5백 명 가까이 되었다. 그 중 이날 모임에 참석한 사람은 140명 정도가 모였다. 모임은 추모법회로 시작됐다. 벌써 10%, 50명 이상이 세상을 떠났기 때문이었다.

추모법회를 마치고 호텔 연회장에 들어서니 1반부터 10반까지 반별로 원탁 테이블에 자리가 마련되어 있었다.

동급생이라고는 했지만 타지로 떠나 살고 있는 사람도 많아 누가 누구인지 쉽게 분간이 되지 않았다. 간혹 저쪽에서 말을 붙여왔는데 누구인지 잘 몰라 민망한 경우도 있었다. 그러나 한 사람만은 곧바로 알수 있었다. 자신의 옆으로 다가와 앉은 사람은 얼굴색도 좋고, 주위 동급생보다 훨씬 젊어 보였다. 무엇이든 1등 하려고 안달했던 슈이치였지만 도저히 공부에서만큼은 이길 수 없었던 상대. 야쿠자 출신의 슈이치가 앉은 휠체어 옆에 나란히 앉게 된 사람은 교육자이자 문학박사인 도쿄대학 명예교수 오가와였다.

"이거 얼마 만입니까?"

슈이치는 자신도 모르게 경칭을 쓰고 있었다.

"아, 슈이치 정말 오랜만이네. 그런데 자네 몸은 어쩌다…."

책걸상을 맞대고 있었던 소년들이 이제 원탁의 테이블 둘레에서 맥주를 마시며 학창시절을 이야기했다.

슈이치를 노골적으로 외면하는 친구들은 없었다. 슈이치는 혹시나 하며 걱정했던 마음이 조금씩 풀려 가는 것을 느꼈다. 호칭도 처음에는 '군'(君)으로 하다 나중에는 '상'〔樣〕으로 바꾸어 불렀다. 군이란 명칭이 격식을 차린 명칭이라면 상은 일반사회에서 자주 쓰이는 호칭으로 훨씬 친근감이 있다.

오가와로부터 건네 받은 명함에 '북한 귀국자의 생명과 인권을 지키는 모임'의 공동대표라고 되어 있는 것을 보고 슈이치는 깜짝 놀랐다.

'한국이라고! 오가와가 한국과 관련된 일을 하고 있었다고?'

놀라움과 함께 개운치 않은 기분이 들었다.

'친구들 가운데 제일 똑똑한 오가와가 하필이면 생각하기도 싫은 나라, 한국과 관련된 일을 하고 있다니?'

슈이치는 궁금해서 물어보았다. 왜 하필이면 한국문제에 관심을 두게 되었느냐고.

오가와 선생은 실학을 연구하며 중국 유학을 준비하던 중 홍대용 등 한국의 실학자들을 알게 되면서 한국 연구에 뜻을 둔 사람이었다. 그는 슈이치에게 알기 쉬운 말로 한국, 조선이 아름다운 문화를 가진 나라라는 점을 차분히 설명해주었다.

엄청난 충격이었다. 평생을 '조선 콤플렉스'에 시달려온 그에게 세상에서 가장 똑똑한 친구가 이런 말을 하다니! 그렇다면 내가 뭔가 잘못 알고 살아왔구나! 야쿠자 세계에서 발을 씻었다고는 하나 스스로 사회의 낙오자라고 생각하는 슈이치에게 도쿄대학 명예교수와 나란히 앉아 술잔을 주고받는 것만 해도 영광스런 일이었다. 그런데 철들면서부터 '업'(業)처럼 줄곧 자신을 괴롭혀왔던 조선 콤플렉스에서 어서 빨리 벗어나라고 이 친구가 손을 내밀어주고 있지 않은가!

용기를 내어 형제의 이야기를 적어본 수기를 전해주었고, 오가와는 꼭 읽어보겠노라고 약속했다.

동창회 모임은 너무나 빨리 지나갔다. 오가와 선생으로부터 한국의 이모저모에 관해 설명을 듣는 것만으로도 부족했다. 아쉬움 속에 동창회 모임은 교가제창으로 끝났다. 손이 부자유스러워 교가가 적힌 종이를 펴들 수 없는 슈이치 옆으로 오가와 선생이 다가왔다. 둘은 가사를 함께 보며 노래를 불렀다.

오가와 선생의 목소리를 들으니 중학시절 그가 학교 밴드부에서 클라리넷을 불었던 일이 생각났다. 전국대회에서 우승까지 할 정도로 음악에도 조예가 깊었던 그였다. 목소리는 지금도 아주 좋았다. 굳은 혀로 노래를 따라 부르기도 힘든 슈이치는 곁에 선 오가와의 얼굴을 쳐다보았다. 뺨은 자신도 모르는 사이에 젖고 있었다.

동창회에서 50년 만에 슈이치를 만났을 때의 느낌을 오가와 선생한테 들어보았다.

"실은 중학교 1, 2학년 때에는 잘 몰랐어요. 3학년 때만 같은 반이었으니까요. 딱 1년간 같은 반에서 함께 생활한 셈이지요.

그때 나는 요시타케 슈이치의 아버지가 한국인이란 것을 몰랐어요. 글쎄 워낙 그런 일에 둔한 나만 모르고 있었는지 몰라도. 아무튼 요시타케 형제는 학교에서 완력으로 유명했지요. 그때 형 이치오가 고교 2년, 슈이치가 중학교 3년, 미치오가 중학교 2년생이었는데, 세 명이 모두 유도를 잘했어요. 감히 누가 건드리지를 못했지요. 슈이치에 대해 아이들은 항상 무섭다는 느낌을 갖고 있었지요. 어떤 영문인지 잘은 몰랐지만 슈이치 형제들은 학교에서도 조금 특별한 대접을 받기는 했지요. 따돌림이랄까, 그런 것 비슷한. 나는 차별해서는 안 된다는 생각을 갖고 있었지요. 그래서 요시타케가 영어공부에 취미가 있다는 것을 알고 조금 도와준 기억도 납니다."

바둑을 좋아했던 슈이치는 옆자리에 앉았던 급우 오가와와 수업시간에 선생의 눈을 피해 노트에 줄을 그어 바둑판처럼 만든 위에다 흑백 동그라미를 쳐가며 바둑을 둔 일도 있었다고 회상한다.

프로기사 이창호에 관한 저서를 전해주었을 때 오가와 선생이 "나도 전에 바둑을 조금 둔 적이 있다"고 했는데 아마도 그 무렵이었던 모양이다. 하지만 오가와 선생은 노트에 바둑을 둔 일은 기억하지 못했다. 적어도 이 대목, 바둑에 관련된 것만큼은 평생 바둑을 둔 슈이치이기에 오가와보다 정확하게 기억하고 있을 것이다. 보나마나 공부하기 싫은 슈이치가 오가와를 공범으로 끌어들여 딴짓을 했을 것이다.

중학교 졸업앨범을 들춰보면 슈이치 바로 옆에 오가와 선생이 서 있다. 도수 높은 안경을 낀 수재형 소년이 교모를 쓰고 늠름하게 서 있는 바로 옆에, 한눈에 척 보아도 공부에는 도통 관심 없고 껄렁껄렁해 보이는 슈이치가 서 있다. 오가와 쪽으로 삐딱하게 몸을 기울인 채.

오가와한테는 공부로 이길 수 없다는 생각에서 그를 동경하는 마음이 오가와 쪽으로 자신도 모르게 기울게 했던 것이리라. 기대고 싶은 그런 마음이 있었기에 50년 만의 의미 깊은 재회가 가능했는지도 모른다.

오가와 교수의 친구에 대한 회상은 이어진다.

"졸업 후 제가 다른 지역의 고교로 옮기면서 요시타케에 관해서는 잊어버리고 말았지요. 후에 고향친구들이 말해주더군요. 야쿠자 생활을 한다고. 물론 슈이치 동생, 마사오가 요코즈나에 오른 것이야 매스컴을 통해 익히 알고 있었지만."

수재였던 오가와는 시골이나 마찬가지인 가마고리를 떠나 도회지의 큰 고교로 옮겼다. 도쿄대학 합격생을 많이 배출하는 명문학교였다. 기대에 부응하듯 오가와는 도쿄대학 교양학부에 당당히 합격했다.

고교를 퇴학당한 슈이치로서는 도쿄대학을 나와 석사, 박사학위를 취득하고 보통사람은 감히 꿈도 못 꾸는 도쿄대학 교수에 오른 오가와는 하늘처럼 대단한 존재가 아닐 수 없다.

그런 두 사람이 중학교 졸업 후 50년 만에 재회한 것이다. 오가와 교수의 회고는 계속된다.

"한마디로 '선인(善人)이 되었구나' 하는 생각이 들더군요. 오랜만에 슈이치를 만난 다른 친구들도 아마 마찬가지 생각을 했던 것 같았습니다. 옛날하고는 전혀 달랐지요. 아마도 전처럼 건장한 신체에 야쿠자 생활을 계속했다면 왠지 거리감을 가졌을 겁니다. 하지만 휠체어에 앉은 몸에다 조직세계에서도 완전히 발을 뺐기에 달리 보였는지 모르지요. 확실히 인상이 예전과 달라졌더군요."

오가와 선생은 학창시절 당시의 슈이치에 대해서 상당히 호감을 가진 편이었다고 한다. 비록 폭력적이었지만 원래 바탕은 순수한 것처럼 보였으며, 특히 절대로 비굴해 하지 않는 당당한 성격이 마음에 들었다는 것이다.

슈이치 집을 방문했을 때 오가와 선생이 아쓰미반도 다하라〔田原〕시에 세워질 농업관련 대학원의 초대학장으로 초빙될 가능성이 있다는 사실과, 대학원 커리큘럼에 대해 슈이치에게 설명해준 적이 있다.

"그래요? 오가와 선생이 나한테는 말해주지 않던데. 고향에 좋은 일이지요. 잘됐군요. 그런데 나 같은 사람도 공부할 수 있을까? 고교 중퇴생인데 ⋯."

질문인지, 혼잣말인지 모를 말을 슈이치는 한숨을 섞어 나지막이 내뱉었다.

"오가와 선생은 아직 설립인가가 나지 않은 상태라서 그 말을 꺼내지 않았을 겁니다. 워낙 신중한 성격이시잖아요? 조금 시간이 걸리겠지요. 입학은 아마 가능하지 않을까 싶습니다만."

'저 나이에, 저 건강에 무언가 배우고 싶다는 열망이 있다면 그것으로 이미 입학자격은 충분히 갖춘 것 아닌가.'

그런 생각에서 위로 겸 희망을 이야기하자 슈이치의 얼굴이 환해졌다. 후일 오가와 선생에게 대학원 학장취임 건에 관해 묻자 "고민하고 있다"고 답했다. 아무래도 자신보다는 농학 전공자가 농업대학원의 초대 학장을 맡는 것이 대학설립 허가절차 등을 생각하면 편할 것이라는 말이었다.

오가와 선생은 선진국이 주도하는 대량생산 농업체제는 남반구의 가난한 나라를 더욱 빈곤하게 해왔을 뿐이며, 결국 과거 비경제적이라고 치부됐던 소규모 농업이야말로 가난한 나라의 자급체제 유지를 도와줌으로써 남북문제를 해결해 줄 수 있는 실마리가 된다는 내용의 저서도 낸 바 있어 농업대학원 학장으로도 손색없다. 그런데도 오가와 선생은 도쿄대학에서 자신을 스카웃한 사립대학의 관계자들에게 도의적인 미안함을 갖고 있는 것이다.

"참, 지난번 가마고리에 갔을 때 슈이치 씨한테 농업대학원 말을 꺼내니 자신도 학생이 될 수 없냐고 묻더군요. 이번에는 동급생이 아니라, 선생과 제자로서 오가와 선생 강의를 듣고 싶다더군요. 일주일에 세 번 투석받는 것 때문에 수업을 온전히 받을 수 있을지 걱정이라지만."

"……."

오가와 선생은 한동안 말이 없었다. 선생 쪽을 바라보았다. 고개를 숙인 채 울컥 치밀어오는 무엇인가를 눌러 참느라 어깨가 가늘게 들썩였다. 이윽고 눈시울이 붉어진 눈을 한 오가와 선생이 고개를 들고 입술을 지그시 깨물며 말했다.

"알았습니다. 친구 슈이치를 위해서…, 반드시…, 꼭 입학할 수 있도록 하겠습니다."

강의내용은 정하기 나름인 만큼 슈이치가 관심을 가질 만한 분야, 조선의 농경문화 등 내용을 넣으면 얼마든지 가능하다는 것이었다.

에필로그

저녁 6시를 넘긴 인천국제공항 1층 도착로비의 공기는 나른하다. 일과를 마칠 때이나 못다 한 일이 있는 사람들이 모여 있어서다. 반가운 만남이라도 기다림은 사람을 지치게 만든다. 같은 처지 사람들임에도 서로에게는 완전한 타인이다. 결코 다른 사람에게 얼굴을 펴 보이지 않겠다는 각오를 한 양 굳어 있다. 무표정의 인파 속에서 낯익은 사람을 발견하는 것은 행운이자 기쁨이다.

나고야발 항공기 탑승객이 빠져나올 출구는 B. 간이 의자에 앉아 출구 쪽을 바라보고 있는 사람들 속에서 오가와 선생의 뒷모습을 뜻밖에 발견했을 때도 그랬다.

"아니, 선생님 아니십니까? 언제 한국 오셨어요? 아까 호텔에 알아보니 체크인 하시지 않으셨던데."

"아, 노르웨이 국제회의를 마치고 며칠 전 들어오려 했는데 일정도, 비행기도 늦어져서 몇 시간 전에야 도착했어요. 시간이 어중간해서 그냥 기다리고 있던 참인데. 당신이 이렇게 직접 공항까지 마중 나올 줄은 몰랐는데 ….”

당초 계획은 오가와 선생이 한국에 와서 볼일을 보다 공항에 나와 손님을 호텔까지 안내하는 것이었다. 그런데 오가와 선생이 전날 호텔에 체크인하지 않았기에 사정이 생겨 한국에 아직 도착하지 않은 것으로 생각해 내가 공항에 나갔던 것이다.

안내판에는 나고야발 비행기가 도착한 것으로 표시되었지만 입국수속과 짐 찾는 데 상당한 시간이 걸린다. 오가와 선생은 힐끔 시계를 보고 그 계산을 해보는가 싶더니 다소 여유가 있자 곧바로 국제회의 내용설명을 시작했다.

북한문제에 관심이 큰 그는 유럽국가들이 주도한 이번 국제회의에 대해서 실망한 것 같았다. 유럽국가의 대북정책은 미국의 보수 강경파와 노선을 약간 달리하고 있다. ‘때려잡자 김정일’ 방식은 아니다. 인도주의적 견해를 확고히 하면서 점진적 인권개선을 시도한다는 점에서 한국정부의 햇볕정책과 일맥상통하다. 오가와 선생의 견해는 이와 분명히 달랐다. 그는 미국 행정부의 북한 인권법안 제정 등 직접적 압력을 강력히 지지하는 쪽이다. 출발점은 다르지만 결과적으로는 딴 속셈 아래 대북제재를 줄기차게 주장하는 일본의 보수우익 강경파와 맥이 닿아 있다는 점에서 착잡함을 느끼게 한다. 이 때문에 과거에도 오가와 선생과 의견충돌을 빚은 적이 있어 이번에는 잠자코 유럽 분위기에 대한 선생의 비판을 듣기만 했다.

짐수레를 밀고 탑승객이 한 사람 두 사람 로비로 나오기 시작하자 마중 나온 사람들은 모두들 긴장한다. 한참 기다린 사람을 행여 놓칠세라 발돋움하다 답답한 나머지 다른 사람 시야를 가리거나 말거나 입구로 몰려간다. 사람들 틈새로 얼굴 들이밀 자리라도 확보하지 않으면 안 된다.

자신감과 도도함을 넘어 거만한 표정의 사람들이 우르르 빠져나온다. 얼굴표정만으로도 한국 일본 중국인을 대강 식별할 수 있다는 게 신기하다. 서양인들이 보면 다 똑같은 동양사람일 테지만.

출입구 자동도어 너머로 휠체어에 앉은 사람이 언뜻 보이더니 로비로 나온다.

"슈이치 씨! 여깁니다, 여기."

태어난 지 65년 만에 처음 해보는 해외여행, 그것도 가장 싫어했던 아버지의 나라, 한국에 도착한 긴장감으로 슈이치의 표정은 굳어 있다. 항공사 남자직원이 밀어주는 휠체어에 앉아 있던 슈이치는 소리나는 곳을 돌아보더니 중학 동창생이자 안내자인 오가와 선생과 나를 발견하더니 안도의 미소를 얼굴 가득 짓는다. 한 달이나 여행가는 사람이 들고 다님직한 큰 가방을 끌고 뒤따르던 부인 데루코 역시 갑자기 얼굴이 피어난다. 역시 처음 해보는 해외여행이다.

"비행기에 오르기 전 신문을 보니 한일관계가 좋지 않아서 공항 출입국 심사대에서 내 일본 여권을 보고 체포할지도 모른다 싶었어요."

승용차가 인천공항 전용도로에 들어설 무렵 슈이치가 말했다. 농담이 아니었다. 상식을 넘은 불안감에서 가슴에 사무친 '한국계 콤플렉스'의 강도가 어느 정도인지 짐작이 간다. 몸 속에 흐르는, 절반의 한국 피를 씻어내 보려 발버둥친 한평생이었다.

"체포라니요? 최근에 또 무슨 사고라도 쳤습니까? 하하."

가장 가까운 이웃나라 한국에 도착한 첫 소감은 어떨까.

"도착하고 보니 편안해지더군요. 항공사 직원들도 모두 '핸섬'하고요."

슈이치의 말에 아내 데루코가 고개를 끄덕인다. 기내에서 내릴 때 휠체어를 대기시켜 놓고 있다가 일본어를 아는 항공사 직원을 붙여 로비에 마중 나온 사람에게까지 인계해줄 때까지 보여준 친절함에 감동했다고 했다.

"저녁식사를 마치고 호텔에 체크인 하는 편이 아무래도 낫겠지요?"

땅거미 지려 하자 조바심이 난 나는 일행에게 물었다.

1980년대 일 년간 한국 유학을 한 이래 일 년에 몇 차례 한국을 오가는 오가와 선생이 "인사동에 맛있는 집이 있는데 …"라며 저녁식사 장소를 지목했다.

저녁 늦은 시각에도 인사동은 인파로 넘쳤다. 슈이치 부부는 여기저기서 들려오는 일본어에 어리둥절해 한다. 일본인 관광객이 이렇게 큰 소리로 떠들며 활보하는 거리가 서울에 있다는 것이 도무지 믿어지

인사동을 찾은 슈이치 부부. 왼쪽은 오가와 선생.

지 않는다는 표정이다.

바지락 칼국수를 기다리는 사이 슈이치는 반찬으로 나온 김치 접시를 보더니 부인에게 포크를 달라고 한다.

뇌경색으로 쓰러진 이래 오른쪽 반신을 쓸 수 없게 된 그는 왼손으로 겨우 식사를 하는데 젓가락질은 못한다. 부인은 가방 안에서 비닐로 싸온 포크를 꺼내준다.

"맵지 않나요?"

"아무렇지 않아요. 이 정도쯤은."

시장했던 것일까. 부지런히 포크질을 한다.

일본인 부인 데루코도 예의상 김치를 몇 번 먹어보더니 얼른 물 컵을 집어든다. 슈이치는 포기김치 한 접시를 훌쩍 비우고 나자 열무김치를 자기 앞쪽으로 가져다 달란다.

'역시 피는 못 속이는 것일까.'

인사동 골목을 빠져나오는 길은 혼잡하다. 길바닥에는 일방통행도로 표시가 있으나 차는 왕복으로 달리고, 골목 입구에는 휴일 통행금지 간판이 있건만 운전자들은 월요일로 생각하고 있는 것 같았다. 사람이 차를 피하기 바쁜 도로를 한 손에는 지팡이를 짚고 다른 손은 부인에 의지한 채 슈이치가 한 발 한 발 어렵게 걸음을 옮긴다.

인사동 사거리에서 낙원동 쪽으로 난 골목길을 빠져 나올 무렵 슈이치가 발길을 멈추었다.

"아! 저거."

낮은 탄성을 올리더니 떡집 앞에 섰다. 형형색색의 떡을 보나 싶었는데 그게 아니고 순백의 가래떡을 보고 있었다. 옆에는 떡국 봉지도 놓여 있었다.

"어렸을 때 먹어보았어요."

쌀이 귀했던 시절에는 정월 초하룻날이나 먹어보았을 떡국이지만 요즘에야 철이 따로 있는가. 그런 요즘 사정을 설명해주었다.

1950년대 궁핍한 사정 속에서도 재일교포들은 설 명절이면 어떻게 서든 떡국을 차려놓고 조상에게 예를 갖추었다. 어린 시절 먹었던 떡국 봉지를 발견한 슈이치는 못이 박힌 듯 한참을 서 있었다.

오가와 선생이 예약해 놓은 호텔은 용산 미군기지 부근의 한 호텔이었다. 일본인 관광객이 많이 찾는 중급 호텔이다. 종업원이 요금은 선불이라고 하자 부인이 공항 환전창구에서 바꾼 전액, 3만 엔어치 돈을 봉투째 나에게 건네주었다. 검소한 오가와 선생식 계산법이라고 하지만 두 사람의 4박 5일 일정인데 이건 너무 했구나 싶었다. 아니나 다를까 숙박비로도 모자랐다.

'오가와 선생에게 바랄 걸 바라야지.'

속으로 웃음이 나왔다. 검소하기 이를 데 없는 오가와 선생은 서울 출장을 올 때마다 시내 중심부의 손바닥만한 방에 투숙한다. 거기 비하면 슈이치 부부가 묵는 방은 호사스럽다.

"어떻습니까. 아직도 체포될 것처럼 불안합니까? 하하."

호텔 방에서 짐을 정리하던 슈이치에게 묻자 빙그레 웃기만 한다.

이튿날은 화창한 봄날씨였다. 호텔을 나서 한강을 따라 자유로를 달리는 승용차 안에서 슈이치 부부는 연신 "정말 아름답군요"를 연발한다. '한'이란 원래 크다는 뜻이며, 일본에서 '韓'을 '카라'라고 부르는 것도 몽골어의 '칸'이란 것과 의미가 닿아 있다는 설이 있다고 하자 흥미를 보였다.

"역시 한강은 이름 그대로 큰 강이군요."

문화적 사대풍조 때문에 막연하게 프랑스 파리의 세느 강이나 영국

런던의 테임즈 강에 대해 환상을 가진 사람이 많지만 한강이 주는 시원함은 전혀 없다. 신록에 덮인 나지막한 산들로 에워싸여 서울 풍경은 강변의 초록빛까지 더해 과연 경탄할 만했다.

"저 앞에 보이는 언덕이 행주산성입니다. 임진왜란 때 왜군과 대치했던 곳이지요."

행주치마의 내력을 이야기해주자 "지금도 행주치마란 말이 정말 남아 있느냐"며 신기해했다. 살생하지 않는 승려마저 창과 칼을 들고 맞싸웠기에 승병(僧兵)이란 말까지 생겨날 정도로 잔인무도했던 왜병의 침략상을 언급하지 않을 수 없었다. 한국인 피가 섞인 슈이치와 달리 일본인 부인 데루코가 동승하고 있어서 설명에 적잖이 신경쓰였다. 6백 년 뒤에 태어난 일본인을 공격하자는 의도는 전혀 없었으니까.

오가와 선생은 일본 오사카의 귀무덤(耳塚) 이야기를 꺼내며 슈이치 부부에게 보충설명을 해주었다.

몇 번 가 본 길이었는데 해외근무 기간중 아파트 단지가 벌판 곳곳에 들어서는 바람에 길을 잃고 한참을 헤매야 했다. 한적한 시골까지 괴물 같은 아파트단지를 지을 이유가 있을까.

수백 년 지나 아파트촌 사진을 보여주며 '그 시대에는 무슨 이유인지 확실하지 않으나 감방 같은 시멘트 구조물에 스스로를 가둬 두는 특이한 거주문화가 유행했다'는 역사선생의 설명을 듣고 아이들이 다들 눈만 끔벅거릴지 모른다. 선사시대 땅을 파고 지은 움막집을 보고 요즘 아이들이 이해할 수 없어하는 표정을 짓듯.

"저기 보이는 산자락 아래가 지금 찾아가는 자운서원(紫雲書院)입니다. 율곡 이이(栗谷 李珥) 선생과 어머니 신사임당(申師任堂) 등의 묘소와 기념관이 있지요."

한국사에 밝은 오가와 선생은 반색을 한다. 마침 내일 강의주제가

'퇴계 이황과 율곡 이이'였다고 했다. 미리 상의한 것도 아니었는데 오가와 선생을 위해 '한 건' 해드린 셈이라서 기분이 좋았다.

한국을 처음 방문하는 슈이치 부부로서는 자운서원이 어떤 곳인지 설명을 해주어도 잘 모르는 것 같았다. 서원 초입의 율곡기념관에 들어서며 오천 원권 지폐를 꺼내 초상화는 율곡이요, 뒷면의 그림은 어머니 신사임당이 그린 것이라고 설명해주자 그제서야 한국에서 그렇게 유명한 사람이냐고 되물으며 흥미로워했다.

서원 안 잔디밭은 인근 교회 신자들이 야외예배 겸 놀이판을 벌이고 있어 마치 교회 마당에 선 느낌이었다. 유교 마당에 기독교 잔치라, 이쯤되면 부조화의 극치다. 굳이 이곳을 택하지 않아도 좋으련만.

"율곡 묘소 바로 위에 부인 곡산 노씨 묘소가 있습니다. 왜 그렇게 됐는지 궁금하시죠."

70대 자원봉사자의 설명을 듣고 나더니 오가와 선생이 입술을 지그시 깨문다.

"묘소에 가서 사죄하지 않으면 안 되겠습니다."

왜적 침입을 경고하며 10만 양병설을 주장했으나 받아들여지지 않아 애만 태우던 율곡이 세상을 떠난 뒤 그가 예고했던 불행은 현실로 다가섰다. 임진왜란이 터진 것이다. 서울 인사동에 살던 노씨 부인은 왜적이 쳐들어오자 남편 묘소가 있는 이곳 자운서원으로 피신해왔다. 북상하던 왜적이 이곳까지 쳐들어와 해코지하려 하자 왜병을 크게 꾸짖은 뒤 묘소 뒤편에서 자진했다는 것이다.

난이 끝난 뒤 이 사실을 안 선조 임금은 곡산 노씨 부인 묘소를 자진한 장소, 남편보다 높은 자리에 쓰도록 특별히 허락했기에 특이한 묘역배치가 이뤄진 것이었다.

슈이치는 묘역 아래에서 기나긴 계단을 올려다보며 한숨을 내쉬다

이내 결심한 듯 "올라가보겠습니다" 하며 힘겹게 발을 뗐다.

올라가다 중간에 잠시 쉴 때 왼쪽 계곡 아래편에 있는 묘역이 율곡의 두 번째 부인 묘라고 알려주자 슈이치는 일부다처가 조선시대의 일반적 결혼형태였는지 물어왔다. 어린 시절 한국인 아버지에 의해 숨돌릴 틈 없이 이뤄졌던 '모친 교대극'을 떠올리는 모양이었다.

소실을 두는 것은 조선의 양반사회에서 예외적 일이 아니었다. 따지고 보면 일부일처제가 인류가 만들어낸 지고지순의 문화일 수 없다. 현재도 일부다처 혹은 모계중심 사회가 지구 곳곳에 존재하고 있지 않는가. 망나니 아버지의 유별난 행실로만 알아온 슈이치에게 일부다처가 어느 정도 보편성을 지녔던 시절 이야기가 혼란을 준 것 같았다.

"어이쿠."

계단을 다 올라간 슈이치는 진이 빠졌는지 맨 윗 계단에 걸터앉으려다 그만 균형을 잃고 벌러덩 뒤로 넘어지고 말았다. 다행히 머리는 땅에 닿지 않았다.

"유도 할 때 몸에 익힌 낙법 덕분이지요. 항상 머리를 보호하는 훈련을 하니까요."

반신불수의 몸이나 내 몸 보호할 능력은 건재하다는 자존심이 배인 말이었다.

곡산 노씨 부인의 묘 앞에 이른 오가와 선생은 사죄의 참배를 했다. 한 번, 두 번, 그리고 절반의 절. 싱그러운 오월의 잔디 위에 양복 차림의 도쿄대학 명예교수가 무릎을 꿇는다.

이곳을 찾아와 일본인이 한국식으로 사죄 참배를 한 것은 노씨 부인이 생을 비극적으로 마감한 지 6백여 년 만에 처음 있는 일이리라.

묘역 앞에 한참 서있는 오가와 선생의 모습을 뒤로하고 멀리 임진강 쪽을 바라본다. 오월의 하늘은 짙푸르기만 하고, 태양의 갈기처럼 반짝이는 나뭇잎은 보석가루 같다. 율곡시대나 크게 변함없을 것 같은 풍경이다.

자운서원 입구에 늘어선 느티나무 그늘 아래를 슈이치 부부와 오가와 선생이 천천히 걸어 내려오고 있다.

"퇴계와 율곡은 이기(理氣)론에 관해 천재적 이론가였습니다. 서양철학에서 이야기하는 이른바 유물론적 세계가 이(理)의 세계라면 관념론적 세계는 기(氣)에 해당합니다. 이가 먼저냐, 기가 먼저냐는 논쟁은 어쩌면 닭이 먼저냐 달걀이 먼저냐는 논쟁과 비슷합니다. 산림에 은거하다시피 한 퇴계가 이의 입장에 서 있었다면, 율곡은 훨씬 더 정치 사회적으로 활동적이었으며, 기의 입장에 서 있었다는 점에서 대조적입니다."

조선 실학과 양명학을 전공한 오가와 선생은 '실사구시의 눈으로 시대를 밝힌다'는 제목으로 한국에 번역된 책에서 퇴계 이황을 논한 일이 있다. 쉰 살이 되어 고향인 경북 안동군 도산면으로 돌아와 후학양성에 전념한 퇴계는 궁핍함을 달게 받아들이며, 인간에 대한 사랑과 배려의 길을 탐구하고 스스로 실천했다. 퇴계의 이 같은 산림철학은 포식과 탐욕으로 환경을 해치며 살아가는 지구 북반구 사람들에게 중요한 시사점을 주고 있다는 취지의 글이었다.

"나는 자운서원의 '자'(紫), 보랏빛을 처음에는 일본 사람들이 원래부터 좋아하는 색깔이라고 여겨왔는데 일본 고대사를 보니 한반도 도래인들이 자색 복장을 즐겨했다는 내용이 있었습니다. 역시 연원은 거기 있었던 것입니다. 지금도 한국 여성의 한복에 자주 등장하는 색깔이 바로 보라색입니다."

한국계 중학 동창생에게 일본인 선생이 한국을 알리기 위해 쉬지 않고 고대에서 현대에 이르기까지 한일관계에 대해 이야기해주고 있다.

오가와 선생은 해외 학술회의를 마치자마자 곧바로 한국에 와 2박 3일을 친구에게 바치고 있었다. 체재비용과 시간도 그렇거니와 마음 씀씀이는 감히 흉내조차 내기 어렵다.

서원 입구를 빠져 나오다 슈이치의 제안으로 두 친구가 포즈를 취한다. 카메라 앵글에 들어온 것은 50년 만에 이어진 우정으로 빛나는 어른들의 모습이 아니라 봄 소풍 나온 중학생 두 사람이었다.

자운서원을 나서 자유로를 타고 서울 쪽으로 가다 임진강가의 반구정(伴鷗亭)을 찾았다.

고려 말과 조선 초에 걸쳐 5명의 임금을 섬긴 청백리, 방촌 황희(厖村 黃喜) 정승이 만년을 보낸 곳이다. 임진강을 건너면 고향, 개성. 그 길목에서 황희 선생은 언제든 왕의 부름에 응할 태세를 갖추고 있다 생을 마쳤다고 한다. 두 왕조를 거치면서도 적대세력을 만들지 않고, 오랫동안 재상으로 있으면서도 청백리로 유명한 그의 존재를 슈이치 부부에게 알려주고 싶었다.

오가와 선생은 반구정에 올라 현판을 살펴보며 감회 어린 표정을 하였지만, 슈이치는 자운서원을 돌아보는 것만으로도 몸이 피로해진 상태였다. 정자로 올라가는 계단 아래에 앉아 쉬도록 했다.

"일본에도 청백리란 단어가 역사상 존재했습니까?"

오가와 선생에게 물었으나 없다고 했다. 중앙집권적 왕권사회인 고려나 조선에서 힘을 발휘했던 문인 관료집단, 그 가운데서 나온 청백리였기에 무인 실력자가 지배한 일본사회에서는 그런 역사적 용어가 출현하기 힘들었을 것이다. 깨끗한 공무원이 일본에 없었다는 말이 아니라 시대배경이 달랐고, 부르는 명칭이 달랐던 것이다.

황희 정승은 사후 막내딸이 시집갈 때 혼숫감조차 마련할 수 없을 정도로 청렴하게 살았다. 이 소식을 들은 세종대왕은 공주가 시집갈 때 해가는 혼숫감을 푸짐하게 하사했다는 이야기가 전해온다.

"두 왕조에 걸쳐 다섯 명의 왕을 섬기면서도 배신자란 말을 듣지 않고 존경받았다는 것은 정말 대단한 일입니다."

피곤한 나머지 반구정에 오르지 않고 앉아 있는 슈이치에게 오가와 선생은 황희의 고결한 삶에 대해 강의하고 있었다.

일정을 더 이상 계속하기 힘들 것 같아 스태미너식으로 알려진 장어전문점으로 일행을 안내했다. 음식점 마당 평상에서 선선한 바람을 쐬며 식사하게 돼 기분이 좋아진 슈이치는 맥주 한 병을 청해 금세 비웠다. 신부전증으로 투석을 받고 있는지라 걱정스럽게 바라보자 "기분 좋을 때, 컨디션 좋을 때는 이 정도는 마셔도 괜찮아요" 하며 웃었다.

"한국인'도' 장어를 좋아합니까?"

장어를 좋아하는 것은 일본인뿐인 것으로 알고 있었다고 했다. 몸에 흐르는 절반의 한국인 피를 한사코 부정하며 한국인 아버지를 증오해온 그에게는 한국과 일본이 같은 식문화를 갖고 있다는 것조차 생각할 여유가 없었다.

통일전망대 부근에 이르러 철조망과 경계초소 너머 강 저편이 북한이라고 알려주었다. 재일교포는 남북분단에 관해 진저리날 만큼 고민하지 않으면 안 되었던 것이 해방 이후 60년의 역사였다. 하지만 한국계로 행여 분류될까봐 조마조마하며 살아온 슈이치에게 남북분단은 강 건너 불이라 생각조차 해본 일이 없었다. 분단된 남북의 현실이 갑자기 코앞에 전개되자 그는 말을 잃었다.

화제를 가벼운 한류로 돌리자 오가와 선생은 대장금의 한 상궁 연기가 볼 만하다며 일본에 돌아가거든 꼭 보라고 권했다.

"아직 본 적이 없는데 일본에서 그렇게 인기가 높아요?"

슈이치 부부는 귀국하면 꼭 보겠노라고 약속했다.

오가와 선생에게 농업전문대학원 설립 움직임을 물어보았다. 2007년 봄 개교를 목표로 착착 진행되고 있다는 반가운 소식이었다.

"쓰노 유킨도〔津野幸人〕란 분이 있어요. 지금은 70대 중반쯤 된 분인데, 그가 쓴 《소농본론》(小農本論)이란 책을, 한국어로도 번역돼 있다는데 꼭 읽어보세요."

오가와 선생한테 무슨 이야기를 꺼내면 대개 이런 식으로 과제물을 받는다. 나중에 알아보니 녹색평론사에서 《소농, 누가 평화를 지켜왔는가》란 제목으로 출간했다.

"탑골공원은 반드시 들러봐야 합니다."

호텔로 돌아가서 쉬나 싶었는데 오가와 선생이 또 과제를 던졌다.

신부전증과 뇌경색 후유증으로 몸이 불편한 슈이치가 버틸 수 있을까 염려됐다. 오늘 일정은 휠체어가 없어도 되겠다 싶어 출발할 때 차 트렁크에서 내려놓은 것을 후회했다. 탑골공원에는 휠체어 대여 준비가 되어 있지 않았다.

슈이치의 건강에 대한 염려는 기우였다. 가혹한 일제 식민통치에 맞서 종교지도자, 지식인 등이 독립선언을 발표한 팔각정과 독립선언 기념탑, 일제의 무력진압 만행이 새겨진 부조물, 원각사터 10층석탑 등을 둘러보면서도 슈이치는 지친 기색을 보이지 않았다.

몸놀림은 무거웠지만 힘든 일정을 잘 소화해 내는 저력이 존경스러웠다.

"독립운동을 전개하며 어디까지나 평화적 방법을 주창한 것은 대단히 깊은 뜻이 있지요."

오가와 선생의 해설은 한국 초행길인 슈이치에게 아무래도 고난도인 것 같았다. 그런데도 슈이치는 스폰지처럼 모두 흡수하는 것 같았다. 일제 무력에 짓밟힌 한민족의 자존심이 발현된 역사적 장소로 데려온 오가와 선생의 뜻을 이해하기 때문이리라.

1919년 3월 1일 오후 2시 팔각정에서 낭독된 독립선언서의 원문이 담긴 팜플렛을 구해 전해주자 슈이치는 소중히 챙겼다.

"이곳에 만해의 시비가 있는 것은 몰랐습니다."

오가와 선생은 만해 한용운(1879~1944) 선생의 시비를 발견하고는 망외의 소득을 올린 듯 싱글벙글했다. 독립선언서에 서명한 민족대표 33인의 한 사람인데다 이곳이 고려시대에는 절이 있던 곳이기에 그의 시비가 있어도 조금도 어색하지 않다.

슈이치는 '만해'란 이름이 나오자 미소를 지었다. 이미 오가와 선생을 통해 들어본 인물이었다.

탑골공원 팔각정 앞에서 오가와 선생(오른쪽)이
슈이치 부부에게 한국사를 설명해주고 있다.

가마고리 자택으로 슈이치를 찾아갔을 때 그가 한용운 선생의 시가 적힌 인쇄물을 보여준 일이 생각났다.

"오가와 선생이 한글 공부하라며 보내준 숙제지요."

시의 원문 아래에 일본어 발음과 뜻을 써넣은 것은 오가와 선생의 친필이었다. '가나다라'도 모르는 사람에게 한용운의 시를 읽어보라고 보내준 오가와 선생도 대단한 욕심쟁이다. 〈당신을 보았습니다〉란 제목의 시는 조국 독립에 대한 강한 신념을 드러내고 있다.

"당신이 가신 뒤로 나는 당신을 잊을 수가 없습니다.
까닭은 당신을 위하느니보다 나를 위함이 많습니다.
나는 갈고 심을 땅이 없으므로 추수가 없습니다.
저녁거리가 없어서 조나 감자를 꾸러 이웃집에 갔더니
주인은 '거지는 인격이 없다. 인격이 없는 사람은 생명이 없다. 너를 도와주는 것은 죄악이다'라고 말하였습니다.
그 말을 듣고 나올 때에 쏟아지는 눈물 속에서 당신을 보았습니다.
나는 집도 없고 다른 까닭을 겸하여 민적(民籍)이 없습니다.
'민적 없는 자는 인권이 없다. 인권이 없는 너에게 무슨 정조냐'고 능욕하려는 장군이 있었습니다.
그를 항거한 뒤에 남에게 대한 격분이 스스로의 슬픔으로 화(化)하는 찰나에
당신을 보았습니다.
아아
온갖 윤리 도덕 법률은 칼과 황금을 제사지내는 연기인줄 알았습니다.
영원의 사랑을 받을까, 인간 역사의 첫 페이지에 잉크 칠을 할까, 술을 마실까 망설일 때에
당신을 보았습니다."

연애시처럼 보이지만 당시 시대적 상황을 고려해보면 나라를 잃어버린 한민족의 애환, 그러나 결코 굴복하지 않는 강렬한 독립의지를 노래한 시임에 틀림없다.

"오가와 선생이 이걸 가져와서는 두세 시간 한글 집중강좌도 해주었지요. 어린 시절 좋아했던 친구가 한글 선생님이 되고, 한국인 아버지를 둔 나는 한글강좌 학생이 되었으니, 세상 참 재미있지요. 하하."

그때부터 이럴 줄 알았다는 듯 슈이치는 친구이자 선생인 오가와의 숨 돌릴 틈 없이 이어지는 한국 강의를 하나도 놓치지 않을 태세였다.

한국계이면서도 평생 한국, 조선을 거부해왔던 만큼 그만큼 이제라도 채워야 할 한국 몫의 공간이 넓고, 갈증이 깊은 것일까. 받아들이는 속도 또한 놀랍다. 혈관 어딘가에, 마음 어딘가에 잠재된 '한국 문화 토양'이 있어 모든 것을 급속히 빨아들이고 있는 것 같다. 만해의 시비를 직접 볼 수 있었으니 슈이치로서도 만족스런 하루였다.

오가와 선생이 서점에 들르고 싶다고 하여 공원 앞에서 작별인사를 나누었다.

"내일 오후 강의가 있어 낼 아침 일어나자마자 공항으로 나가야 할 것 같군요."

종로통을 휘휘 걸어가는 오가와 선생의 뒤를 바라보며 슈이치 부부가 불안한 표정을 짓는다. 사흘이나 여행일정이 남아 있는데 한국통인 친구가 먼저 일본으로 떠났으니.

"이걸 좀 보시지 않겠습니까."

나는 다음날 오전 호텔로 슈이치를 찾아가 종이 몇 장을 건넸다. '정수일(鄭秀一) 씨 참고자료'라고 이름 붙인 것이었다.

"당신 아버지는 동래 정씨였던 것 같습니다. 동래 정씨 37대 손, 성

(成)자 항렬로 보입니다. 그렇다면 당신은 38대 손으로 항렬자를 넣어 이름을 지었다면 '○範' 혹은 '○紀'로 되었을 겁니다."

슈이치는 아버지 정유성(鄭有成)의 고향이 경상도란 것만 기억할 뿐, 구체적인 지명은 몰랐고 더욱이 본관은 몰랐다.

뿌리를 찾아볼 수 있는 단서는 그래도 있었다.

"큰아버지인지 작은아버지인지 모르지만 아버지 형제 가운데 정인성(鄭寅成)이란 사람이 있었습니다."

일본말에는 '큰아버지' '작은아버지'란 말이 없고 모두 '아저씨'이기에 구분하지 못하는 것이다. 아무튼 한자 이름까지 기억하고 있던 슈이치가 언젠가 일러준 말을 토대로 그간 집안에 관해 조사해본 것이었다.

슈이치가 이것만으로는 한국의 성씨에 관해 이해가 되지 않을 것 같아 약간 설명을 보냈다.

"동래 정씨는 토종 한국 집안이지요. 신라 왕국의 전신인 사로(斯盧) 6촌(村)의 하나, 취산진지촌(觜山珍支村)의 촌장을 시조로 하고 있답니다. 다만 현재 몇 대 몇 대 일컫는 것은 신라 때부터가 아니라 고려 초부터 계산한 것이라고 합니다. 제대로 하면 60대 이상에 이르겠지요. 조선시대 '장관'을 가장 많이 배출한 한국의 3대 명문가에 속합니다. 다른 두 가문은 왕족이었던 전주 이씨와 외척으로 막강한 세력을 형성했던 안동 김씨지요. 조선시대에만 정승 17명 대제학 2명, 문과 급제자 198명을 배출했다는 기록이 있더군요."

"그렇게 유명한 집안입니까?"

"정(鄭)씨의 본관은 120여 개나 되지만 그 중 동래 정씨의 손이 가장 많지요. 국내 거주자만 약 44만 명이라고 합니다."

"한국에 족보란 게 있어 조상을 한참 윗대까지 알 수 있다는 말은 들었지만 정말 그렇게 오래 전 일까지 확인이 가능합니까?"

"그렇습니다. 족보에 남아 있다면 찾을 수 있지요. 아버지 본관이 동래 정씨인지는 100% 자신하기 어렵습니다만 돌림자로 보면 거의 틀림없을 겁니다."

"고향이 어느 마을이었는지도 알 수 있나요?"

"그건 아직 모릅니다. 경남 거창(居昌)군 남하(南下)면, 경북 예천 (醴泉)군 풍양(豊穰)면, 경북 군위(軍威)군 효령(孝靈)면 등에 동래 정씨 집성촌이 있는 것으로 보아 아버지가 경상도 출신이었다는 점과 맥이 일치합니다."

"고향을 찾을 수 있다면 한 번 가보고 싶은데, 나 같은 일본사람이 가도 이상하게 여기지 않을까요?'

"천만에요, 환영할 겁니다. 아버지가 동래 정씨 어느 파에 속하는지 알게 되면 족보에는 틀림없이 아버지 이름이 있을 것입니다. 당신 이름은 올라 있지 않을 수 있지만 할아버지는 분명히 아버지 이름을 족보에 올렸을 겁니다. 절반의 한국인이나 당신도 정씨 후손에 틀림없으니 문중사람들도 후손으로 반겨줄 것입니다."

"정말로 환영해줄까요? 한국말도 모르는데."

한국계란 사실이 점점 구체화되는 단계에 이르자 혼란 속에 착잡해 졌던 슈이치의 얼굴이 절반의 한국인이지만 문중에서 후손으로 환영 해줄 것이란 말에 환하게 펴졌다.

그러나 그러나….

다시 더 알아보고 나니 내가 너무 급하게 이야기를 꺼냈다는 결론에 이르렀다.

서울에 있는 동래 정씨 종약소 사무실에 확인해본 결과 'ㅇ成'이란 돌림자는 없었다. '成ㅇ'란 돌림자는 동래 정씨 본관 가운데 소평공파 에 있었다. 그러나 슈이치 아버지 항렬의 경우 '유성', '인성'으로 'ㅇ

成'이었으니 낙심하지 않을 수 없었다.

동래 정씨에도 여러 파가 있어 돌림자를 일일이 파악하기는 힘들지만 주요 파의 항렬은 모두 수집되어 있는 곳이 종약소인지라 동래 정씨가 아닐 확률이 더 높은 것으로 밝혀진 것이다. 인터넷을 통해 알아본 내용의 한계였다. 진즉 종약소에 재확인을 한 뒤에 슈이치에게 알려주었어야 했던 것을 하고 후회했다.

하지만 이 같은 소식을 귀국한 슈이치에게 다시 전해줄 수는 없었다. 마침내 아버지의 뿌리 '본관'을 찾았다고 기뻐했던 슈이치에게 실망감이 얼마나 클 것인가! 그냥 놔두자. 그렇게 믿고 기뻐했다면 차라리 모른 척하고 넘어가는 것이 좋을 것 같다.

동래 정씨를 포함해 120여 개나 되는 정(鄭)씨의 본관을 어떻게 찾아볼 수 있단 말인가.

슈이치의 뿌리를 찾아주는 일은 일단 훗날로 미뤄두지 않을 수 없게 되고 말았다.

일본에서 태어난 한국계 2세, 3세 중 한국어를 읽고 쓰고 말할 수 있는 사람은 극소수다. 4세까지 한국어가 가능한 사람은 전무하다시피 하다. 도쿄지사 근무 시절 가끔 사무실로 신문구독을 중단하고 싶다는 연락을 일본어로 해오는 사람이 있다. 경험상 이들은 한국계 2세 혹은 3세이다. 한국어 해독이 가능한 아버지 혹은 할아버지가 작고하고 보니 한국신문은 암호문일 뿐이라 더 이상 정기구독의 의미가 없기 때문이다. 일본에 사는 한국계 후손이 한국말도 모르냐고 함부로 타박 놓을 일은 아니다. 오히려 한국정부가 재일교포를 위해 학교를 몇 개나 지었나 비판할 일이다. 재일교포들이 힘을 모아 지은 것이 대부분 아닌가.

슈이치처럼 절반의 한국인으로서야 한국어를 모르는 것이 정상에 가깝다.

　오후에 경복궁을 둘러보았다. 차 트렁크에서 준비해온 휠체어를 꺼
냈다. 입장료를 내려는데 65세 이상이라며 슈이치 몫을 받지 않았다.
이를 알게 된 슈이치는 왕궁에서 칙사대접이라도 해준 양 기뻐했다.
입장료 수입 얼마의 문제가 아니라, 한국의 노인공경 문화를 알리는
방법으로서도 외국인 관광객에게도 경로우대를 해주는 것은 좋은 제
도인 것 같다.

　광화문 앞에서 이뤄지는 위병 교대식을 슈이치가 지켜보고 있다.
나는 슈이치의 그런 모습을 지켜본다.

　사라진 왕조의 깃발들이 울긋불긋 나부낀다. 계급에 따라 각기 다
른 옷감과 배색을 한 군졸들의 의복이 화려하다. 외세 침탈로 맥이 끊

경복궁을 찾은 슈이치 부부.

긴 왕조의 유물이 외국 관광객을 위한 상품으로 변한 것이다. 대한제국 때의 것인지 조선왕조 때 것인지 설명도 없고 잘 구분도 안 된다.

슈이치에게 대한제국에 관해 물어보았으나 전혀 알지 못했다. 조선왕조와 유교문화, 대한제국 말기의 외세침탈, 일제하 민족의 수난 등에 관해 짧게 설명해주었다. 국권을 어떻게 상실해갔는지 그 아픈 과정은 충실히 설명해줄 재간이 없다. 어설픈 일본어와 몇십 분이란 시간으로는. 또 마음도 아팠다. 한민족이 일제 지배 아래 겪은 긴 시련의 세월을 모두 이야기하자니. 일본어로 된 한국 근현대사 책 한 권을 전해주고 읽어 볼 것을 권했다.

이 한국계 일본 국적자 슈이치는 일제에 의해 사라진 제국의 궁궐에서 대체 무슨 생각을 하고 있는 것일까. 그는 아까부터 아무 질문을 하지 않고 묵묵히 듣기만 한다.

평생 처음 방문한 아버지의 나라 한국, 갑자기 알게 된 역사의 이모저모와 문화적 충격이 그의 입을 닫게 만들어버린 것인가. 아니면 질문할 만한 기초지식이 없는 데다 소화능력의 한계치를 넘는 정보가 한꺼번에 쏟아져 들어와 이를 소화하기 바빠 질문할 여유가 없는가.

그는 광화문, 근정전 등 여기저기 건물을 배경으로 기념사진을 찍어달라고 부탁했다.

아무래도 피곤한 기색이 보여 아직 해가 훤했지만 호텔로 돌아와 두어 시간 휴식을 취하도록 해놓고 밖으로 나왔다.

서울대생 박종철 군이 고문을 받다 살해된 '치안본부 남영동 대공분실'이 호텔 부근에 있었다. 지금은 쓰지 않는 건물이다. 억울한 혼령이 깃들여 있는 폐가 꼴이었다.

문득 1990년 중반 한 경찰 고위간부가 했던 말이 생각난다.

"박종철 이전에도 그곳에서 유사한 피해자가 있었던 것 같습니다."

은퇴 직전의 노인이 한 말이라 신빙성이 크다. 하지만 이런 고문치사의 실상 등 박정희 유신독재하의 비리는 아직도 제대로 드러나지 않고 있다. 독재의 찌꺼기를 먹고 자란 독버섯 같은 세력은 여전히 권력 주위에서 기득권을 유지하고 있는 탓이다. 대체 이 지상에 정의란 있는 것일까. 정의는 승리하리란 믿음은 기자생활을 해오며 줄곧 무너져 왔다.

일본의 가톨릭 문학작가 엔도 슈사쿠[遠藤周作]는 작품 〈침묵〉(沈默)에서 신자들이 고문과 박해당하는 장면을 집요하게 그리고 있다. 하느님은 어찌하여 이런 불의에 침묵으로 일관하고 있는지에 대한 엔도 슈사쿠의 의문이 새삼 가슴에 와 닿는다.

부질없는 상념에 사로잡혀 있는데 문용직(文容直) 프로 5단의 전화가 걸려왔다. 예상보다 빨리 호텔에 도착했다는 것이다. 요즘 건강이 썩 좋지 못한데도 일산 집에서부터 예까지 부러 시간을 내준 그의 우정에 경의를 표하지 않을 수 없다.

"다니구치 슈이치라고 합니다."

젊은 시절 아이치현 바둑 대표로 활약했던 슈이치. 그는 문 사범이 호텔 방에 들어서자 밤새 연습한 한국어로 인사한다. 최대한 예의를 갖추려는 것이다. 문 사범은 일본어로 뭐라 대답해야 할지 몰라 꽤나 미안해하는 눈치다.

가마고리의 집에서 바둑판을 기념선물로 전하자 슈이치는 한국 바둑이 강하다는 것을 내게 거듭 설명했다. 일본 프로기사의 지도대국은 받은 적이 있지만 한국 프로기사와의 대국은 없을 것이다. 방한시 문용직 사범에게 부탁해 그를 위해 '깜짝 기념대국'을 해보면 좋겠다는 생각을 그때 했다. 문 사범에게 슈이치가 방한하기까지 내력을 설명해주자 흔쾌히 응해주어 기념대국을 갖게 된 것이었다.

"그 사람 기념대국 인사치레 할 형편은 못되니, 내가 저녁식사 대접하는 것으로 봐주시지."

"아이고 무슨 말을. 그런 건 걱정 말고 언제 호텔로 가면 되는 거요?"

문 사범은 프로라고 돈 세는 기계로만 보지 말라는 뜻으로 사람 좋은 웃음을 들려주었다. 이런 웃음을 가진 사람이 좋다.

슈이치 부부가 묵고 있는 중급 호텔의 더블 객실은 그리 넓지 않았다. 침대와 침대 사이에 의자를 놓고 그 위에 바둑판을 얹어 놓은 것이 이날의 특별 대국장이다. 문사범한테는 결례였지만 슈이치의 몸이 불편해 기원으로 가기 뭐했기 때문에 양해를 구했던 것이다. 슈이치가 추억에 남을 만한 기념대국인 바에야 슈이치 몸 상태를 최우선으로 고려하지 않으면 안됐다.

"젊었을 때에는 프로기사와 두 점, 석 점으로 두었던 적이 있습니다."

슈이치는 이런 말로 자존심의 일단을 내비쳤지만 뇌경색으로 쓰러졌다 회복중이란 점도 고려해 넉 점으로 해볼 것을 권했다.

슈이치는 오른쪽 반신을 쓰지 못하는 탓에 바둑알을 왼손으로 집어 판에 놓으며 문 사범에게 미안해했다. 문 사범이 백돌 하나를 집어 화점의 흑돌에 날일자로 걸치며 대국이 시작됐다.

두 사람의 대국장면을 몇 장 찍고 침대에 걸터앉아 바둑을 구경했다. 아침 일찍 호텔로 찾아가 슈이치 부부를 태우고 여기저기 돌아다니다 조용한 상태에서 바둑을 구경하다 보니 졸립다. 기념으로 대국보를 나중에 작성하려고 수순을 기억하고 있었는데, 어느새 깜빡 잠이 들었는지 제 코고는 소리에 놀라 화들짝 눈을 떴다. 반상에는 벌써 돌이 가득하다. 바둑은 종반으로 치닫고 있었다. 이런 낭패가.

슈이치의 대마는 두 집을 내지 못한 채, 엉성한 것 같아도 질긴 백돌의 포위망에 갇혀 우왕좌왕하고 있었다. 초장부터 프로의 기세에 압도돼 주춤주춤 물러서던 슈이치가 노련한 사냥꾼의 덫에 걸려 든 상태였다. 중원을 갈팡질팡하던 흑 대마가 횡사하자 슈이치는 돌을 거두었다.

　"감사합니다. 잘 배웠습니다."

　슈이치는 기념대국 자리를 만들어준 문 사범에게 깊이 고개 숙여 감사했다.

　"역시. 정말 대단합니다. 이렇게 엉망으로 질 줄은…."

　부끄럽지 않은 대국을 머릿속에 그려보았을 슈이치는 쑥스러운 미소를 지었다.

　저녁식사를 가야 하는데 쇼핑 나간 부인이 돌아오지 않고 있다. 호

기념지도대국을 마친 뒤의 문용직 프로 5단(왼쪽)과 슈이치.

텔 밖 길거리에 서서 기다리자 저만치 양손에 쇼핑백을 들고 걸어오는 모습이 보인다.

"초행길인데 어디까지 다녀옵니까."

"아까 차를 타고 지나는데 서울역 건물에 백화점이 있는 게 보여서요. 호호."

길을 물어물어 걸어서 다녀오는 중이었다.

만년의 결혼을 통해 맛본 행복감도 잠시, 병마로 쓰러지고 만 남편은 여행길에도 잠시도 눈을 팔 수 없는 상태이다. 아까 남편이 바둑을 두는 시간이야말로 유일한 자유시간이었던 셈이다.

다음날은 신촌 네거리의 Y병원에서 투석을 하기로 한 날이었다.

오전 일찍 약속한 시간보다 약간 빨리 호텔에 도착했는데 슈이치 부부는 미리 로비에서 대기하고 있었다. 긴장하고 있는 것이다.

"어제 병원에 전화해 예약은 확인해두었고, 설비나 약품에도 차질 없을 거라 했으니 맘놓으십시오."

"병원까지는 멉니까?"

"아뇨, 가깝습니다. 차로 20분이면 충분합니다."

시내를 가로질러 가지 않고, 한강 구경을 할 수 있도록 강변도로로 우회했다. 데루코 부인이 감탄사를 연발한다.

"도쿄보다 더 멋진 도시 같군요. 서울은."

호텔을 떠나면서부터 슈이치는 입을 열지 않고 있다. 아무래도 해외에 나와 투석을 받는 데 대한 걱정이 가시지 않는 것이다. 한국 오기 전 여러 차례 그와 이메일과 편지를 주고받으며 투석 관련 자료를 전달받아 병원에 조치를 해두었는데도 불안한 것이다.

9시 조금 넘어 병원에 도착했다. 투석전문병원이라 이른 시간인데도 침대에서 투석을 받고 있는 사람들이 많다.

신체 컨디션을 체크하고 있는데 의사가 찾아왔다.

"일본사람들도 온 적이 있습니다. 걱정 마십시오."

서울 여행중 투석을 받아야 하는 외국관광객도 미리 연락만 해주면 언제든 가능하다는 말이었다.

주사바늘을 꼽기 위해 간호사가 슈이치의 팔뚝을 걷어올린다. 여기 저기 멍이 시퍼렇다. 일주일에 세 번 투석을 받고 있기에 주사바늘 꼽을 자리가 마땅치 않아 간호사는 한참 혈관을 만졌다.

투석은 보통 4시간 걸리니 오후 1시경에야 끝난다. 간호사가 상주하는 만큼 침대 곁에서 딱히 할 일이 없다. 잠시 이런저런 이야기를 나누다 병원 건너편 백화점 앞에 차려진 노상화원을 둘러보았다. 얼른 눈이 가는 꽃이 있다. 수국(水菊), 일본이름으로는 아지사이다. 초여름 비 온 다음 핀 모습은 어떤 꽃에 견주지 못할 정도로 아름답다. 이 꽃을 보고 있으면 마음이 절로 포근해지기에 화분 한 개를 사들고 다시 병원으로 되돌아왔다. 슈이치는 아지사이 꽃을 보더니 가마고리 근처에도 '아지사이 무라'[村]가 유명하다며 꼭 구경오라고 했다.

"투석 때문에 한국에 오기 전 걱정을 많이 했었는데 받고 보니 일본보다 시설도 더 좋고 간호사들도 친절했습니다. 나중에 한국에 올 때는 혼자 찾아와도 될 것 같아요."

투석을 끝내고 병원을 나서는 슈이치의 표정은 밝다. 비용도 의료보험이 적용되지 않았지만 일본에서 내는 것과 비슷하다고 했다. 4박 5일의 짧은 일정 가운데 하루가 투석과 휴식으로 지나갔다. 하지만 슈이치로서는 다른 여행객들이 들여다볼 수 없는 한국사회의 단면을 체험한 의미가 있었으리라.

귀국 당일 아침, 남산 전망대를 들러보려 했다. 마침 날도 쾌청해

서울의 전경을 한눈에 바라볼 수 있을 것 같았다. 하지만 왕초보 가이더의 한계는 거기까지였다. 공사중이라 승용차 진입로는 두 곳 다 막혀 있었다. 케이블카를 탈 수밖에 없었으나 몸이 자유스럽지 못한 슈이치를 안내해 올라갈 엄두가 나지 않았다.

이촌동 한강둔치공원으로 방향을 돌렸다. 유람선 매표소를 찾았지만 아무도 없었다. 부근에서 매점하는 사람에게 묻자 모두들 밥 먹으러 갔다고 했다.

'빨리도 먹는군. 오전에 무슨 일을 했는지 원.'

요즘 은행은 물론 관공서도 교대로 식사하며 서비스 공백을 메우고 있지 않은가. 하여튼 미리 확인해두지 못한 죄로 쩔쩔매는 나를 바라보며 슈이치가 웃었다.

"사실 몸이 불편해 배타는 것이 겁나요. 물에라도 빠지면 난 꼼짝도 못 하잖아요. 당신은 헤엄쳐 나오면 되지만."

한강 유람을 하지 못하게 된 아쉬움을 감추며 나를 편하게 해주려고 한 말이었다.

"가까이서 보니 한강이 정말 크고 멋집니다."

슈이치 부부는 한강과 63빌딩 등을 배경으로 기념사진을 찍느라 바쁘다. 매일 한강을 차나 전철로 오가는 사람들은 한강에 눈길 한번 제대로 주지 않는다. 한강의 가치를 어느새 잊고 살아간다. 강만으로도 즐거워하는 그들을 보며 새삼 '사물은 보는 만큼 보인다'는 걸 실감한다.

"오늘은 귀국하는 날이니 한국식으로 하면 어떻겠어요."

시장할 때가 되었다 싶어 물어보자 슈이치 부부는 기다렸다는 듯 반색했다. 마포 '먹자골목' 단골집으로 가 돼지갈비를 주문했다. 푸짐한 밑반찬을 보더니 슈이치는 하나하나 음미한다.

"전부 아버지가 즐겨먹던 것들이군요."

상추, 마늘, 쌈장, 김치, 부침개 등 상에 차려진 반찬을 하나하나 맛보며 의미심장한 말을 한다. 아버지와, 아버지의 나라 한국을 완강하게 거부해온 그의 마음에 변화가 인 것일까.

가마고리에 세워진 동생 다마노우미의 묘지에는 자그마한 가족 납골당도 갖춰져 있다. 이미 세상을 떠난 양친의 유골도 세상 부러움을 한 몸에 받던 영광의 절정기에 숨진 요코즈나 막내아들 마사오와 한자리에 있다. 하지만 아버지를 모신 흔적이 없다.

"그래도 아버지는 아버지란 생각에서 어머니 곁에 유골을 안치했지요. 하지만 참배객들에게 굳이 '요시타케'의 존재를 알린다거나, 그가 한국사람이란 것을 알리고 싶지는 않았습니다."

슈이치는 가마고리 자택에서 이렇게 말했었다.

한강시민공원을 찾은 슈이치 부부.

그런데 이제 한국음식을 먹으며 묻지도 않았는데 '아버지'를 입에 올리고 있는 것이다. 어린 시절 냄새조차 맡기 싫어했던 한국음식을 젓가락 사용조차 불편해 포크로 찍어먹거나 아내 데루코에게 부탁해 어린아이처럼 입을 쩍 벌리고 받아먹는다. 상추쌈을 한 입 가득 넣고 우적우적 먹는 그의 얼굴에 편안함이 느껴진다. 소년 시절 그런 아버지의 모습을 야만인으로 여긴 그였다. 한국 여행을 통해 평생 갇혀있던 '조센징 콤플렉스'라는 뇌옥에서 탈출할 수 있는 실마리를 찾아낸 것 같은 표정이다.

그는 이전에 이렇게 말했었다.

"환갑을 넘긴 지도 5년이 됐는데 아직도 내 몸에 젊은 피가 흐르고 있나 봅니다."

왜냐고 묻자 주위에서 '조선'에 관한 차별적인 발언이 들리면 마음에 불길이 치솟아 오른다는 것이었다. 화를 내면 '절반의 조센징'임을 인정하는 셈이 되고, '난 조선인이 아니다'고 하는 것도 '절반의 일본인'에만 집착하고 마는 꼴이다. 젊은 시절 이 때문에 홀로 번민한 적이 많았다.

사우나 휴게실에서 TV로 스모 중계방송을 보고 있었다. 동생 다마노우미가 등장했다. 몸집이 작은 편이었던 다마노우미는 초반에는 밀리는 듯했지만 유연한 허리 힘을 살려 역전승했다.

그때 슈이치의 뒤에 있던 건달풍의 네댓 명이 진 선수를 응원했던지 투덜거렸다.

"헝그리 정신에는 당할 수 없어. 젠장."

"다마노우미가 왜 헝그리 정신인데 ….."

"몰랐어. 조센징이야. 다마노우미는."

"정말? 몰랐는데. 조센징이라면 이길 수 없군."

이 말을 들은 슈이치는 분노가 끓어올라 상대편이 많다, 적다는 생각하지도 않고 벌떡 자리를 차고 일어나 뒤를 째려보았다. 뒤쪽에 있던 이들도 슈이치의 심상치 않은 기세에 멈칫했다. 슈이치는 그 다음 순간 어깨에 힘이 쭉 빠지는 걸 느꼈다.

'저들이 방금 한 말은 분명히 모욕적인 것이기는 하지만 그걸 시비 걸게 되면 결국 내가 조센징이란 것을 사람들에게 알리는 셈이 되지 않는가?'

슈이치는 분을 삼키며 사우나를 뛰쳐나오고 말았다.

물론 세월이 지난 지금은 한국인이라고 불려도 그리 발끈하지 않는다. 살다 보니 맷집이 느는 것일까. 아니면 주위 사람에게 다 알려져서 반발감이 무디어진 것일까. 적어도 젊은 시절 때처럼 큰 쇼크는 받지 않는다.

"그때는 '조센징'이 아닌 것처럼 보이려고 과장된 행동을 했지요. 어디서 '조센징' 욕이 나오면 덩달아서, 아니 남들보다 한술 더 떠 내가 큰 소리로 험담했지요."

세월이 지나 무뎌질 만큼 무뎌진 것 같아도 아직 속이 뒤틀릴 때가 있다는 것이다.

"일본이나 한국이나 국제화되었지 않습니까. 피부색 다르고 생활양식도 다른 여러 나라 사람들이 모여 살지요. 절대로 사람을 차별해서는 안 됩니다. 모두가 형제 아닙니까."

공항으로 향하는 승용차 안에서 슈이치가 이야기를 꺼냈다.

"이번에 일본에 돌아가면 시장으로 있는 중학교 동창과 오가와 선생, 나 이렇게 셋이서 자리를 한번 할 것 같아요. 그 자리에서 '제 이름은 정수일입니다' 하면 다들 깜짝 놀라겠지요. 하하."

한국식 이름, '정수일'을 혼자 연습해본 모양이었는지 '제 이름은 정수일입니다' 부분은 또렷한 한국어였다.

"물론 그렇겠지요. 참, 동생 미치오한테도 전화로 알려주면 어떨까요? 한국 갔다 온 이야기며 아버지의 본관 등."

4형제 가운데 큰형과 막내가 숨졌으니 둘만 남았다. 그러나 어두운 표정의 슈이치는 한숨과 함께 말했다.

"동생은 나하고 달랐지요. 막내 마사오와 친했는데 둘이는 공부를 잘했어요. 회사에 취직해 정년까지 일하고 지금은 은퇴해 나고야에서 살고 있지요. 저와는 왕래가 끊긴 지 오래 됐지요."

이제와 새삼 연락하면 뭐하느냐는 쓸쓸한 말투였다. 일본의 가족문화가 한국인들이 상상하지 못할 만큼 개인주의화한 탓도 있겠지만 야쿠자 형에 대한 피해의식, 기피감을 아직도 동생이 갖고 있을지 모른다고 여기는 것이다.

인천공항에서 부부가 탑승수속을 하는 동안 잠시 시간이 비어 김치세트를 사두었다가 휠체어에 탄 채 출국장으로 들어가는 슈이치에게 전했다. 슈이치는 무릎 위에 김치세트를 올려놓더니 불편한 손으로 꼭 껴안았다.

"그렇지 않아도 한국 본고장 김치를 살까 했는데. 정말 고맙습니다."

눈물이 그렁그렁하다. 어찌 몇 푼 안 되는 김치 때문이겠는가.

한국계 미국 프로풋볼(NFL) 영웅인 하인스 워드가 한국을 방문했을 때 보여준 눈물이 문득 생각났다. 한국인 어머니도 도미 후 최초의 방한이었다. 명예 서울시민증을 받고 소감을 말하던 워드는 눈물을 쏟아냈다.

"어릴 때 절반의 한국인이란 걸 부끄러워한 적이 있었지만 이제는 자랑스럽습니다."

부끄러워했던 자신을 부끄러워하는, 회한의 눈물이자 혼란의 세월을 넘어서서 새로운 자기를 발견한 데 대한 감격의 눈물, 또한 이런 체험이 가능하게 자리를 만들어준 한국민에 대한 감사의 눈물이었을 것이다.

초등학교 시절 하인스 워드는 차로 등교시켜 주는 어머니가 동양사람이란 것을 아이들이 눈치채는 것이 정말 싫었다. 차 뒷좌석에 몸을 숨기고 있다가 차가 학교 앞에 서면 쏜살같이 문을 열고 교문으로 내뺐다. 운전석에 앉은 동양여자가 행여 엄마라는 것을 주위에서 눈치채지 못하도록.

그러던 어느 날 교문으로 달려가다 얼핏 뒤돌아본 하인스 워드의 눈에 운전대에 얼굴을 파묻고 흐느끼는 어머니의 모습이 들어왔다. 주한미군 흑인병사와의 사이에 태어난 아들이, 온갖 굳은 일을 해가며 돌보고 있는 자신을 끝내 어머니로 받아주지 않자 절망한 어머니. 지치고 절망한 어머니의 가련한 존재를 깨달은 순간 하인스 워드는 세상둘도 없는 효자로 거듭났다.

하인스 워드는 방한 후 지난날 자신이 겪었던 힘든 순간을 기억해내고 자신과 같은 처지에서 괴로워하는 국내 혼혈아동을 위한 재단을 만들기 위해 거액을 내놓았다.

한국계 요코즈나이자 일본 최초의 외국계 요코즈나였던 정정부, 마사오는 한국계라는 데 대한 긍지는커녕 콤플렉스만 안은 채 세상을 떠났고, 야쿠자 생활을 오래한 형 정수일, 슈이치는 병든 몸만 남아 있을 뿐 무엇 하나 가진 것 없다.

슈이치에 대한 스포트라이트는 기대할 수도 없는 외롭고 쓸쓸한 방한이었다. 하지만 귀국하며 흘린 그의 눈물에는 말 이상의 말이 담겨 있었다.

단지 눈물이 아니라, 하인스 워드의 눈물처럼, 절반의 한국인으로 겪었던 설움과 한국계임을 부끄럽게 여기고 감추기 위해 애써온 만큼 더욱 큰 후회, 한국계란 차별 속에 키워왔던 한국인 아버지에 대한 증오와 분노의 덩어리, 그런 것들이 한꺼번에 몸 속으로부터 흘러 녹아 빠져 나오는 징표이자 결정체였던 것이다.

휠체어를 이용하는 장애인 전용 검색대가 따로 만들어져 있어 줄을 서지 않아도 좋았다.

검색대 자동문이 닫힐 때까지 로비 쪽을 향해 부부가 손을 흔든다.

"아리가토"(고맙습니다).

"사요나라"(안녕히).

같은 말을 몇 번인가 되풀이하는 부부의 입술은 그렇게 읽혀졌다.

그로부터 며칠 뒤 슈이치로부터 이메일이 도착했다.

오른쪽 손을 쓰지 못해 편지는 왼손으로 써야 하나 힘도 들고, 삐뚤빼뚤 엉망이라 보내기 민망해 이메일로 보내니 양해해달라는 말은 전에 투석관계로 연락할 때 들은 적이 있었다.

불편한 몸으로 의자에 걸터앉아 컴퓨터 자판을 왼손으로 하나하나 두드리는 모습이 그려졌다.

"그날 저녁 9시 반경 나고야에 도착했습니다. 인천공항에서 2시간도 걸리지 않더군요. 한국 체재중 큰 신세를 졌습니다. 귀국 후 다음날 이곳에서 혈액투석을 받았습니다. 한국에서 정말 친절하게 투석해 준 분들에게 감사의 말을 거듭 전하고 싶습니다.

도착한 다음날 밤 도쿄에서 오가와 선생 전화가 있었습니다. 귀국

한 후의 이야기를 묻더군요. 아버지 본관을 알아낸 일, 휠체어를 타고 경복궁을 둘러보며 조선왕조 역사를 배운 일, 무사히 투석을 받은 일 등을 한참 전해주었습니다.

오가와 선생도 자운서원, 반구정, 한용운 시비 등에 대해 새롭게 배웠다고 좋아했습니다. 오랜만에 맛있는 한국음식도 실컷 먹을 수 있었고, '역시 한국은 멋진 나라'라면서 퍽이나 좋아했습니다. 모든 것이 당신 덕분이라고 생각합니다. 직장에 휴가를 내면서까지 뒷바라지 해준 성의에 어떻게 감사의 뜻을 전해야 할지 모르겠습니다.

당신은 진정 정열의 사람입니다. 저희 집을 방문할 때 무거운 바둑판을 손수 들고 와 선물해주었을 때도 얼마나 감격했는지 모릅니다. 당신의 마음에는 뜨거운 어떤 것이 넘친다는 걸 항상 느끼고 있습니다. 아내 데루코도 이번 여행을 통해 한국을 몇 배나 더 좋아하게 되었다고 기뻐합니다.

당신을 저희 부부는 생을 마칠 때까지 결코 잊지 않을 것입니다. 앞으로도 오래오래 저희 친구로 남아 주십시오. 정말 감사합니다."